TESI GREGORIANA
Serie Teologia
———————— 101 ————————

FABIO LA GIOIA

LA GLORIFICAZIONE
DI GESÙ CRISTO
AD OPERA DEI DISCEPOLI

Analisi biblico-teologica di Gv 17,10b nell'insieme dei capp. 13-17

EDITRICE PONTIFICIA UNIVERSITÀ GREGORIANA
Roma 2003

Vidimus et approbamus ad normam Statutorum Universitatis

Romae, ex Pontificia Universitate Gregoriana
die 17 mensis iunii anni 2003

> R.P. Prof. EDMOND J. FARAHIAN, S.J.
> R.P. Prof. GIUSEPPE FERRARO, S.J.

ISBN 88-7652-973-X
© Iura editionis et versionis reservantur
PRINTED IN ITALY

GREGORIAN UNIVERSITY PRESS
Piazza della Pilotta, 35 - 00187 Rome, Italy

PREFAZIONE

Il presente studio esegetico-teologico — «la glorificazione di Gesù Cristo ad opera dei discepoli» —, è stato discusso alla Pontificia Università Gregoriana per il conseguimento del dottorato in teologia biblica il 17 giugno 2003.

Al termine di questo percorso di ricerca, desidero esprimere la mia gratitudine all'arcivescovo emerito di Gorizia, mons. Antonio Vitale Bommarco, che ha favorito l'inizio dei miei studi, nonché all'attuale arcivescovo di Gorizia, mons. Dino De Antoni, il quale ha consentito la continuazione del lavoro dottorale.

Un ringraziamento va anche a quei docenti che hanno offerto suggerimenti o espresso dei giudizi sul contenuto della tesi (mons. Rinaldo Fabris, il reverendo Massimo Grilli, i padri Ugo Vanni e Giuseppe Ferraro).

Ma un particolare grazie ed una speciale riconoscenza li dedico al padre Edmond J. Farahian, che dall'inizio alla fine ha diretto il lavoro di ricerca con saggezza e meticolosità. I suoi costanti suggerimenti e le sue utili osservazioni mi hanno indicato la strada da seguire, sino alla forma finale del testo.

Infine, rivolgo un ringraziamento a parenti (in particolare ai genitori), amici e parrocchiani della comunità di Aiello del Friuli che, con il loro interessamento e la loro solidarietà, hanno accompagnato e sostenuto in questi anni il mio studio e la mia fatica.

A tutte le persone che hanno manifestato una vicinanza discreta e benevola nell'impegno ormai concluso, assicuro peraltro un ricordo sincero e cordiale nella preghiera.

INTRODUZIONE

Il titolo di questa tesi — «la glorificazione di Gesù Cristo ad opera dei discepoli» — richiama un tema, quello della glorificazione, che sarà oggetto del nostro studio. In particolare, sarà nostro interesse mettere in luce il significato della glorificazione, quando a porla in essere sono i discepoli. La seconda parte del versetto che verrà analizzato in questa tesi — καὶ δεδόξασμαι ἐν αὐτοῖς — («e io sono glorificato in loro», Gv 17,10b) rientra nel capitolo in cui Gesù si rivolge al Padre in presenza dei suoi discepoli e prima di affrontare la passione.

Il contesto entro cui Gv 17 si trova è quello dell'ultima cena che inizia al cap. 13, durante il quale avviene la lavanda dei piedi e vi è l'annuncio del tradimento di Giuda. Gesù inoltre, dopo l'uscita di Giuda dalla sala dell'ultima cena, comincia al v. 13,31 una serie di discorsi (gli ultimi discorsi di Gesù ai suoi discepoli) che si concluderanno al cap. 16. Gv 17 si distingue da questi discorsi perché l'atteggiamento di Gesù, con gli occhi alzati al cielo (v. 1), il suo frequente rivolgersi al Padre (vv. 1.5.11.24.25) e l'utilizzo della parola ἐρωτάω (vv. 9.15.20), lasciano supporre che qui non si tratti più di un discorso, bensì di una preghiera[1]. Ammesso che si tratti di una preghiera, potrebbe comunque segnare un'adeguata conclusione al contesto e ai discorsi dell'ultima cena, secondo una consuetudine conosciuta dalla letteratura biblica (vd. Dt 32-33) per la quale, determinati discorsi d'addio, terminavano proprio con una preghiera.

In confronto ai discorsi del suo ministero pubblico (capp. 1,19-12,50), quelli in presenza dei soli discepoli e la preghiera del cap. 17

---

[1] Sarà comunque il paragrafo sul genere letterario di Gv 17 a verificare se si tratta effettivamente di una preghiera.

hanno un tono più confidenziale ed aperto, tipico di chi sta per lasciare questo mondo e vuole dare un testamento spirituale ai suoi figli. Svolgono inoltre una funzione di preparazione all'evento più importante della vita di Gesù, l'«ora» del suo innalzamento sulla croce, che è anche l'«ora» della sua resurrezione[2]. Già all'inizio, durante la cena, secondo qualche autore (Barrett, Schnackenburg, Beutler, Fabris, Léon-Dufour, Nielsen, Nissen)[3], il gesto simbolico della lavanda dei piedi ai vv. 13,4-5 rimanda alla morte di Gesù, che purifica i discepoli e li rende partecipi della sua eredità. Dopo la lavanda dei piedi ed il successivo commento di Gesù, il seguito del cap. 13 riporta l'annuncio del tradimento di uno dei discepoli (vv. 13,18.21.26-27). A Giuda viene chiesto di fare subito quello che ha in mente: «Ciò che intendi fare, fallo presto» (13,27). E' da intendere nel senso di quell'«ora» che ormai Gesù sa di essere alle porte. Infatti, trovatosi da solo con i discepoli, inizia così i suoi lunghi discorsi: «Ora il Figlio dell'uomo è stato glorificato e Dio è stato glorificato in lui» (13,31).

Schnackenburg fa notare che l'ora più oscura della sua vita diventa, per lo sguardo di fede dell'evangelista, l'ora della glorificazione[4]. Il tema dell'«ora», annunziato nei vv. 13,31-38, viene poi sviluppato nel cap. 14 ed in una parte del 16 (16,4b-33)[5].

Il cap. 17 si riallaccia a questo tema dell'«ora» dall'inizio (17,1); vengono ripresi anche altri temi dei discorsi d'addio quali la glorificazione di Gesù da parte del Padre, la permanenza dei discepoli nel mondo, l'adempimento della Scrittura riguardo al tradimento di Giuda, l'unità tra Cristo e i «suoi» ed altri ancora. Trovandosi alla fine del ministero di Gesù e delle sue parole ai discepoli, Gv 17 presenta forse una sintesi del vangelo di Giovanni o, perlomeno, ne sviluppa alcuni fra i temi più importanti?

---

[2] Cf. R.E. BROWN, *Giovanni*, 696. L'ordine degli autori citati non sarà, qui e nei capp. seguenti, cronologico bensì logico, al fine di una migliore presentazione delle idee.

[3] Cf. C.K. BARRETT, *The Gospel*, 436; R. SCHNACKENBURG, *Il vangelo*, III, 33; J. BEUTLER, «Die Heilsbedeutung», 194; R. FABRIS, *Giovanni*, 727; X. LÉON-DUFOUR, *Lettura*, III, 43; H.K. NIELSEN, «John's Understanding», 241; J. NISSEN, «Community and Ethics», 202.

[4] Cf. R. SCHNACKENBURG, *Il vangelo di Giovanni*, III, 84.

[5] Nel cap. XIII incontriamo, oltre al tema della glorificazione nell'«ora», anche quello dell'amore. Dopo aver annunciato ai «suoi» l'imminente partenza, Gesù insegna ai discepoli un nuovo comandamento: «amatevi gli uni gli altri; come io vi ho amato, così amatevi anche voi gli uni gli altri» (13,34). Sarà questo amore reciproco il segno attraverso cui il mondo riconoscerà i discepoli di Gesù (13,35).

INTRODUZIONE

A giudizio di Thüsing Gv 17 è uno specchio in cui si riflette tutto il vangelo, una piccola *summa* di quanto concerne le intenzioni e le opere di Gesù[6]. Per Brown con Gv 17 arriviamo a uno dei momenti più solenni del IV vangelo, l'apice dell'ultimo discorso, dove Gesù si rivolge in preghiera al Padre suo[7]. Così, anche per Schnackenburg Gv 17 è una vetta del vangelo, che può essere raggiunta solo alla fine di tutti i discorsi[8]. Di opinione simile è ancora Segalla che considera il cap. 17 come la sintesi più elevata dell'evangelista, anche se sono assenti delle realtà fondamentali come lo Spirito Santo, il giudizio e i segni[9].

Vorremmo tuttavia precisare che l'osservazione di Segalla sull'assenza delle realtà or ora ricordate non tiene conto che, anche se non sono nominate, esse possono essere implicitamente presenti. Seguendo tale ipotesi, cercheremo di mostrare più avanti (verso la fine del lavoro) il ruolo dello Spirito Santo, la cui realtà è troppo importante per essere *tout court* assente dal cap. 17.

Gli autori appena menzionati, ci suggeriscono l'idea che il capitolo in esame, per la ricchezza e la profondità del contenuto, rappresenta un punto di arrivo ed un vertice in Giovanni. E per tale ragione molti sono stati coloro che hanno dedicato un'analisi approfondita a Gv 17. Nel secolo scorso, soprattutto la seconda metà, questa preghiera è stata oggetto di numerosi studi monografici.

Fra i contributi che hanno suscitato un'eco più vasta vi è quello di Käsemann[10]; rilevante anche, per ampiezza ed organicità, il libro di Segalla[11]. Alcuni studi hanno posto l'attenzione su una probabile struttura letteraria del testo, altri su un tema teologico che farebbe da perno in Gv 17[12]. Attualmente la ricerca in questo ambito del vangelo di Giovanni registra un interesse crescente.

Il metodo che seguiremo nell'attuazione di questo lavoro, da una parte sarà quello di inquadrare il v. 17,10b nel contesto più ampio dei capp. 13-17 per poi soffermarci ad analizzare Gv 17 o una sua parte, nella quale rientra il versetto allo studio. Partiremo cioè da un insieme

---

[6] Cf. W. THÜSING, *La prière*, 5.
[7] Cf. R.E. BROWN, *Giovanni*, 905.
[8] Cf. R. SCHNACKENBURG, *Il vangelo di Giovanni*, III, 267.
[9] Cf. G. SEGALLA, *La preghiera*, 13.
[10] E. KÄSEMANN, *L'enigma del quarto vangelo*.
[11] G. SEGALLA, *La preghiera di Gesù al Padre*.
[12] Ricordo fra i contributi più importanti anche gli studi di Ritt, Malatesta, Becker, Menken, Simoens, Laurentin, che citeremo più avanti.

più vasto per poi restringere sempre più il campo della ricerca. Da un altro lato, lo studio dei capp. 13-17 e del cap. 17, in particolare, sarà fatto attraverso il metodo sincronico e quello diacronico[13] iniziando dal primo.

Secondo Schnackenburg infatti, conviene seguire prima la via sincronica come si suol fare nella linguistica e nella scienza letteraria, evitando la prospettiva diacronica. Infine però è utile chiarire anche la genesi letteraria, ovvero il modo in cui un testo si è formato, attraverso il metodo diacronico[14].

Ma, in modo speciale, nel cap. 17 è sul tema della glorificazione di Gesù Cristo da parte dei discepoli che ci soffermeremo. Il tema della glorificazione assume in Giovanni un rilievo speciale, dall'inizio alla fine del vangelo. E' tuttavia a partire dal cap. 13 che questo tema viene maggiormente messo in luce. Perché questa insistenza dell'evangelista e qual è il significato che egli vuole veicolare? Ma soprattutto, sarà nostra premura di ricercare il significato della glorificazione quando a porla in essere non è il Padre o il Figlio, bensì i discepoli stessi.

Nello svolgimento di questa tesi, prima di arrivare ad un'analisi del v. 10b, una prima parte si occuperà dello *status quaestionis* generale su Gv 17, prendendo in considerazione il pensiero di diversi autori, negli ultimi cinquant'anni. Nel primo capitolo collocheremo Gv 17 nel quadro delle preghiere dell'AT e del NT; approfondiremo anche il titolo «sacerdotale», il più noto e comune di Gv 17, non prima di aver visto gli altri titoli attribuiti al capitolo[15]. Faremo inoltre un confronto particolare con il *Pater noster*, per mettere in luce delle eventuali corrispondenze.

Il secondo capitolo esaminerà Gv 17 nell'insieme dei capp. 13-17, verificando se sia possibile parlare di una struttura unitaria. Il terzo

---

[13] Per metodo sincronico intendiamo lo studio di un testo come un'entità strutturata e coerente, all'interno di un più ampio processo di comunicazione. Il metodo diacronico considera invece il testo sotto l'aspetto della sua formazione, al fine di ricostruire la sua origine. Mentre l'analisi sincronica apre la via al senso del testo, indicando le strutture in esso presenti, il metodo diacronico consente di capire il testo scritto illustrandone le vicende precedenti alla sua redazione definitiva (cf. W. EGGER, *Metodologia*, 75.169-170).

[14] Cf. R. SCHNACKENBURG, *Il vangelo*, III, 23.

[15] Uno dei titoli più comuni è quello di preghiera per l'unità. Il desiderio espresso nella preghiera — «siano una cosa sola» — è infatti, secondo Léon-Dufour, il ritornello del movimento ecumenico che ricerca l'unità dei cristiani, divisi nel linguaggio della loro fede (cf. X. LÉON-DUFOUR, *Lettura*, III, 404-405).

capitolo considererà lo *status quaestionis* di Gv 17 in se stesso, nel quale vedremo le numerose ipotesi di un'eventuale divisione del cap. 17. Sarà messo in luce anche l'uno o l'altro tema che per i diversi autori ha un posto centrale.

La seconda parte di questa tesi indagherà più a fondo il contenuto di Gv 17. Dopo aver raccolto varie proposte di una struttura nello *status quaestionis* su Gv 17 il primo capitolo di questa seconda parte, attraverso l'analisi letteraria, suggerirà una nostra divisione per Gv 17 (1-8; 9-19; 20-26). Lo *status quaestionis* di Gv 17 negli ultimi cinquanta anni, offre una varietà di proposte sulla struttura e sul presunto tema più importante del capitolo, evidenziando la non facile individuazione di una linea da seguire. Infatti molte strutture diverse sono state suggerite per Gv 17, da quelle più semplici (in tre parti) a quelle più complesse (fino a sette ed otto parti). Ogni struttura è sostenuta da vari criteri di ordine letterario o tematico. La nostra proposta di una struttura si rifarà al metodo dell'analisi letteraria[16].

Un secondo capitolo si occuperà della critica testuale e di quella letteraria dei versetti entro cui rientra il 17,10b (i vv. 9-19).

A questo punto approfondiremo, nel terzo capitolo, l'analisi dei vv. 9-19. E' la parte in cui Gesù comincia a pregare[17] per i discepoli presenti chiedendo per essi varie cose al Padre, e in cui è glorificato in loro (v. 10b).

Un quarto capitolo presenterà i temi principali contenuti nei vv. 9-19, tra i quali vi è quello della glorificazione di Gesù da parte dei discepoli[18].

Obiettivo di queste prime due parti sarà quello, da un lato, di inquadrare Gv 17 nell'insieme dei capp. 13-17, e dall'altro di approfondire lo studio del cap. 17 individuando una divisione scelta e facendo emergere alcuni temi, fra cui in particolare vi è la glorificazione.

In tal modo potremo iniziare la terza parte, dedicata proprio a quest'ultimo tema della glorificazione, che noi pensiamo essere il più importante per Gv 17. Già con l'analisi letteraria si sarà messo in luce il tema della glorificazione, così come i temi dell'unità e dell'amore, che saranno indagati più a fondo nella medesima terza parte.

---

[16] Il riferimento è ad A. VANHOYE, *Struttura e teologia*.

[17] L'uso del verbo ἐρωτάω al v. 9 attesta che Gesù incomincia la preghiera per i «suoi» e, nel v. 20, la preghiera di Gesù si rivolge invece ai credenti futuri.

[18] Cercheremo un filo conduttore che raggruppi i vari temi (sono richiamati tutti nell'«ora»).

Il tema della glorificazione sarà studiato, nel primo capitolo, all'interno di Gv 13-17. Questi capitoli rientrano nel contesto dell'ultima cena e dell'«ora», svolgendo un ruolo preminente per la comprensione di 17,10b.

Il secondo capitolo si soffermerà infine su 17,10b. Dopo aver affermato che «tutto» è in comune tra il Figlio ed il Padre (v. 10a), il versetto mette in luce il tema della glorificazione di Cristo da parte dei discepoli. Quello che a noi particolarmente interessa, è indagare sul significato della glorificazione da parte dei discepoli. Cosa vuol dire che i discepoli glorificano il Cristo? Questo è quanto cercheremo di approfondire e comprendere[19].

Resta ancora, legato alla glorificazione, una figura non citata in Gv 17, ma che, come vedremo, ha un peso decisivo nella glorificazione di Gesù da parte dei discepoli: è la persona dello Spirito Santo. Ci chiederemo dapprima perché non sia mai nominato in Gv 17 e quindi ci appoggeremo ad alcuni passi dei discorsi d'addio (14,16-17; 14,26; 15,26-27; 16,7-11; 16,13-15) in cui è menzionato lo Spirito Santo, per capire meglio la glorificazione di Cristo da parte dei discepoli nel v. 17,10b.

A quanto ci risulta, il tema della glorificazione è stato diverse volte scelto come tema principale in Gv 17, ma raramente approfondito. Nel v. 17,10b sembra poi, che quasi di sfuggita i discepoli siano coinvolti nella glorificazione di Gesù. Lo scopo del presente studio vuole essere dunque quello di sviluppare il tema della glorificazione di Gesù Cristo in riferimento ai discepoli, nel tentativo di far vedere come anch'essi sono coinvolti in quel dinamismo, per il quale il Padre glorifica il Figlio ed il Figlio il Padre.

La conclusione raccoglierà sinteticamente i passi percorsi in vista della glorificazione di Gesù Cristo da parte dei discepoli. In che modo questi ultimi possono glorificare il Signore e quando ciò avverrà, sono domande a cui potremo rispondere solo alla fine. E soltanto infine potremo svolgere una riflessione sulla attualizzazione di Gv 17,10b per i credenti di oggi. Anche per i cristiani del terzo millennio, vale la

---

[19] Per addentrarci nel significato del v. 10b, esamineremo il contenuto di altri versetti (14,13 e 15,8) in cui il tema della glorificazione riguarda ancora i discepoli (come coloro che glorificano Dio). Ci fermeremo anche a considerare qualche versetto del cap. 17 (22.24) in cui la gloria è collegata con altri temi, e questo al fine di approfondire il suo significato. Giungeremo così a dare uno spessore ed un contenuto al v. 10b.

possibilità di glorificare Gesù Cristo, così come hanno fatto i primi discepoli? E in che modo questo può avvenire? Il nostro auspicio, iniziando questo lavoro, è che il lettore possa trovare una risposta chiara ed esauriente alle suddette domande, riferite al tema della glorificazione, indubbiamente rilevante nel vangelo di Giovanni.

PARTE PRIMA
STATUS QUAESTIONIS GENERALE SU Gv 17

CAPITOLO I

Gv 17 e le preghiere dell'AT e del NT

In questo capitolo faremo dapprima un sondaggio riguardante il pensiero di vari autori sul genere letteraio di Gv 17, al fine di verificare se si tratti di una preghiera o qualcos'altro. Situeremo poi Gv 17 nel quadro delle preghiere dell'AT e del NT (là dove vi siano delle corrispondenze), cercando in particolare un confronto con il *Pater noster*, per l'importanza che ha questa preghiera nella tradizione cristiana. Questo ci consentirà di collocare il cap. 17 in un contesto in cui ha trovato dei punti di riferimento fondamentali o, più semplicemente, di individuare dei paralleli e delle analogie con altre preghiere. Vedremo poi quali titoli sono stati attribuiti a Gv 17, in particolare approfondiremo il titolo di «preghiera sacerdotale».

1. Gv 17: quale genere letterario[1]?

Nella storia dell'interpretazione molte spiegazioni diverse sono state formulate su Gv 17. Tra i Padri della Chiesa[2], Giovanni Crisostomo ritiene che non si tratti di una preghiera vera e propria, bensì di un'istruzione per incoraggiare i discepoli[3]. S. Agostino considera anche

---

[1] L'ordine della citazione degli autori, in questo capitolo e nei successivi, non sarà cronologico, terrà bensì conto della logica da loro espressa in vista di una migliore comprensione.
[2] Sarà nominato qualche Padre orientale (Giovanni Crisostomo e Cirillo d'Alessandria) e occidentale (Agostino), seguendo un ordine cronologico. Citiamo questi Padri solo a mo' di veloce sguardo nella storia dell'interpretazione, avendo già sottolineato (pag. 10) che ci occuperemo degli studiosi degli ultimi cinquant'anni.
[3] Cf. G. CRISOSTOMO, *Commento al vangelo di Giovanni*, III, 183-184.

egli dapprima che si tratti di un insegnamento rivolto ai «suoi» e a tutti i futuri credenti, ma poi ne parla come se fosse una preghiera[4].

Ma è con Cirillo di Alessandria che Gv 17 comincia ad avere quel titolo che manterrà fino al giorno d'oggi di «preghiera sacerdotale» (occorrerà più avanti chiarire quest'espressione). Secondo questo Padre della Chiesa Cristo «è la vittima e lo stesso sacerdote, egli il mediatore, egli il sacrificio immolato, il vero agnello che toglie il peccato del mondo»[5].

Nel Medioevo S. Tommaso sostenne che con questa preghiera il Signore finì di istruire quelli che aveva ammaestrato con l'insegnamento[6]. Nel XVI secolo, nell'ambito della Riforma, essa fu denominata «preghiera del sommo sacerdote»[7], con una ripresa dell'idea sostenuta da Cirillo di Alessandria.

Vedremo comunque al termine di questo capitolo, quanto il titolo di «preghiera sacerdotale» corrisponda al contenuto del cap. 17, mentre ora presentiamo il pensiero di alcuni studiosi contemporanei.

De la Potterie afferma che non tutti i versetti di Gv 17 hanno la forma di una preghiera: in alcuni passi Gesù prega il Padre, in altri descrive la sua missione. Tuttavia, secondo de la Potterie si tratta di una preghiera che conclude i discorsi d'addio precedenti e nella quale si raggiunge il vertice di ciò che nei vangeli ci viene detto sulla preghiera di Gesù[8].

Secondo Brown, con Gv 17 si arriva all'apice dell'ultimo discorso di Gesù (13,31-16,33), che è un discorso d'addio. E Gesù si rivolge qui in preghiera al Padre, secondo un modulo che era già noto nell'AT (vd. Dt 32-33). Concludendo con la preghiera di Gv 17, il vangelo di Giovanni resta fedele al genere letterario del discorso d'addio che ha adottato[9].

Analogamente Barrett ribadisce che non vi è da stupirsi se Gv 17 conclude in forma di preghiera i discorsi precedenti, dal momento che spesso i discorsi d'addio terminano con una preghiera in cui una persona, mentre sta per andare via, raccomanda i suoi amici a Dio[10].

---

[4] Cf. S. AGOSTINO, *Commento al vangelo di Giovanni*, II, 401.430.
[5] CIRILLO DI ALESSANDRIA, *Commento al vangelo di Giovanni*, III, 325.
[6] Cf. TOMMASO D'AQUINO, *Commento al vangelo di Giovanni*, III, 248.
[7] Fu il luterano *David Chytraeus* (1531-1600) ad utilizzare per primo questa denominazione (cf. G. SEGALLA, *Giovanni*, 412).
[8] Cf. I. de la POTTERIE, *La preghiera di Gesù*, 70.
[9] Cf. R.E. BROWN, *Giovanni*, 905-906.
[10] Cf. C.K. BARRETT, *The Gospel*, 499.

Schnackenburg, pur affermando che non è facile inquadrare Gv 17 in un genere letterario in quanto si distacca da ogni precedente composizione, sostiene tuttavia che è affine alle parole d'addio e alle benedizioni di addio dei padri nella tradizione biblica e giudaica. E si tratta in ogni caso di una preghiera[11].

Ferreira pone questa domanda: Gv 17 è una preghiera in senso stretto, che veniva pregata storicamente, oppure rientra in qualche altro genere letterario? La sua risposta è che si tratta di una preghiera, di cui vi sono alcune analogie con il contesto dei discorsi d'addio nella letteratura giudaica[12].

Segalla avanza due proposte per il genere letterario di Gv 17: o si tratta della conclusione di un discorso d'addio, nel contesto biblico-giudaico, oppure va collocato nell'ambiente ellenistico-ermetico dove fungerebbe da conclusione di un'iniziazione mistica. Ma, dopo aver scartato questa seconda ipotesi per evidenti differenze di contenuto, Segalla afferma con sicurezza che si tratta di una preghiera d'addio a conclusione di un discorso d'addio, secondo un genere letterario attestato in ambiente biblico-giudaico[13].

Anche per Zevini, il genere letterario di Gv 17 si ricollega allo schema del «testamento» o «discorso d'addio». Come nel Deuteronomio in cui Mosè, alla vigilia della sua morte, conclude i suoi discorsi con un cantico di lode ed una preghiera di benedizione per il popolo (cf. Dt 32,33), così qui Gesù consegna ai discepoli l'ultimo insegnamento come preghiera al Padre[14]. Così Ferraro afferma che per Gv 17, il genere letterario dei discorsi d'addio in 13,31-16,33, si trasforma qui in preghiera[15].

Lindars si distingue un po' dagli autori precedenti in quanto sostiene che Gv 17 è un messaggio finale, una sorta di ultimo desiderio e testamento, sebbene comunque si tratti di una preghiera[16]. Analogamente, anche Fabris è del parere che Gv 17 si sia ispirato al modello dei discorsi-testamenti, in cui è prevista come conclusione una preghiera, nella forma di ringraziamento o benedizione, supplica-intercessione[17].

---

[11] Cf. R. SCHNACKENBURG, *Il vangelo*, III, 320.
[12] Cf. J. FERREIRA, *Johannine Ecclesiology*, 46-51.
[13] Cf. G. SEGALLA, *La preghiera*, 43-48. Su questo punto di vista di una preghiera a conclusione di un discorso d'addio, concordano anche G.R. BEASLEY-MURRAY, *John*, 293 e H.N. RIDDERBOS, *The Gospel*, 546.
[14] Cf. G. ZEVINI, *Vangelo secondo Giovanni*, II, 196-197.
[15] Cf. G. FERRARO, *Il Paraclito*, 133.
[16] Cf. B. LINDARS, *The Gospel*, 516.
[17] Cf. R. FABRIS, *Giovanni*, 852.

L'opinione di Westermann si discosta dalle precedenti, perché non vede l'insieme del cap. 17 come una preghiera. Molte ripetizioni e molti detti confermerebbero il fatto che Gv 17 non ha la forma di una preghiera. Westermann cita in particolare il v. 3, che spiega il significato della vita eterna e nel quale Gesù parla di se stesso in terza persona. Così anche la petizione per l'unità dei discepoli, che ricorre cinque volte (17,20-23), sarebbe un'aggiunta posteriore. E lo stesso discorso vale per quanto riguarda la sottolineatura sulla «conoscenza» (v. 3). In conclusione, secondo Westermann, in origine la breve petizione di Gesù al Padre, nell'ora dell'addio dal mondo, era costituita da queste parti (vv. 1.4-6.12.15.24). Le aggiunte sarebbero state introdotte più tardi, quando la comunità era minacciata e la «conoscenza di Dio» risultava piuttosto importante[18].

Tuttavia, nonostante il parere di Westermann, attenendoci all'opinione degli altri testi considerati, nonché di alcuni autorevoli dizionari[19] che considerano Gv 17 una preghiera, anche noi accogliamo questo pensiero. Trovandosi peraltro al termine dei lunghi discorsi iniziati in 13,31, pensiamo che la preghiera di Gv 17 segni un'adeguata conclusione dei capp. 13-16, secondo un modulo già noto alla letteratura biblica e giudaica[20]. Vogliamo a questo punto verificare l'eventuale legame tra Gv 17 e l'AT.

2. Gv 17 nel contesto dell'AT

In questo paragrafo saranno messi a confronto Gv 17 ed alcuni testi dell'AT, che presentano delle somiglianze con il capitolo allo studio. Il confronto inizia fra Gv 17 e due testi del Siracide (39,35; 50,22-23)[21].

2.1 *Gv 17 e Sir 39,35; 50,22-23*

Nel suo studio sull'espressione *W^e attah – kai nun*, Laurentin vede una corrispondenza tra il *kai nun* di Gv 17,5 ed il *W^e attah* che si ritrova in alcuni testi dell'AT. Il libro del Siracide menziona un passo in cui

---

[18] Cf. C. WESTERMANN, *The Gospel of John*, 19-20.
[19] P. BEAUCHAMP, «prière», 1030-1031; X. LÉON-DUFOUR, «Oración», 616; J.L. HOULDEN, «Lord's prayer», 356; M.M. THOMPSON, «Gospel of John», 374; W. GROSSOUW – C. EECKHOUT, «preghiera», 1045.
[20] Sarà tuttavia il capitolo seguente, sullo *status quaestionis* di Gv 17 all'interno dei capp. 13-17, ad avvalorare eventualmente questa idea.
[21] Tale comparazione non vuole essere esaustiva, in quanto ciò esula dai fini di questo studio; tuttavia daremo maggiore risalto a qualche testo più affine a Gv 17.

l'invito a benedire Yahvè da parte di Israele è preceduto dalla formula caratteristica *W^e attah*: «E ora, benedite Yahvè il Signore di tutte le cose, lui che ha compiuto dappertutto grandi opere [...]. Che Egli vi dia la gioia del cuore e che la pace sia con voi» (Sir 50,22-23). Una parte di questa benedizione chiude l'elogio del grande sacerdote Pinéas, figlio di Aronne (Sir 45,26), il quale ottiene il perdono per Israele. Il Siracide collega al suo ministero la benedizione della festa dell'Espiazione, come l'insigne privilegio ch'egli introduce nella linea dei Sadociti, privilegio superiore all'offerta dei sacrifici. L'intercessione si esprime nella forma di benedizione e come azione di grazia. E' in questo contesto liturgico che il Siracide utilizza, in via eccezionale, il *kai nun* (Sir 39,35). Ciò conferma che l'intercessione, spogliata del suo aspetto tragico, può esprimersi nella categoria della benedizione[22]. L'analogia fra i due testi ci sembra in realtà troppo scarsa, in quanto fondata solo sul *kai nun* comune. Continuiamo ora il confronto fra Gv 17 ed un testo del Levitico (Lev 16).

2.2 *Gv 17 e Lev 16*

Dupont osserva numerosi punti di contatto tra Gv 17 e la solenne preghiera che il sommo sacerdote formulava nel giorno dell'Espiazione; forse a tale preghiera liturgica si è ispirata quella di Gesù. Ma, insieme alle somiglianze, forse maggiori sono i contrasti. Il primo riguarda il nome divino: mentre la rivelazione ricevuta da Mosè al roveto ardente era ancora imperfetta, quella di Gesù manifesta in modo originale la natura di Dio come Padre. Questo «nome» (che è il Padre) rivela il fondo stesso dell'essere di Dio, ed in Gv 17 è presentato come la forza che custodisce i discepoli e li mantiene nell'unità. Conservando i discepoli nell'unità, Dio mostra veramente di essere il Padre di Gesù e conferma la rivelazione che quest'ultimo ha fatto del suo nome[23].

Contro la tesi che vede una stretta correlazione tra Gv 17 e la tradizione sacerdotale del *Kippur*, Segalla elenca queste motivazioni: 1) in tale tradizione non vi è una preghiera, ma si tratta bensì di un sacrificio di espiazione per i peccati; nella preghiera di Gesù viceversa, non vi è alcun chiaro riferimento al suo sacrificio imminente; 2) il sacrificio di Aronne è per l'espiazione dei peccati, Gesù invece prega per la custodia dei discepoli dal Maligno; 3) infine nel Levitico non abbiamo nessun riferimento alla preghiera del sommo sacerdote. La conclusione di

---

[22] Cf. A. LAURENTIN, «W^e attah – kai nun», 189-190.
[23] Cf. J. DUPONT, «La preghiera», 328.

Segalla è che l'analogia è solo esteriore ed il sacrificio del *Kippur* non può dunque essere stato un modello per Gv 17. Un altro elemento importante del *Kippur* è che solo in questa liturgia il sommo sacerdote poteva pronunciare il nome di Yahvè. Nella preghiera di Gesù invece, egli nomina il Padre ben sei volte (1.5.11b.21.24.25) ed altre quattro volte si riferisce alla rivelazione del «nome» (6.11.12.26). Mentre dunque il Levitico proibiva di nominare il nome di Yahvè, in Gv 17 viene rivelata l'unità del Figlio con il Padre[24].

Le motivazioni sul nome, sul fatto che non vi sia alcun riferimento alla preghiera del sommo sacerdote, sulla differenza tra sacrificio di espiazione nel *Kippur* e preghiera di Gesù, depongono a favore di un'analogia molto tenue tra Lev 16 e Gv 17. Consideriamo adesso Gv 17 in rapporto ai due capp. del Deuteronomio (Dt 32-33).

2.3 *Gv 17 e Dt 32-33*

Radermakers afferma che nel vangelo di Giovanni una lunga preghiera conclude il triplice discorso dopo la cena (capp. 13-16) in modo corrispondente al cantico di Mosè e alla sua benedizione sulle tribù d'Israele (Dt 32-33). Tale corrispondenza denoterebbe non soltanto una semplice analogia o un puro procedimento letterario, in quanto l'evangelista vorrebbe mettere in luce Gesù come il nuovo Mosè che conduce tutta la storia umana verso il compimento nel seno della vita trinitaria. In entrambi i testi è un mediatore che parla: Mosè narra i prodigi di Dio a favore del suo popolo costantemente infedele alla sua vocazione e rivela la speranza per il futuro; Gesù prega come colui nel quale si manifesta l'opera del Padre e nello stesso tempo come colui che intercede per i «suoi». Il passaggio dal Deuteronomio al vangelo fa notare l'approfondimento che Gesù ha apportato con la sua mediazione. Quella di Mosè è soltanto una figura della rivelazione definitiva di Gesù: «la Legge fu data per mezzo di Mosè; la grazia e la verità sono venute per mezzo di Gesù Cristo» (Gv 1,17)[25].

Alle analogie rilevate da Radermakers, Lacomara ne aggiunge altre ancora. Come infatti gli Israeliti stanno per entrare in Canaan stabilendosi quale popolo scelto da Dio, così i discepoli di Gesù stanno per diventare la sua comunità definitiva. Entrambi, gli Israeliti ed i discepoli hanno bisogno di consolazione per la perdita del loro *leader*, e di incoraggiamento nella lotta contro i loro nemici (le nazioni per Israele

---

[24] Cf. G. SEGALLA, *La preghiera*, 58-59.
[25] Cf. J. RADERMAKERS, «La prière de Jesus», 48-49.

ed il mondo per i discepoli), che sta per cominciare. Inoltre, ambedue i gruppi ricevono istruzioni ed avvertimenti circa il modo in cui dovranno vivere le relazioni fra di loro[26].

Cortes fa notare che, sebbene il termine διαθήκη sia assente in Gv 13-17, tuttavia vi sono dei validi motivi per dire che l'alleanza ha un posto importante in questi capitoli. A favore di quest'idea egli menziona il fatto che in Gv 13-17 è presente il termine ἐντολαί, il cui oggetto fondamentale è l'amore di Dio o di Gesù. Ma tale amore di Dio sintetizza la preoccupazione centrale del Deuteronomio, essendo il compimento della Legge. L'ἐντολή è peraltro inimmaginabile fuori del contesto dell'alleanza, impensabile fuori dell'amore di Dio comandato e sperimentato nell'alleanza. Cortes menziona ancora il termine μένειν e lo Spirito Santo come realtà legate al concetto di alleanza in Gv 13-17[27].

Analogamente, lo studio di Simoens su Gv 13-17 individua nella categoria dell'alleanza, un punto di contatto con l'AT. Egli riassume in tre istanze il discorso d'addio di alcuni personaggi dell'AT: a) richiamo al passato in vista della partenza; b) enunciazione di raccomandazioni e richieste; c) promesse per l'avvenire. Gv 13-17 può essere visto come un formulario d'alleanza nella linea del Deuteronomio che prevede l'osservanza dei comandamenti (30,16), la designazione di un successore (31,23) e la preghiera finale (32). Anche Giovanni presenta la nuova alleanza nei discorsi di addio, sebbene manchi una struttura formale dell'alleanza ed il termine stesso. Questo si può spiegare con il fine di evitare di dare una configurazione troppo legalista a questa «alleanza di amore». Il confronto tra Gv 17 ed il Deuteronomio mette in luce i seguenti paralleli:

Prologo Storico	Grandi comandam.	Stipulaz.	Benediz. Malediz.	Cantici
Dt: 1,1-4,40	4,44-11,32	12,1-26,15	26,16-30,20	32-33
Gv: 17,1-5	17,6-11	17,12-19	17,20-23	17,24-26

In particolare, l'enfasi sulle parole date da Gesù ai «suoi» (17,8) è tipico della Legge nella struttura dell'alleanza[28].

---

[26] Cf. A. LACOMARA, «Deuteronomy», 66.
[27] Cf. E. CORTES, *Los Discursos de Adios*, 434-440.
[28] Cf. Y. SIMOENS, *La gloire*, 202-204.247.

Per Fabris, un'ispirazione di Gv 17 si può ricercare in Dt 31,30 e 32,1-43.44-47 dove Mosè, al termine dei discorsi-istruzioni rivolti al popolo d'Israele, pronuncia un canto in cui sono narrate le azioni salvifiche di Dio. Così, anche Davide termina la sua breve esortazione al popolo con una preghiera di benedizione e supplica al Signore Dio d'Israele, a cui sarà dedicato il tempio (1Cr 29,10-19). Questo modello biblico sarà ripetuto e ampliato in testi apocrifi storico-sapienziali e apocalittici[29].

Brouwer sostiene che i paralleli tra i discorsi d'addio in Giovanni e Dt 32-33 sono ovvi: un *leader* affronta la morte, un viaggio di fede per una nuova comunità, una transizione verso una nuova fase di vita per quelli che restano. La preghiera di Gv 17 è inoltre strettamente parallela al canto e alla benedizione conclusivi di Mosè in Dt 32-33[30].

A nostro avviso, i paralleli con il libro del Deuteronomio (in particolare i capp. 31-33) rivelano delle analogie interessanti ed un possibile sfondo religioso da cui la preghiera di Gv 17 ha tratto degli spunti. Ci sembra importante aver messo in luce che Gv 17 ha un forte nesso con la tradizione biblica anticotestamentaria. Esistono peraltro diversi altri testi dell'AT (Gen 49; Gs 23; 1Re 2,1-10; Tb 4,3-21; 14,4-11; 1Mac 2,49-70)[31] che hanno la forma di un discorso d'addio ma non quella di una preghiera, come per Gv 17. In essi non ravvisiamo particolari analogie con Gv 17, se non per il fatto che si tratta della ultime parole di un uomo prima di morire, alla presenza dei figli o della comunità.

Ora il nostro studio prosegue mettendo in evidenza i possibili rapporti fra Gv 17 e le preghiere del NT, iniziando con alcune preghiere dei Sinottici.

3. Gv 17 ed alcune preghiere dei Sinottici[32]

Anche i vangeli Sinottici presentano una preghiera finale di Gesù pronunciata dopo l'ultima cena e prima del suo arresto. Si tratta della sua preghiera al Padre nell'orto degli Ulivi (Mt 26,36ss; Mc 14,32ss e Lc 22,39ss).

---

[29] Cf. R. FABRIS, *Giovanni*, 852-853.
[30] Cf. W. BROUWER, *The Literary Development*, 101.
[31] Cf. E. CORTES, *Los Discursos de Adios*, 72-105.
[32] Il confronto con il *Pater noster*, per l'importanza che assume, sarà visto più avanti.

3.1 *Gv 17 e le preghiere dei Sinottici nell'orto degli Ulivi (Mt 26,36ss; Mc 14,32ss; Lc 22,39ss)*

Secondo Lindars l'evangelista ha rimosso la preghiera di Gv 17 dal contesto del Getsèmani poiché in precedenza aveva formulato una preghiera come base di una spiegazione teologica della Passione (Gv 12,27-36). Gv 17 ha dei sottili nessi con quella del Getsèmani (in particolare la caratteristica invocazione al Padre), tuttavia il livello profondo della cristologia giovannea determina l'andamento della preghiera in un modo singolare[33].

Sono diverse, anche per Brown, la preghiera sinottica e quella giovannea. Nell'orto degli Ulivi un Cristo prostrato ed angosciato chiede che gli sia risparmiato il calice della sua passione. Il Gesù giovanneo invece, non domanda di essere liberato dal dolore; la sua è piuttosto una preghiera che riguarda la comunione del Figlio con il Padre ed è pronunciata ad alta voce, dinanzi ai discepoli perché anch'essi partecipino ad una tale unità[34].

Lo stato d'animo di Gesù nei due testi, insiste ancora Carnevale, è completamente diverso. Come si può spiegare l'atteggiamento di Gesù che alla conclusione della cena fa i discorsi d'addio, rivolge la sua preghiera al Padre in uno stato di perfetta serenità, senza alcuna preoccupazione per gli avvenimenti futuri, ed il Cristo del Getsèmani che «cominciò a provare tristezza ed angoscia» (Mt 26,37) o che addirittura sudava sangue (Lc 22,44)? Il differente stato d'animo potrebbe trovare una spiegazione nel fatto che la preghiera di Gv 17 non ha avuto luogo subito dopo la cena, ma nel contesto storico e circostanziale della tradizione sinottica[35].

Dello stesso parere è Carson, che evidenzia lo stridente contrasto fra i due stati d'animo, sebbene comune risulti l'obbedienza di Gesù che Gv 17,4 mette in luce, così come l'abbandono finale alla volontà del Padre nel Getsèmani (Mt 26,39; Mc 14,36; Lc 22,42)[36].

Confrontiamo adesso Gv 17 e i testi dell'inno di giubilo sinottico (Mt 11,25-27 e Lc 10,21-22).

---

[33] Cf. B. LINDARS, *The Gospel of John*, 515.517.
[34] Cf. R.E. BROWN, *Giovanni*, 910.
[35] Cf. L. CARNEVALE, «Le fonti di Gv 17», 202.
[36] Cf. D.A. CARSON, *The Gospel according to John*, 552.

3.2 Gv 17 ed il giubilo sinottico (Mt 11,25-27 e Lc 10,21-22)

Un parallelo più stretto va notato tra Gv 17 e Mt 11,25-27 (=Lc 10,21-22) ma, a giudizio di Lindars, il testo sinottico non contiene allusioni precise alla preghiera giovannea, bensì soltanto un generico influsso nei confronti della stessa[37].

D'Angelo afferma invece che Mt 11,27 (=Lc 10,22) — «Tutto mi è stato dato dal Padre mio; nessuno conosce il Figlio se non il Padre, e nessuno conosce il Padre se non il Figlio e colui al quale il Figlio lo voglia rivelare» — trova un eco non soltanto in Gv 17, bensì in tutto il vangelo di Giovanni. In particolare quel «tutto» dei vangeli Sinottici trova un corrispettivo giovanneo nelle espressioni: «ogni giudizio» (5,22); «avere la vita in se stesso» (5,26); «il potere di giudicare» (5,27); le «opere» che testimoniano a favore di Gesù (5,36); «l'opera» che il Padre gli ha dato da compiere (17,4); «le parole» date a Gesù dal Padre (17,8); il «nome» dato a Gesù (17,11) e la «gloria» (17,22.24). D'Angelo precisa comunque che in Giovanni, «tutto quello che il Padre ha dato a Gesù», riguarda più spesso coloro che vengono al Signore e credono in lui[38].

Tenendo presente che Gv 17 è una preghiera del Figlio al Padre per i «suoi», Schnackenburg vede anch'egli una certa affinità con l'esclamazione di giubilo sinottico dei testi sopra citati, sebbene in Matteo ed in Luca non si tratti di un'intercessione, bensì di una lode[39].

Infine c'è chi ritiene (Carnevale) che la prima fonte di Gv 17 sia proprio quella accolta in Matteo e Luca, perlomeno in rapporto al fatto che il Padre ha dato tutto al Figlio e questi si farà conoscere solo da chi vorrà (Mt 11,27 e Lc 10,22). In Gv 17,6-7 tuttavia si afferma che i discepoli erano del Padre ed egli li ha dati a Gesù; essi hanno poi conosciuto che tutto quello che Gesù ha ricevuto dal Padre, proveniva proprio da quest'ultimo[40].

Le similitudini tra i Sinottici e Giovanni hanno la loro radice ultima, secondo il parere di Segalla, nelle parole stesse di Gesù. Questo autore sintetizza, nel quadro seguente, tutte le corrispondenze fra le due tradizioni.

---

[37] Cf. B. LINDARS, *The Gospel*, 517.
[38] Cf. M.R. D'ANGELO, «Intimating Deity», 74-75.
[39] Cf. R. SCHNACKENBURG, *Il vangelo*, III, 319.
[40] Cf. L. CARNEVALE, «Le fonti di Gv 17», 201.

Giovanni	Tradizione sinottica
17,2.7: Gesù ha ricevuto tutto, ogni potere dal Padre	Mt 11,27; 28,18 e Lc 10,22
17,6: «ho rivelato il tuo nome»	Mt 6,9 «sia santificato il tuo nome»
17,10: «tutte le cose mie sono tue»	Lc 15,31 «tutto ciò che è mio è tuo»
17,11: «Padre santo»	Mt 5,48; 6,9; 6,14 e Lc 11,2
17,14: «e il mondo li ha odiati»	Mc 6,13 «sarete odiati da tutti a causa del mio nome» (=Mt 10,22; 24,9 e Lc 21,17)
17,15: «preservali dal Maligno»	Mt 6,13 «liberaci dal male» (Lc 11,4)
17,25: «il mondo non ti ha conosciuto, io invece ti ho conosciuto»	Mt 11,25=Lc 10,21 (famoso *loghion* giovanneo)
17,26: «ed io in loro»	Mt 18,20 (28,20) «dove 2 o 3 [...] io sono in mezzo a loro»[41]

Il confronto tra Gv 17 ed alcuni passi dei Sinottici ha messo in luce delle importanti similitudini. Vogliamo a questo punto situare la preghiera in esame all'interno di altre preghiere del vangelo di Giovanni. Riserveremo infine il confronto fra Gv 17 e il *Pater noster* ad un'analisi più approfondita, data l'importanza che ha quest'ultima preghiera.

4. Gv 17 e le altre preghiere nel vangelo di Giovanni.

I testi che esamineremo sono molto brevi. Si tratta della preghiera di Gesù sulla tomba di Lazzaro (11,41) e del detto di Gesù sull'ora della sua glorificazione che è ormai sopraggiunta (12,23). Vi è ancora l'espressione di turbamento per il sopraggiungere dell'«ora» e l'ulteriore richiesta, rivolta al Padre, di glorificazione (12,27-28).

---

[41] Cf. G. SEGALLA, *La preghiera*, 40-41.

4.1 Gv 17 e Gv 11,41; 12,23.27-28

Nel modo di pregare presente in Gv 17, Schnackenburg vi riconosce il Cristo giovanneo, che compare anche nelle brevi preghiere di ringraziamento di Gesù alla tomba di Lazzaro (11,41) e di turbamento per il sopraggiungere della sua «ora» (12,27s). Ma, nonostante questi paralleli, Gv 17 evidenzia un'originalità di contenuto che a livello teologico si distingue da ogni altro passo[42]. Carson vede anch'egli un nesso tra Gv 17 e le due brevi preghiere in 11,41-42 e 12,27-28. In particolare quest'ultima, se affiancata a Gv 17, fa notare che l'obbedienza di Gesù e la sua sofferenza coesistono[43].

In cosa consiste tale glorificazione per la quale l'ora è giunta? Thüsing collega la glorificazione di Gesù con quanto afferma il versetto successivo (12,24), sul chicco di grano che caduto in terra produce molto frutto. La morte di Gesù è la sua glorificazione; elevato sulla croce Gesù acquista come suo frutto la moltitudine dei credenti (come poi il v. 12,32 sottolineerà)[44].

In conclusione, pur riconoscendo in Gv 17 alcuni tratti della cristologia giovannea presente in 11,41-42 e 12,23.27-28, il capitolo allo studio rivela uno sviluppo di contenuto senza precedenti. Vediamo ora infine un confronto con il *Pater noster*.

5. Gv 17 ed il *Pater noster*

Poelman afferma che un confronto con il «Padre nostro» s'impone per la comunanza di alcuni temi. Egli elenca queste espressioni del «Padre nostro», i cui temi si ritrovano anche in Gv 17: «sia santificato il tuo nome, venga il tuo regno, sia fatta la tua volontà, liberaci dal Maligno»[45].

Prima di cercare qualche nesso fra il «Padre nostro» e Gv 17, Vanni si preoccupa innanzitutto di fare un'attenta contestualizzazione del vangelo di Giovanni. Vi è infatti una distinzione da mettere in luce:

---

[42] Cf. R. Schnackenburg, *Il vangelo*, III, 320.
[43] Cf. D.A. Carson, *The Gospel*, 552.
[44] Cf. W. Thüsing, *La prière*, 83-84. Bultmann citando Gv 12,23 e 13,1 mette in rilievo il collegamento tra l'«ora» della sua dipartita dal mondo e la glorificazione di Gesù (cf. R. Bultmann, *The Gospel*, 487-490). Vi è inoltre un parallelo, secondo Metzner, tra la preghiera di Gesù in Gv 12,27-29 e quella in Mc 14,34-36. Gv 14,31 segnerebbe la conclusione di questa tradizione giovannea e marciana, tanto più che anche Mc 14,42a contiene lo stesso comando di Gesù: «Alzatevi, andiamo via di qui» (cf. R. Metzner, *Das Verständnis*, 207-208).
[45] Cf. R. Poelman, «La prière sacerdotale», 655.

mentre il «Padre nostro», nelle versioni matteana e lucana, è una preghiera dei cristiani al Padre, in Gv 17 è Gesù che si rivolge in preghiera al Padre. Vanni chiarisce allora in primo luogo qual è il rapporto fra Gesù e il Padre nel IV vangelo. Da uno sguardo sintetico su tutto il vangelo traspare che Gesù, fin dall'inizio, è presentato come «l'unigenito del Padre» (1,14) e fa sempre quello che il Padre compie (5,19). Il Padre stesso ama il Figlio e gli mostra tutto quello che lui fa (5,20); il cibo del Figlio è fare la volontà del Padre (4,34); il suo ideale è fare sempre quello che piace al Padre (8,29). Inoltre, nell'ora della passione, morte e resurrezione, Gesù dichiarerà solennemente: «perché il mondo conosca che io amo il Padre e faccio ciò che il Padre mi ha comandato» (14,31). Questo rapporto di massima apertura reciproca tra Gesù e il Padre, continua Vanni, da' il tocco alla preghiera di Gv 17, che si potrebbe intitolare «il Padre nostro di Gesù»[46].

A questo punto Vanni stabilisce i punti di contatto tra Gv 17 ed il *Pater noster* che, a suo giudizio, sono numerosi e suggestivi. Anzitutto l'invocazione di Dio come «Padre» in Gv 17, posta in bocca a Gesù, riprende e supera l'intimità di cui in Matteo e Luca. Il riferimento al «cielo» in Giovanni viene reinterpretato; il «nome» (del Padre) viene ripetuto più volte, in riferimento a Dio stesso. La «santità», che si realizza nella condivisione da parte della comunità cristiana nelle versioni sinottiche, in Gv 17 è la «gloria», nel senso di realtà-valore che passa dal Padre a Gesù e da Gesù ai «suoi», a cominciare dai discepoli. La comunità ecclesiale vivendo poi un'unità trascendente, sia reciprocamente che rispetto al Padre e a Gesù, costituisce un'interpretazione particolarmente stimolante del «regno», di cui nei Sinottici s'invoca la venuta. Se ancora i discepoli ed i cristiani saranno davvero una cosa sola, in senso verticale ed orizzontale, faranno pienamente la volontà del Padre. In entrambe le preghiere vi è anche un riferimento alla protezione dal Maligno. In conclusione, secondo Vanni la mancanza del *Pater noster* in Gv 17 è solo apparente: vi è in realtà una formulazione maggiorata delle sue istanze di fondo[47].

Walker ha analizzato con meticolosità i rapporti che intercorrono tra Gv 17 e il «Padre nostro» nella versione matteana, giungendo alla conclusione che ogni elemento del *Pater noster* viene reinterpretato da Giovanni; analogamente ogni elemento della cosiddetta preghiera

---

[46] Cf. U. VANNI, *Con Gesù verso il Padre*, 248-249.
[47] Cf. U. VANNI, *Con Gesù verso il Padre*, 250-251.

sacerdotale può essere relazionato o addirittura considerarsi come base della versione di Matteo[48].

Ci confronteremo con i risultati del suo studio nel tentativo di individuare tutte le possibili dipendenze tra i due testi.

Anzitutto Walker rileva che l'indirizzo iniziale in Matteo — «Padre nostro che sei nei cieli» — (Mt 6,9) trova una corrispondenza in Giovanni nel fatto che Gesù, dopo aver alzato «i suoi occhi al cielo disse: "Padre […]"» (Gv 17,1). Gli «occhi alzati al cielo» sono, per l'autore, una probabile allusione all'espressione «che sei nei cieli» della versione matteana. Ma è il prosieguo del confronto che dimostrerà, secondo questo autore, la fondatezza di un tale parallelo. Per quanto riguarda la prima petizione in Matteo sulla santificazione del nome del Padre, Walker ritiene che vi siano alcuni richiami nella preghiera di Gv 17. Il primo riguarda la ripetuta occorrenza del «nome» (del Padre) circa la sua manifestazione (vv. 6a.26) e la custodia dei discepoli (11b-12a)[49]. Questo mette in evidenza l'importanza del tema del «nome» all'inizio del *Pater noster* e nell'insieme di Gv 17; ci sembra perciò un parallelo significativo tra le due preghiere. Non ci appaiono convincenti invece i successivi due parallelismi che l'autore indica nella glorificazione del Padre e nella manifestazione del suo nome, ch'egli equipara alla glorificazione.

Walker stesso precisa che il termine δοξάζειν non è identico ad ἁγιάζειν, ma poi rileva che nel contesto della preghiera sacerdotale la differenza tra i due termini non è in fondo così grande. Sostiene inoltre, che la manifestazione del nome di Dio (vv. 6a.26) si identifica con la glorificazione del Padre e che forse anche le espressioni «nome di Dio» e «gloria di Dio» sono la stessa cosa[50]. Più plausibile è, a nostro avviso, il raffronto tra l'espressione ἁγιασθήτω di Mt 6,9 e ἅγιε, riferito al Padre in Gv 17,11, nonché la menzione della santificazione nei vv. 17.19, riferita ai discepoli e a Gesù stesso. L'autore crede possibile che questi richiami ai termini «santo» e «santificazione» possano essere delle reminiscenze della prima petizione espressa nella preghiera del *Pater noster*[51].

Per quanto concerne la petizione successiva sulla venuta del regno, Walker osserva che in Giovanni non si utilizzano le espressioni «regno di Dio» o «regno dei cieli», pur tuttavia in Gv 17 vi sarebbe una termi-

---

[48] Cf. W.M.O. WALKER, «The Lord's prayer», 238.
[49] Cf. W.M.O. WALKER, «The Lord's prayer», 238-240.
[50] Cf. W.M.O. WALKER, «The Lord's prayer», 240.
[51] Cf. W.M.O. WALKER, «The Lord's prayer», 241.

nologia che rieccheggia la seconda domanda del *Pater noster*. Tre sono secondo Walker le espressioni che hanno una corrispondenza con quella di Mt 6,10: «venga il tuo regno». Si tratta del tema dell'«ora» (17,1), della «vita eterna» (17,2) o «eterna vita» (17,3) e dell'«autorità su ogni carne» (17,2). Nella terza petizione del *Pater noster*, «sia fatta la tua volontà come in cielo, così in terra», Walker vede delle analogie con Giovanni nel compimento dell'opera affidata a Gesù (17,4), nella protezione dei discepoli nel «nome» che il Padre ha dato a Gesù (17,12), e nella glorificazione avvenuta sulla terra da parte di Gesù nei confronti del Padre (17,4)[52]. I paralleli che l'autore indica tra le petizione del *Pater noster* e Gv 17 possono essere utili per stabilire un rapporto tra i due testi anche se ci sembra che talvolta si forzi il significato dei termini. Così non crediamo che vi sia uno stretto legame tra il tema della venuta del regno in Matteo e quello dell'«ora» o dell'autorità su ogni «carne» in Giovanni. Non riteniamo peraltro adeguato il nesso tra la terza petizione matteana sull'adempimento della volontà di Dio «come in cielo, così in terra», e la glorificazione del Padre da parte di Gesù «sulla terra» in Giovanni. Restano comunque significative le altre corrispondenze che segnano un interessante confronto tra le due preghiere.

Continuando l'analisi dei due testi, Walker sottolinea il fatto che, come nel «Padre nostro» vi è un passaggio da una serie di petizioni che riguardano un «tu» ad un'altra che ha a che fare con un «noi», analogamente in Giovanni, ai vv. 17,9-10, l'accento si sposta sui discepoli. La prima petizione del *Pater noster* sul pane quotidiano troverebbe per l'autore un corrispettivo nella domanda sull'unità in Giovanni (vv. 11.21-23.26), nel riferimento alla vita eterna (vv. 2-3) e alle parole date dal Figlio ai discepoli (vv. 8.14) che rimanderebbero al discorso sul pane della vita del cap. 6. La seconda petizione sulla remissione dei peccati (Mt 6,12) avrebbe un'analoga tematica nella santificazione (17,17.19), che l'autore traduce anche come «purificazione». E' inoltre ancora il tema dell'unità (17,11.21-23), secondo Walker, a determinare dei rapporti interpersonali tra i discepoli che includono anche il perdono reciproco di cui fa cenno la seconda parte della petizione sul perdono in Matteo (6,12b). Il perdono dei peccati nei confronti degli uomini è compreso nella testimonianza dell'amore divino, dell'amore reciproco e dell'unità in Cristo nella preghiera sacerdotale[53].

---

[52] Cf. W.M.O. WALKER, «The Lord's prayer», 242-243.
[53] Cf. W.M.O. WALKER, «The Lord's prayer», 244-246.

Infine la terza petizione matteana, riguardante la tentazione e la liberazione dal male trova, secondo l'autore, una espressione molto similare in Giovanni. Da ciò egli deduce che la conoscenza che Giovanni ha della versione del *Pater noster* diventa più evidente. La prima parte della terza petizione del *Pater noster* sarebbe una preghiera di preservazione dall'apostasia; analogamente il riferimento al figlio della perdizione in Giovanni (17,12) avrebbe lo stesso significato. Gesù, infatti, sta pregando il Padre affinché protegga i discepoli dal pericolo dell'apostasia in un mondo ostile. E quando, in particolare, egli prega il Padre perché «custodisca i discepoli dal Maligno» (17,15), viene echeggiata chiaramente la seconda parte della petizione matteana[54].

Infine, Simoens arriva a chiamare Gv 17 la versione giovannea del «Padre nostro». Si ritroverebbe l'essenziale della lode e della supplica che risaltano nella preghiera dei Sinottici. Un raffronto tra il testo di Giovanni ed il «Padre nostro» nella versione matteana renderà più chiare le similitudini:

Mt 6,9-13	Gv 17	
1. Padre nostro	Padre	17,1.5.21
	« santo	17,11
	« giusto	17,25
Che sei nei cieli	I suoi occhi verso il cielo	17,1
2. sia santificato il tuo nome	Il nome	17,6.11-12.26
	Santo	17,11
	La santificaz.	17,17.19
3. venga il tuo regno	La vita eterna (equivalente giovanneo)	17,3
4. sia fatta la tua volontà come in cielo così in terra	«voglio»	17,24
5. dacci oggi il nostro pane quotidiano	«donare»	17,2.4.6-9.11-12.14.22.24
6. rimetti a noi i nostri debiti come noi [...]	Il perdono	17,6-11
7. non ci indurre in tentazione ma liberaci dal Maligno	Il figlio della perdizione	17,12
	Il Maligno	17,15

---

[54] Cf. W.M.O. WALKER, «The Lord's prayer», 247.

I paralleli più importanti, secondo Simoens, riguardano il richiamo al Padre, la santificazione del nome e l'esplicita menzione del Maligno[55].

Di tutti questi rapporti che l'autore stabilisce tra i due testi quello più appropriato crediamo sia l'ultimo, ove in entrambe le preghiere vi è un accenno alla liberazione o protezione dal Maligno (πονηρός), mentre i precedenti paralleli, come abbiamo sopra rilevato, forzano a nostro parere il significato dei termini. In conclusione vi sono comunque delle importanti correlazioni fra le due preghiere che lasciano supporre una conoscenza da parte di Giovanni del testo del *Pater noster*. Gli studi di Simoens e di Walker ci hanno permesso di individuare questa dipendenza tra le due pericopi. Il nostro studio prosegue adesso considerando i diversi titoli, che privilegiano l'una o l'altra tematica, con cui Gv 17 è stato chiamato.

6. La preghiera di consacrazione

Secondo Newbigin il tema della consacrazione è il filo conduttore dei discorsi d'addio nei quali dapprima l'enfasi è sul fatto che i discepoli parteciperanno alla realizzazione della promessa escatologica di inabitazione di Dio con il suo popolo; poi è sulla missione dei discepoli riguardante la continuazione della missione per la quale Gesù è venuto dal Padre. Nella preghiera giovannea questi due obiettivi sono tenuti presenti attraverso la consacrazione solenne di Gesù al Padre e la consacrazione dei suoi discepoli che saranno mandati nel mondo[56].

Anche Bruce considera «la preghiera di consacrazione» una denominazione adeguata per Gv 17. Gesù infatti consacra sé stesso per il sacrificio nel quale è simultaneamente sacerdote e vittima. Nel contempo è una preghiera di consacrazione su coloro, i discepoli, per i quali il sacrificio è offerto e che erano presenti all'ultima cena, nonché per coloro che successivamente sarebbero venuti alla fede grazie alla testimonianza dei primi[57].

Il punto focale della preghiera che fa propendere per tale titolo, secondo Beasley-Murray, è il v. 19. La consacrazione abbraccia non solo Gesù, ma anche i discepoli. Egli interpreta però le parole ὑπὲρ αὐτῶν ἐγὼ ἁγιάζω ἐμαυτόν del v. 19 in un senso direttamente correlato con la sua morte (senso sacrificale) ed in parallelo con le parole dell'ultima cena in Luca e Marco (ὑπὲρ ὑμῶν in Lc 22,19 e ὑπὲρ

---

[55] Cf. Y. SIMOENS, *Selon Jean*, 685-686.
[56] Cf. L. NEWBIGIN, *The Light*, 223.
[57] Cf. F.F. BRUCE, *The Gospel of John*, 328.

πολλῶν in Mc 14,24). Gesù si appresta a compiere un sacrificio per gli uomini, mentre una nuova alleanza è iniziata per coloro che appartengono al regno di Dio. La consacrazione di Gesù in vista del sacrificio della croce fa sì che i discepoli siano anch'essi consacrati ma, nel senso più usuale del termine, ἁγιάζειν indica il trasferimento di qualcuno o qualcosa da una sfera profana ad un contesto di sacralità. I suoi discepoli possono e devono diventare suoi strumenti proclamando la buona novella al mondo. In questo modo è come se esemplificassero l'amore sofferente del Redentore[58].

Infine il pensiero di Milne sulla consacrazione si allinea ai precedenti. Egli si chiede quale sia il significato del fatto che Gesù, mandando nel mondo i discepoli, non solo li istruisce sulla missione, ma prega per la loro missione (6-23) e nel corso della preghiera offre sé stesso in sacrificio. La comunità dei discepoli in missione è, secondo lui, inserita nel più profondo dialogo con Dio e nell'associazione vitale con il dono di sé stesso del Figlio. Così la missione storica della chiesa nel mondo abbraccia sia l'immediata testimonianza dei discepoli presenti (6-19) che l'estesa missione lungo tutti i secoli fino al presente (20-26). I doni di cui usufruiamo, le preghiere che offriamo, la proclamazione che facciamo e gli atti di pietà, tutti circolano da questo primo momento all'ombra del Calvario. Gesù in questa preghiera presenta, a partire dalla sua consacrazione, la missione della chiesa al Padre[59].

Mostreremo adesso il pensiero di alcuni autori su una delle denominazioni più comuni di Gv 17, quella di preghiera per l'unità.

7. La preghiera per l'unità

A giudizio di Dupont ciò che Gesù vuole più di tutto in questa preghiera e di cui fa richiesta al Padre è che i discepoli siano una sola cosa. L'unità che Gesù chiede per quanti credono in lui viene messa in relazione con l'unità divina ed è, anzi, un dono di Dio. Infatti già la prima volta che Gesù prega per l'unità dei «suoi», lo fa chiedendo al Padre di custodirli nel suo nome (11b). Solo tale custodia del Padre permetterà ai discepoli di essere una cosa sola come il Figlio ed il Padre sono una cosa sola. In seguito Gesù chiede che i discepoli siano una cosa sola nel Figlio e nel Padre. Essendo una partecipazione all'unità di

---

[58] Cf. G.R. BEASLEY-MURRAY, *John*, 294.300-301.
[59] Cf. B. MILNE, *The message of John*, 237. Ma vedremo più avanti, nello studio del titolo «sacerdotale», che il termine ἁγιάζω non ha un senso direttamente sacrificale.

Dio Padre e Dio Figlio, l'unità dei discepoli è un mistero profondo. Infine ai vv. 21.23 l'unità dei discepoli è il segno attraverso il quale il mondo potrà credere e riconoscere che Gesù è stato inviato dal Padre. La conclusione di Dupont è che la divisione tra i cristiani finisce per gettare un'ombra sull'amore di Dio, impedendo agli uomini di credere a questo stesso amore[60].

L'unità per la quale Gesù prega, secondo Cadier, è basata su vari elementi che appaiono nel corso di Gv 17. Anzitutto vi è il fine della chiesa che è di rendere manifesta sulla terra la vita eterna (1-3); poi l'origine della chiesa che deriva da un'elezione di Dio, il quale vuole dare a suo Figlio quegli uomini che saranno suoi servi e testimoni (6-10); quindi il privilegio della chiesa che è di essere un gregge messo a parte e custodito dal Maligno (11-19); infine l'unità della chiesa che sprigiona dal suo fine, la sua origine e la sua natura e che è la suprema realtà per la quale Gesù prega (20-26). La base dell'unità della chiesa, che è composta da tutti coloro che credono grazie alla parola degli apostoli (20), è nient'altro che l'unione con Gesù e, attraverso di lui, con Dio. Tale unione con Gesù crea l'unità fra quelli che hanno condiviso la comune fede in lui[61].

L'unità per la quale Gesù prega, secondo Marzotto, è strettamente collegata con un altro tema, quello della gloria; l'unità dipende anzi dal dono della gloria. All'origine di tutto vi è il Padre che si rende presente a Gesù proprio con la sua gloria: questa è la prima, fondamentale relazione. Il cap. 17 si trova al termine di un itinerario dove dapprima, durante il suo ministero, Gesù ha affermato di comportarsi così come il Padre vuole; quindi nei discorsi d'addio invita i discepoli ad agire fra loro come egli agisce con loro. Infine, in Gv 17 risalta il desiderio che fra i discepoli vi sia lo stesso rapporto di unità che vi è tra il Padre ed il Figlio. La relazione fra il Padre e Gesù è il fondamento dell'unità dei discepoli. E' soprattutto il v. 22 a mettere in relazione i due temi della gloria e dell'unità e a fondare quest'ultima sulla prima. L'autore considera inoltre il dono della gloria equivalente alla rivelazione del nome del Padre (vv. 6.26)[62].

Un altro autore che considera centrale il tema dell'unità è Dunnavant. In particolare sono quattro le conclusioni ch'egli fa derivare dalla preghiera per l'unità: 1) il desiderio di Cristo che Dio, attraverso di lui,

---

[60] Cf. J. DUPONT, «La preghiera di Gesù», 321-336.
[61] Cf. J. CADIER, «The Unity of the Church», 166.175.
[62] Cf. D. MARZOTTO, *L'unità degli uomini*, 189.192-193.198.

possa dimorare in tutti i discepoli; 2) attraverso la parola degli apostoli possano aggregarsi i futuri credenti; 3) un invito a considerare che la vocazione a cercare l'unità dei cristiani è radicata nella volontà di Gesù; 4) l'unità dei cristiani non è fine a sé stessa, ma è orientata al fatto che il mondo possa credere[63].

Pur essendo l'unità un tema importante della preghiera, è affiancato da altri e non ha un posto centrale in essa; l'analisi letteraria metterà piuttosto in risalto il tema della glorificazione, che noi pensiamo essere quello principale in Gv 17.

8. La preghiera dell'«ora»

Un altro tema importante, tanto da assumere il titolo nella preghiera di Gv 17, è quello dell'«ora». Questa preghiera, per Panimolle, è segnata profondamente dagli ultimi eventi dell'esistenza di Gesù. Già all'inizio vi troviamo enunciato il tema dell'«ora»: «Padre è giunta l'ora» (1), e le richieste di Gesù al Padre sono legate profondamente allo scoccare di quest'«ora»: la glorificazione del Figlio, la protezione paterna dei discepoli e l'unità dei credenti. La frase concernente l'arrivo dell'«ora», inoltre, è già risuonata nei capp. precedenti (12,23; 13,1); essa si riferiva agli eventi finali dell'opera rivelatrice di Gesù, cioè alla sua morte sulla croce. Nella preghiera dell'«ora» Gesù si presenta come il Figlio che ha rivelato ai discepoli il nome divino del Padre (6) e lo rivelerà in modo pieno sul trono regale della croce (26), in cui si realizzerà la sua «ora»[64].

Mlakuzhyil sostiene anch'egli che Gv 17 è essenzialmente la preghiera dell'«ora». La consapevolezza dell'ora del suo ritorno al Padre, che era stata già menzionata in 13,1.3, pervade l'intera preghiera (vv. 1.5.11.13.24). L'amore illimitato di Gesù per i «suoi», sottolineato in 13,1, viene rivelato in 17,23.26 come il flusso dell'amore del Padre per Gesù stesso e per i credenti. Mentre il dono del suo amore per i discepoli si era manifestato nel lavare loro i piedi come simbolo del dono della sua vita (13,2-11), la preghiera di Gv 17 presenta l'intima unione tra lui ed il Padre come modello della comunità d'amore per i suoi discepoli (17,11.21-23)[65].

---

[63] Cf. A.L. DUNNAVANT, «People of the Prayer» 157.62-64.
[64] Cf. S.A. PANIMOLLE, *Lettura pastorale del vangelo*, III, 339.355.357.
[65] Cf. G. MLAKUZHYIL, *The Christocentric*, 327.

9. La preghiera d'addio

Brown include Gv 17 nell'insieme dei discorsi di addio. Nel libro del Deuteronomio Mosé conclude la sua missione con una serie di discorsi che hanno delle analogie importanti con la preghiera di Gesù. In particolare in Dt 32 vi è un cantico di Mosé dove egli si distoglie dal popolo per rivolgersi ai cieli, ed un altro al cap. 33 dove Mosé benedice le tribù per il futuro. Anche in Gv 17 Gesù si volge al cielo per parlare con il Padre, e molto di quello che dice riguarda il futuro dei discepoli. Così, collocando Gv 17 alla fine dell'ultimo discorso, l'evangelista conserva il genere letterario del discorso d'addio[66].

Bultmann nel suo commentario adotta il titolo di preghiera d'addio, in quanto l'«ora» giocherebbe un ruolo fondamentale. Quest'«ora» non è semplicemente la fine, bensì il compimento della sua opera, l'amore sino alla fine (13,1). Gesù mostra il suo amore proprio alla fine, ovvero nel momento del compimento della sua opera. Essendo, secondo Bultmann, la preghiera di Gv 17 legata al v. 13,1, che ne fa da introduzione, essa è una preghiera d'addio ed un atto di amore. E' una petizione per la realizzazione della δόξα del Rivelatore (1-5) ed una intercessione per la comunità (6-26); entrambe le parti manifestano che essa è una preghiera d'amore. Gv 17 è inoltre un esempio di un tipo di preghiera familiare alla letteratura gnostica, in cui un Messaggero prega mentre sta per lasciare il mondo[67].

Anche per Schnackenburg è una preghiera nel quadro dei discorsi d'addio. Egli la intitola «preghiera del Redentore al momento dell'addio». Un confronto con le ultime parole di uomini celebri dell'antichità, ma soprattutto con un ambito biblico e giudaico, è sostenuto da quest'autore. Egli cita, oltre a Mosé in Dt 32, altre preghiere ed esortazioni sia di Mosé che di Abramo ed Isacco, in libri della letteratura giudaica (Giub 1,19-21; 10,3-6; 20-22; 36,17). Anche alcuni brani della letteratura apocalittica presentano delle analogie con Gv 17, sebbene vi siano nel contempo delle notevoli differenze rispetto ad una preghiera di intercessione. Un'affinità per stile e contenuto va rilevata con la letteratura ermetica (in particolare il *Poimandres*) in cui vi è un accentuato interesse per la *gnosis* che l'orante ha conseguito. Il rischio che si corre, nell'appoggiare un tale parallelo, è quello di considerare Gesù come il vero gnostico. Gv 17 è, a differenza della preghiera finale del *Poimandres*, un'autentica preghiera di intercessione per i suoi

---
[66] Cf. R.E. Brown, *Giovanni*, 903-906.
[67] Cf. R. Bultmann, *The Gospel of John*, 486.489.

discepoli e per la comunità futura. Essa può, nel migliore dei casi essere paragonata alle parole d'addio e alle benedizioni d'addio dei padri nella tradizione biblica e giudaica, e con il «grido di giubilo» sinottico (Mt 11,25-27/Lc 10,21s), quantunque questo non sia un'intercessione, bensì una lode. Sostanzialmente però, l'evangelista ha dato forma ad una preghiera unica nel suo genere, pur prendendo spunto da diverse fonti. Una matura riflessione teologica ha dato luogo ad una preghiera originale[68].

Pur intitolandola «la preghiera finale di Gesù», Fabris si colloca nella linea finora esposta. Egli parla di una preghiera a conclusione dei discorsi d'addio o del testamento spirituale di Gesù davanti ai «suoi». Quindi si ispira al modello dei discorsi-testamento in cui è prevista una preghiera finale nella forma di un ringraziamento o benedizione, supplica-intercessione. Anche questo autore rileva anzitutto dei paralleli con l'ambiente biblico, giudaico e con la letteratura ermetica e mandaica[69].

Anche Moloney ritiene che Gv 17 sia una preghiera conclusiva dei precedenti discorsi, così come è avvenuto per altre preghiere d'addio giudaiche e greco-romane. Alcuni testamenti giudaici terminano con una preghiera di lode (cf. Testamento di Giobbe 43,1-17; Testamento d'Isacco 8,6-7; Testamento di Giacobbe 8,6-9). Altra letteratura biblica e giudaica mostra che l'utilizzo di una preghiera finale era abbastanza comune (cf. Dt 32; Giub 1,19-21; 10,3-6; 20-22; 36,17). Delle analogie si riscontrano poi, sul terreno greco-romano, con *Poimandres* 1,31-32; *Corpus Hermeticum* 13,21-22. Non vi è tuttavia alcuna evidenza per la quale Gv 17 si possa far dipendere da queste tradizioni. Moloney afferma ancora che l'autore di Gv 17 ha ricevuto delle idee da diverse direzioni, ma infine ha prodotto qualcosa di distinto e unico[70].

Da Léon-Dufour Gv 17 è chiamata «l'ultimo colloquio di Gesù». Il testo presenta un'oscillazione continua tra quello che è avvenuto ed un'apertura sul futuro e tale oscillazione sarebbe tipica delle preghiere giudaiche, che rievocando i prodigi compiuti da Dio, invocano un nuovo intervento da parte sua[71].

Anche se elementi comuni si trovano tra Gv 17 e le preghiere d'addio dell'AT, nonché della letteratura giudaica (rivisitazione del passato, intercessione nei confronti di coloro che rimangono nel

---

[68] Cf. R. SCHNACKENBURG, *Il vangelo*, III, 317-320.
[69] Cf. R. FABRIS, *Giovanni*, 852-853.
[70] Cf. F.J. MOLONEY, *To make God known*, 463-467 e *John*, 371.377-378.
[71] Cf. X. LÉON-DUFOUR, *Lettura*, III, 351.

mondo, ecc.), Ridderbos osserva che una singolare unicità emerge nella preghiera giovannea. Il carattere unico della persona e dell'opera di Cristo, che risalta nei discorsi d'addio, determina il contenuto e la forma di questa preghiera. In Gv 17 vi è un ritratto del modo sovrano in cui Gesù, mandato dal Padre, ritorna a lui mentre chiede che l'opera compiuta possa avere una continuazione attraverso i discepoli[72].

10. La preghiera al Padre

Considerando le ripetute occorrenze del termine «Padre» in Gv 17, Ritt ritiene che sia una valida ragione per scegliere questo titolo: «la preghiera al Padre». Rivolgendosi al Padre, Gesù lo nomina fin dall'inizio ed in punti determinanti del testo. Le prime tre menzioni del Padre sono al vocativo (1.5.11), mentre le successive tre al nominativo (21.24.25). La terza della prima serie presenta anche un attributo, ἅγιε, così come l'ultima della seconda, δίκαιε. Questi modi di nominare il Padre hanno una precisa funzione determinando peraltro la corretta intonazione del testo. Inoltre, la ricorrenza del termine διδόναι (17 volte), riconduce la preghiera di Gesù alla fonte ultima del dono che è il Padre[73].

Nell'imminenza del suo ritorno al Padre, Gesù prega per la comunità dei discepoli che restano nel mondo. Questa è la preghiera più propria di Gesù, anche se meno nota del «Padre nostro», ed inizia in entrambi i casi con l'espressione aramaica *Abbà*[74]. Terminiamo questa nostra presentazione dei diversi titoli attribuiti a Gv 17, con la denominazione più conosciuta e più diffusa: la «preghiera sacerdotale».

11. Il titolo «sacerdotale» nella preghiera di Gv 17

Alcuni ritengono che il titolo «sacerdotale» sia del tutto inadeguato, altri che occorra comunque chiarire in che senso la parola «sacerdotale» abbia una pertinenza con il tono ed il contenuto delle parole in Gv 17. Passeremo in rassegna alcuni contributi significativi rispetto a questa denominazione.

Brown intende la preghiera di Gesù non nel senso di colui che sta per offrire un sacrificio, ma piuttosto nella linea descritta dalla lettera agli Ebrei e ai Romani: Gesù starebbe dinanzi al trono di Dio al fine di

---

[72] Cf. H.N. RIDDERBOS, *The Gospel*, 546-547.
[73] Cf. H. RITT, *Das Gebet*, 237.372.
[74] Cf. G. SEGALLA, *La preghiera*, 13.32.

intercedere a nostro favore. La preghiera non avrebbe semplicemente e soltanto un carattere intercessorio, ma anche rivelativo nei confronti dei discepoli presenti e futuri. L'interesse per le generazioni future è chiarito nei vv. 20ss più che non in qualsiasi altro luogo prima della risurrezione[75].

Un ampio studio di Feuillet discute la questione del sacerdozio di Cristo e dei suoi ministri. Egli ritiene che il titolo di «preghiera sacerdotale» in Gv 17 sia pienamente giustificato. Paragonando Gv 17 con Is 53 vi sarebbe una linea di continuità tra i due testi nel senso del sacrificio espiatorio del servo di Jahvé. Gesù in questa luce, secondo Feuillet, si comporterebbe sia come un sacerdote che come una vittima del suo sacrificio. A conferma di quest'idea testimonierebbe il v. 17,19a: ὑπὲρ αὐτῶν ἐγὼ ἁγιάζω ἐμαυτόν che andrebbe collegato con Is 53,10 in cui si parla del servo di Jahvè che offrirà sé stesso in espiazione. L'offerta sacrificale è implicita in un significato del verbo ἁγιάζω che indica la scelta di una persona in vista della liturgia sacrificale. Nel v. 19 il sacrificio di Cristo rinvierebbe al sacrificio del servo di Jahvé in Isaia. Inoltre l'uso ripetuto del verbo ἐρωτάω (vv. 9.15.20) rivelerebbe il carattere d'intercessione che Gesù esprime per i suoi discepoli[76].

Secondo Feuillet vi è ancora una relazione fra la preghiera di Gv 17 e la liturgia ebraica della festa dell'Espiazione che è riportata in Lev 16. In tale occasione il sommo sacerdote Aronne doveva offrire il proprio giovenco in sacrificio espiatorio compiendo l'espiazione per sé e per la sua casa (Lev 16,6). Quindi doveva offrire un capro toccato in sorte al Signore come sacrificio espiatorio (16,9), mentre sul capro vivo doveva posare le mani confessando tutte le iniquità degli Israeliti, riversandoli sulla testa del capro vivo che veniva mandato nel deserto portandosi addosso i peccati d'Israele (16,20-22). Gv 17 si può accostare a tale liturgia della festa dell'Espiazione (detta anche del *Kippur*) nell'affermazione di Gesù che va al Padre (17,11a) nella dimora celeste, di cui il tempio di Gerusalemme non era che un simbolo, e nell'invocazione di Gesù affinché i discepoli siano preservati dal male e santificati (11b.17). E come l'entrata del sommo sacerdote nel Santo dei Santi, il giorno dell'espiazione, poneva fine alla stessa, così l'entrata di Cristo in cielo ha consentito la glorificazione perfetta del Padre nei confronti del Figlio (17,1) ed il compimento della rivelazione del suo nome ai

---

[75] Cf. R.E. BROWN, *Giovanni*, 909-910.
[76] Cf. A. FEUILLET, *Le sacerdoce*, 19.22.24-33.

discepoli (17,26). Il suo ritorno al Padre lo stabilisce in modo definitivo nella funzione di mediatore sacerdotale[77].

Ogni anno, in occasione della festa del *Kippur* il sommo sacerdote, penetrando nel Santo dei Santi, restituiva ad Israele la sua qualità di popolo santo, consacrato a Jahvè. Così in Gv 17 Gesù, sacerdote della nuova alleanza, entrando nella dimora di Dio interviene perché il nuovo popolo di Dio sia preservato dal peccato, custodito dagli attacchi del Maligno, santificato e mantenuto in un'unità come quella tra il Padre e il Figlio[78].

Di parere diverso è Delorme che, in due articoli successivi, contraddice la tesi sacrificale di Feuillet. Egli mette in dubbio che si possa parlare di consacrazione sacerdotale a proposito di Gv 17,19. Se Cristo fosse consacrato in vista della sua offerta sacrificale per i discepoli, l'analogia con la consacrazione levitica risulterebbe inadeguata. E ciò perché, o la consacrazione levitica presenterebbe un sacerdozio ebraico incompleto, oppure perché la consacrazione sacerdotale di Gv 17 instaurerebbe un sacerdozio che non ha precedenti. L'espressione ἐγὼ ἁγιάζω ἐμαυτόν del v. 19 riflette in realtà, nel linguaggio biblico, una consacrazione anteriore che avviene per iniziativa di Dio. Colui che Dio rende santo si deve santificare vivendo la sua appartenenza a Dio. Nel contesto immediato, il significato fondamentale dell'«io mi santifico» (19) si deve mettere in relazione con i verbi coniugati allo stesso tempo e riguardanti la stessa persona: «io non sono nel mondo» (11a), «io vengo a te» (11b), «io non sono del mondo» (14). L'«io mi santifico» di Gesù in vista del suo ritorno al Padre indica quell'adesione che era formulata all'inizio della preghiera nella richiesta della glorificazione (1.5). Gesù porta fino in fondo l'accettazione della volontà del Padre nel compimento dell'opera a lui affidata[79]. Si tratta quindi, secondo questo autore, più che altro di una santificazione (o consacrazione) interiore-esistenziale.

Schnackenburg ritorna sull'idea del sacrificio che risalterebbe nell'uso del verbo ἁγιάζω e della particella ὑπὲρ, nel v. 19. Questi due termini indicherebbero il sacrificio in croce di Gesù, attraverso il quale i discepoli vengono santificati. Qualche legame ci sarebbe con la

---

[77] Cf. A. FEUILLET, *Le sacerdoce*, 53-56.
[78] Cf. A. FEUILLET, *Le sacerdoce*, 77-78.
[79] Cf. J. DELORME, «Sacerdoce du Christ et ministère», 207-209.217 e «Sacrifice, sacerdoce, consécration», 359-362.

prospettiva di Gesù vittima e sacerdote in Eb, anche se non si tratta di un rapporto diretto, bensì della ripresa di concetti già conosciuti[80].

Un contributo rilevante per la comprensione del titolo «sacerdotale» ce lo offre de la Potterie. Nell'esame del v. 19 egli distingue tre differenti interpretazioni: 1) la prima, nel senso sacrificale che abbiamo prima enunciato, è in collegamento diretto con la croce; 2) la seconda, denominata «metafisica», è fondata sulla distinzione delle nature in Cristo, per cui secondo la natura divina egli è santo per essenza, ma secondo quella umana si santifica per l'inabitazione del Verbo e dello Spirito. 3) Infine la terza ipotesi non considera la santificazione di Gesù in un senso metafisico, quanto piuttosto in modo funzionale, dinamico ed esistenziale. Si riferisce in sostanza all'obbedienza totale di Gesù al Padre, all'oblazione continua ch'egli fa di sé stesso durante tutta la sua vita fino all'ora della croce. Si può allora parlare di valenza sacrificale, ma solo in un senso interiore. De la Potterie scarta la prima tesi per una duplice motivazione: a) il verbo ἁγιάζω per sé stesso non significa mai «sacrificare» nel significato esteriore e rituale del termine, ma semplicemente elevare una cosa o una persona da un ambito profano ad una sfera di consacrazione a Dio e di suo servizio. Inoltre il verbo è usato sia per Cristo che per i discepoli (nel v. 19) in un senso omogeneo e poiché a riguardo dei discepoli non può essere questione di un senso direttamente sacrificale, ne risulta che la medesima cosa va detta anche nel caso di ἁγιάζω ἐμαυτόν riferito a Gesù[81].

Anche la seconda interpretazione, metafisica, va scartata perché la santificazione è piuttosto da mettere in relazione con la sua missione rivelatrice. La santificazione di Gesù è legata alla rivelazione che egli proclama e porta in sé, rivelazione che riguarda l'unità perfetta della volontà del Figlio e del Padre, e perciò l'obbedienza totale di Gesù al Padre. Resta ancora da chiarire il significato dell'espressione ὑπὲρ αὐτῶν in 19a. La particella ὑπὲρ indurrebbe ad appoggiare l'interpretazione sacrificale del versetto; infatti ὑπὲρ seguito da un genitivo (αὐτῶν in questo caso) è una formula stereotipa per indicare un orientamento salvifico della morte in croce di Gesù. Ma il fatto che Giovanni in questo v. 19 non utilizzi il vocabolario tecnico di cui si serve per parlare della morte di Cristo (con l'uso di parole come ἀποθνῄσκω, τίθημι τὴν ψυχήν) è un segnale che non rimanda ad un contesto esclusivo di sacrificio sulla croce. Le parole ὑπὲρ αὐτῶν

---

[80] Cf. R. SCHNACKENBURG, Il vangelo, III, 299-300.
[81] Cf. I. de la POTTERIE, La verité dans Saint Jean, 761-769.

hanno semplicemente un senso che riguarda la santificazione di Gesù e che per i credenti ha una valenza salvifica. Inoltre, la parola «verità» del v. 19b viene spiegata da de la Potterie come la rivelazione stessa della vita filiale del Verbo. E' attraverso la «verità» che la santificazione dei credenti si attua, dal momento che è per mezzo della «verità» di Gesù che essi entrano nella comunione del Figlio e del Padre[82].

In linea con un'interpretazione non sacrificale del v. 19 si affianca anche Segalla che considera giusto il titolo «sacerdotale» solo se inteso alla luce della lettera agli Ebrei, da un punto di vista esistenziale e non cultuale[83]. Così la pensa pure Fabris che preferisce la lettura cristologio-esistenziale, a sostegno della quale nomina il v. 18 sulla missione dei discepoli. Questa ha come modello e fondamento la missione stessa di Gesù, la quale abbraccia tutta la sua esistenza e culmina nell'«ora» della sua offerta per amore[84].

Infine Léon-Dufour, in linea con gli autori precedenti, ritiene che il titolo «sacerdotale» può generare dei fraintendimenti se si intende in senso sacrificale. Questo senso deriverebbe da un'interpretazione arbitraria del v. 19 dove il verbo ἁγιάζω non indica in realtà direttamente l'idea di sacrificio, bensì propriamente la santificazione[85].

Non escludendo del tutto un significato sacrificale che tra l'altro l'«ora» del v. 1 richiama, riteniamo che la santificazione di Gesù del v. 19a si riferisca piuttosto ad una dimensione interiore-esistenziale. La santificazione dei discepoli (vv. 17.19) avviene nella «verità» e ciò induce a pensare ad un contesto di rivelazione. I vv. 9-24 sottolineano anche l'opera d'intercessione di Gesù per i discepoli presenti e futuri; tali versetti indicano peraltro il dono che Gesù ha fatto ai «suoi» di tutta una serie di realtà (le parole, la gioia, la gloria, l'unità, l'amore). Rivelazione, intercessione e dono sono termini che esprimono l'opera mediatrice di Gesù nei confronti dei discepoli. Il titolo «sacerdotale» va inteso dunque nel senso di una mediazione esistenziale, che le parole e la vita di Gesù rendono possibile al livello più profondo.

---

[82] Cf. I. de la POTTERIE, *La verité dans Saint Jean*, 769-775. In uno studio successivo de la Potterie contesta il titolo «sacerdotale» perché il tema di Cristo «sommo sacerdote» non è giovanneo. Sarebbe più giusto parlare di «preghiera dell'"ora" di Gesù», per l'importanza che ha questo tema in Gv 17 (cf. I. de la POTTERIE, *La preghiera di Gesù*, 70).
[83] Cf. G. SEGALLA, *La preghiera*, 13.
[84] Cf. R. FABRIS, *Giovanni*, 876-877.
[85] Cf. X. LÉON-DUFOUR, *Lettura*, III, 353-354.

Accanto alle denominazioni che abbiamo elencato, ve ne sono diverse altre che sottolineano l'uno o l'altro aspetto tematico di Gv 17, oppure si limitano semplicemente a dare un titolo senza ulteriori chiarimenti. Ciascun titolo che abbiamo enunciato sottolinea un aspetto importante di Gv 17; ci sembra tuttavia che la denominazione «preghiera sacerdotale», intesa nel senso di una mediazione esistenziale di Gesù, sia più onnicomprensiva del tono e delle parole di Cristo e perciò risulti in definitiva più appropriata.

Al termine di questo capitolo riassumiamo brevemente quanto discusso. Ci siamo dapprima soffermati sulla questione riguardante il genere letterario di Gv 17 per verificare se si tratti di una preghiera, un testamento, o altro ancora. Ci sono sembrate migliori le opinioni di chi vede in Gv 17 una preghiera d'addio alla fine di un discorso d'addio, piuttosto che un testamento spirituale. Abbiamo poi considerato Gv 17 nel contesto dell'AT e del NT appurando che vi sono, sia nell'uno che nell'altro caso, diversi legami e corrispondenze. In particolare abbiamo messo in luce le corrispondenze con la preghiera del *Pater noster*. I punti di contatto più importanti tra le due preghiere riguardano il richiamo al Padre, la menzione del «nome» (del Padre), la santificazione e la protezione dal Maligno (vd. pag. 33).

A questo punto sono stati presentati i diversi titoli attribuiti a Gv 17, tra cui anche quello di «preghiera sacerdotale», che ci è parso comunque più consono al contenuto di Gv 17. La parola «sacerdotale» non riguarderebbe tanto un senso sacrificale, quanto piuttosto una mediazione esistenziale che Gesù ha attuato rivelando il nome del Padre (che è il Padre stesso, vv. 6.26) ai suoi discepoli, intercedendo per essi (vv. 9.15.20) e donando loro tutta una serie di realtà (le parole, la gioia, la gloria, l'unità, l'amore, vv. 8.13.22.23.26). Dopo questo lavoro introduttivo, consideriamo ora nel secondo capitolo lo *status quaestionis* di Gv 17 all'interno dei capp. 13-17, che rientrano nel contesto dell'ultima cena e dell'«ora» che per Gesù è giunta. Seguirà poi lo *status quaestionis* di Gv 17 in se stesso, nel terzo.

CAPITOLO II

Il cap. 17 di Giovanni nell'insieme dei capp. 13-17

In questo capitolo su Gv 17 all'interno dei capp. 13-17 ci confronteremo con i maggiori commentari e gli studi più importanti, il cui contributo può essere importante per la nostra analisi. Prima di inquadrare Gv 17 nell'insieme dei capp. 13-17 va notato, in riferimento all'analisi di Segalla[1], che le tematiche di Gv 17 sono per lo più coerenti con il resto del vangelo. Una maggior corrispondenza lessicale e tematica la si riscontra con la prima parte del vangelo (capp. 1-12), in particolare con il Prologo nei confronti del quale ha in comune ben venti temi.

Volendo situare Gv 17 nel quadro dell'ultima cena e dei successivi discorsi d'addio (capp. 13-16), cominceremo con un'analisi sincronica dei capp. 13-17, individuando le corrispondenze tematiche e lessicali dei capitoli e le loro divisioni. Questo esame ci permetterà di mostrare quale posto occupi Gv 17 nei capp. 13-17, che sono la transizione tra la prima parte del vangelo (capp. 1-12) e la narrazione della passione, morte e resurrezione (capp. 18-20), a cui si affianca l'ultimo capitolo (21). Allo studio sincronico di questi capitoli ne seguirà uno che si soffermerà sulla critica letteraria[2]. Procediamo in questo modo per avere subito un quadro d'insieme dei capp. 13-17, che poi sottoporremo alla critica letteraria.

---

[1] Cf. G. SEGALLA, *La preghiera*, 85-89.
[2] Sulla scelta del metodo sincronico prima del diacronico, vd. pag. 10 del nostro testo.

Peraltro i due metodi (sincronico e diacronico), a giudizio di Schnelle, non sono in contrasto, bensì la loro interdipendenza giova alla comprensione e all'approfondimento dei testi[3].

Anzitutto occorre precisare che per discorsi d'addio intendiamo quella serie di capitoli che iniziano al v. 13,31 e terminano al 17,26[4]. Dal v. 13,1 al 13,30 l'ambito non riguarda un discorso, bensì i fatti dell'ultima cena di Gesù con i «suoi» fino all'uscita di Giuda dal cenacolo. Riteniamo tuttavia importante analizzare il cap. 13 fin dall'inizio perché rientra nel nuovo contesto in cui Gesù ha terminato il suo ministero pubblico e si ritrova da solo con i discepoli. Contiene inoltre dei temi fondamentali che saranno ripresi più avanti suggerendo alcune corrispondenze. Verificheremo quindi la pertinenza di Gv 17 rispetto ai capp. 13-16, dei quali ci sembra che segni un'adeguata conclusione (ma questo lo vedremo alla fine del paragrafo). Nel paragrafo seguente cercheremo allora di dimostrare che i capp. 13-17 rispondono ad una struttura concentrica e che Gv 17, pur rientrando in tale blocco, si distingue dai precedenti discorsi per la forma ed il contenuto.

1. Analisi sincronica dei capp. 13-17

Nell'analizzare i capp. 13-17 da un punto di vista sincronico cercheremo le corrispondenze di stile e contenuto, fra i vari capitoli, per individuare una struttura d'insieme. I capp. 13-17 sono un blocco unitario e a che tipo di struttura sono assimilabili? Per rispondere a queste domande, cominciamo a considerare i capp. 13.17.

Segalla osserva che Gv 17 forma una grande inclusione con il cap. 13 mettendo in luce, con una conclusione sinfonica, l'unità del blocco dei discorsi d'addio. E queste sono, secondo Segalla, le corrispondenze tra i due capp. 13.17: 1) l'arrivo dell'«ora» in 17,1 e 13,1; 2) il potere su ogni cosa dato a Gesù in 17,2 e 13,3; 3) il «compimento» in 17,4 e 13,1; 4) la glorificazione del Figlio da parte del Padre in 17,4-5 e 13,31-32; 5) i discepoli visti come i «suoi» che sono nel mondo in 17,11.15 e 13,1; 6) Giuda, considerato come strumento di satana in 17,12 e 13,2.18[5].

---

[3] Cf. U. SCHNELLE, *Die Abschiedsreden*, 65.
[4] Pur tuttavia c'è chi come Léon-Dufour fa iniziare i discorsi d'addio al v. 13,33 (X. LÉON-DUFOUR, *Lettura*, III, 84ss.).
[5] Cf. G. SEGALLA, *Giovanni*, 412-413. Qui Segalla riprende le considerazioni di Brown sui temi comuni fra il cap. 13 ed il 17 (cf. R.E. BROWN, *Giovanni*, 906).

Sul v. 17,2 che descrive il potere conferito a Gesù su ogni cosa, Schnackenburg mette in luce che la costruzione del versetto è del tutto simile a quella che s'incontra in 13,34 per il comandamento dell'amore (dopo una frase con καθώς si trova nuovamente una frase retta da ἵνα)[6].

Un'altra corrispondenza è da rilevare fra il v. 17,4 ed il 13,1. Sull'uso delle parole τέλος (13,1) e τελειώσας (17,4). Si tratta di un compimento che avviene, per Brown, solo nell'intero complesso dell'«ora»[7].

Sul v. 11b Barrett sostiene che l'unità dei discepoli nell'amore è già stata sottolineata nei discorsi precedenti, in particolare in 13,34s ed in 15,13, e sarà sottolineata di nuovo in Gv 17 (v. 21s)[8]. Così, per Léon-Dufour il v. 17,11b e i vv. 13,34-35 si ritrovano sul tema dell'amore fraterno. Sebbene 17,11b consideri l'unità dei discepoli sul modello di quella fra Padre e Figlio, essa rimanda comunque all'amore fraterno, che in 13,34-35 si fonda sull'amore di Cristo per i «suoi»[9].

Nel v. 17,12 il fatto oscuro del tradimento di Giuda e la sua esclusione dal gruppo dei discepoli di Gesù, al dire di Schnackenburg, si spiegano come in 13,18, con il motivo che si doveva «adempiere la Scrittura»[10]. E la Scrittura, fa notare Barrett, concerne un passo del salmo 41 (41,10)[11]. Brown è dell'opinione che il v. 17,12 potrebbe essere stato un'aggiunta del redattore, il quale si è ricordato del v. 13,18[12]. In ogni caso risulta evidente questa corrispondenza fra i due versetti.

Un altro tema comune emerge tra il cap. 13 ed il 17: il riconoscimento dei discepoli di Gesù da parte del mondo in base a quella che Moloney chiama «l'unità dell'amore vicendevole» (vv. 13,34-35 e 17,21-23)[13].

---

[6] Cf. R. SCHNACKENBURG, *Il vangelo*, III, 273.

[7] Cf. R.E. BROWN, *Giovanni*, 902.

[8] Cf. C.K. BARRETT, *The Gospel*, 508 (vd. anche H.N. RIDDERBOS, *The Gospel*, 553).

[9] Cf. X. LÉON-DUFOUR, *Lettura*, III, 373.

[10] Cf. R. SCHNACKENBURG, *Il vangelo*, III, 291. (Così anche D.A. CARSON, *The Gospel*, 563 e G.R. BEASLEY-MURRAY, *John*, 299).

[11] Cf. C.K. BARRETT, *The Gospel*, 509. Anche Reims vede un nesso fra 17,12 e 13,18, con un richiamo al Sal 41,10 (G. REIMS, «Probleme der Abschiedsreden», 120).

[12] Cf. R.E. BROWN, *Giovanni*, 927. Tuttavia verificheremo nella critica letteraria di Gv 17 se si tratta di un'aggiunta del redattore.

[13] Cf. F.J. MOLONEY, «The Function of John 13-17», 61.

Schnackenburg fa notare che la costruzione della frase in 17,21 è la stessa di 13,34: prima è espressa l'idea di fondo (in 13,34 il nuovo comandamento dell'amore ed in 17,21 l'unità fra i credenti). Tale idea viene poi spiegata (καθώς) ed infine formulata nuovamente da una frase introdotta da ἵνα, che la riprende. L'omogeneità linguistica dei due passi indica peraltro un'affinità di idee: l'auspicata unità si attua nel vicendevole amore[14].

Della stessa opinione è Brodie secondo cui vi sarebbe un'affinità linguistica tra i due versetti. L'unità dei discepoli ha così una doppia dimensione: deriva dall'unità divina e si riflette sulla terra nel comandamento dell'amore[15].

Lindars vede poi una corrispondenza fra il v. 17,21 ed il 13,35 sul mondo che crederà all'invio di Gesù Cristo da parte del Padre, grazie all'unità dei discepoli (17,21), così come in 13,35 «tutti sapranno che siete miei discepoli» per l'amore che i discepoli porteranno gli uni per gli altri[16].

Come la realtà dell'amore fra i credenti, secondo Carson, attesta che essi sono discepoli di Gesù (13,34-35), similmente il fatto della loro unità in 17,21 è così irresistibile, così profondo, che si può spiegare solo se Gesù è veramente il rivelatore mandato dal Padre[17]. Beasley-Murray afferma che l'unità di cui al v. 17,23 è possibile solo per l'azione redentiva di Gesù, a cui comunque gli uomini sono invitati a dare una risposta. E questa risposta è indicata proprio nel comando del Cristo sull'amore vicendevole, «come io ho amato voi» (13,34)[18].

Sul v. 17,23 il cui tema è la perfezione nell'unità da cui deriva che il mondo «saprà che tu mi hai mandato e che li hai amati come hai amato me», Brown vede un forte nesso con il v. 13,35: «Da questo tutti sapranno che siete miei discepoli, se avrete amore gli uni per gli altri»[19]. Il v. 13,35 integra quindi il 17,23 sul significato dell'unità fra i discepoli.

Ma, in particolare, ci sembrano significative le corrispondenze riguardanti i temi dell'«ora», dell'amore e della glorificazione. Il cap. 13 si apre con il tema dell'«ora», così come il cap. 17. Fabris nota che in Gv 17 risuona per l'ultima volta il segnale dell'«ora», prima della

---

[14] Cf. R. SCHNACKENBURG, *Il vangelo*, III, 309.
[15] Cf. T.L. BRODIE, *The Gospel according to John*, 516.
[16] Cf. B. LINDARS, *The Gospel*, 530.
[17] Cf. D.A. CARSON, *The Gospel*, 568.
[18] Cf. G.R. BEASLEY-MURRAY, *John*, 303.
[19] Cf. R.E. BROWN, *Giovanni*, 941.

morte e glorificazione di Gesù. Un segnale che era scoccato in prossimità della pasqua (13,1)[20].

Ed è importante quello che Brown constata e cioè che nei capp. 13-17, solo ai versetti 13,1 e 17,1 vi è questo uso assoluto del termine «ora», anche se ciò non giustifica, secondo l'autore, il riordinamento logico di Bultmann che colloca 17,1 immediatamente dopo il v. 13,1[21].

L'inizio del cap. 13 presenta anche il tema dell'amore che ritroviamo nell'ultimo versetto di Gv 17 (v. 26). Considerando questa seconda corrispondenza, Mlakuzhyil afferma che tutti i versetti compresi fra il primo e l'ultimo (fra il 13,1 ed il 17,26) devono essere interpretati nella luce della rivelazione dell'amore divino[22].

Analogamente anche Moloney vede una corrispondenza sul tema dell'amore enunciato all'inizio del cap. 13 e ripetuto alla fine del 17 (vv. 24-26). Egli lega inoltre tale tema con la glorificazione: nell'amore e attraverso l'amore, di cui si parla in questi versetti (17,24-26), Dio è stato glorificato ed il Figlio è glorificato (17,1b.5.24). L'unità dell'amore, accordata ai discepoli, farà sì ch'essi contemplino la gloria del Figlio (17,24)[23].

Il tema della glorificazione emerge tra l'altro anche all'inizio dei discorsi d'addio, dopo l'uscita di Giuda dalla sala del cenacolo (vv. 13,31-32) e ricompare all'inizio di Gv 17 (vv. 1.4-5), non prima di essere stato menzionato un paio di volte all'interno di questi capitoli (15,8 e 16,14).

Schnackenburg fa notare che, per il contenuto, il v. 17,1 sulla glorificazione del Figlio da parte del Padre presuppone i vv. 13,31-32. In entrambi i casi, poiché il Figlio ha glorificato il Padre, adesso anche il Padre deve glorificare il Figlio. E quest'ultima glorificazione a sua volta determinerà la glorificazione del Padre da parte del Figlio[24].

Anche Léon-Dufour rileva la reciprocità della glorificazione tra il Figlio ed il Padre in 17,1 ed in 13,31-32[25]; e così pure Ridderbos vede un pronunciamento parallelo fra questi versetti[26].

---

[20] Cf. R. Fabris, *Giovanni*, 865.
[21] Cf. R.E. Brown, *Giovanni*, 899.
[22] Cf. G. Mlakuzhyil, *The Christocentric*, 324-325.
[23] Cf. F.J. Moloney, «The Function of John 13-17», 61-62.
[24] Cf. R. Schnackenburg, *Il vangelo*, III, 272-273.
[25] Cf. X. Léon-Dufour, *Lettura*, III, 357-358.
[26] Cf. H.N. Ridderbos, *The Gospel*, 548 (vd. anche B. Lindars, *The Gospel*, 518).

Lindars nota una corrispondenza anche tra il v. 17,10 ed il 13,31; come in quest'ultimo Gesù è stato glorificato da Dio, così nel 17,10 saranno i discepoli a glorificare Gesù[27].

Tenendo presente queste corrispondenze, i capp. 13.17 si possono considerare come gli estremi della struttura riguardante l'insieme dei capp. 13-17 (questa opinione viene sostenuta da autori quali Moloney, Mlakuzhyil e Simoens)[28]. Per tutte le enunciate corrispondenze, ci sembra più opportuno far rientrare dall'inizio il cap. 13 nel contesto dei capp. 13-17 e vederlo, in particolare, come parallelo a Gv 17.

Passiamo adesso all'analisi delle parti successive, riguardanti i capp. 14-16. Considereremo dapprima le parti dei vv. 14,1-31 e 16,4b-33[29], quindi il cap. 15 fino ai primi versetti del 16 (1-4a). Questa scelta è dettata dal fatto che esistono diverse corrispondenze tematiche e strutturali tra 14,1-31 e 16,4b-33[30], per cui ci sembra opportuno analizzarli insieme in un primo tempo.

Brown sostiene che il tema della partenza di Gesù, annunciato in 13,31-38, viene sviluppato in 14,1-31, rispondendo ai problemi che riguardano i discepoli dopo la partenza di Gesù. Sia il cap. 14 che i vv. 16,4b-33 affrontano questi problemi più direttamente che non il cap. 15 e l'inizio del 16 (16,1-4a)[31]. Anche Moloney sottolinea il tema centrale della partenza di Gesù, che era stato precedentemente annunciato nelle espressioni riguardanti la sua morte (10,17-18), morte che rivela la sua glorificazione (12,27-28) ed il suo rendere gloria a Dio (11,4.40; 12,23.32-34; 13,31-32)[32].

Un tema fra tutti risalta in 14,1-31 ed in 16,4b-33, quello dell'andata di Gesù al Padre. Il tema era già stato annunciato in 13,33, ripreso poi in 14,2-3.12.28 ed in 16,5.7.17.28. E' da notare, in particolare, la ripetizione dell'espressione «dove vai» in 16,5b, rispetto a 14,5.

---

[27] Cf. B. LINDARS, *The Gospel*, 523.

[28] Cf. F.J. MOLONEY, «The Function of John 13-17», 61-62; G. MLAKUZHYIL, *The Christocentric*, 324-325; Y. SIMOENS, *La gloire d'aimer*, 199.

[29] Mlakuzhyil anticipa la II parte dal v. 13,31; egli in realtà aveva prolungato la prima fino al v. 38, quindi i vv. 31-38 rientrerebbero in entrambe le parti, costituendo un ponte fra le due (cf. G. MLAKUZHYIL, *The Christocentric*, 324-325). Noi optiamo per la soluzione che fa iniziare la II parte al v. 14,1 perché ci pare più rispettosa della struttura del testo.

[30] Cf. R. SCHNACKENBURG, *Il vangelo*, III, 201.

[31] Cf. R.E. BROWN, *Giovanni*, 748-749.

[32] Cf. F.J. MOLONEY, *The Gospel*, 394.

Incontriamo qui, secondo Brown, un ben noto punto cruciale nell'ultimo discorso, dal momento che in realtà vi sono già state delle domande su dove Gesù sia diretto[33].

In 16,5b Gesù dice: «nessuno di voi mi domanda: "Dove vai?"», cosa che risulta un po' strana dal momento che invece questa domanda era stata già formulata da Simon Pietro in 13,36, e poi ripresa come affermazione da Tommaso in 14,5. Anche se questa ripetizione è stata fonte di discussione e di varie ipotesi fra gli studiosi, non ci attardiamo adesso su tali problemi, che non interessano quest'analisi. Ci sembra tuttavia importante fornire una spiegazione sull'utilizzo ripetuto di quel «dove vai».

Carson formula, fra le varie ipotesi, la seguente: dopo che i discepoli hanno ascoltato e compreso le dichiarazioni di Gesù intorno al suo destino, in 16,5b non gli rivolgono più la stessa domanda — «dove vai?» —. Gesù afferma che ora andrà da colui che lo ha mandato e, dopo che i discepoli hanno ascoltato il precedente discorso (dal v. 14,6 al 16,3), non hanno più bisogno di chiedere al Signore dove vada perché conoscono la risposta[34]. Lindars sottolinea peraltro il momento presente in cui Gesù dice che nessuno dei discepoli gli chiede dove vada. E la mancata domanda dei discepoli prepara la spiegazione della partenza di Gesù nel v. 16,7[35].

Ridderbos ritiene che la ripetizione della medesima espressione nei confronti di Gesù — «dove vai» — in 14,5 e 16,5b, si spiega con il motivo che quest'ultimo versetto esprime in un modo differente quello che già era stato detto in 13,36 e 14,5[36].

Infine Schnackenburg afferma che la domanda già posta in 13,36 e 14,5 viene ignorata, perché si vuole stabilire un nuovo spunto per il discorso[37]. In ogni caso, qualunque sia la spiegazione fornita per la ripetizione della espressione «dove vai», risulta significativa (tale ripetizione) per la nostra analisi sincronica.

Viene introdotto anche l'argomento dell'invio dello Spirito Santo (14,16-17.26 e 16,7-8.13-15). In particolare va notato l'uso dello stesso

---

[33] Cf. R.E. BROWN, *Giovanni*, 860.
[34] Cf. D.A. CARSON, *The Gospel*, 533 (cf. su questa spiegazione G.R. BEASLEY-MURRAY, *John*, 279).
[35] Cf. B. LINDARS, *The Gospel*, 499.
[36] Cf. H.N. RIDDERBOS, *The Gospel*, 530.
[37] Cf. R. SCHNACKENBURG, *Il vangelo*, III, 201.

termine παράκλητος in 14,16 ed in 16,7[38]. Il dono del Paraclito in 14,16 e 16,7 è determinato, al dire di Léon-Dufour, dal ritorno di Gesù al Padre[39].

Brown osserva che, rispetto ai vv. 16,8-11, anche il primo passo sul Paraclito in 14,15-17 riguardava il rapporto tra il Paraclito e il mondo[40].

Léon-Dufour richiama la ripetuta occorrenza dell'espressione «il Principe di questo mondo» in 14,30 ove non ha «nessun potere» su Gesù ed in 16,11, dove «è stato giudicato»[41].

Carson vede inoltre il v. 14,26 e i vv. 16,12-15 sulla funzione dello Spirito Santo, come mutuamente complementari. Il ruolo che il Paraclito svolge in 14,26, facendo ricordare ai discepoli tutto quello che Gesù ha detto, diventa in 16,12-15 un compito di rivelazione[42]. Analogamente, Bultmann lega il v. 16,14 con il 14,26: il richiamare alla mente, da parte dello Spirito, tutto quello che Gesù ha detto (14,26) corrisponde all'annunzio fatto ai discepoli di quanto appartiene a Gesù stesso (16,14)[43].

Per Brown poi, il passo sul Paraclito come maestro dei discepoli nei vv. 16,13-15, è un duplicato di 14,26[44].

Da rilevare ancora sullo Spirito Santo, è Schnackenburg a parlare, l'utilizzo della stessa espressione, «Spirito di verità», in 16,13 e 14,17[45]. Barrett considera anche la corrispondenza fra 16,8 e 14,17, in quanto in entrambi lo Spirito Santo ed il «mondo» sono inconciliabili fra loro[46].

Bultmann vede un parallelismo tra i vv. 16,12-15, seguiti da 16,16-24, ed i vv. 14,15-17, a cui segue 14,18-20. In 14,15-17 ed in 16,12-15 viene infatti promessa la venuta del Paraclito così come in 14,18-20 ed in 16,16-24 la seconda venuta di Gesù stesso[47].

---

[38] Cf. D.A. CARSON, *The Gospel*, 533. Morris fa notare anche la stessa denominazione, «Spirito di verità», attribuita allo Spirito Santo in 16,13 ed in 14,17 (L. MORRIS, *The Gospel*, 700).
[39] Cf. X. LÉON-DUFOUR, *Lettura*, III, 302.
[40] Cf. R.E. BROWN, *Giovanni*, 862.
[41] Cf. X. LÉON-DUFOUR, *Lettura*, III, 291-292.
[42] Cf. D.A. CARSON, *The Gospel*, 539.542.
[43] Cf. R. BULTMANN, *The Gospel*, 576.
[44] Cf. R.E. BROWN, *Giovanni*, 866. Sulla funzione dell'insegnamento che il Paraclito svolge, vd. anche X. LÉON-DUFOUR, *Lettura*, III, 302.
[45] Cf. R. SCHNACKENBURG, *Il vangelo*, III, 216.
[46] Cf. C.K. BARRETT, *The Gospel*, 487.
[47] Cf. R. BULTMANN, *The Gospel*, 585.

Morris rileva ancora la corrispondenza fra 16,6 (che è ripresa poi in 16,25) e 14,25 sull'espressione «vi ho detto queste cose», e quella fra il v. 16,6 ed il 14,1 sul termine καρδία[48].

Rilevante per importanza è inoltre il tema del ritorno di Gesù fra i «suoi». Schnackenburg suddivide il cap. 14 in due parti: fino al v. 17 dominerebbe il tema dell'andata di Gesù al Padre, dal 18 quello del ritorno[49]. Così anche in 16,4b-33 compare il tema del ritorno di Gesù (in particolare dal v. 16 in avanti).

Anzitutto Ridderbos fa notare lo stretto parallelo fra il v. 14,19 ed il 16,16. Entrambi usano l'espressione «ancora un poco» ed entrambi riferiscono in un primo tempo sull'impossibilità da parte dei discepoli di «vedere» Gesù, ed in un secondo sul fatto che lo vedranno. L'espressione «ancora un poco» sarebbe in tutti e due i casi un rimando all'imminente morte e resurrezione[50].

Così anche Lindars vede nell'uso della misteriosa espressione «ancora un poco» che ricorre in 14,19 ed in 16,16, un chiaro riferimento alla risurrezione, dopo della quale i discepoli potranno di nuovo vedere il Signore Gesù[51].

Il v. 16,22 riprende poi, a giudizio di Ridderbos, il tema della visione di Gesù (da parte dei discepoli) già enunciato in 14,19 ed in 16,16[52]. Anche secondo Bultmann l'espressione ὄψομαι ὑμᾶς del v. 16,22 non può essere differente da ἔρχομαι πρὸς ὑμᾶς del 14,18[53].

Sono in comune poi i temi della preghiera[54] (14,12-14 e 16,21-24), della fede (14,1.10-12 e 16,31), dell'amore (14,15.21.23-24 e 16,27) ed il termine μικρὸν per designare la natura temporanea della partenza di Gesù (14,19 e 16,16-19).

Un'ulteriore corrispondenza Ridderbos la individua fra 14,20 e 16,23 sull'espressione «in quel giorno». Come in 14,20, situato dopo la promessa che i discepoli vedranno di nuovo Gesù (14,19), in 16,23 egli

---

[48] Cf. L. MORRIS, *The Gospel*, 696.
[49] Cf. R. SCHNACKENBURG, *Il vangelo*, III, 97-98.
[50] Cf. H.N. RIDDERBOS, *The Gospel*, 537-538 (vd. anche R.E. BROWN, *Giovanni*, 871).
[51] Cf. B. LINDARS, *The Gospel*, 506. Sulla ripetizione del termine μικρὸν, cf. anche C.K. BARRETT, *The Gospel*, 491; R. FABRIS, *Giovanni*, 829 e X. LÉON-DUFOUR, *Lettura*, III, 276.
[52] Cf. H.N. RIDDERBOS, *The Gospel*, 539.
[53] Cf. R. BULTMANN, *The Gospel*, 580.
[54] Sulla preghiera, Carson mette in luce il nesso fra il v. 16,23 e i vv. 14,13-14 in cui si utilizza la stessa espressione, «nel nome di Gesù» (cf. D.A. CARSON, *The Gospel*, 545).

offre un'altra assicurazione relativa al suo prossimo ritorno fra i discepoli: «In quel giorno non mi domanderete più nulla»[55].

Come fa notare Schnackenburg l'espressione «in quel giorno», presente in 16,23 e 14,20, rievoca in entrambi i contesti una terminologia pasquale di incontro con il Signore[56].

Per Lindars i vv. 16,23-24 sono una ripetizione dell'idea contenuta in 14,12-14. In particolare egli mette in evidenza l'utilizzo del verbo «chiedere», comune ad entrambe le parti. Nel v. 16,23 poi è usato prima il greco ἐρωτάω che può significare pregare, ma anche fare semplicemente delle richieste. Nel v. 16,23 si utilizza anche l'altro verbo greco, αἰτέω, che in questo contesto significa senz'altro (è sempre Lindars a parlare) chiedere nella preghiera. Ed è, quest'ultimo, il verbo usato anche nei vv. 14,13-14 con lo stesso significato[57]. Per l'insistenza sul Padre e sull'amore che egli ha per il discepolo, Léon-Dufour vede un'analogia fra i vv. 16,23b-27 e 14,21-23[58].

Morris mette in luce anche il contrasto fra il v. 16,26 ed il 14,16 ove in entrambi è usata la parola ἐρωτήσω ma, mentre in 14,16 Gesù dice che pregherà il Padre per i discepoli, in 16,26 afferma che non lo pregherà più per loro. Il contrasto si risolve, secondo Morris, considerando che il primo versetto riguarda il ministero terreno di Gesù, il secondo invece il tempo dopo la resurrezione[59].

Sull'amore Ridderbos constata il nesso fra il v. 16,27 in cui il Padre ama i discepoli e 14,21.23 in cui è espresso l'identico amore. Sia in 16,27 che nei vv. 14,21.23 infatti, il Padre ama i discepoli perché questi amano il Figlio[60].

E secondo Lindars, l'amore del Padre per i discepoli in 16,27, è più semplicemente espresso nell'idea della relazione di mutua inabitazione di cui al v. 14,21[61].

Il fatto poi che, al dire di Moloney, i discepoli rimasti in silenzio dal v. 15,1 al 16,4a, tornino a porre domande sul tema della partenza (16,17-18), testimonia a favore di una ripresa del primo discorso. Vi è

---

[55] Cf. H.N. RIDDERBOS, *The Gospel*, 539.
[56] Cf. R. SCHNACKENBURG, *Il vangelo*, III, 253.
[57] Cf. B. LINDARS, *The Gospel*, 510. Sul tema della preghiera, comune a 16,23-24 e 14,13-14, cf. anche T.L. BRODIE, *The Gospel*, 501.
[58] Cf. X. LÉON-DUFOUR, *Lettura*, III, 326.
[59] Cf. L. MORRIS, *The Gospel*, 710.
[60] Cf. H.N. RIDDERBOS, *The Gospel*, 543.
[61] Cf. B. LINDARS, *The Gospel*, 512.

inoltre, in 16,4b-33, una maggior ricchezza e confidenza nel contenuto che determina un approfondimento rispetto a 14,1-31[62].

Lindars nota ancora che la frase — «Queste cose vi ho detto» — viene ripetuta tale e quale in 16,25 rispetto a 14,25. E in entrambi i casi emerge il contrasto fra il tempo che precede la passione e la nuova condizione che seguirà dopo la resurrezione[63].

Bultmann nota ancora le seguenti corrispondenze: ἵνα ὅταν γένηται πιστεύσητε di 14,29 con ἄρτι πιστεύετε di 16,31; ἔρχεται γὰρ ὁ τοῦ κόσμου ἄρχων di 14,30 con κἀμὲ μόνον ἀφῆτε di 16,32. Infine, καὶ ἐν ἐμοὶ οὐκ ἔκει οὐδέν dello stesso v. 14,30 va messo in relazione con καὶ οὐκ εἰμὶ μόνος di 16,32[64]. Da ultimo va notato il parallelismo fra 16,33 e 14,27 sul tema della pace[65], nonché ancora una volta l'espressione Ταῦτα λελάληκα ὑμῖν (cf. 16,25) che ricorre precedentemente in 14,25[66].

In definitiva, vari temi del cap. 14 li ritroviamo in 16,4b-33, riteniamo dunque che nella struttura d'insieme dei capp. 13-17 queste due parti siano in parallelo tra loro.

Per le parti seguenti, riguardanti i vv. 15,1-16,4a, varie divisioni sono state proposte. Gli autori sono comunque d'accordo nel vedere una chiara cesura in 15,18[67]. Dal v. 15,1 al 15,17 i temi prevalenti sono quelli della vera vite e dell'amore, mentre invece dal 15,18 al 16,4a predominano i temi dell'odio e della persecuzione del mondo nei confronti dei discepoli. L'analisi che segue metterà peraltro in luce la contrapposizione fra queste due parti. All'interno poi dei vv. 15,1-17, i vari autori di cui esporremo il pensiero, scelgono un'ulteriore divisione.

Brown suddivide 15,1-17 in 1-6, con l'immagine della vite e dei tralci, e 7-17, in base alla relativa spiegazione di questa immagine nel contesto dei temi dell'ultimo discorso. Egli poi suddivide ulteriormente i vv. 7-17 in 7-10 e 12-17 (con il v. 11 che fa da transizione e riepiloga il senso dei vv. 7-10)[68].

---

[62] Cf. F.J. MOLONEY, «The Function of John 13-17», 56.
[63] Cf. B. LINDARS, *The Gospel*, 511. Così anche R. BULTMANN, *The Gospel*, 587 e C.K. BARRETT *The Gospel*, 495.
[64] Cf. R. BULTMANN, *The Gospel*, 594.
[65] Cf. B. LINDARS, *The Gospel*, 514; L. MORRIS, *The Gospel*; 714; R. SCHNACKENBURG, *Il vangelo*, III, 264; R. FABRIS, *Giovanni*, 834; M. WINTER, *Das Vermächtnis*, 252 e X. LÉON-DUFOUR, *Lettura*, III, 340.
[66] Cf. K. BARRETT, *The Gospel*, 498.
[67] Infatti, come afferma Brown, 15,1-17 è generalmente riconosciuto come un'unità e nel v. 18 vi è un cambiamento di tema (cf. R.E. BROWN, *Giovanni*, 803).
[68] Cf. R.E. BROWN, *Giovanni*, 803.805.

Brodie appoggia questa divisione: 15,1-10 (e la suddivide ulteriormente in 1-4; 5-7 e 8-10) che descrive l'unione dei discepoli con Cristo, la vera vite, e 15,11-17 che mette in luce gli effetti concreti di tale unione[69]. Ridderbos propone questa struttura: 15,1-8 («Io sono la vera vite») e 15,9-17 («Rimanete nel mio amore»)[70].

Léon-Dufour si rifà anch'egli a questa divisione: 15,1-8 che sviluppa il tema della vite e la necessità per il discepolo di rimanere in Gesù; la seconda (15,9-17) pone al centro l'amore come oggetto della rivelazione[71]. Così pure Segalla suggerisce la stessa divisione (15,1-8 e 15,9-17). In particolare, Segalla osserva che ambedue le unità corrispondono a un chiasma circolare, che s'interseca al v. 8[72].

Bultmann, che adotta la medesima divisione, afferma che i vv. 1-8 sono un'esortazione alla costanza della fede, espressa con μείνατε ἐν ἐμοί (vv. 4.7), mentre la seconda (vv. 9-17) definisce più chiaramente quel ἐν ἐμοί come un ἐν τῇ ἀγάπῃ τῇ ἐμῇ (v. 9), evidenziando il comandamento dell'amore[73].

Carson si discosta dai precedenti autori (Ridderbos, Léon-Dufour, Segalla e Bultmann) non per la prima parte (15,1-8), bensì per la seconda ch'egli fa terminare un versetto prima (15,9-16). Il v. 15,17 sarebbe un versetto transizionale che, da un lato richiama i vv. 10.12, e dall'altro prepara l'opposizione ai discepoli da parte del mondo, a partire da 15,18[74]. Ci sembra in ogni caso che, d'accordo con la maggior parte degli autori, 15,17 rientri più facilmente nel contesto dei versetti precedenti.

Moloney sceglie questa divisione: 15,1-11; 15,12-17; 15,18-16,3. La metafora della vite, richiamata da passi dell'AT (Os 10,1-2; Is 5,1-7; Ger 2,21; Ez 15,1-5; 17,1-21; 19,10-15; Sal 80,8-18), mette in evidenza fin dall'inizio un contrasto tra Gesù, la vera vite (15,1-11) e la pretesa d'Israele di essere un'autentica vite (vv. 16,1-3). Moloney contrappone dunque la prima parte (15,1-11) e la terza (15,18-16,3), che fa comunque arrivare fino al v. 16,3[75]. In 15,1-11 si descrivono i temi dell'unità

---

[69] Cf. T.L. BRODIE, *The Gospel*, 478-479.482.
[70] Cf. H.N. RIDDERBOS, *The Gospel*, 514.518.
[71] Cf. X. LÉON-DUFOUR, *Lettura*, III, 196-197.
[72] Cf. G. SEGALLA, *Giovanni*, 386-387.
[73] Cf. R. BULTMANN, *The Gospel*, 529.
[74] Cf. D.A. CARSON, *The Gospel*, 510.524.
[75] Cf. F.J. MOLONEY, «The Function of John 13-17», 52-56.66. Ci sembra meglio far arrivare il cap. 16 sino al v. 4a anche per una ragione formale enunciata da Schnackenburg: l'espressione ταῦτα λελάληκα ὑμῖν in 4a segna la conclusione di

e della gioia che deriva dal rimanere in Gesù, la vera vite; nella terza (15,18-16,3) al contrario, l'odio, l'espulsione e la persecuzione dei discepoli da parte dei Giudei (la vite falsa) che non hanno accolto Gesù ed il Padre[76].

Un'altra divisione, proposta da Lindars, sceglie una prima parte in 15,1-11 (la vera vite) ed una seconda (vv. 12-17) che riguarda l'amore vicendevole dei discepoli. Lindars suddivide poi 15,18-16,4a in tre sottoparti: 18-25 (l'odio del mondo); 26-27 (la testimonianza del Consolatore) e 16,1-4a (la persecuzione nei confronti dei discepoli)[77].

Fabris si attiene alla medesima divisione per 15,1-17 con la prima parte (15,1-11) che intitola — «rimanere in Gesù vera vite per portare frutto» — e la seconda (15,12-17), in cui si attua il comando dell'amore reciproco[78].

Secondo Beasley-Murray non è fondamentale determinare il punto preciso della divisione di 15,1-17. Tuttavia egli ritiene che il v. 15,11, in cui si usa l'espressione «questo vi ho detto», segni un'adeguata cesura. Tale espressione verrà ripetuta anche in 16,1, 16,4a e 16,33 dando inizio ogni volta a una parte nuova. Per la parte successiva (15,18-16,4a), Beasley-Murray adotta questa struttura: 15,18-25, 15,26-27 e 16,1-4a[79]. Infine dello stesso parere è Schnackenburg che sostiene la seguente suddivisione: 15,1-11; 15,12-17; 15,18-25; 15,26-27; 16,1-4a[80].

Per quanto riguarda le prime due parti, seguiremo anche noi la divisione (15,1-11 e 15,12-17) proposta da questi ultimi autori (Moloney, Lindars, Fabris, Beasley-Murray, Schnackenburg). Per la terza parte (vv. 15,18-16,4a) riteniamo di poterla considerare un unico blocco che tratta dell'odio e della persecuzione nei confronti dei discepoli. Il breve cenno al Consolatore (15,26-27) non distoglie da questa tematica anche perché, nel contesto della persecuzione, il compito dello Spirito sarà di rendere testimonianza. Adesso, prima di riassumere i risultati di

---

un discorso. La ripresa della stessa in 4b (con al posto di λελάληκα, εἶπον) indica il passaggio ad un nuovo discorso che ha inizio in 16,5 (cf. R. SCHNACKENBURG, *Il vangelo*, III, 151).

[76] Cf. F.J. MOLONEY, «The Function of John 13-17», 52.66. Questa divisione era stata seguita anche da Simoens (Y. SIMOENS, *La gloire d'aimer*, 199).
[77] Cf. B. LINDARS, *The Gospel*, 488-497.
[78] Cf. R. FABRIS, *Giovanni*, 806.
[79] Cf. G.R. BEASLEY-MURRAY, *John*, 269-270.
[80] Cf. R. SCHNACKENBURG, *Il vangelo*, III, 153.

quest'analisi, vorremmo ancora discutere su alcuni temi delle parti scelte, al fine di visualizzare meglio la struttura da noi proposta.

Brown mette in luce il tema dell'odio, presente nei vv. 15,18-21, come contrapposto a quello dell'amore che si trova invece in 15,1-17[81]. Similmente Winter rileva che il tema centrale in 15,18-16,4a, l'odio del mondo, è diametralmente contrapposto al tema dell'amore reciproco in 15,1-17, che nell'amore del Padre e del Figlio si fonda[82].

Il discorso che va da 15,1 a 16,4a, secondo Léon-Dufour, comprende due parti, centrate rispettivamente sull'interno (15,1-17) e sull'esterno (15,18-16,4a) della comunità. L'interno è caratterizzato dalla mutua inabitazione del Figlio e dei discepoli, condizione perché venga portato un frutto sempre più abbondante. Al di fuori, i credenti sono in balìa della persecuzione, suscitata dall'odio del mondo contro Gesù. I due quadri, per Léon-Dufour, compongono un unico discorso, in cui le due facce dell'esistenza dei discepoli, sono da un lato l'unione con il Figlio (15,1-17) e dall'altro emerge il contrasto del mondo (15,18-16,4a)[83].

Particolare importanza, osserva Moloney, riveste nella prima parte il verbo «rimanere» che è ripetuto ben dieci volte e che, data la collocazione centrale in questi capitoli, è un invito urgente affinché i discepoli assumano un nuovo e più profondo atteggiamento di fede verso colui che sta per essere glorificato attraverso la passione. Mediante il loro legame con Gesù, i discepoli sono inseriti nell'unità che esiste tra il Padre ed il Figlio[84].

D'altra parte, continua Moloney, al contrario dei discepoli il mondo che ha odiato Gesù conserva un identico atteggiamento verso i discepoli (15,18-16,4a). Ma chi è il mondo, si chiede Moloney, e considerando i capp. 1,19-12,50, egli vede nei Giudei la vite falsa (cf. Ger 2,21). L'insegnamento sull'amore e la gioia che deriveranno dal rimanere in Gesù, la vera vite (15,1-11), si integra con quello sulla persecuzione verso i discepoli da parte della vite falsa in 15,18-16,4a[85].

Altri motivi di collegamento fra la prima e la terza parte sono quelli che Schnackenburg elenca in quattro punti: a) i contrari amare-odiare che sono caratteristici del pensiero giovanneo (15,9-10 e 15,18-19.23-24); b) la contrapposizione discepoli-mondo (15,8 e 15,18); c) l'idea

---

[81] Cf. R.E. BROWN, *Giovanni*, 849.
[82] Cf. M. WINTER, *Das Vermächtnis*, 250.
[83] Cf. X. LÉON-DUFOUR, *Lettura*, III, 195-196.
[84] Cf. F.J. MOLONEY, «The Function of John 13-17», 52-53.
[85] Cf. F.J. MOLONEY, «The Function of John 13-17», 55-56.

dell'elezione dei discepoli indica un aggancio tra la prima (v. 15,6) e la seconda parte (v. 15,19); d) le altre locuzioni che collegano le due parti sono τηρεῖν τὰς ἐντολάς (v. 10) e τὸν λόγον (v. 20)[86].

Schnackenburg fa terminare anche lui al v. 11 la prima parte del cap. 15, in quanto l'idea che la gioia dei discepoli sia piena, segna in qualche modo una conclusione. Inoltre la successiva unità (vv. 12-17) volge il suo sguardo sul comandamento dell'amore reciproco. Dal v. 18 infine, la tematica principale riguarda il rapporto di attrito tra il mondo e i discepoli del Signore[87].

Vogliamo, al termine di quest'analisi, esaminare la parte centrale (15,12-17) di questi capitoli. La cesura dopo il v. 11 trova conferma nell'unità di discorso seguente che è caratterizzata dal comandamento di Gesù sull'amore vicendevole. Il tema introdotto al v. 12 riprende quanto affermava il comandamento dell'amore del v. 13,34.

Moloney osserva che l'aggiunta καθὼς ἠγάπησα ὑμᾶς di 15,12 (presente anche in 13,34) è cruciale. Essa sarebbe un riferimento al commento del narratore sull'amore di Gesù per i «suoi» in 13,1, che è orientato alla croce. E' dunque, la richiesta di Gesù in 15,12, un appello affinché i discepoli realizzino un amore di elevata qualità. Gv 15,12-17 è al centro di 15,1-16,3 (noi abbiamo spostato fino al v. 16,4a) e questa collocazione centrale è evidenziata dal comando di Gesù sull'amore «come lui ha amato», essendo una conseguenza di tutto quello che ha fatto per loro[88].

Ci sembra importante questa collocazione di 15,12-17 al centro di 15,1-16,4a in base al motivo tematico riguardante il comandamento dell'amore. Lindars sostiene che il comando dell'amore reciproco (vv. 15,12.17) è la sostanza di tutto quello che Gesù ha detto; è inoltre una ripresa di quanto già detto nell'ultima cena (13,34)[89].

Schnackenburg afferma che nel comandamento dell'amore vicendevole tutti i comandamenti trovano il loro centro e la loro conferma. Il brano sulla vite trattava il tema sul portare frutto dei discepoli ed i vv. 12-17 concretizzano ed approfondiscono lo stesso concetto accennando

---

[86] Cf. R. SCHNACKENBURG, Il vangelo, III, 151-152.
[87] Cf. R. SCHNACKENBURG, Il vangelo, III, 152-153.
[88] Cf. F.J. MOLONEY, «The Function of John 13-17», 53-54. A giudizio di Klauck i vv. 15,1-17 sono una rilettura di 13,1-17, nonché del v. 13,34 sull'amore vicendevole (cf. H.J. KLAUCK, «Der Weggang Jesu», 245-246).
[89] Cf. B. LINDARS, The Gospel, 492.

all'amore vicendevole. Nei vv. 12-17 inoltre, culmina l'esortazione alla comunità dei discepoli ed amici di Cristo[90].

Così Bultmann vede nel v. 17 una dichiarazione che, ripetendo il comandamento dell'amore reciproco di 13,34 e 15,12, segna la fine della sezione 15,9-17 e conclude l'intero discorso[91].

E Morris scorge nel plurale ταῦτα di 15,17 (letteralmente «queste cose») il fatto che tutti i comandamenti contenuti nel discorso del cap. 15 sono in vista di un singolo scopo, che i discepoli possano vivere nel reciproco amore[92].

Il v. 17 poi, come osserva Beasley-Murray, riprende il comandamento dell'amore reciproco del v. 12, e così porta il discorso sulla vite alla sua adeguata conclusione. L'esortazione all'amore è la prima e l'ultima parola di Cristo ai suoi amici[93]. Léon-Dufour precisa il fatto che il v. 17, ripetendo il comandamento dell'amore, fa inclusione con il v. 12[94].

L'opinione sull'inclusione è condivisa anche da Ridderbos[95] e da Schnackenburg. Quest'ultimo osserva che il brano prende spunto dalla menzione della parola «comandamenti», al v. 15,10, e si articola secondo le associazioni di parole che qui riportiamo: v. 12 ἠγάπησα - ἀγάπην, v. 13; v. 13 τῶν φίλων - φίλοι, v. 14; v. 15 δούλους - φίλους; v. 15 ἐγνώρισα - ἐξελεξάμην, v. 16. Nel v. 16 ἔθηκα porta al ripensamento sul fatto di portare frutto, e viene ripresa anche la promessa sull'esaudimento della preghiera[96].

Simoens ritiene che i capp. 13-17 rientrino in un formulario dell'alleanza. Qui vogliamo mostrare quali siano, secondo questo autore, i paralleli tra i capp. 13-16 ed il 17 e lo faremo iniziando a mostrare un suo duplice schema[97].

---

[90] Cf. R. SCHNACKENBURG, Il vangelo, III,178.184.
[91] Cf. R. BULTMANN, The Gospel, 546.
[92] Cf. L. MORRIS, The Gospel, 678.
[93] Cf. G.R. BEASLEY-MURRAY, John, 275.
[94] Cf. X. LÉON-DUFOUR, Lettura, III, 235.
[95] Cf. H. N. RIDDERBOS, The Gospel, 522.
[96] Cf. R. SCHNACKENBURG, Il vangelo, III,156.
[97] Y. SIMOENS, La gloire d'aimer, 199.

1.1 Schema proposto da Simoens

13,1-38	17,1-26
Agapè-Glorificaz.	Glorificaz.-gloria
Agapè	*Agapè*
14,1-31	16,4-33
Luogo di partenza-Fede	Ora della partenza
Amore-osserv. dei comand.	Fede
Agapè-fede	
15,1-11	15,18-16,3
Dimorare	Odio del mondo
Gioia	Allontanamento

                15,12-17[98]
                Amore reciproco

17,1-5	17,24-26
Glorificaz.	*Agapè*
17,6-11	17,20-23
Osserv. della parola	Fede per la parola
Dono della parola	Dono della gloria
Custodia nel nome-unità	Unità
17,12-13	17,14b-19
Custodia nel nome	Odio del mondo
Gioia	Protezione dal
	Maligno

                17,14a
                Dono della parola

Simoens vede nei primi cinque versetti del cap. 17 e negli ultimi tre (24-26) una tematica analoga a quella sviluppata nelle tre unità centrali (dal v. 12 al 19). I versetti sulla glorificazione vanno letti nel senso che ricapitolano tutto il cap. 17 in chiave di *agapè*. Quest'ultima si profila nella glorificazione che a sua volta rinvia all'*agapè*. Anche il dono

---

[98] Questo primo schema è condiviso anche da Moloney (F.J. MOLONEY, «To make God known», 488 e *The Gospel*, 478). Concordiamo con questi due autori, se si eccettua la parte 15,18-16,3 che noi facciamo arrivare fino al v. 16,4a, perché ci sembra che concluda meglio questa parte (vd. pagg. 55-58). Per il secondo schema riguardante il cap. 17 proporremo più avanti, nell'analisi letteraria, una nostra divisione.

della parola, che troviamo al centro della preghiera (14a), rinvia esso stesso alla *agapè*[99].

Vediamo ora più da vicino quali sono, secondo Simoens, le correlazioni tra il cap. 13 ed il 17. La prima sotto unità (13,1-17) e l'ultima (17,24-26) si corrispondono in questi tre punti: «amare/amore», «sapere/conoscenza», «inviare». Le unità 13,21-38 e 17,1-5 s'incontrano sul verbo «glorificare» (cinque volte nella prima e tre nella seconda) e «conoscere» (in 13,28.35 ed in 17,3). Ancora il tema della conoscenza dei vv. 13,21-28 si ritrova in 17,24-26. I vv. 13,1-17 e 17,1-5 hanno in comune il tema dell'«ora» e quello del «mondo». Le unità 13,1-17, 13,21-38 e 17,1-5, 17,24-26 costituiscono un parallelismo indubitabile. I vv. 13,18-20 e 17,12-19 si corrispondono nel richiamo al tradimento di Giuda (13,18) che rinvia al figlio della perdizione (17,12); entrambi i testi accennano al compimento della Scrittura. In 13,20 si evoca il tema dell'accoglienza nei confronti dei discepoli, di Gesù e di colui che ha inviato Gesù. In 17,18 si ricorre all'altro verbo dell'invio, ἀποστέλλω (e non πέμπω), per dire invece che i discepoli sono stati mandati nel mondo da Gesù, così come il Padre ha mandato il Figlio. La conclusione di Simoens sui capp. 13 e 17 è che hanno delle corrispondenze da un'estremità all'altra in modo inconfondibile[100]. L'analisi di Simoens sui capp. 13.17 conferma quanto abbiamo già visto, apportando ulteriori analogie tra i due capitoli (sul verbo «inviare», il tradimento di Giuda, il compimento della Scrittura, l'accoglienza dei discepoli).

Vediamo ora le corrispondenze con gli altri capitoli. In 13,18-20 vi è il tema dell'elezione del traditore (13,18); in 15,16 Gesù dice: «non voi avete scelto me, ma io ho scelto voi» (il centro del discorso cade sull'elezione). Un altro parallelo va definito tra 17,12-19 e 15,1-16,3. Al centro di Gv 17 abbiamo le stesse tematiche che al centro del discorso in 15,12-17: la gioia piena (17,13; 15,11) e l'odio del mondo (17,14; 15,18ss). Inoltre 17,14a con l'espressione — «ho donato loro la tua parola» — si riallaccia al comandamento dell'amore reciproco in 15,12-17. Si possono poi constatare le analogie tra le altre unità lettera-

---

[99] Cf. Y. SIMOENS, *La gloire d'aimer*, 244. Da notare che il commentario successivo di Simoens ha rimesso in discussione la problematica dell'alleanza considerando il concetto dal punto di vista della scuola deuteronomista e quella sacerdotale, nonché la varietà molteplice delle possibili attuazioni. Tuttavia l'alleanza resta un principio d'intelligibilità primario per la Cena ed i discorsi d'addio in Giovanni, e l'autore vede la sua influenza fino al cap. 21 (cf. Y. SIMOENS, *Selon Jean*, 715-717).

[100] Cf. Y. SIMOENS, *Selon Jean*, 719-721.

rie: così 14,15-24 tratta dell'amore verso Gesù e l'osservanza dei suoi comandamenti; 15,12-17 dell'amore reciproco. I vv. 16,21-24 con l'enigma della partoriente rimandano all'amore del discepolo per Gesù che si traduce nell'osservanza dei comandamenti e all'amore reciproco in mezzo alle persecuzioni. Dalla congiunzione tra questi due amori nasce un nuovo essere vivente. Ancora, i vv. 17,6.11 che riguardano l'osservanza delle parole e la custodia nel nome, riprendono la nota dominante del cap. 14. Infine 17,20-23 e 16,4-33 sottolineano entrambi il tema dell'unità[101].

Ferreira nota ancora la corrispondenza sui temi della vita (14,6 e 17,2-3); della rivelazione (14,9-10.21.24-25; 16,12-15 e 17,6.8); della elezione (15,16 e 17,2.6-9.12.14-16); della lotta con il mondo (14,17.19.22.27.30-31; 15,18-19; 16,11.20-21.33; 17,6.9.12-16.25) e della fede (14,1.11-12.29; 16,9.27.30-31 e 17,8.20-21). Queste parole chiave, oltre a quelle già ricordate, legano insieme l'intera sezione dei discorsi d'addio (capp. 13-16) e della preghiera in Gv 17^{102}.

Facciamo nostra la divisione di Simoens, quasi identica a quella che proponiamo noi sui capp. 13-17, eccetto che per il v. 16,4 che suddividiamo in due. Il v. 16,4a infatti, può rientrare ancora nella parte che inizia al v. 15,18, mentre il 16,4b, con l'accenno al fatto che ormai Gesù non sarà più con i discepoli, si può integrare con la parte successiva (16,4b-33). E mentre abbiamo visto i rapporti fra le parti che si trovano in parallelismo incrociato (13,1-38 e 17,1-26; 14,1-31 e 16,4b-33; 15,1-11 e 15,18-16,4a), l'analisi di Simoens integra tale studio mettendo in evidenza le corrispondenze tra i capp. 13-16 ed il 17. Quest'ultimo ricapitola il contenuto svolto nelle altre parti ripresentando quelli che, a giudizio dell'autore, sono i temi principali dei capp. 13,1-17,26, e cioè la glorificazione e l'*agapè*. Riteniamo anche noi che siano due temi fondamentali, riservandoci più avanti di sviluppare il rapporto tra gli stessi. Ricapitolando i risultati dell'analisi svolta fin qui, presentiamo ora la nostra struttura, secondo un modello chiastico[103], dei capp. 13-17.

---

[101] Cf. Y. SIMOENS, *Selon Jean*, 721-22.

[102] Cf. J. FERREIRA, *Johannine Ecclesiology*, 66.

[103] Una struttura chiastica è sostenuta anche da Brouwer che sceglie una divisione più articolata per i capp. 13-17, in base a criteri tematici: A 13,1-35; B 13,36-38; C 14,1-14; D 14,15-26; E 14,27-31; F 15,1-17; E^1 15,18-16,4a; D^1 16,4b-15; C^1 16,16-28; B^1 16,29-33; A^1 17,1-26 (cf. W. BROUWER, *The Literary Development*, 117-118).

1.2 *Proposta di una struttura concentrica*

> 13,1-38 - A: la glorificazione e l'*agapè* nell'«ora»
>   14,1-31 - B: partenza e ritorno di Gesù
>   15,1-11 - C: i discepoli e Gesù
>   15,12-17 - D: il comandamento dell'amore
>   15,18-16,4a - C^1: i discepoli e il mondo
>   16,4b-33 - B^1: partenza e ritorno di Gesù
> 17,1-26 - A^1: la glorificazione e l'*agapè* nell'«ora»[104].

Vogliamo adesso continuare questo studio soffermandoci sulla critica letteraria, per completare il quadro d'analisi dei capp. 13-17.

2. Critica letteraria ai capp. 13-17

Cominciamo quest'analisi ponendo una domanda sui capp. 13-17: si tratta di una serie di discorsi e di una preghiera la cui unità di composizione emerge dall'inizio, oppure le cui parti provengono da contesti differenti e successivamente sono state messe insieme?

Presentiamo dapprima, per la chiarezza dell'esposizione, il pensiero di Metzner, secondo cui Gv 13,31-17,26 costituisce un'unità letteraria. In particolare egli asserisce che i capp. 15-17 sono ben inseriti fra il cap. 14 ed il 18, nonostante che in 14,31 vi sia l'affermazione di Gesù: «Alzatevi, andiamo via di qui». Le ragioni che adduce sono le seguenti:

1) il carattere post-giovanneo dei capp. 15-17 non può essere stabilito. Le parole e lo stile sono giovannei ed una grossa parte della teologia in essi contenuta, si trova già in 13,31-14,31.

2) Il lavoro di un eventuale redattore sarebbe stato incomprensibile. Infatti l'aggiunta maldestra dei capp. 15-17 fra 14,31 e 18,1, avrebbe creato in primo luogo dei problemi di difficile soluzione. In un'eventuale collocazione dei capp. 15-17 prima di 14,30, da parte del redattore, le difficoltà di lettura di questi capitoli non sarebbero certo diminuite.

3) Vi è un parallelo, secondo Metzner, tra la preghiera di Gesù in Gv 12,27-29 e quella in Mc 14,34-36. Gv 14,31 segnerebbe la conclusione

---

[104] La struttura da noi proposta è quasi uguale a quella di Mlakuzhyil e Beutler, tranne che per le parti C e D ch'essi raggruppano insieme (cf. G. MLAKUZHYIL, *The Christocentric*, 221-226; J. BEUTLER, «Synoptic Tradition», 166). Mentre la struttura di Winter differisce soltanto per la parte B, che fa iniziare dal v. 13,31, anziché da 14,1 (M. WINTER, *Das Vermächtnis*, 252).

di questa tradizione giovannea e marciana, tanto più che anche Mc 14,42a contiene lo stesso comando di Gesù: «Alzatevi, andiamo via di qui». Giovanni avrebbe cioè rielaborato la tradizione, che dalla preghiera nell'orto degli ulivi va fino al comando di Gesù ai discepoli di alzarsi e spostarsi da quel luogo.

4) Il mezzo letterario della ripresa del racconto in 18,1 (rispetto a 14,31) è per l'evangelista un singolare mezzo stilistico (vd. 2,1-11 con 4,46; Gv 5 con 7,23; 7,14 con 7,25-30; Gv 9 con 10,21; 11,1-45 con 12,9).

5) Il v. 14,31 ha un carattere di segno: rimanda cioè all'avvenimento della partenza di Gesù, attraverso la morte, resurrezione ed innalzamento. L'etica e l'ecclesiologia sviluppate nei capp. 15-17 valgono per la comunità che rimane e per i lettori del vangelo, nella volontà di rafforzare la loro fede. Vi è peraltro un raccordo con il primo discorso in 13,31-14,31.

6) Un'ultima osservazione riguarda il nesso letterario e tematico fra i capp. 15-17 e tutto il resto del vangelo, là dove molte sono le corrispondenze[105].

Alcune idee di Metzner sono condivise da Schnelle. In particolare, egli mette in discussione il fatto che si possano spostare i capp. 15-17 prima di 14,30, in quanto le difficoltà di lettura sarebbero eluse ma non risolte, ed il testo finale non sarebbe comunque soddisfacente. D'altronde il carattere post giovanneo dei capp. 15-17 non può essere provato, anche perché sarebbe stato un tentativo alquanto maldestro del redattore di inserire i capp. 15-17 fra 14,31 e 18,1. Vi è ancora, secondo Schnelle, una tradizione conosciuta e assimilata nei discorsi d'addio giovannei che tiene conto della preghiera di Gesù nel Getsemani in Mc 14,34-36 e di Gv 12,27-29. Gv 14,31 segnerebbe la conclusione di tale tradizione[106].

Sulla stessa linea si trova Winter, per il quale anticipando i capp. 15-17 prima del v. 14,30 non vengono chiariti tutti i problemi. Infatti la prima parte, che inizia in 13,31, ha in 14,27 un'evidente conclusione. Inoltre il cap. 17 segna il compimento dell'insieme dei discorsi d'addio. Il v. 14,31 delinea invece un orizzonte fra un periodo precedente alla pasqua, in cui si trovano i discepoli, ed uno posteriore che riguarda la comunità. L'espressione finale del v. 14,31 — «Alzatevi, andiamo via

---

[105] Cf. R. METZNER, *Das Verständnis*, 205-209.
[106] Cf. U. SCHNELLE, *Die Abschiedsreden*, 70-71. Schnelle nota anche lui la stessa espressione utilizzata in Mc 14,42a e in Gv 14,31c: ἐγείρεσθε ἄγωμεν.

di qui» — ha un valore di segno per il primo discorso (13,31-14,31), per i capp. 15-17 e per l'intero blocco costituito da 13,31-17,26[107].

Il pensiero di Metzner, Schnelle e Winter non è condiviso da altri autori, che adesso esporremo. Non vi è dubbio a livello di critica letteraria, secondo Brown, che l'attuale organizzazione dei discorsi d'addio rivela un carattere artificiale per le seguenti ragioni:

1) le parole dei vv. 14,30-31 — «Non parlerò più a lungo con voi [...] Alzatevi! Andiamo via di qui e mettiamoci in cammino» — indicano la fine di un discorso e l'uscita dal luogo dell'ultima cena, mentre Gesù parla ancora per ben tre capitoli[108].

2) Vi è un'incompatibilità tra il v. 13,36 in cui Pietro domanda: «Signore, dove vai?» e 16,5, in cui Gesù dice ai discepoli: «nessuno di voi mi domanda dove vado?».

3) Vi sono duplicati e ripetizioni tra 13,31-14,31 e 16,4b-33; se in origine vi fosse stato un unico discorso quelle ripetizioni sarebbero molto improbabili.

4) Una parte del discorso presenta delle analogie con materiale che i Sinottici utilizzano per il ministero pubblico (Gv 15,18-16,4a e Mt 10,17-25) e questo depone a favore della ragione per cui non tutto il materiale dei discorsi d'addio fosse dall'inizio associato all'ultima cena.

5) La parabola allegorica della vite non ha un nesso con il tema della partenza di Gesù, che è caratteristico dell'ultima cena.

6) La molteplicità di prospettive teologiche mal si spiegherebbe se tutte le parole fossero state dette nella medesima occasione[109].

Dopo aver elencato queste motivazioni, Brown si chiede in che modo questi capitoli abbiano assunto la loro forma attuale e come si possano spiegare certe incongruenze. Una risposta per risolvere i primi due punti potrebbe ricercarsi in un riordino del testo. I vv. 14,30-31 andrebbero spostati alla fine dei discorsi d'addio (e della relativa preghiera), mentre 16,5 si dovrebbe anticipare prima di 13,36. Ma, se così fosse, come si spiegherebbe la sequenza attuale senza che il redattore finale si fosse accorto degli elementi contraddittori? L'autore rileva che una vasta gamma di teorie hanno cercato di trovare una soluzione al problema. Si va da coloro che ritengono Gesù colui che ha pronunciato

---

[107] Cf. M. WINTER, *Das Vermächtnis*, 244-245.

[108] Ensor fa notare comunque che 14,31 può essere stato un preliminare annunzio dell'intenzione di Gesù di andar via, sebbene questa partenza non sia avvenuta prima di 18,1 (cf. P.W. ENSOR, *Jesus and his works*, 154).

[109] Cf. R.E. BROWN, *Giovanni*, 697-698.

alcuni detti tratti dalla tradizione sinottica, mentre il resto sarebbe un commento creativo dell'evangelista. Dal lato opposto c'è chi sostiene che Gesù abbia pronunciato alla lettera una parte dei discorsi nell'ultima cena, mentre le altre parole le avrebbe dette in diverse occasioni. Ma quest'ultima ipotesi non regge alla critica letteraria: soltanto la parabola allegorica della vigna (15,1-6) ed il nucleo che tratta dell'odio del mondo per i discepoli (15,18-16,4a) provengono da altri contesti, sebbene quest'ultimo brano si adatti senza difficoltà alla composizione attuale[110].

Per il resto, è sempre Brown a sostenerlo, tutto il materiale proveniente da altre situazioni è stato fatto coesistere con quello che appartiene all'ultima cena. Si è verificato in definitiva per i capp. 13-17 quello che è avvenuto per altri testi del vangelo di Giovanni: alcuni detti di Gesù rivolti ai discepoli e provenienti da vari contesti, furono amalgamati attorno ad un tema particolare, poi le unità di discorso furono intrecciate in composizioni più ampie. Forse i temi principali delle composizioni provenivano da un nucleo che fin dall'inizio apparteneva al contesto dell'ultima cena. In ogni caso alcuni temi adeguati al clima dell'ultima cena (partenza e ritorno, intercessione dinanzi al Padre, osservanza dei comandamenti, in particolare quello dell'amore) hanno influito su tutti gli altri detti, presenti in questi capitoli. Si formarono allora diversi «ultimi discorsi» indipendenti che infine furono combinati assieme sino a formare i capp. 13-17 così come sono giunti a noi[111]. Riconoscendo il valore dell'analisi di Brown, preciseremo in seguito come determinate unità di discorso siano state aggiunte al nucleo originario, che rientrava nel contesto dell'ultima cena.

Becker afferma che, sebbene la maggior parte degli autori propenda per un riordino dei capp. 13-16, tuttavia non si può ignorare che 13,31-14,31 e 15,1-16,33 abbiano dei paralleli. Egli nega peraltro il carattere conclusivo dei vv. 14,27-31, in particolare del v. 14,31b. In Giovanni può infatti essere letto non solo nel senso letterale, bensì anche in quello figurato che si ritrova in Mc 14,42. Ma, in ogni caso, i capp. 15-16 provengono da una mano più tarda, forse da un discepolo del quarto evangelista. Il pensiero infatti non è sempre preciso e non è documentabile una chiara struttura, così come in 13,31-14,31. E' perciò opportuno valutare più fasi di crescita nella composizione dei capp. 15-17[112].

---

[110] Cf. R.E. BROWN, *Giovanni*, 698-700.
[111] Cf. R.E. BROWN, *Giovanni*, 700-701.
[112] Cf. J. BECKER, *Die Abschiedsreden*, 216-218.229. Il nesso fra Gv 14,31b e Mc 14,42 viene notato anche da G. REIMS, «Probleme der Abschiedsreden», 119.

Con quest'ultima ipotesi concorda Wilckens il quale, dopo aver avanzato la possibilità che i capp. 15-17 siano posizionati in un punto sbagliato e andrebbero perciò ricollocati, preferisce sostenere l'idea che una mano posteriore sia intervenuta. Un discepolo dell'evangelista avrebbe aggiunto i capp. 15-17 al primo discorso d'addio (14,1-31), elaborando la teologia giovannea e integrandola di nuovi contenuti. La preghiera del cap. 17 segnerebbe allora la fine dei discorsi d'addio, sarebbe altresì il centro dell'intero vangelo (anche del Prologo che è ripreso)[113]. L'interesse per il contenuto sembra spostarsi, secondo Beutler, dalla cristologia in 13,31-38 e nel cap. 14, a tematiche che riguardano in particolare i discepoli e questioni ecclesiologiche, nei capp. 15-17. Tale cambiamento può riflettere una serie di aggiunte che hanno ingrandito il testo, al fine di venire incontro ai bisogni della comunità giovannea[114].

Anche Schnackenburg respinge le ipotesi di riordino dei capp. 13-17 con lo scopo di dare un ordine logico agli stessi. Più plausibile è la tesi di un'aggiunta redazionale dei capp. 15-16 (e forse anche del 17), sebbene in tal caso sorgano altri problemi. Si tratta di una o più unità testuali ed in questa seconda ipotesi come quelle si compongono in unità più grandi? Va notata anzitutto l'affinità che esiste tra il cap. 14 ed il 16. In entrambi è evocata la situazione d'addio, viene detto che è utile per i discepoli che Gesù lasci il mondo e si parla della breve separazione dai «suoi» fino ad un vicino ritorno. Compare il tema del Paraclito, vengono fatte varie promesse ai discepoli ed il tema della pace è comune. In definitiva il cap. 16 sembra essere una variante del 14 mentre il 15, descrivendo l'immagine della vite e dei tralci, apre una prospettiva del tutto nuova. Lo studio di Gv 15 porta a concludere che si tratti di un discorso redazionale con eventuale utilizzo di materiale dell'evangelista. In tal caso, dopo il cap. 14 la redazione volle rivolgersi alla comunità di quel tempo con le parole del Signore che stava per tornare al Padre, per ammonirla e fortificarla. Analoghe circostanze avrebbero determinato successivamente il cap. 16 che, presentando varie analogie con il 14, potrebbe essere una rilettura del primo discorso d'addio[115].

---

[113] Cf. U. WILCKENS, *Das Evangelium*, 234-235.

[114] Cf. J. BEUTLER, «Synoptic Jesus», 165. Pur tuttavia, nonostante l'opinione di Beutler, dobbiamo dire che Gv 17 è eminentemente cristologico.

[115] Cf. R. SCHNACKENBURG, *Il vangelo*, III, 147-149. Burge vede nei capp. 14.16 due rendiconti di materiali simili (cf. G.M. BURGE, *Interpreting the Gospel*, 82).

Per quanto riguarda infine il cap. 17, Schnackenburg fa osservare un parallelo con 13,31 ma, mentre qui la glorificazione è un fatto già avvenuto, in Gv 17 Gesù la sta chiedendo per sé. Inoltre egli domanda la sua glorificazione solo in funzione dei discepoli e della comunità ch'essi rappresentano. Da notare ancora il detto di 17,1 — ταῦτα ἐλάλησεν —, il quale conclude un discorso che precede immediatamente e che si potrebbe far risalire a 14,31. Ma ciò contrasta con l'espressione ταῦτα εἰπὼν di 18,1, per cui anche il cap. 17 potrebbe essere un prodotto della redazione. Esso avrebbe degli agganci con i capp. 15-16 ed in particolare con il secondo che riferisce la situazione della comunità «nel mondo»[116]. Anche l'analisi di Schnackenburg ci sembra che dia un quadro soddisfacente del modo in cui sono venuti a formarsi i capitoli scritti dalla redazione (15-17).

Sul fatto che il cap. 17 sia da ritenere un prodotto della redazione concorda anche Painter. Egli esclude Gv 17 dall'insieme dei capp. 13-16 perché contiene del materiale nuovo e non si può considerare semplicemente un'altra versione dei discorsi d'addio. Originariamente il detto di 14,31 — ἐγείρεσθε ἄγωμεν ἐντεῦθεν — era seguito da 18,1 — ταῦτα εἰπὼν Ἰησοῦς ἐξῆλθεν σὺν τοῖς μαθηταῖς αὐτοῦ —. In seguito furono aggiunti i capitoli successivi (15,1-16,4a e 16,4b-33) che si fondarono su 13,31-14,31 (la prima parte) in un modo che suggerisce una nuova versione, nonché il cap. 17. Ma la tesi centrale di questo autore è che ciascuna parte riflette una particolare situazione di crisi nella storia del cristianesimo giovanneo. Le crisi sono l'occasione che provoca i discorsi nei quali l'evangelista offre la sua istruzione come risposta alla crisi stessa. Così si spiega perché i detti sul Paraclito/Spirito di verità non sono consolidati in un blocco, né dispersi a caso. Le motivazioni ch'egli adduce per sostenere la divisione sopra riportata sono quattro: a) apparenti dislocazioni o rotture; b) stile e parole-tematiche chiave nello sviluppo dei discorsi; c) riflessione storica negli strati dei discorsi; d) corrispondente riformulazione di un insegnamento[117].

Nella prima motivazione, secondo Painter, rientrano l'inconciliabilità tra le ultime parole in 14,31 e la continuazione del discorso nel cap. 15. E non vale certo la spiegazione secondo cui Gesù avrebbe pronunciato il resto del discorso e la preghiera successiva lungo la via (non vi è peraltro alcun accenno ad un cammino di Gesù con i «suoi»). Quindi la

---

[116] Cf. R. SCHNACKENBURG, *Il vangelo*, III, 150.
[117] Cf. J. PAINTER, «The Farewell Discourse», 526-528.

rottura tra 14,31 e 15,1 è evidente. In 16,4b vi è un nuovo inizio; il ταῦτα del v. 16,1 è retrospettivo, come dimostra l'uso di λελάληκα, collegando 16,1-4a con il cap. 15. Mentre il ταῦτα di 16,4b è legato a qualcosa di successivo, riferendosi a ciò che Gesù ha ancora da dire. Allora 16,4a e 16,4b segnano la transizione dalla seconda alla terza versione del discorso (è questa la riflessione che ha motivato la nostra presa di posizione). La tesi che Painter vuole appoggiare è che vi è un unico autore all'origine delle tre versioni e che la seconda e la terza dipendono dalla prima. A tal fine egli evidenzia le espressioni ed i temi comuni alle tre versioni[118].

Painter vuole infine dimostrare che ciascuna parte dei discorsi riflette una particolare crisi alla quale l'evangelista risponde con una riformulazione dell'insegnamento sul Paraclito/Spirito di verità. Nella prima parte (13,31-14,31) la situazione riflessa è quella della partenza di Gesù e dei discepoli lasciati soli e delusi. La domanda di fondo è: come possono i discepoli superare il trauma causato dalla partenza di Gesù? Una prima risposta è nella promessa di Gesù dei vv. 14,18-20 su un suo ritorno tra loro, promessa che infonde fiducia e speranza. Ad un secondo livello invece, nella situazione post-resurrezione, l'assenza di Gesù sarà colmata dalla venuta del Paraclito/Spirito di verità. Egli avrà una funzione di insegnamento ricordando ai discepoli tutte le parole di Gesù (14,25ss). Nella seconda parte (15,1-16,4a) la crisi dei discepoli per la partenza di Gesù sembra essere superata. La situazione riflette l'amaro conflitto con la Sinagoga; questa ha respinto ed eliminato coloro che confessavano il Cristo[119].

Painter nota ancora che, mentre la Sinagoga ha rifiutato Gesù, l'evangelista risponde con il giudizio di condanna su coloro che non hanno accolto il Cristo, colui che è la vera vite (15,1-10). Come nella prima parte, anche nella seconda il Paraclito è identificato con lo Spirito di verità, ma ora la sua attività è considerata in risposta alla crisi dei credenti, la cui fede è messa alla prova. Ed anche qui ha la funzione di ricordare ai discepoli ciò che Gesù ha detto loro (16,4a)[120].

Un pensiero simile sulla persecuzione nei confronti dei discepoli è espresso da Fabris. Egli fa osservare che l'autorità giudaica giustifica

---

[118] Cf. J. PAINTER, «The Farewell Discourse», 528-529. Su questi punti nodali, i vv. 14,31; 16,4b, che segnano alcune divisioni all'interno dei capp. 13-16, concorda anche Brouwer. Egli vi aggiunge peraltro, come abbiamo già visto a pag. 63 del nostro testo, anche il v. 15,18 (cf. W. BROUWER, *The Literary*, 138-139).
[119] Cf. J. PAINTER, «The Farewell Discourse», 532-534.
[120] Cf. J. PAINTER, «The Farewell Discourse», 534-535.

gli atti repressivi violenti contro la minoranza giudeo-cristiana in nome dell'ortodossia e dello zelo (Gv 16,2bc). In realtà, per l'evangelista, si tratta del rifiuto di Gesù come inviato autorevole e Figlio di Dio, un rifiuto che impedisce di accogliere la rivelazione storica di Dio, il Padre (Gv 16,3). Ed in questo consiste la ragione della dura requisitoria del quarto vangelo contro l'ambiente della Sinagoga (cf. Gv 5,37b-38; 7,28; 8,27.55)[121].

Tuttavia ci sembra interessante l'osservazione di Brodie, secondo cui nel vangelo di Giovanni specifici gruppi o persone (inclusi i Giudei) hanno spesso un ruolo rappresentativo, e perciò il testo sembra avere un ulteriore livello che concerne la questione del male in generale[122].

Riprendendo il pensiero di Painter, nella terza parte (16,4b-33) il contesto non porta traccia del conflitto con la Sinagoga. La comunità si è ormai emancipata dal Giudaismo; essa sperimenta l'abbandono di Gesù con un'intensità accresciuta (16,16-24). Il ritorno di Gesù susciterà nei discepoli gioia, inoltre la sua vittoria sul mondo sarà la garanzia della loro vittoria. Qui l'insegnamento del Paraclito è riformulato ed inoltre viene distinto dallo Spirito di verità. Il Paraclito istruirà i discepoli in relazione al mondo (16,7-11); lo Spirito di verità in relazione alla comunità credente (16,12-15)[123]. Sulla situazione della comunità, che ha attraversato un conflitto con la Sinagoga e che ora si trova nella prova, concorda anche Léon-Dufour[124].

Per quanto concerne il problema, esposto da Painter, dell'inconciliabilità fra le ultime parole di 14,31 ed il proseguimento del discorso nel cap. 15, concordiamo con questo autore. La sua analisi è utile inoltre per individuare i rapporti di corrispondenza fra le tre parti (13,31-14,31; 15,1-16,4a; 16,4b-16,33). Queste parti hanno delle evidenti corrispondenze e rinviano l'una all'altra. Si può anche affermare, come fa questo autore, che la seconda e la terza parte dipendano dalla prima, da un punto di vista cronologico e tematico, sebbene vi sia nel contempo lo sviluppo o l'approfondimento di alcuni temi (la vera vite nel cap. 15; il Paraclito, l'odio del mondo e l'annunzio di un pronto ritorno nei capp. 15-16).

Mentre l'ipotesi che lega ogni parte ad una particolare situazione di crisi della comunità, a cui l'evangelista risponderebbe con un insegnamento sul Paraclito, non ci sembra del tutto esatta. E' vero che nella

---

[121] Cf. R. FABRIS, *Giovanni*, 824.
[122] Cf. T.L. BRODIE, *The Gospel*, 491.
[123] Cf. J. PAINTER, «The Farewell Discourse», 536-539.
[124] Cf. X. LÉON-DUFOUR, *Lettura*, III, 87.277.

prima parte emerge il tema della partenza di Gesù (13,33; 14,2-5.18-19.25-30) per cui i discepoli resteranno senza di lui; è vero altresì che nella seconda viene messo in luce il tema dell'odio del mondo (15,18-21), così come nella terza parte (16,16-22). Tuttavia alcuni temi sul Paraclito ed altri di questi capitoli, come il tema dello Spirito che insegna ogni cosa e ricorda tutto quello che Gesù ha detto (14,26), guida alla verità tutta intera e annunzia le cose future (16,13); il tema della glorificazione di Dio (13,31-32; 14,13; 15,8); il tema del rimanere in Gesù (15,4-10) e quello sul comandamento dell'amore (15,12-17), lasciano supporre che il contesto dei discorsi d'addio, per l'ampiezza di contenuti, non si può ridurre soltanto ad una risposta riguardante la situazione di crisi della comunità.

Per quanto riguarda il cap. 17 invece, abbiamo visto dall'analisi letteraria che rientra senza difficoltà nella struttura dei discorsi d'addio, o meglio dei capp. 13-17 (vd. pagg. 46-50), avendo diverse corrispondenze con il cap. 13. Vi è inoltre da tenere presente la motivazione sul genere letterario, per la quale Gv 17 segna un'adeguata conclusione ai capp. 13-17.

Seguendo lo schema letterario dei «discorsi d'addio» presenti nell'AT e nella letteratura giudaica, Fabris individua questi elementi caratteristici: a) situazione di separazione o addio di un personaggio importante prima della morte; b) retrospettiva sul passato con lo scopo di consolare ed esortare i destinatari del discorso; c) istruzione ed esortazione ad osservare i comandamenti; d) prospettiva futura che vuole mettere in guardia dai pericoli e dalle persecuzioni; e) preghiera e benedizione finale che mette il sigillo alle istruzioni, promesse ed esortazioni precedenti (vd. Dt 32-33; Giub 21,25; 22,28-30; 36,15-16)[125]. Quindi al termine di un discorso d'addio il modo migliore per concluderlo è attraverso una preghiera.

Un altro autore, Segovia, cerca di risolvere il problema dell'inserzione dei capp. 15-17 fra il 14 ed il 18, proponendo quattro linee d'interpretazione: a) storica; b) transposizionale; c) «morbida» (da *softening*); d) redazionale. La proposta storica risolve la questione dei capp. 15-17 sostenendo che sono stati formulati dopo la partenza di Gesù dalla sala dell'ultima cena. L'approccio transposizionale presuppone che l'ordine originale del testo sia stato alterato e va alla ricerca di una costruzione più logica dei discorsi. Ma le prime due ipotesi di

---

[125] Cf. R. FABRIS, *Giovanni*, 754-755.

riordinamento dei capp. 13,31-17,26 non hanno infine dato una soluzione migliore dell'ordine attuale[126].

Nella terza linea d'interpretazione, l'approccio morbido, viene messo in evidenza il comando del v. 14,31. Sia nel caso di una rimozione dello stesso che in quello di una corretta comprensione, la teoria elimina tutte le difficoltà del testo, ma sorvola su diversi altri problemi dei discorsi e non prende nella dovuta considerazione il carattere conclusivo dei vv. 14,27-31[127].

Infine la proposta redazionale ha dato luogo a quattro tipi differenti di opinioni esegetiche: a) una singola aggiunta scritta dall'evangelista, o b) da una mano posteriore; c) diverse aggiunte scritte dall'evangelista, o d) da una mano posteriore. Questa teoria elimina le difficoltà presenti nelle altre tre proposte identificando in 13,31-14,31 l'unico discorso a cui seguono gli eventi del cap. 18. Resta tuttavia l'interrogativo su chi fu l'autore dell'unica o delle svariate aggiunte dei capp. 15-17. Segovia propende per l'ipotesi delle molteplici addizioni[128].

L'articolo di Segovia che considera l'ipotesi redazionale quella migliore per spiegare l'inserzione dei capp. 15-17 ci sembra soddisfacente, così come la sua idea delle molteplici addizioni che infine hanno formato questi ultimi tre capitoli. Infatti, come già notato (pagg. 66-71) le eventuali aggiunte al primo discorso, che noi abbiamo fatto iniziare dal v. 14,1[129], approfondiscono i temi presenti in 14,1-31. In particolare vi è una ripresa di tali tematiche nell'ultima parte che precede Gv 17 (16,4b-33), con un approfondimento del contenuto.

Circa l'approfondimento dei temi del primo discorso in quelli successivi, Dettwiler propone un modello di rilettura. Egli afferma che leggendo i discorsi d'addio emerge l'impressione di un pensiero che non segue una linea continua, bensì troviamo in più occasioni una ripresa approfondita di tematiche già enunciate. Nei capp. 15-16 sarebbe cioè presente un grosso e complesso movimento di reinterpretazione del primo discorso (che per Dettwiler consiste in 13,31-14,31). In particolare, Gv 15,1-17 è una rilettura della lavanda dei piedi in 13,1-17, nonché di Gv 13,34s; Gv 16,4b-33 è invece una rilettura del primo discorso, in 13,31-14,31. Ancora, Gv 15,18-16,4a non sarebbe

---

[126] Cf. F.F. SEGOVIA, «The Theology and provenance», 115-116.
[127] Cf. F.F. SEGOVIA, «The Theology and provenance», 116.
[128] Cf. F.F. SEGOVIA, «The Theology and provenance», 117-118.
[129] Avevamo visto (pag. 50) che i vv. 13,31-38 possono rientrare sia nella parte che inizia in 13,1 che in quella che continua da 14,1, ma noi abbiamo preferito la prima soluzione in quanto ci sembra rispetti meglio la stuttura del testo.

semplicemente una ripresa in forma debole di un motivo presente in 13,31-14,31, perché in realtà il motivo del contrasto tra il mondo e i discepoli risulta ampliato. Va infine precisato che il movimento del pensiero, in 15,1-17 e 16,4b-33, è proteso in avanti, verso l'evento della passione e morte[130].

Sulle corrispondenze fra la prima parte e la terza, Zumstein fa notare che nel v. 16,5 l'espressione — «ora vado da colui che mi ha mandato e nessuno mi chiede dove vado» — si riferisce esplicitamente alla tematica della prima parte là dove Pietro aveva chiesto a Gesù: «Dove vai?» (13,36). Il v. 16,7 inoltre, sintetizza il motivo dell'andata di Gesù al Padre: «è un vantaggio per voi che io me ne vada». Altri temi accennati nella prima parte vengono sviluppati nella terza. E' il caso del passaggio dalla tristezza alla gioia per i discepoli, che in 14,1.27.28 è soltanto menzionato e che in 16,16-24 ha un suo sviluppo specifico. Vi è nel contempo uno spostamento da una tematica essenzialmente cristologica che tenta di risolvere il problema suscitato dalla partenza di Gesù, nella prima parte, ad una fondamentalmente antropologica ed ecclesiologica, nel cap. 16. Se la partenza di Gesù è necessaria e vantaggiosa, resta nondimeno il fatto che la comunità rimarrà abbandonata in un mondo ostile (i capp. 15-17 danno una risposta a questo problema)[131]. Zumstein mette bene in rilievo il rapporto tra la prima e la terza parte, un rapporto di ripresa ed approfondimento teologico che integra le due parti.

Le parti 15,1-11 e 15,18-16,4a si corrispondono poi per il tema dei discepoli, in rapporto a Gesù e al mondo. I discepoli devono rimanere in Gesù per portare frutto (15,5) e resistere alla persecuzione del mondo (15,18-21). Al centro di queste parti abbiamo inoltre posto 15,12-17, con il comandamento dell'amore che innanzitutto i discepoli devono osservare, per rimanere in Gesù e far sbocciare il frutto del ministero apostolico. In conclusione, raccogliendo le indicazioni offerte da tutti gli autori menzionati, riteniamo che ad una prima parte dei discorsi d'addio (13,31-14,31) si siano in seguito aggiunti i capp. 15-17. Questi non sono il risultato di un'unica, bensì di svariate aggiunte. Il cap. 17 segna un'appropriata conclusione dei discorsi d'addio nella linea comune di questo genere letterario.

Se confrontiamo i risultati dell'analisi letteraria con quelli della critica redazionale possiamo constatare che l'una integra l'altra. La critica

---

[130] Cf. A. DETTWILER, *Die Gegenwart des Erhöhten*, 45-46.
[131] Cf. J. ZUMSTEIN, «Le processus de Relecture», 172-173.

letteraria ha proposto questa divisione dei discorsi d'addio: a) 13,31-14,31; b) 15,1-16,4a; c) 16,4b-33. L'analisi letteraria vi aggiunge i vv. 13,1-30 ed il cap. 17, fornendo una struttura più completa. Il contesto dell'ultima cena riguarda infatti non soltanto i discorsi d'addio (13,31-16,33), ma anche il cap. 13 fin dall'inizio, nonchè la preghiera del cap. 17. Si tratta di un blocco unitario che si apre con il tema dell'«ora» (13,1), ripreso poi all'inizio della preghiera sacerdotale (17,1). Entro l'«ora» di Gesù, ormai sopraggiunta, si situano gli eventi dell'ultima cena, con la lavanda dei piedi e l'annunzio del tradimento di Gesù, i discorsi d'addio (13,31-16,33) e la preghiera finale in Gv 17.

In questo contesto dei capp. 13-17, con l'analisi letteraria abbiamo fatto iniziare la prima parte da 13,1, per finire in 13,38. La seconda parte inizia allora da 14,1 e termina in 14,31. Abbiamo visto peraltro che i vv. 13,31-38 costituiscono come un ponte di passaggio tra la prima e la seconda parte, potendo inserirsi sia nell'una che nell'altra (pag. 50).

La sezione che la critica redazionale ha individuato nei vv. 15,1-16,4a, con l'analisi letteraria è stata suddivisa in tre parti (15,1-11; 15,12-17; 15,18-16,4a) perché questo risponde meglio a criteri di ordine letterario e all'insieme della struttura dei capp. 13-17. Il tema dell'amore, in 15,12-17, è al centro di 15,1-16,4a, così come si trova al centro dell'intero blocco dei capp. 13-17. Le parti corrispondenti a 15,1-11 e 15,18-16,4a sviluppano la problematica dei discepoli, in rapporto a Gesù e al mondo. Le altre due parti (14,1-31 e 16,4b-33) approfondiscono il tema della partenza e del ritorno di Gesù, mentre 13,1-38 ed il cap. 17 affrontano i temi della glorificazione e dell'*agapè* nell'«ora». I capp. 13-17 sono quindi una struttura concentrica al cui centro stanno i vv. 15,12-17, con il tema del comandamento dell'amore.

Dunque, i capp. 13-17 costituiscono un'unica struttura che va analizzata nel suo insieme. In essa emergono molte corrispondenze tra le varie parti e due temi fra tutti s'impongono: la glorificazione e l'*agapè*, che saranno oggetto del nostro studio a partire dalla terza parte di questo lavoro. Nel capitolo seguente considereremo lo *status quaestionis* di Gv 17 in se stesso.

CAPITOLO III

Status quaestionis su Gv 17

L'intento di questo capitolo è di offrire una panoramica generale riguardante Gv 17, durante gli ultimi cinquant'anni. Si considereranno pertanto la struttura e le tematiche di fondo nel pensiero di vari autori, rilevando che lo studio di questo capitolo ha conosciuto molte proposte diverse su una sua possibile struttura. La varietà delle ipotesi formulate rivelerà la difficoltà di trovare un accordo, in quanto il testo non si presta ad una facile suddivisione. Cercheremo di presentare quelle divisioni che in qualche modo rappresentano un tentativo serio e motivato per comprendere Gv 17.

Il cap. 17 di Giovanni, in questo arco di tempo, non è mai stato visto come un blocco unitario e le suddivisioni seguite vanno da due fino a otto parti. Iniziamo allora dalla divisione del testo in due parti.

1. Divisione in due parti (1-5 e 6-26)

Boismard e Lamouille hanno proposto uno schema di struttura per Gv 17, nel quale la preghiera è divisa in due parti, in base a criteri tematici: i primi cinque versetti (1-5), dove Gesù prega per se stesso e i restanti (6-26), in cui prega per i suoi discepoli. Entrambe le parti sono costruite con dei chiasmi; la prima corrisponde ad A (17,1b-d) - B (1e) - C (2) – B^1 (4) – A^1 (5).

La seconda invece si presenta così: A (17,6-10) - B (11-13) - C (14-17) – B^1 (18-23) – A^1 (24-26)[1].

---

[1] Cf. M.-E. BOISMARD – A. LAMOUILLE, *L'Évangile de Jean*, 392-394. Nel loro schema soltanto poche indicazioni formali del testo sono prese in considerazione;

2. Divisione in tre parti

2.1 *I figura: vv. 1-8; 9-19 e 20-26*

Innanzitutto una prima divisione del capitolo prevede queste tre parti: vv. 1-8; 9-19 e 20-26. Questa è una divisione seguita da Brown, che offre una chiave per l'organizzazione del cap. 17 nelle tre indicazioni fornite da Gesù, in base alle quali formula la sua preghiera. Esse sono innanzitutto la preghiera per la propria glorificazione (17,1); poi quella per i discepoli che il Padre gli ha dato (17,9) e infine la preghiera per quelli che crederanno attraverso la predicazione dei discepoli (17,20). Gesù sarebbe un sommo sacerdote, non nel senso di chi sta per offrire un sacrificio, ma nella linea del sommo sacerdote descritto nella lettera agli Ebrei e in Rom 8,34: colui che sta dinanzi al trono di Dio intercede per noi. Egli parlerebbe con accenti familiari della sua missione terrena, reinterpretata però dal Paraclito, in modo che il suo sarebbe sempre un messaggio vivo. Non è insolito che chi pronuncia un discorso d'addio lo concluda con una preghiera. Il libro del Deuteronomio (Dt 32-33) è particolarmente istruttivo a questo riguardo. Il motivo della nuova alleanza corre lungo tutto il racconto giovanneo dell'ultima cena, anche se non vi è un'esplicita menzione del corpo e del sangue eucaristico di Cristo[2].

Molla osserva che il pensiero ritorna costantemente su sè stesso nelle tre parti distinte della preghiera. Anzitutto l'atteggiamento orante di Gesù nei vv. 1.9.20; poi la sua glorificazione del Padre (vv. 1-5.10.22), quindi il suo richiamarsi al Padre (vv. 5.11.21) ed infine la rivelazione ch'egli ha fatto del Padre (del suo nome e delle sue parole, vv. 6.14.26). In base a tali ripetizioni l'autore vede queste tre parti in Gv 17 che intitola così: «Padre, glorifica tuo Figlio» (vv. 1-8); «Io prego per loro» (vv. 9-19); «Affinchè il mondo creda» (vv. 20-26)[3].

Moloney suggerisce anch'egli questo tipo di divisione in base alle occasioni in cui Gesù assume un atteggiamento di preghiera (v. 1) o annuncia solennemente di pregare per alcuni destinatari determinati (vv. 9.20). Un'indagine più dettagliata dimostra che c'è una particolare somiglianza nella logica di ciascuna parte della preghiera. La tecnica di

---

inoltre il capitolo viene racchiuso, forzatamente, in una forma simmetrico-concentrica. Tuttavia questa divisione presenta il vantaggio della semplicità.

[2] Cf. R.E. BROWN, *Giovanni*, 905-906.912.
[3] Cf. C.F. MOLLA, *Le quatrième Évangile*, 227-239.

far pregare un uomo importante prima che vada incontro al suo destino trova un valido fondamento nella tradizione biblica. In Gn 49 Giacobbe prega, in Dt 33 Mosè prega e così avviene anche per Samuele in 1Sam 12. Nel NT il discorso di Paolo a Mileto (At 20,17-28) dovrebbe essere inteso come preghiera di addio. Questa tecnica non è presente solo nella letteratura biblica, ma la si trova anche in molti scritti religiosi dei primi tre secoli dell'era cristiana. Secondo questo autore l'uso così diffuso di tale preghiera d'addio va ricercato nel fatto che in essa, ciò che è più intimo e profondo, si rivela in qualche modo esteriormente e l'emozione suscitata nel lettore non potrebbe essere provocata con altri tipi di discorsi. Qui, nel quarto vangelo, «l'ora è venuta» (17,1) e Gesù si volge verso quest'«ora» con una preghiera profonda e toccante. Quando egli ha annunciato solennemente che la sua «ora» è venuta (cf. 12,23-27; 13,1), improvvisamente formula questa preghiera che inizia con le parole: «Padre, è giunta l'ora». L'evangelista si è servito di una preghiera per guidare il lettore al mistero della sua visione di Dio, Padre di Gesù, e della vocazione alla figliolanza di tutti coloro che credono nel nome di Gesù. La scelta solenne di una posizione di preghiera — «Egli levò gli occhi al cielo e disse» — che apre il capitolo, è l'unico riferimento al tempo e allo spazio in tutta la preghiera. Il resto del brano è quasi senza tempo; talvolta troviamo Gesù con i «suoi», preoccupato per loro (vv. 9.20), tuttavia in altri momenti egli parla come se fosse già nella gloria (17,11). Il fenomeno dello spazio e del tempo non dovrebbe sorprenderci, giacchè è naturale che la preghiera debba trascendere tali limiti. In Gv 17 abbiamo una manifestazione privilegiata delle conseguenze più grandi del rapporto unico Padre-Figlio che il quarto vangelo ha visto come il segreto che introduce al mistero di Gesù. Questa preghiera chiede inoltre che tutti possano essere accolti nell'unico mistero di unità che solo l'amore può creare. Il cristiano, preso da un tale amore, sarà a sua volta chiamato ad una vita contraddistinta da un'obbedienza nel cui riflesso è il Dio dell'amore che ha inviato il proprio Figlio[4].

Stibbe vede in Gv 17 una preghiera costruita ad arte. I tre differenti oggetti della preghiera di Gesù determinano la triplice struttura: sè stesso (vv. 1-8), i suoi discepoli (vv. 9-19) e il mondo (vv. 20-26). Tutte e tre le sezioni cominciano con un riferimento a Gesù orante. La

---

[4] Cf. F.J. MOLONEY, «La preghiera dell'ora», 156-167. Così anche Gnilka secondo cui dapprima Gesù fa una specie di resoconto al cospetto del Padre, dopo intercede per i suoi discepoli ed infine prega per tutti i credenti (cf. J. GNILKA, *Johannesevangelium*, 127-132).

seconda e la terza sezione iniziano entrambe con la parola ἐρωτῶ (vv. 9.20), mentre la prima con un'indicazione del narratore sull'atteggiamento orante di Gesù. Il tema della glorificazione unisce tutte e tre le sezioni (vv. 1.5.10.22), così come il rivolgersi a Dio come Padre (vv. 5.11.21). L'inizio e la fine di Gv 17 sono collegate dalla descrizione della relazione di Gesù con il Padre prima della creazione del mondo (vv. 5.24) e dal motivo della rivelazione del «nome di Dio» (vv. 6.26). Entro questa struttura ogni cosa muove verso la petizione espressa al v. 21: «affinchè tutti possano essere una cosa sola». Il grande desiderio di Gesù (θέλω al v. 24) è che i discepoli possano essere una cosa sola, come lui ed il Padre sono una cosa sola (v. 22). In una preghiera che per sè stessa costituisce un'unità letteraria, Gesù prega per l'unità tra i credenti[5].

Ferreira segue infine anch'egli la divisione in tre parti in base a coloro per i quali Gesù prega: se stesso (1-8); i suoi discepoli (9-19) e i futuri credenti (20-26). Il capitolo presenta tutte le caratteristiche di stile giovanneo, che le tre parti mettono maggiormente in luce: parallelismi, ripetizioni di parole e idee, ripetizione di strutture sintattiche, inclusioni, strutture chiastiche, note esplicative, e l'uso frequente delle proposizioni ἵνα e ὅτι[6].

2.2 II figura: vv. 1-5; 6-19 e 20-26

Westcott vede in Gv 17 tre principali sezioni: a) il Figlio e il Padre (vv. 1-5); b) il Figlio e i suoi immediati discepoli (vv. 6-19); c) il Figlio e la chiesa (vv. 20-26). Il capitolo contiene quella che può essere propriamente chiamata «la preghiera del Signore», la preghiera cioè che egli stesso utilizzò come distinta da quella che insegnò ai suoi discepoli. In altre occasioni leggiamo che il Signore prega (Mt 14,23 e paralleli; Mt 19,13; Mc 1,35; Lc 3,21; 5,16; 9,18.28s; 11,1), ma qui il contorno completo della preghiera è preservato. Da questo punto di vista è da osservare che gli altri evangelisti hanno registrato delle parole usate durante il Getsèmani (Mt 26,36ss e paralleli). Il più vicino parallelo a Gv 17 è nella preghiera di ringraziamento in Mt 11,25ss (sebbene occorra tenere distinto quello che i Sinottici dicono sulla preghiera del Signore da quello che Giovanni riferisce a tal proposito). Lo scopo generale della preghiera, che Westcott denomina anche «preghiera di consacrazione», è la consumazione della gloria di Dio

---

[5] Cf. M.W. G. STIBBE, *John*, 175-179.
[6] Cf. J. FERREIRA, *Johannine Ecclesiology*, 70-74.

attraverso Cristo, il Verbo incarnato. Il Figlio offre sé stesso come perfetto offerente, affinché dopo di lui anche i suoi discepoli possano offrirsi, e attraverso di loro infine, il mondo possa essere conquistato. Nell'opera perfetta del Salvatore si lega la consacrazione dell'umanità. Il Figlio dichiara realizzata l'opera del Padre e ciò esprime anche la sua personale volontà (v. 24)[7].

Hendriksen ritiene che in Gv 17 siano individuabili tre movimenti che determinano la struttura del testo: a) dapprima Gesù fa una richiesta per sè stesso (vv.1-5); b) secondariamente la sua domanda ha come destinatari gli apostoli (vv. 6-19); c) infine il suo sguardo è per la chiesa universale (vv. 20-26). Il tema principale della prima parte è la richiesta di glorificazione che Gesù fa per sé stesso. La seconda, indirizzata ai discepoli attuali, contiene soprattutto i temi della custodia e della santificazione; la terza quelli dell'unità, della contemplazione della gloria di Cristo e dell'amore. Sebbene vi sia un progresso nella preghiera e i temi siano enunciati nella successione indicata, non vi sono però dei confini definiti fra le tre parti. Così per esempio, il v. 24, che appartiene alla preghiera per la chiesa universale, è anche una richiesta che riguarda il Figlio stesso e i discepoli presenti. Il miglior modo per rappresentare la relazione delle parti tra di loro è attraverso tre cerchi concentrici. La missione e il destino eterno di Gesù Cristo e dei suoi discepoli è il centro di questi cerchi. Gesù prega che, come ricompensa della sua missione compiuta egli possa essere glorificato e, in relazione a ciò, i discepoli siano custoditi e santificati. Insieme a tutti i futuri cristiani, possano essere per sempre in sua compagnia, nella contemplazione della sua gloria. Il cerchio più interno rappresenta la richiesta di Cristo per sè stesso; quello intermedio la richiesta per i discepoli presenti e il terzo riguarda la chiesa universale. Ogni cerchio più grande include quelli precedenti[8].

Marsh vede nelle prime due parti la base ed il punto d'inizio per la terza. I vv. 1-5 formano quella parte in cui è messa in luce la relazione tra il Padre e il Figlio; i vv. 6-19 sono quelli che evidenziano il rapporto tra il Figlio e i discepoli e i vv. 20-26 mettono in connessione i discepoli con i futuri credenti. Questo autore non considera una buona definizione di Gv 17 quella di «preghiera sacerdotale» o «preghiera di consacrazione». Questi titoli deriverebbero dalla situazione dell'ultima cena dove Gesù offre come un sommo sacerdote tale preghiera per i

---

[7] Cf. B.F. WESTCOTT, *The Gospel according to St. John*, 236-237.
[8] Cf. W. HENDRIKSEN, *The Gospel of John*, 347-371.

suoi discepoli e consacra sé stesso (e loro) al sacrificio che sta per essere compiuto. Ma ciò che emerge in quella specifica situazione non è semplicemente l'aspetto sacerdotale o di consacrazione, bensì l'intimità tra il Padre ed il Figlio entro cui la preghiera come tale viene espressa. Perciò il titolo più appropriato sarebbe quello di «preghiera del Signore». Essa mostra la comunione tra il Padre e il Figlio come base dell'azione con cui il Signore può esercitare il potere su ogni «carne». Il Padre ed il Figlio non possono condividere una gloria divina se non sono in comunione l'uno con l'altro[9].

In base ad un'analisi letteraria, Battaglia appoggia tale divisione in tre parti: vv. 1-5, preghiera di Gesù per sé stesso; vv. 6-19, preghiera per i discepoli; vv. 20-26, preghiera per la Chiesa. La richiesta dominante della prima parte è la glorificazione del Figlio, in conformità con il potere conferitogli di donare la vita. Il v. 6 introduce nella preghiera i discepoli che saranno l'oggetto di questa seconda parte. Fino al v. 8 però, esiste un profondo legame con la prima parte, in quanto è descritta l'opera fino ad ora compiuta dal Figlio: l'opera della rivelazione a cui corrisponde, da parte dei discepoli, la docilità e la fedeltà. I discepoli sono caratterizzati dal fatto che appartengono a Dio (vv. 6.9.10), sono donati a Cristo (vv. 6-8) e non sono perciò del mondo (vv. 14.16). Per essi Gesù prega ed i motivi della preghiera sono: la sua partenza dal mondo (vv. 11-13) e il conseguente fatto che non avranno più lui vicino a proteggerli; l'odio del mondo contro di loro perché hanno creduto (v. 14). A questi due motivi corrispondono i due fini della preghiera: l'unione e l'unità con Cristo e con il Padre (v. 11), la preservazione dal male (v. 15) perché possano essere interamente consacrati alla missione affidata loro (vv. 17-19). L'ultima parte (vv. 20-26) riguarda i futuri credenti e la richiesta è unica: l'unità con il Padre e con il Figlio. Essa (l'unità) dovrà essere la testimonianza al mondo della missione del Figlio (v. 21), e dell'amore infinito di Dio per i fedeli (v. 23); sarà inoltre un anticipo dell'unione eterna con il Padre e il Figlio. Tale unità si attua mediante il dono della gloria stessa del Figlio, che è poi la pienezza di grazia e di verità comunicata ai credenti, e che dà loro il potere di divenire figli di Dio, partecipi della sua natura. Tutto questo sarà l'effetto dell'amore di Dio visto come realtà ontologica infusa (v. 26). Secondo Battaglia ci troviamo di fronte ad una preghiera eminentemente storica, situata in un periodo determinato della vita di Cristo, legato alla sua suprema «ora» (17,1). E' una

---

[9] Cf. J. MARSH, *The Gospel of John*, 549-555.

preghiera che, come tutte le altre del vangelo, ha per oggetto il regno di Dio ed è inseparabile dall'attività salvifica di Cristo. I temi principali infatti, sono la glorificazione di Cristo, che è parte essenziale nella storia del regno di Dio, e l'unità dei fedeli membri di questo regno. Inoltre è intimamente legata alla passione che è l'atto salvifico per eccellenza di Cristo. Ciò non contrasta con il carattere generale della preghiera che è sostanzialmente una supplica con degli elementi propri della preghiera di offerta. Per convincersi di queste caratteristiche basta osservare la domanda continua ricorrente negli imperativi di petizione: δόξασόν (17,1.5), τήρησον (17,11), ἁγίασον (17,17), e nei presenti ἐρωτῶ (17,9.15.20), θέλω (17,24), accompagnati sempre da una particella greca, ἵνα, traducibile con «affinché»[10].

Feuillet afferma che questa divisione tripartita segna bene il corso della preghiera. Sebbene nella prima parte (vv. 1-5) Gesù preghi per la propria persona, nella seconda (vv. 6-19) per gli apostoli e nella terza (vv. 20-26) per la chiesa, il pensiero principale della preghiera è uno soltanto. Infatti quando Gesù prega per sé stesso, non è la sua persona il punto di riferimento, bensì l'opera di Dio; quando prega per i suoi discepoli, li raccomanda a Dio come continuatori di questa opera; e quando estende il suo sguardo a tutti i credenti presenti e futuri, essi sono visti come destinatari di quest'opera. In altri termini i suoi amici sono coloro nei quali deve risplendere la gloria di suo Padre, giacché la sua opera e la gloria del Padre sono, attraverso di lui, una sola e medesima cosa. L'unico pensiero è dunque quello dell'opera di Cristo o della gloria del Padre. La preghiera di Gv 17 ha un parallelo nella liturgia giudaica del giorno dell'Espiazione, che nella Bibbia è richiamata in Lv 16; 23,26-32 e Num 29,7-11. Nel primo di questi brani (Lv 16) il sommo sacerdote fa l'espiazione rispettivamente per sé stesso, per la sua casa (cioè il sacerdozio d'Israele), e per tutto il popolo eletto. Questa triplice espiazione corrisponde alla divisione tripartita della preghiera di Gv 17: Gesù prega per sé, per i suoi apostoli e per tutti i credenti[11].

---

[10] Cf. O. BATTAGLIA, «Preghiera sacerdotale ed innologia ermetica», 209-232. Invece Morris in base a criteri contenutistici, ritiene che all'inizio Gesù prega per la sua glorificazione (vv. 1-5); poi la parte principale della preghiera ha per oggetto la cerchia dei discepoli (vv. 6-19). Infine, l'ultima parte (vv. 20-26), è una preghiera per coloro che crederanno attraverso l'apostolato dei discepoli. Comune a tutte queste sezioni è il desiderio che la volontà del Padre sia attuata (cf. L. MORRIS, *The Gospel*, 716).

[11] Cf. A. FEUILLET, *Le sacerdoce du Christ*, 41.47-48.

Carnevale, concordando con la maggior parte degli esegeti che vede in questa divisione tripartita una struttura organica, sostiene che Gesù pregherebbe dapprima per sé stesso (vv. 1-5), poi per i discepoli (6-19) ed infine per tutti i credenti (20-26). Secondo quest'autore la prima fonte di Gv 17 è quella accolta in Mt 11,25-27 e Lc 10,21-22, almeno per quello che riguarda la trasmissione di tutto da parte del Padre al Figlio, e la conoscenza del Figlio (nella tradizione lucana e matteana si dice che lo conosceranno solo quelli a cui il Figlio vorrà rivelarlo, mentre in Gv 17,6 si dice: «Tuoi erano e a me li hai dati»)[12].

Newbigin considera il cap. 17 di Giovanni una preghiera di consacrazione di Gesù e dei suoi discepoli. Attraverso di loro il mondo potrà giungere alla fede. L'autore accoglie l'ipotesi più tradizionale della divisione in tre parti in base a coloro per i quali Gesù si rivolge al Padre: sé stesso, i discepoli ed i futuri credenti. Il tema centrale della preghiera è la gloria; S. Giovanni afferma che Gesù manifestò la sua gloria ai discepoli durante il suo ministero terreno ma la concentrazione maggiore di questo tema si ha primariamente durante la passione così come nella preghiera di consacrazione[13].

Haenchen ritiene che le linee di demarcazione tra i vv. 1-5, 9-19 e 20-26 non sono in realtà così evidenti come potrebbe apparire; l'unità del passo prevale di gran lunga. Una speciale enfasi è posta sull'unità che abbraccia il Padre, il Figlio e coloro che sono del Figlio, i «suoi». I cristiani appartengono al Padre che li dona al Figlio, e questi rivela loro l'ὄνομα del Padre in 17,6 (termine sinonimo di τὰ ῥήματα in 17,8). I discepoli e le generazioni future hanno accolto quell'ὄνομα (o quelle ῥήματα) e lo hanno custodito.

Gv 17 dovrebbe essere visto da varie prospettive: nella forma è primariamente una preghiera del Figlio al Padre in quanto, dopo aver parlato prima con i discepoli, ora parla solo con suo Padre. Ma questa preghiera diventa parte della tradizione, ha quindi significato non solo per Dio, ma anche per la comunità. E' simultaneamente una rivisitazione ed un'anteprima; dipinge l'opera che Gesù ha completato, e prepara il «lavoro» futuro. E' un discorso d'addio, che rimanda sotto qualche aspetto ai discorsi d'addio di Paolo a Mileto. Ma Gesù è come se fosse già andato via quando pronuncia queste parole (vd. v. 11). E' un completamento della rivelazione, una consolazione, e un'ammonizione, tutto in uno; è sia petizione che intercessione[14].

---

[12] Cf. L. CARNEVALE, «Le fonti», 199-214.
[13] Cf. L. NEWBIGIN, *The Light*, 223-225.
[14] Cf. E. HAENCHEN, *A Commentary on the Gospel*, 156-159.

Panimolle considera soprattutto dei criteri di ordine letterario nella composizione del testo. Gv 17 è una pericope strutturata con arte, in base ai canoni delle composizioni poetiche semitiche; vi troviamo delle inclusioni tematiche che rappresentano un elemento letterario molto significativo. Le più evidenti sono quelle tra i vv. 1 e 5; 6 e 17; 6 e 26; 20s e 25s. In relazione ai suddetti motivi di carattere poetico-letterario, la pericope si può scomporre in una prima parte (vv. 1-5) in cui Gesù domanda al Padre la propria glorificazione. Vi è poi una seconda (vv. 6-19), in cui prega per i suoi amici presenti nel cenacolo, chiedendo a Dio di custodirli nel suo nome e di santificarli nella verità e un brano finale (vv. 20-26) nel quale il Maestro si volge a tutti i discepoli, anche i futuri, domandando al Padre anzitutto il dono dell'unità. Il brano iniziale, prescindendo dal passo introduttivo, è strutturato in modo concentrico; la pericope centrale appare molto complessa sviluppando il pensiero dell'autore con una struttura a spirale. I temi ritornano in un modo non lineare, alcuni argomenti esposti sono poi ripresi con uno sviluppo antitetico. Infine anche l'ultima parte (vv. 20-26) ha una struttura a spirale. Il genere letterario di Gv 17 rientra negli schemi dei testamenti o discorsi di addio dei patriarchi, rinvenibili non solo nei documenti giudaici, ma anche nell'AT (Dt 32-33). Inoltre questo capitolo del vangelo forma una grande inclusione con il Prologo. Ne sono una conferma il ricorso all'uso del nome «Gesù Cristo» (solo in Gv 1,17 e 17,3), il riferimento alla vita del Figlio di Dio prima della creazione del mondo (Gv 1,1ss e 17,5.24), la tematica dell'incredulità espressa mediante la locuzione «il mondo non ha riconosciuto» (Gv 1,10 e 17,25), e infine la contemplazione della gloria del Figlio unigenito da parte dei discepoli (Gv 1,14 e 17,24)[15].

Attraverso un'analisi retorica di Gv 17, Wendland struttura anch'egli il testo in tre parti. La prima sezione (vv. 1-5) concerne la glorificazione che il Cristo chiede al Padre, avendo terminato l'opera che questi gli ha dato da compiere e avendo fatto conoscere ai discepoli «l'unico vero Dio e colui ch'egli ha inviato» (17,3). Ciò costituisce la base in relazione alla quale le altre richieste saranno formulate. Cristo comincia la preghiera con una forte enfasi sui concetti della gloria e del dono. Quest'ultimo concetto continua ad essere determinante nei primi versetti della seconda sezione (i vv. 6-9 della sezione 6-19). L'ultima sezione (vv. 20-26) è la più varia per contenuto, evidenziando termini come gloria, conoscenza e amore, sebbene prevalga il tema dell'unità,

---

[15] Cf. S.A. PANIMOLLE, *Lettura*, III, 339-343.

così come nell'insieme del testo. Le tre sezioni andrebbero poste in parallelo con il cap. 13 ottenendo questo risultato:

13,31-32	Gloria	17,1-5
13,33	Partenza	17,6-19
13,34-35	Amore	17,20-26[16]

Brodie individua la stessa struttura tripartita in base ad un movimento del testo che lui definisce «dalla terra verso il cielo». Già all'inizio del brano è indicato questo movimento negli «occhi alzati al cielo di Gesù» (17,1). Poi, nella sezione principale (vv. 6-19), vi è una crescita di senso in tale direzione. Gesù «ha rivelato il nome del Padre» (17,6), «non è più nel mondo» (17,11), ed afferma che è venuto il momento di andare al Padre («ora io vengo a te», 17,13). Infine, nella sezione finale (vv. 20-26), Gesù parla al Padre con una potenza sovrana come uno che è già in cielo. Tutte le sezioni presentano dunque un movimento di ascesa verso il cielo. Brodie chiama il cap. 17 di Giovanni con il titolo di «preghiera della santità e dell'unità». La descrizione del processo attraverso il quale il Signore vuole che i discepoli diventino santi comincia al cap. 13 con la lavanda dei piedi, prosegue nel cap. 15 con l'immagine della vite e dei tralci e il comandamento dell'amore (in essi si esprime l'idea della purificazione). Ma è il cap. 17 che evidenzia con una particolare enfasi i termini «santo» e «santificare» (vv. 17-19). Analogamente per l'idea di unità: in vario modo essa era implicata nei capp. 13-16, ma nel cap. 17 diventa esplicita (17,11.20-23)[17].

Milne intitola Gv 17 «la preghiera di consacrazione». Preferisce la strutturazione più usuale, sebbene la seconda parte (vv. 6-19) sia a sua volta divisa in due parti: 1) dove compaiono coloro per i quali Gesù prega (vv. 6-10); 2) dove essi fanno emergere le preoccupazioni della preghiera stessa (vv. 11-19). Le questioni più importanti per Milne sono quella relativa al fatto che Gesù preghi proprio in questo momento e non in un altro, ed un'altra che può essere formulata con questa domanda: perché lo Spirito Santo ha ritenuto opportuno dare una tale dettagliata descrizione della preghiera? Queste sarebbero questioni cruciali per l'interpretazione di Gv 17. La preghiera sarebbe offerta a questo punto come approccio di Gesù alla croce. Il sacrificio di sé stesso nella morte è un nuovo e specifico atto di obbedienza da parte di

---

[16] Cf. E.R. WENDLAND, «Rhetoric of the word», 59-88.
[17] Cf. T.L. BRODIE, *The Gospel according to John*, 505-515.

Gesù ed in un certo senso ogni cosa deve ancora essere fatta, come l'«ora» sottolinea. Egli deve presentare sé stesso sull'altare del sacrificio in un ulteriore, cruciale atto di autoconsegna alla volontà del Padre. Vi è un altro motivo importante della preghiera, espresso nel v. 19: «per loro io santifico me stesso». Qual è il significato del fatto che Gesù, avendo mandato i discepoli fuori nel mondo, non soltanto li istruisce sulla missione, ma prega per essi nella loro missione (vv. 6-23), e nel corso della preghiera offre sé stesso in sacrificio? La risposta collega il fatto che la comunità dei discepoli in missione è collocata nel più interno dialogo con Dio, e nella comunione vitale con il dono di sé del Figlio. Così la missione storica della chiesa nel mondo, cominciando con l'immediata testimonianza dei discepoli (vv. 6-19) e proseguendo con la più vasta missione nell'arco di tutti i secoli (vv. 20-26), è abbracciata da questa preghiera, e in essa presentata e offerta al Padre[18].

Infine, Culpepper si attiene anche lui a questa più comune divisione in base ai soggetti per i quali Gesù pregherebbe: 1) per sé stesso nei vv. 1-5; 2) per i discepoli in 17,9-19 e 3) per i futuri credenti in 17,20-26. Secondo questo autore l'evangelista avrebbe spostato Gv 17 dal Getsémani alla fine dei discorsi d'addio: nella preghiera non si nota infatti nemmeno l'ombra dell'agonia, Gesù è bensì deciso nella sua volontà di glorificare il Padre. Culpepper trova delle analogie con il Prologo in più punti: il potere di diventare figli di Dio (1,12) avrebbe una corrispondenza con il dono della vita eterna (17,2); il tema della rivelazione del Padre (1,18) sarebbe completato in Gv 17[19].

2.3 *III figura: vv. 1b-5; 6-23 e 24-26*

Segovia è il sostenitore, in base a un criterio tematico, di questa struttura in tre parti: 1b-5; 6-23; 24-26. Nella prima (1b-5) vi è la richiesta di Gesù per la propria glorificazione. Segue la sezione centrale della preghiera (6-23) in cui Gesù intercede per i discepoli che rimangono nel mondo. Una sottosezione introduttiva (6-8) conduce a una serie di cinque petizioni in cui vi è: una generica preghiera per i discepoli (9-10); una richiesta specifica di conservarli nel nome del Padre (11-13); una richiesta specifica di proteggerli dal Maligno (14-16); una richiesta specifica di santificarli nella verità (17-19) ed una preghiera di intercessione per tutti i discepoli, presenti e futuri (20-23). Infine la terza parte (24-26) è come un *climax* per tutte le precedenti richieste; la

---

[18] Cf. B. MILNE, *The Message*, 236-247.
[19] Cf. R.A. CULPEPPER, *The Gospel and letters of John*, 219-221.

petizione iniziale sulla glorificazione viene inoltre ripresa includendo anche i discepoli[20].

2.4 *IV figura: vv. 1-8; 9-23; 24-26*

Rigaux, a differenza di molti autori, considera queste tre parti nel testo di Gv 17: vv. 1-8; 9-23; 24-26. I primi otto versetti formano un'unità: la glorificazione è il motivo dominante, la parola chiave. Dal v. 17,9 l'espressione — «Io prego per loro» — segna una cesura e determina una nuova unità (vv.17,9-23) in cui la parola «mondo» ha un posto determinante. La terza parte (vv. 24-26) è una conclusione con una ripresa della preghiera indirizzata semplicemente al Padre (17,24) e al Padre «giusto» (17,25), affinché coloro che sono «stati donati a Gesù» contemplino la gloria eterna del Figlio e possiedano lo stesso amore con cui il Padre ha amato il Figlio[21].

2.5 *V figura: vv. 1-11a; 11b-23 e 24-26*

Un'altra divisione in tre parti è quella proposta da Theron (1-11a; 11b-23; 24-26). Nella prima parte vi è anzitutto una petizione (1-5) per la mutua glorificazione del Padre e del Figlio. Segue lo sfondo su cui la petizione è pronunciata, riguardante la rivelazione ed il riconoscimento di essa da parte dei discepoli (6-8), nonché la relazione presente tra il Figlio e i «suoi», e tra questi ed il mondo (9-11a). Nella seconda parte (11b-23), denominata petizione principale, Gesù prega per i dodici, chiedendo una serie di realtà (custodia nell'unità, la gioia, la protezione dal maligno e la santificazione nella verità). I vv. 20-23 concernono invece la preghiera per i futuri credenti. Gli ultimi tre versetti (24-26) segnano la terza e conclusiva parte della preghiera, nella quale vi è la richiesta che i discepoli godano della gloria eterna del Figlio ed abbiano l'amore del Padre in se stessi[22].

Léon-Dufour adotta la stessa divisione: tenendo conto dell'appellativo «Padre» che indica per tre volte un nuovo inizio, nella prima parte (vv. 1-11a) Gesù starebbe alla presenza del Padre come il Figlio che ha compiuto l'opera da lui ricevuta. La glorificazione che egli chiede al Padre ne sarà il compimento (vv. 1-5); nei versetti successivi insieme al Padre e al Figlio sono coinvolti nella preghiera anche i

---

[20] Cf. F.F. SEGOVIA, «Inclusion and Exclusion», 193-198.
[21] Cf. B. RIGAUX, «Les destinataires du IV Évangile», 289-296.
[22] Cf. W. THERON, «ἽΝΑ ᾽ΩΣΙΝ ἛΝ», 82.

discepoli. Prima di intercedere a loro favore, Gesù vuole affermare che essi appartengono a lui e al Padre. Nella seconda parte, vv. 11b-23, vi è l'intervento vero e proprio nei confronti dei discepoli presenti e futuri. La terza parte, vv. 24-26, esprimerebbe l'ultima volontà di Gesù. Il tema dominante sarebbe l'amore del Padre che, implicitamente presente lungo tutta la preghiera, emergerebbe alla fine della seconda strofa sull'unità (v. 23d), poi sarebbe evocato in modo diretto nei riguardi del Figlio (v. 24), e infine nei confronti dei discepoli (vv. 25-26)[23].

2.6 *VI figura: vv. 1-10; 11-23; 24-26*

Lion sceglie questa struttura perché, se si raggruppano i verbi che esprimono una domanda, otteniamo tale risultato. Abbiamo allora la domanda di glorificazione del Figlio (vv. 1-10); la domanda per i credenti (vv. 11-23) e la preghiera finale (vv. 24-26). La preghiera per la glorificazione del Figlio è ad un tempo una domanda (vv. 1.5) e la constatazione del suo esaudimento (v. 10). La seconda parte del testo è inclusa entro la domanda essenziale che compare all'inizio e alla fine: «affinché siano una cosa sola» (vv. 11.22-23). In ogni parte vi sono inoltre dei verbi che esprimono un tema principale: nella prima è il verbo «glorificare» (vv. 1-10); nella seconda «custodire», «santificare» «essere uno» (vv. 11-23); nella terza «amare». Con l'impiego ripetuto di questo verbo, negli ultimi tre versetti, la preghiera di Gesù si compie con il suo desiderio che i credenti accedano alla pienezza della vita e della conoscenza, in ragione dell'amore del Padre[24].

2.7 *VII figura: vv.1-5; 6-11c; 11d-26*

Korting individua una triplice divisione in base al criterio della «glorificazione». Nella prima parte (vv. 1-5) la reciproca glorificazione riguarda anzitutto il Padre ed il Figlio, ma anche l'uomo ne partecipa in un certo senso attraverso il dono della vita eterna offerto da Gesù. Nella seconda parte (vv. 6-11c), dopo aver rivelato agli uomini il «nome» del Padre (cioè l'essenza stessa di Dio) e donato le «sue parole», ricorre ancora il tema della glorificazione. Questa volta sono i discepoli che glorificano il Cristo e indirettamente anche il Padre (v. 17,10b). Tutta l'ultima parte (vv. 11d-26) considera la glorificazione dei discepoli. C'è una crescita di questo tema che culmina dapprima al v. 19 lì dove Gesù

---

[23] Cf. X. LÉON-DUFOUR, *Lettura*, III, 355ss.
[24] Cf. A. LION, *Lire saint Jean*, 116-123.

chiede che anche i discepoli siano «santificati nella verità». In seguito si evidenzia piuttosto l'argomento dell'unità (vv. 20-23b); quindi Dio viene glorificato per il fatto che il mondo riconosce l'amore con cui Dio ha amato i discepoli (v. 17,23c.e). Negli ultimi versetti (24-26) il tema della «gloria-glorificazione» viene accentuato ancor più mettendo in rilievo il Padre, il Figlio e gli uomini che Dio ha dato a Gesù[25].

3. Divisione in quattro parti

3.1 *I proposta: vv. 1-5; 6-8; 9-19 e 20-26*

Un sostenitore della strutturazione in quattro parti è Dodd. In base al contenuto, egli afferma che nell'esordio (vv. 1-5) viene richiamata la missione affidata a Cristo e si dichiara che tale missione è stata pienamente compiuta in onore del Padre e del Figlio. I versetti seguenti (6-8) sono un breve sunto del ministero di Gesù: egli ha rivelato il «nome» di Dio ai discepoli ed ha trasmesso loro le parole di Dio; essi hanno accolto il messaggio di Cristo, avendo così accesso alla fede ed alla conoscenza. Nella parte centrale della preghiera (17,9-19) viene presa in considerazione la situazione dei discepoli nel mondo dopo la partenza di Cristo. Loro avranno il compito di continuare l'opera sua e saranno perciò esposti allo stesso odio del mondo (17,14). Gesù prega perché possano essere conservati nel nome di Dio (v. 11), preservati dal Maligno (v. 15) e santificati nella verità (v. 19). Prega ancora perché possano essere una cosa sola ed avere una gioia piena (v. 13). Infine la preghiera allarga il suo orizzonte fino a comprendere tutti i futuri credenti (17,20-26). Egli chiede che tutti possano fruire della stessa unione vitale divina che condividono il Padre ed il Figlio. Cristo sarà così manifestato al mondo e la sua volontà sarà operante in loro; tutti godranno così della gloria di Dio e sperimenteranno la pienezza dell'amore divino[26].

3.2 *II proposta: vv. 1-5; 6-10; 11-19 e 20-26*

Sulla divisione in quattro parti vi è chi, come Cadier, ritiene che Gv 17 sia una preghiera per l'unità della chiesa. L'unità per cui Gesù prega è basata su vari elementi che appaiono nel corso del capitolo. Prima di tutto vi è il fine della chiesa, che è quello di manifestare sulla terra la vita eterna e glorificare il Cristo (vv. 1-5). Poi l'intento da parte del

---

[25] Cf. G. KORTING, *Die esoterische Struktur des Johannesevangelium*, 403-405.
[26] Cf. C.H. DODD, *L'interpretazione del quarto vangelo*, 509-510.

Padre di dare a suo Figlio gli uomini che diventeranno suoi servitori e testimoni (vv. 6-10) costituendo l'origine della chiesa; quindi il privilegio della chiesa, che è di essere un gregge custodito e protetto dal diavolo (vv. 11-19). In ultimo, l'unità della chiesa, che sprigiona dal suo fine, la sua origine e la sua natura, ed è la suprema realtà per cui Gesù prega (vv. 20-26). L'unità della chiesa si esplica in due direzioni: verticalmente unisce i credenti in Cristo con una vita di relazione simile a quella che, sulla terra, unisce il Figlio al Padre. Orizzontalmente unisce i credenti l'uno con l'altro perché li porta insieme all'interno del mistero di Cristo[27].

Una divisione dello stesso tipo la propone anche Stock, tranne che per la seconda parte ch'egli fa arrivare sino a 17,11a. Dopo la preghiera per la glorificazione di Gesù (17,1-5) ed il ricordo dell'opera compiuta finora, la terza parte (17,11b-19) pone il suo accento sulla custodia dei discepoli da parte del Padre e sulla loro santificazione nella verità. Infine l'ultima parte (17,20-26) riguarda la preghiera per i credenti futuri[28].

3.3 *III proposta: vv. 1-8; 9-19; 20-23 e 24-26*

Un'altra struttura in quattro parti di tipo tematico è quella di van de Bussche, che così intitola le varie parti: a) «E' giunta l'ora» (1-8); b) «preghiera per i primi testimoni della fede» (9-19); c) «preghiera per la chiesa di tutti i tempi» (20-23); d) «la glorificazione finale» (24-26). Cristo come gran sacerdote, cioè come rappresentante di tutta l'umanità credente, quella del presente come quella del futuro, ritorna al Padre e lo prega per coloro ch'egli rappresenta. In questo atto sacerdotale getta uno sguardo retrospettivo sul compito svolto (9-19) e prega per quanti gli furono affidati, sia per il primo nucleo (9-19), sia per le generazioni che verranno (20-23), affinché tutti un giorno siano riuniti con lui nella gloria futura (24-26)[29].

3.4 *IV proposta: vv. 1-5; 6-19; 20-23 e 24-26*

Prendiamo ora in considerazione l'ipotesi di Wikenhauser. Egli chiama questo capitolo «la preghiera dell'addio» e suddivide le quattro parti di essa, a partire dal contenuto, secondo questi titoli: «la preghiera

---

[27] Cf. J. CADIER, «The Unity», 166-175.
[28] Cf. K. STOCK, *Gesù il Figlio di Dio*, 167.169.
[29] Cf. H. van de BUSSCHE, *Giovanni*, 518-537.

per la glorificazione di Gesù» (vv. 1-5); «la preghiera per i discepoli, affinchè siano preservati e santificati» (vv. 6-19); «preghiera per l'unione dei discepoli» (vv. 20-23); «Gesù prega perchè i fedeli giunga-no a perfezione nella vita futura» (vv. 24-26). Wikenhauser ritiene che il titolo attribuitogli per la prima volta dal teologo protestante *David Chytraeus* (1531-1600) di «preghiera sacerdotale» abbia un suo fondamento poiché Gesù si presenta al Padre come colui che intercede per i «suoi». La parte preponderante di Gv 17 verterebbe proprio sulla preghiera come intercessione, con largo spazio per l'elenco dei motivi su cui essa si regge[30].

Lindars sostiene, sulla base del contenuto, un'analoga divisione in quattro parti. Nei primi cinque versetti Gesù prega per sé, nel quinto in particolare chiede il completamento di un processo che può essere espresso in termini gnostici, «la discesa ed il ritorno del Rivelatore al celeste reame». Ma in realtà qui si fondono due concetti: la discesa della sapienza e l'ascesa del Figlio dell'uomo. Dal v. 6 al 19 egli prega per i suoi discepoli: come Dio ha rivelato la sua gloria in Gesù (13,31) così i discepoli riveleranno la gloria di Gesù (17,10b). Nei vv. 20-23 vi è l'intercessione per la chiesa del futuro e negli ultimi tre per tutti, i discepoli e i credenti futuri. Le parole finali esprimono la gloria in termini di amore (v. 24)[31].

Schneider ritiene che Gv 17 sia la conclusione del secondo discorso d'addio essendone strettamente legato. La preghiera presenta una ripetizione di concetti, ma nello stesso tempo c'è un chiaro sviluppo degli stessi. Egli contesta la definizione di *David Chytraeus* che la chiamò «preghiera del sommo sacerdote», perché non rende conto di tutto il contenuto, ma solo di una parte nella quale Gesù intercede per i suoi discepoli davanti a Dio. Sarebbe meglio invece intitolare il cap. 17 «preghiera d'addio o di commiato» per il suo legame con i precedenti discorsi d'addio. La prima parte di Gv 17 (vv. 1-5) viene chiamata «la preghiera per la glorificazione di Gesù», la seconda (vv. 6-19) «la preghiera per la glorificazione e la santificazione dei discepoli»; la terza (vv. 20-23) «preghiera per l'unità dei credenti» e da ultimo, la quarta (vv. 24-26), «preghiera per il compimento dei credenti»[32].

La stessa divisione è suggerita anche da Barrett. Egli considera Gv 17 come un sommario della teologia giovannea relativa al ministero di

---

[30] Cf. A. WIKENHAUSER, *L'Evangelo secondo Giovanni*, 409-421.
[31] Cf. B. LINDARS, *The Gospel*, 515-523.
[32] Cf. J. SCHNEIDER, *Das Evangelium nach Johannes*, 283-291.

Gesù. I temi della preghiera sarebbero trattati dal punto di vista delle relazioni eterne tra il Figlio ed il Padre, mentre lo Spirito Santo non compare mai perché non si conosceva ancora nella forma di un'eterna relazione in Dio[33].

Michaels considera il fatto che i capp. 15-17 sono da vedere come un'espansione in ordine inverso dei tre pronunciamenti fatti in 13,31-35; così il cap. 17 è costruito sulla solenne dichiarazione riguardante la glorificazione in 13,31-32. La glorificazione è peraltro il tema che risalta nei vv. 1-5. In particolare, il v. 1 con la richiesta di glorificazione del Figlio, che da lui sarà ricambiata nei confronti del Padre, ed il v. 5 con la rinnovata domanda di glorificazione di Gesù così come era «prima che il mondo fosse», stabiliscono la prima maggiore divisione della preghiera. In base a ciò molti commentatori dividono la preghiera nelle quattro parti seguenti: a) Gesù prega per la sua propria glorificazione (1-5); b) intercede per i suoi discepoli raccolti intorno a lui per ascoltare le sue ultime parole (6-19); c) fa un'invocazione per la generazione più tarda di credenti (20-23), e d) conclude la sua preghiera per una riunione finale di tutti nell'unico suo regno di amore (24-26)[34].

Anche L'Éplattenier sostiene le ultime tre proposte. In base al movimento del testo e al suo contenuto, i primi cinque versetti sarebbero l'introduzione ove Gesù prega per sé stesso. La parte centrale (6-19) si focalizza invece sui discepoli e la loro missione; quindi la preghiera abbraccia anche i futuri credenti (20-23). Infine una conclusione solenne è espressa negli ultimi tre versetti (24-26). Uno dei *leitmotif* di questa preghiera si trova nel verbo «dare» che compare diciassette volte. Si tratta del «potere» dato al Figlio (2); l'opera da compiere (4), «le sue parole» (8); il «suo nome» (11-12); la «gloria» (22.24); «gli uomini» (2.6.7.9.24). Il Figlio ha «dato» inoltre la «vita eterna» (2), «le parole di Dio» (8.14), e la «gloria» (22). Attraverso questa profusione di «doni» si esprime, lungo tutto Gv 17, la realtà della grazia o dell'amore e quest'ultimo conclude la preghiera[35].

Mateos e Barreto considerano i primi cinque versetti (1-5) come un prefazio che nelle comunità posteriori avrà il senso di un'azione di grazie (eucarestia) per l'opera realizzata. Il corpo della preghiera (vv. 6-23) si divide in due parti: una per i discepoli presenti (6-19) e una per quelli del futuro (20-23). Ciascuna di queste due parti comincia con

---

[33] Cf. C.K. BARRETT, *The Gospel*, 417-419.
[34] Cf. R.J. MICHAELS, *John*, 293-301.
[35] Cf. C. L'ÉPLATTENIER, *L'Évangile de Jean*, 325-336.

un'introduzione che ha lo stesso motivo di fondo: la fede o adesione a Gesù, come effetto dell'opera di Gesù stesso (vv. 6-8) o delle parole dei discepoli (v. 20). Infine i vv. 24-26 concludono la preghiera di Gv 17, nella quale emerge fra tanti un tema centrale, quello della gloria[36].

Witherington si attiene alle precedenti ipotesi. I discorsi d'addio terminano con una preghiera d'intercessione che Gesù formula per sè stesso (vv. 1-5); per i suoi discepoli (vv. 6-19); per quelli che crederanno per la loro testimonianza (vv. 20-23). Infine la preghiera riguarda la perfezione di tutti i credenti nella gloria di Gesù (vv. 24-26). La denominazione «preghiera del sommo sacerdote» non è molto appropriata, si dovrebbe piuttosto chiamare «preghiera di dedicazione e consacrazione» sia di Cristo che dei discepoli. Gesù fa la sua dedicazione in vista del suo finale atto missionario di morte sulla croce, mentre i discepoli sono consacrati non solo nella verità, ma anche per il compito di testimonianza nel mondo, persino se tale testimonianza li dovesse condurre alla stessa conclusione della morte di Gesù. Questo discorso ha delle analogie con alcune preghiere d'addio bibliche e giudaiche (cf. Dt 33; 4Ezra 8,19b-36; Giub 1,19-21; 10,3-6) piuttosto remote. I temi chiave della preghiera riguardano la glorificazione del Padre, del Figlio, e perfino dei discepoli, nel senso che sono consacrati, messi a parte, santificati, in vista anche della loro missione[37].

Schwank vede un filo conduttore tra i precedenti tre capitoli e Gv 17: ciò che lì era insegnamento, qui diventa preghiera. Alcuni temi già considerati ricevono in questo capitolo il loro ultimo splendore. Dopo le parole introduttive (vv. 1-5), Gesù intercede per i suoi discepoli (vv. 6-19), poi per quelli che attraverso di loro verranno alla fede (vv. 20-23) e infine per tutti coloro che sono stati «dati» al Figlio (vv. 24-26). Gesù si rivolge dapprima al «Padre» (vv. 1.5), poi al «Padre santo» (v. 11) e infine al «Padre giusto» (v. 25). Nella preghiera vi sono alcuni temi principali come quello della santificazione, del sacrificio (implicito) e della glorificazione[38].

Infine anche de la Potterie sostiene tale divisione in quattro parti. Nella prima parte (vv. 1-5) Gesù chiede la propria glorificazione; l'«ora» che è giunta (v. 1) è infatti non soltanto l'ora della sua passione e morte, ma anche della sua glorificazione. Tale glorificazione è l'ultima realizzazione del regno di Dio, perché la gloria del Figlio

---

[36] Cf. J. MATEOS – J. BARRETO, *El Evangelio de Juan*, 706-707.731.
[37] Cf. B. WITHERINGTON, *John's Wisdom*, 267-276.
[38] Cf. B. SCHWANK, *Evangelium nach Johannes*, 400-421.

abbraccerà tutti gli uomini. Questo è il fine della missione di Gesù che coincide con il dono della vita eterna a tutti coloro che il Padre gli ha dato (v. 2). Nella seconda parte (vv. 6-19) la preghiera, rivolta specificamente ai discepoli, comprende tre domande: a) la prima riguarda la loro unità (v. 11b); la seconda concerne la custodia dal maligno (v. 15) e la terza la santificazione nella verità (vv. 17-19), dopo la quale essi saranno mandati nel mondo. Nella terza parte della preghiera (vv. 20-23) l'orizzonte si allarga: Gesù prega anche per quelli che crederanno per mezzo della parola dei primi discepoli. Si può parlare qui di una preghiera di Gesù per la sua chiesa. Infine, la quarta parte (vv. 24-26), si conclude con una prospettiva di escatologia e parusia. Gesù chiede che l'unione dei discepoli con lui, iniziata su questa terra, possa completarsi nella contemplazione della sua gloria presso il Padre[39].

3.5 *V proposta: vv. 1-5; 6-12; 13-19; 20-26*

Pink segue questa divisione quadripartita in relazione ai tre più comuni motivi per i quali Gesù formula la preghiera: per sé stesso (vv. 1-5); per i discepoli (vv. 6-19) e per i futuri credenti (vv. 20-26). La seconda sezione (vv. 6-19) la spezzetta tuttavia in due parti. Dal v. 6 al 12 lo sfondo vitale delle parole di Gesù è messo in evidenza dal fatto che egli prega per i suoi discepoli e non per il mondo e la loro preservazione è l'essenza di tutta l'intercessione. Nei vv. 13-19 il Signore prega per i suoi discepoli, che rimangono nel mondo mentre lui torna al Padre, presentando le necessità che li riguardano. L'autore ritiene tuttavia che gli apostoli, coloro per cui Gesù prega nei vv. 6-19, siano una rappresentanza dell'insieme dei credenti, come se in fondo il Signore pensasse a tutti loro. Con l'ultima sezione (vv. 20-26) vi è l'assicurazione che Gesù non ha pregato solo per gli apostoli e per coloro che lo hanno seguito nel suo ministero terreno, ma per tutto il suo popolo. Quelli che sarebbero venuti alla fede, fino ai nostri giorni, sono qui collegati con la prima cristianità[40].

3.6 *VI proposta: vv.1-3; 4-8; 9-19; 20-26*

Merlier sceglie queste quattro parti per comprendere meglio il testo. La prima parte (vv. 1-3) ha il suo centro nel dono della vita eterna: Dio ha accordato al Figlio il potere di dare la vita eterna ai discepoli.

---

[39] Cf. I. de la POTTERIE, *La preghiera di Gesù*, 70-81.
[40] Cf. A.W. PINK, *Exposition to the Gospel*, 89-139.

Compiuta l'opera che il Padre gli ha affidato, ora Gesù può ritornare presso di Lui, nella consapevolezza che i discepoli hanno compreso che la sua missione (e la sua stessa persona) veniva da Dio. Questo è il contenuto della seconda parte (vv. 4-8). Nella terza, l'oggetto della preghiera si delinea nella volontà che il Padre protegga i discepoli dal male, ora che Gesù non sarà più con loro (vv. 9-19). Infine, il contenuto della preghiera di Cristo si estende a tutti coloro che crederanno in lui attraverso i discepoli (vv. 20-26). Lo scopo ultimo è che tutti i credenti si ritrovino con il Cristo presso il Padre, contemplino la sua gloria e sperimentino l'amore di Dio. L'idea centrale del testo concerne la fede: in Gesù bisogna riconoscere il Figlio di Dio, inviato in missione sulla terra da suo Padre, che lo ha rivestito di tutta la sua autorità. E' questa fede in Cristo e nella sua missione che assicura la vita eterna[41].

4. Divisione in cinque parti

4.1 *I divisione: vv. 1b-2; 4-5; 6-13; 14-19; 22-26*

Becker, appoggiandosi allo studio dei generi letterari propone queste cinque parti della preghiera: 1b-2, 4-5, 6-13, 14-19, 22-26. Egli individua quattro distinte forme letterarie nella preghiera: a) il racconto giustificativo (4.6-8.14.22-23); b) l'introduzione alla domanda (9-11a.15-16); c) la formulazione della domanda (1b.5.11b.17.24) e d) la fondazione della domanda (2.12a.13.18-19.25-26). A queste se ne può aggiungere una quinta: la formula definitoria di fede del v. 3. Il racconto giustificativo riguarda il passato di Gesù e della piccola comunità dei discepoli; l'introduzione concerne il presente (aperto al futuro); la domanda e la sua fondazione hanno a che fare invece con il futuro della comunità di Gesù. Da quest'ultima analisi emerge un interesse per la storia di Gesù; ma indubbiamente il peso più forte della preghiera cade sul presente e sul futuro, uniti nel segno del Padre[42].

4.2 *II divisione: vv. 1-5; 6-8; 9-19; 20-23 e 24-26*

La struttura di Bultmann prevede anch'essa cinque parti. Dopo la prima parte (vv. 1-5) in cui Gesù chiede al Padre di essere glorificato, l'intercessione per la comunità (vv. 6-26) viene a sua volta suddivisa in quattro sezioni che evidenziano ciascuna un aspetto: la fondazione (vv. 6-8), la preservazione e la santificazione (vv. 9-19), l'unità (vv. 20-23)

---

[41] Cf. O. MERLIER, *Le Quatrième Évangile*, 289-291.
[42] Cf. J. BECKER, «Aufbau, Schichtung und theologiegeschichtliche», 56-83.

e la perfezione (vv. 24-26). Nel pensiero di Bultmann, Gv 13,1 serve per introdurre il cap. 17 e lo designa come una preghiera di addio ed un atto di amore. E' una petizione per la realizzazione della gloria del Rivelatore ed anche un'intercessione per la comunità (vv. 6-26): entrambe le motivazioni dimostrano che è una preghiera di amore[43].

Anche Balagué individua un'identica divisione in base ad un criterio tematico. Nei primi cinque versetti Gesù prega per sé stesso; nei vv. 6-8 vi è un accenno alla sua missione che è stata compiuta; in 17,9-19 l'orazione verte essenzialmente a favore dei discepoli. La quarta parte (20-23) ha come obiettivo della preghiera l'unità della sua chiesa e l'ultima parte (24-26) la volontà che tutti si riuniscano con lui nella sua gloria[44].

Grayston chiama con questo titolo il cap. 17: «il Figlio si presenta al Padre». Se i capp. 15-16 descrivono l'impatto dei discepoli con il mondo, il cap. 17 espone la definitiva condizione della loro esistenza. Il Figlio racconta al Padre ciò che egli ha fatto, che cosa ha preparato per i suoi discepoli, e quali conseguenze ha programmato. Questa è la carta della comunità; essa viene divisa dall'autore nelle cinque parti sopra elencate in riferimento ai temi trattati: 1) una preghiera per la glorificazione di Gesù (vv. 1-5); 2) una dichiarazione resa da Gesù di ciò che egli fu mandato a compiere (vv. 6-8); 3) una preghiera del Figlio in favore dei discepoli nel mondo in cui si trovano (vv. 9-19); 4) una preghiera per quelli che crederanno grazie alla testimonianza dei discepoli (vv. 20-23); 5) una preghiera che riguarda i credenti nel mondo futuro (vv. 24-26). La preghiera presenta tuttavia due sorprese: a) non dice nulla sulla morte di Gesù e sullo Spirito di verità. Perché non sono esplicitamente menzionati? Probabilmente perché c'era una disputa nella comunità riguardante l'enfasi sul sangue e quella sullo Spirito (cf. 1Gv 5,6-8)[45].

4.3 *III divisione: vv. 1b-5; 6-8; 9-19; 20-24 e 25-26*

La proposta di Malatesta articola Gv 17 nelle seguenti parti: 1b-5; 6-8; 9-19; 20-24 e 25-26. Queste cinque parti formerebbero una struttura concentrica attorno all'unità centrale (vv. 9-19). Nel suo studio Malatesta utilizza sia le tecniche letterarie (chiasmi, simmetrie ed inclusioni) che le forme letterarie (come le petizioni). Con tali metodi giunge a

---

[43] Cf. R. BULTMANN, *The Gospel*, 486-522.
[44] M. BALAGUE', «La Oraciòn Sacerdotal (17,1-26)», 69.
[45] Cf. K. GRAYSTON, *The Gospel of John*, 142-145.

concludere che Gv 17 ricapitola drammaticamente nella forma di una preghiera la teologia elaborata attraverso il vangelo e, in modo analogo alle altre parole di Gesù nell'ultima cena, riassume il significato del mistero pasquale. Nei primi cinque versetti il tema della gloria e quello della vita eterna forniscono la chiave interpretativa del resto della preghiera. La seconda parte (6-8) è dedicata esclusivamente alla missione di Gesù per i suoi discepoli. La quinta (25-26) ha come tema principale la conoscenza del Padre e del Figlio da parte dei discepoli. Questa parte tratta di Gesù non soltanto nel passato (26a) ma anche nel futuro (26c). La duplice conoscenza espressa in 17,3 è allora concepita in termini di inabitazione in 17,26. La quarta parte (20-24) contiene delle petizioni per i futuri credenti strutturate intorno alla menzione del dono di Gesù (ai credenti), e alla gloria che il Padre ha dato a lui. La terza parte (9-19) è uno sviluppo della prima. La vita eterna, conoscenza del Padre e del Figlio, attraverso la glorificazione di Gesù dev'essere diffusa nel mondo grazie all'unità dei futuri credenti. L'inabitazione dell'amore del Padre e del Figlio nei suoi discepoli è orientata verso la contemplazione finale di tutti i credenti della gloria di Cristo. La preghiera di Gesù è quella del mediatore della nuova alleanza per la quale la vita eterna sarà condivisa dai discepoli, dai futuri credenti e dal mondo. La realizzazione del nuovo Patto, la comunicazione della vita eterna, è la vera proposta del quarto vangelo. Il cap. 17 presenta questo scopo nella forma di una preghiera che attraversa la storia della salvezza, ed è formulata dal Cristo glorificato[46].

Radermakers adotta la stessa divisione di Malatesta perché, a suo giudizio, integra il maggior numero di elementi obiettivi del testo. La struttura del capitolo è determinata, in particolare, dalla ricorrenza di certe espressioni caratteristiche che scandiscono il percorso della preghiera, svelandone la direzione e la progressione. Nei primi versetti il verbo δοξάζω è ripetuto quattro volte (nei vv. 1.4.5); ad esso è unito il sostantivo δόξα (v. 5). Il verbo γινώσκω, al centro della prima unità (nel v. 3), appare nuovamente nella seconda sezione (vv. 6-8). Il verbo δίδωμι, ripetuto tre volte nella prima unità (vv. 2.4), si ritrova con una certa insistenza nella seconda (vv. 6-8). Le ultime due parti (vv. 20-24 e 25-26) presentano uno schema simile alle prime due, con un'identica articolazione. Nella prima delle ultime parti (vv. 20-24), al centro (v. 22) ritroviamo il termine δόξα e il verbo δίδωμι, ripresi anche al v. 24. Compare inoltre il tema dell'unità (vv. 21-23), fonte della fede per il

---

[46] Cf. E. MALATESTA, «The Literary Structure of John 17», 190-214.

mondo e radicata nell'amore mutuo del Padre e del Figlio (vv. 23-24). La rivelazione del Padre attraverso il suo Figlio inviato nel mondo è l'oggetto della seconda unità letteraria (vv. 25-26); l'amore del Padre e del Figlio appare a sua volta come il principio ed il compimento della conoscenza di Dio: γινώσκω è ripetuto cinque volte nei vv. 25 e 26. Il corpo della preghiera (vv. 6-19) si può suddividere in tre unità: la prima (vv. 9-11c) è caratterizzata per la ripresa del verbo δοξάζω (v. 10); la seconda (vv. 11d-16), in cui appare per la prima volta il termine ἅγιε, segna la tensione che esiste tra i discepoli ed il mondo. La terza (vv. 17-19) si snoda a partire dal verbo ἁγιάζω, che fa da eco all'appellativo πάτερ ἅγιε del v. 11, e dal termine ἀλήθεια che esprime, in S. Giovanni, la realtà di Gesù come rivelatore del Padre. Il cuore di questa sezione e di tutta la preghiera è rinvenibile nell'affermazione, essenziale per la comprensione dell'ora di Gesù e del mondo: «Ma ora io vengo a te» (v. 13a; cf. v. 11c)[47].

Un altro sostenitore di tale divisione in cinque parti è Menken; egli ritiene che l'autore del quarto vangelo conti i numeri delle sillabe e delle parole in Gv 17. Tra la prima (vv. 1b-5) e la quarta unità (20-24) vi sarebbe in comune l'importante tema della glorificazione, espresso dal sostantivo δόξα e dal verbo δοξάζω (17,1.4.5). In 17,1.4-5 il Figlio chiede al Padre di glorificarlo; egli in cambio ha già glorificato e glorificherà suo Padre. In 17,22.24 la gloria data dal Padre al Figlio è menzionata; là la glorificazione del Figlio da parte del Padre è presentata come un evento passato. C'è quindi una corrispondenza di parole chiave e, conseguentemente, di temi tra le unità 17,1b-5 e 17,20-24. In 17,6-8, così come in 17,25-26, il verbo γινώσκω ricorre più spesso; in 17,7 è anche indicata la fede dei discepoli in Cristo, inviato del Padre. In 17,25 poi, è utilizzato due volte il verbo γινώσκω per indicare che il mondo non ha conosciuto Dio, al contrario di Gesù e dei «suoi». Sembra inoltre, che 17,6-8 e 17,25-26 siano unità letterarie corrispondenti. Nell'unità centrale, 17,9-19, Gesù prega per i suoi discepoli, ai quali ha rivelato il nome del Padre e che hanno accettato la sua rivelazione. Questa unità ha un suo proprio contenuto, differente da quanto precede e da quanto segue[48].

---

[47] Cf. J. RADERMAKERS, «La prière», 48-86. Tale divisione è adottata anche da D. MARZOTTO, «L'unità degli uomini», 170-171.
[48] Cf. M.J. MENKEN, *Numerical literary techniques in John*, 229-260.

4.4 *IV divisione: vv. 1-3; 4-6; 9-19; 20-23 e 24-26*

Questa divisione tematica in cinque parti è proposta da Boyle. I vv. 1-3 e 24-26 sarebbero rispettivamente l'introduzione e la conclusione del capitolo. Il corpo centrale della preghiera ha una prima parte (vv. 4-6) dove è messa in risalto l'opera compiuta da Gesù; una seconda (vv. 9-19) nella quale Gesù prega per i «suoi» ed una terza (20-23) che considera i credenti successivi[49].

4.5 *V divisione: vv. 1b-5; 6-11a; 11b-19; 20-23 e 24-26*

La divisione in cinque parti (1b-5; 6-11a; 11b-19; 20-23; 24-26) di Schnackenburg utilizza un metodo strutturalista. La dettagliata preghiera d'intercessione per i discepoli con cui Gesù si rivolge al πάτερ ἅγιε (11b) è, secondo questo autore, semplice da inquadrare nella sua struttura. Due invocazioni sono pronunciate all'imperativo: τήρησον (11b) e ἁγίασον (17). Inoltre un'ulteriore richiesta è formulata in 11b: ἵνα ὦσιν ἓν καθὼς ἡμεῖς. Questa unità è lo scopo dell'intercessione di Gesù; quando l'unità dei discepoli sarà conforme all'unità tra il Padre ed il Figlio si realizzerà una caratteristica divina nei «suoi». Ora questa proposizione del v. 11b riappare quasi letteralmente identica nel v. 22. Sembra dunque opportuno cominciare da questo punto che è rimasto finora inosservato. Qualcosa di simile si può notare nel v. 2 ma, in primo luogo, lì la piccola unità (1b-5) concerne una glorificazione realizzata. La successiva unità (6-11a) rileva il carattere di mediazione di Cristo nei confronti dei discepoli. Così risulta che il v. 11b è anche una continuazione di quanto esposto prima. La prima finalità della preghiera è allora l'esortazione racchiusa nella parola τήρησον, ripresa anche al v. 15. La struttura di questo versetto e il movimento di pensiero all'interno di questa unità richiama la pericope dei vv. 6-11a. Il Padre custodirà i discepoli ἐν τῷ ὀνόματί σου, in questo modo l'ὄνομα di cui al v. 6 sarà conosciuto. Il versetto seguente (v. 12) corrisponde inoltre nella sostanza al v. 6: come Gesù ha manifestato ai discepoli il nome del Padre, così li ha anche custoditi nel suo nome, finché era con loro. Ora però va al Padre e formula questa preghiera mentre è ancora nel mondo. Dunque la parola κόσμος crea, essendo la preghiera un'esortazione alla custodia, un nuovo aspetto: il contrasto tra i discepoli ed il mondo. Come il mondo del v. 9 era escluso dalla preghiera, così Gesù prega per i discepoli che il mondo minaccia. Ed

---

[49] Cf. J. BOYLE, «The Last Discourse», 210-222.

egli non prega perché il Padre li tolga dal mondo, bensì affinché li custodisca dal Maligno. Torna ancora qui (v. 15) la parola τηρέω attorno a cui ruota questa unità. I successivi vv. 17-19 sono addirittura un classico «incastro». La chiave di volta è nelle due parole ἁγιάζω e ἀλήθεια. L'espressione ἁγίασον corrisponde nella forma al τήρησον del v. 11b. Il λόγος del Padre sarebbe stato trasmesso, rivelato. L'intera unità è una variazione di quella precedente sulla custodia. L'espressione ἐν τῷ ὀνόματί σου del v. 11b corrisponde ultimamente a ἐν τῇ ἀληθείᾳ del v. 17. Un particolare esame richiede la piccola unità successiva (vv. 20-23). Essa è, collegata con la proposizione finale di 11b: ἵνα ὦσιν ἕν. Ma questa proposizione finale viene ripetuta due volte, nel v. 21 e nel 22. Attraverso i discepoli anche altri crederanno (v. 20). L'orizzonte di pensiero del v. 18, con l'invio dei discepoli nel mondo fa sì che la preghiera di intercessione possa estendersi anche ai futuri credenti. Il confronto di «questi» e «coloro che per la loro parola crederanno in Gesù» (v. 20) non orienta l'intero discorso in funzione dei discepoli presenti. All'inizio Gesù parla di un compito per «tutti coloro che il Padre gli ha dato», quello di donare la vita eterna (v. 2); poi dal v. 6 vengono considerati i discepoli presenti (dati anch'essi dal Padre). La strana preghiera nei vv. 11b-19 relaziona i discepoli presenti non solo verso i futuri credenti, ma anche verso coloro che sono contemporanei. Così avviene anche negli altri discorsi di addio: i discepoli rappresentano la comunità con la parola ch'essi trasmetteranno. Sono nel mondo (vv. 11a-13) e nel mondo saranno inviati (v. 18). Dovranno condurre altri uomini dal mondo a Cristo. Il potere del Figlio (v. 2) su ogni «carne» di dare la vita eterna è anche un compito della comunità. I discepoli inoltre dimorano nell'amore di Gesù come questi è nell'amore del Padre. Il concetto dell'amore è unito assieme a quello del «compimento»: Gesù termina la sua opera (v. 4) dichiarando che «avendo amato i suoi li amò sino alla fine» (13,1). La parola «amore» ha una certa affinità con la gloria; l'ultima piccola unità (vv. 24-26), culmine e conclusione dell'intero discorso, mostrerà questa relazione. La vita eterna termina nella partecipazione alla gloria di Gesù. La comunità avrà raggiunto lo scopo voluto da Cristo quando «i discepoli saranno là dove egli è» (17,24a), quando contempleranno la gloria che il Padre gli ha dato. Il v. 25 ricapitola ancora una volta il più grande dono della conoscenza del Padre che Gesù ha offerto ai discepoli (vv. 6-8). Ma tale conoscenza conduce ad una più profonda rivelazione che avviene nell'amore del Padre, che dall'eternità ha amato il

Figlio, amore che Gesù vuole sia nei discepoli come lui in loro. Questo è il fine che Cristo vuole ottenere per i «suoi»[50].

4.6 VI *divisione: vv. 1-5; 6-11; 12-19; 20-23 e 24-26*

Simoens ritiene che Gv 17 consista di cinque parti raccolte in un modello chiastico: A (1-5), B (6-11), C (12-19), B¹ (20-23), A¹ (24-26). Le parti A, C e A¹ costituiscono una struttura concentrica mentre le altre due, B e B¹, formano un parallelismo concentrico. Inoltre il centro della preghiera (vv. 12-19) corrisponderebbe al centro dell'insieme di Gv 13-17, integrando anche il centro di Gv 13, che rappresenta il polo opposto del testo. I criteri per la determinazione della struttura sono: a) il vocativo πάτερ ripetuto sei volte; b) gli imperativi δόξασόν, τήρησον, ἁγίασον; c) la preposizione ἵνα (vv. 12.13.15.19). Due sarebbero le parole chiave di Gv 17: ἀγάπη e δόξα. Ciò permette di stabilire una sorta di analogia tra Gv 13 e Gv 17, rappresentata in questo schema:

13,1 (ἀγάπη)	17,1-5 (glorificazione)
13,31-32 (glorificazione)	17,24-26 (ἀγάπη)

Con la sua inclusione caratteristica in termini di ἀγάπη, l'unità conclusiva di Gv 17 richiama infine la struttura di Gv 13; si ritrova inoltre la menzione della conoscenza e della missione come in Gv 17,3. I criteri tematici, che a suo modo di vedere si aggiungono a quelli strutturali e linguistici nella studio del testo, vengono ricondotti a tre nel corpo della preghiera (vv. 6-23): la totalità significata; le formule retoriche e l'alleanza. Il primo indica che il cap. 17 riprende i capp. 13-16 ed in un certo senso ne costituisce una sintesi, così come gli ultimi tre versetti di Gv 17 (24-26) sono una sintesi dell'intero capitolo. Le formule retoriche si esprimono nella ripetizione di alcune parole ed espressioni all'interno delle varie parti. Per esempio a due riprese, nella seconda (vv. 6-11) e nella terza parte (vv. 12-19), si incontrano tre componenti del discorso: a) il richiamo al passato in 17,6 e in 17,12; b) il tema dell'«ora» nei vv. 7-8 e nei vv. 13-14; c) un'intercessione introduttiva e la formulazione di un obiettivo (vv. 9-11a+11b e 15-16+17-19). Il terzo criterio si rifà a reminiscenze che mettono in luce il tema dell'alleanza: la memoria del passato, l'ancoraggio ad un presente (con

---

[50] Cf. R. SCHNACKENBURG, «Struckturanalyse of John 17», 67-78.196-202.

il riferimento all'«ora»), e l'evocazione dell'avvenire sono un richiamo all'alleanza[51].

4.7 *VII divisione: vv.1-8; 9-19; 20-23; 24 e 25-26*

Talbert divide Gv 17 in cinque parti separate: vv. 1-8 in cui Gesù esprime una petizione per sé stesso; vv. 9-24 dove egli intercede per i suoi discepoli. La seconda parte (vv. 9-24) viene inoltre suddivisa in altre tre parti: a') vv. 9-19 che comprende l'intercessione di Gesù per i suoi discepoli che lo hanno accompagnato durante il ministero terreno; b') quella per coloro che crederanno attraverso la parola dei primi discepoli (vv. 20-23); c') l'intercessione per tutte e due i gruppi (v. 24). Una quinta parte (vv. 25-26) indica infine la ricapitolazione del ministero di Gesù ed una attestazione della sua missione compiuta[52].

4.8 *VIII divisione: vv. 1-5; 6-10; 11-19; 20-23 e 24-26*

Ridderbos ritiene che sulla base della petizione iniziale (vv. 1-5) in cui Gesù invoca la sua propria glorificazione dal Padre e che domina tutto il testo, l'intercessione per i discepoli nei vv. 6-26 mostra chiaramente un movimento progressivo del pensiero che può essere sintetizzato in pochi principali punti: a) intercessione di Gesù per coloro, i «suoi», che gli sono stati dati dal Padre (vv. 6-10); b) petizione di Gesù per la custodia e la santificazione dei «suoi» nel mondo (vv. 11-19); preghiera per l'unità dei «suoi» ad immagine dell'unità tra il Figlio ed il Padre (vv. 20-23); preghiera per l'unione futura dei «suoi» con lui stesso (vv. 24-26). Secondo questo autore non è molto appropriato il titolo di preghiera sacerdotale, quanto piuttosto quello di «preghiera di addio». E ciò perché la preghiera è strettamente collegata con i precedenti discorsi, che sono denominati proprio «discorsi d'addio»[53].

4.9 *IX divisione: vv. 1-5; 6-8; 9-19; 20-21 e 22-26*

Barclay, in base a considerazioni tematiche, suggerisce cinque parti nello studio di Gv 17. La prima (vv. 1-5) la intitola «la gloria della croce» mettendo in relazione diretta le parole del primo versetto

---

[51] Cf. Y. SIMOENS, *La gloire*, 174-197. Il successivo commentario di Simoens non fa che attenersi al suo studio precedente, a cui peraltro rimanda (cf. Y. SIMOENS, *Selon Jean*, 679-681).
[52] Cf. C.H. TALBERT, *Reading John*, 223-231.
[53] Cf. H.N. RIDDERBOS, *The Gospel*, 547-564.

sull'«ora» ormai giunta e la glorificazione del Figlio con la morte in croce. La seconda parte (vv. 6-8) è intitolata «l'opera di Gesù» e verte su due temi principali: quello del «nome di Dio» rivelato da Gesù (con tutto il significato pregnante che aveva il nome nell'AT) e quello del discepolato di coloro che hanno accolto la «parola» che il Signore ha offerto ad essi. La terza parte (vv. 9-19) è quella riguardante l'intercessione di Gesù per i suoi discepoli. La quarta (vv. 20-21) è come uno sguardo sul futuro per tutti coloro che in epoche future e in terre lontane crederanno in lui. L'ultima parte (vv. 22-26) viene chiamata «il dono e la promessa della gloria» e questo ultimo termine va inteso in due maniere diverse: 1) gloria come manifestazione dell'amore di Dio per il mondo sulla croce e 2) gloria che Gesù promette ai suoi discepoli nel paradiso come beatitudine eterna. I discepoli saranno chiamati a sperimentare l'uno e l'altro tipo di gloria nella loro sofferenza personale e nella futura felicità insieme a Cristo[54].

4.10 *X divisione: vv. 1-5; 6-13; 14-19; 20-23; 24-26*

La divisione in cinque parti (vv. 1-5; 6-13; 14-19; 20-23; 24-26) è appoggiata da Wilckens, in base a criteri tematici. Nella prima parte (1-5) il Figlio prega per la propria glorificazione. Vi è poi una parte (6-23) che Wilckens dividerà ulteriormente, in cui si situa la preghiera per la comunità dei discepoli; un'ultima infine fa da conclusione sintetica a tutta la preghiera. La grossa parte di mezzo (6-23) viene quindi ripartita nei vv. 6-19, che riguardano i discepoli rimasti sulla terra mentre Gesù va al Padre, ed in 20-23, con un riferimento ai discepoli che si aggiungeranno alla prima comunità cristiana. I vv. 6-19 infine, sono visti come due parti parallele (6-13 e 14-19), dove nella prima il motivo di fondo è la custodia dei discepoli (11), nella seconda la santificazione (17)[55].

5. Divisione in sei parti

5.1 *I figura: vv. 1b-5; 6-11a; 11b-19; 20-23; 24 e 25-26*

Thüsing sceglie la possibilità, in base al contenuto, di dividere il testo in sei parti. La prima, dopo un versetto introduttivo (v. 1a), riguarda la richiesta di glorificazione da parte di Gesù (1b-5). La seconda (vv. 6-11a) mette in rilievo Cristo come mediatore verso i discepoli ed il fatto

---

[54] Cf. W. BARCLAY, *The Gospel of John*, II, 238-258.
[55] Cf. U. WILCKENS, *Das Evangelium nach Johannes*, 259-260.

ch'egli è glorificato in loro. La terza parte (vv. 11b-19) tiene conto della richiesta di Gesù al Padre di custodire i «suoi» (vv. 11b-16) e di consacrarli nella verità (vv. 17-19). La quarta (vv. 20-23) esprime il desiderio che «tutti siano uno»; la quinta (v. 24) la volontà di Gesù che i credenti contemplino la sua gloria. Nell'ultima parte (vv. 25-26) infine, la volontà del Signore è che «l'amore con cui il Padre ha amato lui sia in essi». Per Thüsing il cap. 17 è come uno specchio nel quale si riflette tutto il vangelo. L'idea centrale è la glorificazione di Gesù e di suo Padre. Gesù domanda la sua glorificazione nei primi cinque versetti, che il Padre lo elevi attraverso la morte, alla sua destra sul trono della gloria, e che per il suo sacrificio, il nome del Padre sia rivelato e glorificato. La santificazione dei discepoli, l'unità di tutti i credenti e l'addio di Gesù sono compresi in questa domanda. Con una formula, si potrebbe dire che Gesù prega il Padre prima di affrontare la morte e prega per il frutto del sacrificio della croce. Ciò che nell'esordio si indirizza ai discepoli riuniti nel cenacolo, dev'essere riformulato ed espresso in maniera da ricevere il suo senso pieno per tutti i credenti nel corso dei secoli. I vv. 9-11a introducono direttamente la preghiera per quelli che Gesù ha ricordato nei tre versetti precedenti. Egli prega per i «suoi» e non per il mondo, bensì per quelli che il Padre gli ha donato (17,9). L'antitesi, già sottolineata al v. 6, ritorna qui con tutta la sua intensità (antitesi tra i «suoi» ed il mondo). Gesù prende nettamente le distanze in rapporto a questo impero delle tenebre. L'ultima parte del v. 9 ed i vv. 10-11a ci dicono il motivo per cui Gesù prega per i discepoli e non per il mondo: «perché sono tuoi e tutto ciò che è mio è tuo e quello che è tuo è mio, e io sono glorificato in essi». L'espressione «perché sono tuoi» è il primo motivo della preghiera di Gesù. Se egli prega per i discepoli, è innanzitutto per causa del Padre. Dio sceglie quegli uomini e non altri, perché proprio attraverso di essi il suo amore splende nelle tenebre. «Tutto quello che è mio è tuo e quello che è tuo è mio»: questa è l'espressione del dono reciproco e totale, ovvero la comunità d'amore del Padre e del Figlio. C'è questa unità nell'amore che dev'essere rivelata. Gesù prega per i discepoli poichè sono stati accolti e stabiliti in questa unità. Nell'ultima parte del v. 10 ricompare la parola chiave, «glorificazione», tema centrale della preghiera. La piccola affermazione «e io sono glorificato in essi» è di fatto il legame più evidente tra la prima parte di Gv 17 e la seconda, nella quale i discepoli sono l'oggetto della preghiera. Di primo acchito si è tentati di pensare che questa glorificazione di Gesù tramite i «suoi» si situi nella stessa linea di quella operata dallo Spirito Santo. Ma cerchiamo di capire meglio questo pensiero. La glorificazione del Padre è la rivelazione della sua unità con Gesù. E' poi correlata con la glorificazione del Figlio che si compirà attraverso la passione (13,1 e 17,4). Inoltre gli avvenimenti e i fatti della vita terrestre di Gesù orientano verso ciò che lo Spirito Santo opererà dopo il passaggio di Gesù al Padre. Qui abbiamo proprio questo caso: dopo che Giuda se n'è andato rimangono solo gli undici apostoli. La loro fede, ancora nascente, è però già decisa. Essi stanno dalla parte di Dio; Gesù è attorniato da quelli che appartengono al Padre e a lui stesso. Questo è il quadro della sua glorificazione in loro. Dopo il v. 17,7 i discepoli sanno che tutto quello che ha Gesù, viene dal Padre. E' precisamente questa conoscenza che si schiude nella glorificazione di Gesù sotto l'azione dello Spirito Santo: «Egli mi glorificherà perchè prenderà del mio e ve lo annunzierà. Tutto quello che il Padre possiede è mio» (Gv 16,14s.). Ora il v. 17,10 diventa più chiaro: l'«io sono glorificato in essi» s'indirizza agli undici nella sala dell'ultima cena. Gesù ha fondato questa comunità di discepoli, essi sono opera sua, e da questo punto di vista c'è lì la stessa opera terrestre per la quale lui ha glorificato il Padre (17,4). In 17,10 la stessa realtà fonda la sua propria glorificazione. Ma ciò che l'evangelista vuole intendere è l'effusione della glorificazione di Gesù, verso cui tutto converge, attraverso lo Spirito nella chiesa. Un'analisi più particolareggiata rivelerà in seguito tutta la portata del pensiero di questo autore; ci basti qui dire ancora che nella glorificazione ad opera dei discepoli si realizza la domanda formulata in 17,1: «perchè tuo Figlio ti glorifichi». La glorificazione di Gesù è accompagnata da quella dei «suoi»[56].

5.2 II figura: vv. 1-4; 5-6; 7-12; 13-23; 24 e 25-26

A favore di tale ipotesi si è schierato Laurentin. Cominciando a individuare le particelle καὶ νῦν, νῦν, νῦν δὲ (17,5.7.13), che danno un'impronta al testo, egli combina tale dato di fatto con le corrispondenze tra 17,5 (πρὸ τοῦ τὸν κόσμον εἶναι) e 17,24 (πρὸ καταβολῆς κόσμου). Segnala inoltre anche l'altra corrispondenza tra 17,6 — Εφανέρωσά σου τὸ ὄνομα — e 17,26 — ἐγνώρισα αὐτοῖς τὸ ὄνομά σου —. In tal modo giunge a dividere il testo in: 17,1-4 (introduzione); 5-6 (transizione); 7-12 (prima parte); 13-23 (seconda parte); 24 (transizione); 25-26 (conclusione). Il tema principale della preghiera è la rivelazione del nome di Dio, annunciato in 17,6, svilup-

---

[56] Cf. W. THÜSING, La prière, 5-11.77-140.

pato alla fine della prima parte (17,11-12) e ricordato infine in 17,26. Esso evoca nella seconda parte il tema della santificazione (17,19), suggerito da 17,11 (πάτερ ἅγιε) nella prima parte. La progressione delle due parti risiede nel fatto che la glorificazione comincia con la rivelazione del nome di Dio ed è portata avanti nella santificazione dei credenti[57].

Anche Ferraro si rifà alla stessa suddivisione proposta da Laurentin. Nella preghiera del capitolo diciassettesimo si realizza l'annuncio dell'«ora» della piena rivelazione del Padre. A quest'«ora» di rivelazione somma tutti gli altri testi del vangelo fanno da preparazione. Inoltre la preghiera sacerdotale, collocata tra la fine dei discorsi di addio di cui segna la conclusione, e la narrazione della passione di cui costituisce il preludio, è un compendio dei temi più importanti del quarto vangelo. Innanzitutto troviamo il tema della glorificazione e della gloria: δοξάζω cinque volte e δόξα tre. Poi il verbo δίδωμι (dare), così caratteristico in Giovanni, in questo capitolo compare ben diciassette volte. Tale verbo caratterizza l'iniziativa assoluta e primordiale del Padre sia verso gli uomini che verso Gesù. Connesso con il tema del dare segue la corrispettiva terminologia giovannea: ricevere, conoscere, credere, conservare; si ha cioè la triplice catena: dare - ricevere - conservare, nella quale è contenuto il modo caratteristico di Giovanni di presentare il tema classico della tradizione. Si trova esplicitamente il tema del domandare, della missione, della carità, dell'unità, dell'immanenza reciproca tra Gesù e il Padre, i discepoli e Gesù. La complessità e ricchezza di questa terminologia è sufficiente a confermare che ci troviamo in un clima dove il linguaggio è portato alla sua somma possibilità di rivelazione del mistero divino. Tutto è posto sotto il segno dell'«ora» nella sua assolutezza e, successivamente, ritmato dai tre νῦν che costituiscono come i punti di riferimento della vasta tematica[58].

5.3 *III figura: vv. 1-5; 6-11a; 11b-16; 17-19; 20-23 e 24-26*

Zevini preferisce, fra le tante strutture letterarie, quella che mentre rispetta lo schema tradizionale delle tre parti, si rifà alle indicazioni tematico-formali di Segalla se si eccettua il v. 17,24, che quest'ultimo autore separa dall'ultima parte (vv. 24-26). Le tre parti che a loro volta

---

[57] Cf. A. LAURENTIN, «We 'attah - kai nun», 168-197; 413-432. Le osservazioni formali di Laurentin, sulle quali costruisce una struttura, sono corrette, ma incomplete perché sostenute da un unico criterio letterario (la particella *nun*).
[58] Cf. G. FERRARO, *L'ora di Cristo*, 73-79.

vengono suddivise ciascuna in altre due sono: a) Gesù prega per la propria glorificazione (vv. 1-11a); b) Gesù prega per la custodia dei suoi discepoli (vv. 11b-19); c) Gesù prega per i futuri credenti (vv. 20-26). All'interno di queste unità maggiori abbiamo: 1) la richiesta al Padre della gloria (vv. 1-5); 2) la fede della comunità glorifica Gesù (vv. 6-11a); 3) il contrasto tra i discepoli e il mondo (vv. 11b-16); 4) la santificazione dei discepoli nella verità (vv. 17-19); 5) la preghiera per l'unità dei credenti (vv. 20-23); 6) la preghiera per la salvezza dei credenti (vv. 24-26). Con il cap. 17, in cui viene formulata questa solenne preghiera di Gesù al Padre nell'imminenza dell'«ora», si conclude il «testamento spirituale» del Signore ai «suoi». La preghiera non è un brano isolato all'interno del quarto vangelo, ma forma una grande inclusione con il capitolo iniziale della prima sezione del «libro della gloria» (13,1-17,26) e costituisce il preludio al racconto della passione-glorificazione (18,1-19,42)[59].

L'ipotesi suggerita da Beasley-Murray, che considera gli elementi formali e il contenuto, è ancora la seguente: vv. 1-5, preghiera per la glorificazione del Figlio, il quale può donare la vita a coloro che gli sono stati dati; vv. 6-11a, preghiera per i discepoli, in cui è espressa la ragione secondo la quale si prega per essi (i discepoli erano del Padre e sono stati dati al Figlio; hanno inoltre osservato la parola del Padre). I vv. 11b-16 riguardano la preghiera per la loro custodia; i vv. 17-19, la preghiera affinché i discepoli siano consacrati insieme a Gesù; i vv. 20-23, la preghiera perché tutti i credenti siano ἕν (una cosa sola) ed i vv. 24-26 la preghiera per i fedeli, affinché possano essere perfetti nella gloria di Gesù[60].

Anche Carson presenta un'identica struttura. Gv 17 non è una preghiera a sé stante, essa è intimamente connessa nei temi e nel vocabolario con i discorsi che la precedono (capp. 14-16), come d'altronde anche le prime parole del v. 17,1 rilevano. E' infatti accertato che nell'antichità le preghiere finali erano frequentemente connesse con «discorsi d'addio», sia nella letteratura giudaica che in quella ellenistica (vd. Gn 49; Dt 32-33; Giub 22,7-23). Ciò che è unico in questa preghiera non riguarda né la forma e né qualche associazione letteraria, bensì colui che offre e quando offre. Egli è il Figlio di Dio incarnato che sta ritornando al Padre dopo il passaggio attraverso una terribile e

---

[59] Cf. G. ZEVINI, *Vangelo secondo Giovanni*, II, 194-196.
[60] Cf. G.R. BEASLEY-MURRAY, *John*, 293-296. La stessa divisione suggerita da Zevini e Beasley-Murray è sostenuta da M.-T. SPRECHER, *Einheitsdenken*, 37-38.

dolorosa morte. Egli prega affinché la sua opera dia gloria al Padre e perché i suoi discepoli, grazie alla sua morte ed esaltazione, siano preservati dal male e abbiano il privilegio di vedere la gloria di Gesù, imitando nelle loro relazioni la reciprocità di amore tra il Padre ed il Figlio. In qualche modo la preghiera è un sommario dell'intero vangelo. I suoi temi principali includono l'obbedienza di Gesù a suo Padre, la glorificazione di suo Padre attraverso la sua morte/esaltazione, la rivelazione di Dio in Gesù Cristo, la scelta dei discepoli fuori dal mondo, la loro missione nel mondo, la loro unità, modellata su quella del Padre e del Figlio ed il loro destino finale in presenza del Padre e del Figlio. Fondere questo sommario nella forma di una preghiera equivale non soltanto ad anticipare l'innalzamento di Gesù sulla croce, ma nello stesso tempo contribuisce a mostrare quel movimento che riporta Gesù al Padre e che è uno dei temi centrali dei discorsi d'addio. Nel quarto vangelo vi sono due preghiere di Gesù oltre a Gv 17: la prima è alla tomba di Lazzaro (11,41-42). Sebbene sia una preghiera, essa fu composta per le necessità della gente che stava ascoltando (11,42). Qualcosa di simile può essere detto sulla preghiera di Gv 12,27-28 e Gv 17: ciascuna è giustamente etichettata come preghiera, ma è ad un tempo petizione, proclamazione, e persino rivelazione[61].

5.4 *IV figura: vv. 1-5; 6-10; 11-13; 14-17; 18-23 e 24-26*

Calloud e Genuyt vedono le parti 1-5; 6-10; 11-13; 14-17; 18-23; 24-26 come possibili unità distinte nel testo. La loro analisi, partendo da criteri stilistici, indaga l'organizzazione dei contenuti semantici di Gv 17. Nella prima parte (vv. 1-5) la parola che sintetizza il contenuto di essa è il «patto». Nella seconda (vv. 6-10) ha inizio la «preghiera» vera e propria per i discepoli; nella terza (vv. 11-13) il tema dominante è quello della «custodia». Nella quarta (vv. 14-17) la «santificazione» e nella quinta (vv. 18-23) «l'unità». L'ultima parte (vv. 24-26), intitolata «il luogo», concerne la domanda su dove sia Gesù e da dove egli formulì questa preghiera. Rispetto ai discorsi precedenti (capp. 13-16) si può notare il passaggio da una struttura di dialogo orizzontale ad una verticale, evidenziata fin dall'inizio nell'elevazione dello sguardo di

---

[61] Cf. D.A. CARSON, *The Gospel*, 550-571. La struttura di Carson differisce da quella che lui presenta in un'altra opera, dove Gesù prega per se stesso (1-5), per i suoi discepoli (6-19), per l'unità di tutti coloro che diventeranno suoi discepoli (20-23), perché i suoi discepoli possano godere l'ultima benedizione (24) e dove valuta il suo ministero nei vv. 25-26 (cf. D.A. CARSON, *Jesus and his friends*, 172-203).

Gesù al cielo (17,1). A questo cambiamento di orientamento corrisponde un cambiamento d'intenzione: all'insegnamento succede la preghiera. L'insegnamento è terminato, la preghiera apre una nuova prospettiva. In essa si possono notare tre grandi realtà che hanno un'importanza primaria negli scambi tra il Padre ed il Figlio: ὄνομα, δόξα, λόγος. Ed è attraverso la trasmissione di queste ultime due da parte del Figlio ai discepoli che anche il «nome» può essere conosciuto. Queste differenti realtà, che rappresentano dei valori in circolazione, sono l'oggetto di una comunicazione costante che viene rilevata dai verbi amare, parlare e glorificare. E tutta questa circolazione espressa nelle parole e nei verbi sunnominati hanno come sfondo la figura universale del «dono», che è onnipresente. All'origine di tutto vi è l'amore del Padre, più antico anche della fondazione del mondo. Questo amore è trasmesso al Figlio; attraverso la sua mediazione passa ai discepoli e da questi infine viene donato al mondo. Come il Figlio è stato inviato dal Padre, così i discepoli saranno inviati dal Figlio. E, a tal scopo, la preghiera di Gesù si sforza di ottenere la loro santificazione che permetterà ad essi di perseguire il compito del Maestro[62].

La prima sequenza (vv. 1-5) definisce le relazioni contrattuali e le operazioni che si scambiano i due partners: il Padre ed il Figlio. Gli altri personaggi non intervengono se non nella misura della posta in gioco in tale contratto. Questo ha a che fare con la comunicazione reciproca della gloria. La seconda sequenza (vv. 6-10) segna una svolta dal momento che la preghiera di Gesù è centrata d'ora innanzi sui discepoli. Egli non prega più per sé stesso, bensì per i «suoi». Alla relazione duale della prima sequenza segue una relazione ternaria tra il Padre, il Figlio e gli uomini. Non si abbandona inoltre l'orizzonte del contratto. La gloria resta l'oggetto primario dello scambio, che si attua nel dono della vita eterna. Questa sequenza presenta le tre dimensioni temporali del passato (v. 6), del presente (vv. 7-8) e dell'avvenire (vv. 9-10). La terza sequenza (vv. 11-13) apporta una luce nuova sui rapporti tra il Padre ed il Figlio. Se il Figlio ha potuto manifestare il nome del Padre, è perché egli porta il suo «nome» ed è in funzione del «nome» ch'egli ha fatto per i «suoi» quello che ha fatto. E' la gloria del Padre quella per cui il Figlio agisce come Figlio e conferisce al «nome» che a lui è stato donato la gloria che lui ha restituito. I discepoli saranno custoditi in questo nome del Padre. Il «nome» designa in principio colui che ha l'autorità per conservare quelli che sono posti sotto la sua

---

[62] Cf. J. CALLOUD-F. GENUYT, *Les Discours d'Adieu*, 95-117.

responsabilità. Ma esso non ha soltanto funzione designativa per indicare colui che dispone dell'autorità, ma possiede anche una funzione invocativa. Gesù ha manifestato il «nome» e istituito i suoi discepoli come soggetti della parola. E' nel suo «nome» (quello che il Padre ha donato a Gesù) ch'essi faranno le loro richieste, e nel suo nome il Padre le esaudirà (16,23-24). La seconda domanda di Gesù nella quarta sezione (vv. 14-17), riguardante la santificazione, prende spunto dal conflitto tra i discepoli e il mondo. La santificazione è legata alla parola del Padre, in tanto in quanto si radica nella «verità». Ma questa stessa parola può anche non essere accolta e la santificazione non mira soltanto all'osservanza della parola, ma incita ancor più alla sua comunicazione. La quinta unità (vv. 18-23) continua il tema della santificazione ed aggiunge quello dell'unità. Quest'ultima può derivare dalla «parola» (vv. 19-21) o dal dono della gloria (vv. 22-23). Infine l'ultima sequenza (vv. 24-26) si riferisce al «luogo» che i discepoli vanno ad occupare. Si distinguono due parametri: secondo l'ordine della successione temporale i discepoli si spostano per occupare il posto che Gesù sta lasciando per raggiungerlo più tardi; nel momento presente, essi saranno lì dove è loro assegnata la parola di Gesù, presenza della persona assente[63].

6. Divisione in sette parti

6.1 *I figura: vv. 1b-5; 6-11a; 11b-16; 17-19; 20-23; 25-26; 24*

Un'interessante analisi del testo è quella di Segalla. La preghiera, nel suo insieme, si presenta strutturata in sette parti, in forma circolare ad inclusione concentrica. Tale criterio di suddivisione si basa su delle ragioni formali e tematiche. Questa è la sua proposta:

    a) gloria del Figlio + vita eterna (vv. 1b-5)
    b) rivelazione e conoscenza + fede (vv. 6-11a)
    c) custodia, unità e gioia dei discepoli (vv. 11b-16)
    d) santificazione e missione (vv. 17-19)
    c^1) unità più sviluppata + amore (vv. 20-23)
    b^1) rivelazione e conoscenza + amore (vv. 25-26)
    a^1) gloria + visione (v. 24)

---

[63] Cf. J. CALLOUD-F. GENUYT, *Les Discours d'Adieu*, 95-117.

La forma circolare-chiasmatica non è perfetta, perché i vv. 24-26 si susseguono in forma inversa da quella presupposta. Nella seconda parte del chiasmo vengono ripresi, sviluppati o prolungati i temi già comparsi nella prima parte, mentre al centro sta la preghiera per la santificazione. Il tema iniziale è la glorificazione di Gesù e la vita eterna, che consiste nella conoscenza di fede del Padre e del suo inviato Gesù Cristo (vv. 1b-5). Questo tema viene sviluppato nella pericope seguente (vv. 6-11a) che ricorda al passato, la rivelazione storica di Gesù e la fede corrispondente dei discepoli, ambedue come dono del Padre, e si introduce la preghiera generica per i discepoli (v. 9). La terza pericope (vv. 11b-16) esprime, in forma negativa, la richiesta che i discepoli siano custoditi dal mondo e dal Maligno; mentre nella quarta (17-19), in forma positiva, Gesù chiede al Padre la santificazione dei suoi discepoli nella verità. In tal modo mediante l'unità profonda nella verità, la comunità diviene segno che conduce alla fede anche il mondo (vv. 20-23). Dalla fede infine, si passa alla visione della gloria (v. 24) e alla ἀγάπη come realtà interiore, mediata dall'amore del Padre per il Figlio (vv. 25-26), arrivando così alla sorgente ultima della vita e dell'amore, da cui la preghiera aveva preso l'avvio. La preghiera è la sintesi più elevata e completa della teologia dell'evangelista, anche se non sono nominati temi fondamentali come lo «Spirito Santo», i «segni», il «giudizio». Essa prepara all'«ora» ormai vicina ed intende concludere, nel tono più solenne, il messaggio del precedente discorso d'addio[64].

Analogamente, Manns appoggia questa divisione in base a criteri letterali, che evidenziano delle inclusioni e dei chiasmi. Le prime tre parti (1b-5; 6-11a; 11b-16) formano una struttura concentrica in cui cinque elementi sono raccolti intorno ad uno centrale. La quarta parte (17-19) è delimitata da un'inclusione riguardante la santificazione dei discepoli nella verità (17) e la propria (di Gesù) santificazione (19). La quinta parte (20-23) presenta una struttura paralella tra il v. 21 e i vv. 22-23; la particella καθώς viene inoltre ripresa in entrambe le parti, segnando un'inclusione. La sesta parte (24) riprende i temi della prima (1-5). La settima infine (25-26), ritorna sul tema dell'amore, presente nelle due parti precedenti (20-23; 24), ed ha tre parallelismi (antitetici o sinonimici). Vi è inoltre una corrispondenza con i temi della seconda parte (6-11a)[65].

---

[64] Cf. G. SEGALLA, *La preghiera*, 17-31.
[65] Cf. F. MANNS, *L'Évangile de Jean*, 385-389.

Dello stesso parere è Fabris, il quale rifacendosi ad un'analisi di tipo lessicale, letterale e tematica, struttura il testo nelle sette parti sopra elencate. Questa preghiera di Gesù riporta le sue ultime parole prima dell'arresto e della condanna a morte. Traccia nello stesso tempo per i discepoli ed i futuri credenti un elevato programma di vita basato sull'unità profonda che ha la sua fonte ultima ed il modello definitivo nell'unione di amore tra il Padre ed il Figlio. Due sono gli interessi basilari in questo brano del quarto vangelo: la prospettiva cristologica e quella ecclesiale-ecumenica. Gv 17 si presenta come un discorso-colloquio di Gesù con il Padre, invocato per sei volte con tale appellativo e specificato in due casi con la qualifica «santo» e «giusto». Il tono orante del dialogo risalta dalla quadruplice ricorrenza del verbo ἐρωτάω («pregare» o «chiedere»). In un caso esso è sostituito da una richiesta più decisa, il «voglio», θέλω, del versetto 17,24. Anche la frase di apertura conferma questo taglio orante del testo: «dopo aver parlato in questo modo, Gesù, alzati gli occhi al cielo disse» (17,1a). Tale è l'atteggiamento di Gesù che prega nel quarto vangelo, riportato anche in Gv 11,41. Si tratta dunque di una preghiera a conclusione del discorso di addio o «testamento spirituale» di Gesù davanti ai suoi discepoli. Era questo un genere diffuso anche nell'AT (Mosè e Davide ricorsero a questo genere in Dt 31,30; 32,1-43 e in 1Cron 29,10-19). All'interno della preghiera si può riconoscere uno schema abbastanza regolare, sulla base di questi elementi: 1) la fonte della rivelazione o della donazione è il Padre; il verbo privilegiato per esprimere questa iniziativa del Padre è δίδωμι; 2) il mediatore della donazione rivelatrice è il Figlio, presentato come colui che è «uscito» dal Padre o che il Padre ha «inviato» (17,8); 3) i destinatari dell'iniziativa del Padre e dell'opera di donazione e rivelazione del Figlio sono gli uomini che il Padre ha dato al Figlio «dal mondo»; 4) il contenuto-oggetto della donazione del Padre e della rivelazione del Figlio è il nome, la parola (17,14) o le parole. Inoltre la chiave ermeneutica della preghiera finale di Gesù trascritta nel quarto vangelo è la «relazione», definita a sua volta in termini di amore offerto, donato, accolto o rifiutato. La fonte di questa corrente di amore è il Padre; il Figlio rende presente e attivo questo dinamismo di amore per gli uomini[66].

Vi è ancora Scholtissek a sostenere la divisione scelta da Segalla e Fabris. Egli vede nei vv. 1-11c una parte in cui Gesù prega per la glorificazione del Padre e del Figlio. Divide poi i vv. 1-11c in due parti: vv. 1-5 in cui Gesù prega perché il Padre lo glorifichi; vv. 6-11c in cui è

---

[66] Cf. R. FABRIS, *Giovanni*, 851-891.

fornita la motivazione della preghiera per la glorificazione, nello sguardo all'indietro sull'opera compiuta da Gesù. I vv. 11d-24 riguardano la preghiera di Gesù per i suoi. Anche questa parte viene suddivisa in due: vv. 11d-16 che concerne la preghiera per la custodia dei discepoli nel nome del Padre e vv. 17-19 che sono la preghiera per la santificazione dei discepoli nella verità. La successiva parte (vv. 20-23) considera la preghiera per l'unità dei discepoli sul modello di quella fra il Padre ed il Figlio. Nel v. 24 la preghiera concerne il destino finale dei discepoli e i vv. 25-26 riuniscono insieme uno sguardo sul passato e sull'avvenire[67].

6.2 *II figura: vv. 1-5; 6-8; 9-18; 19; 20-23; 24; 25-26*

Bruce, in base al contenuto tematico, appoggia tale divisione del testo. Nella prima parte Gesù chiede al Padre di glorificarlo (vv. 1-5); la seconda (vv. 6-8) concerne la rivelazione fatta ai discepoli; quindi c'è la preghiera per i discepoli (vv. 9-18); nel v. 19 Gesù consacra sè stesso; dopo vi è la preghiera per la chiesa che verrà (vv. 20-23); segue la glorificazione della chiesa (v. 24) e gli ultimi due versetti (vv. 25-26) concludono il capitolo. Egli intitola Gv 17 «la preghiera di consacrazione» in quanto Gesù consacra sè stesso per il sacrificio nel quale è sia vittima che sacerdote. Allo stesso tempo è una preghiera di consacrazione di coloro per i quali è offerto il sacrificio, i discepoli che erano presenti nel cenacolo e quelli che in seguito sarebbero venuti alla fede attraverso la loro testimonianza[68].

6.3 *III figura: vv. 1-3; 4-5; 6-11; 12-17; 18-21; 22-24; 25-26*

Wengst adotta questa divisione in base a criteri di ordine tematico. Nella prima parte ch'egli suddivide in due (1-3 e 4-5) Gesù prega per se stesso, ovvero per la propria glorificazione. Nei vv. 1-3 Gesù parla della sua glorificazione in terza persona. Nel v. 4 vi è uno sguardo al passato sull'opera compiuta da Gesù sulla terra, espressione della glorificazione del Padre. Dal v. 6 al v. 11 vi è la preghiera per i discepoli presenti, in particolare per la loro custodia, ora che Gesù tornerà al Padre. I vv. 12-17 continuano la preghiera per i discepoli fino alla richiesta della loro santificazione nella verità. La quinta parte (vv. 18-21) della preghiera si conclude con la domanda di unità per i discepoli sul modello di quella esistente fra il Padre ed il Figlio. La sesta parte

---

[67] Cf. K. SCHOLTISSEK, *Das hohepriesterliche*, 200-201.
[68] Cf. F.F. BRUCE, *The Gospel*, 328-336.

(vv. 22-24) ritorna sui temi della gloria e dell'unità. Gli ultimi due versetti (vv. 25-26) avviano alla conclusione della preghiera[69].

7. Divisione in otto parti

7.1 *Struttura: vv. 1b-5; 6-8; 9-11a; 11b-16; 17-19; 20-21; 22-24; 25-26*

La proposta seguente prende le mosse da un tipo di approccio metodologico chiamato analisi discorsiva (*discourse analysis*). Partendo da un'analisi del contenuto semantico dei segmenti del linguaggio all'interno di unità costituite, Tolmie considera le due parti estreme, vv. 1b-5 e 25-26, un'introduzione alla preghiera ed una conclusione della stessa. Il corpo della preghiera presenta queste sei differenti unità: vv. 6-8; 9-11a; 11b-16; 17-19; 20-21; 22-24. La prima unità sposta l'attenzione dalla richiesta di glorificazione per Gesù, ai discepoli. Nella seconda, dapprima Gesù prega per i discepoli perché appartengono al Padre, e poi perché egli se ne sta per andare via. La terza unità è dominata dalla richiesta di Gesù per la custodia dei discepoli; la quarta concerne la loro santificazione. Nella quinta una nuova petizione è introdotta: Gesù prega per l'unità; in secondo luogo il centro dell'attenzione non sono più soltanto i discepoli, ma anche i futuri credenti. L'ultima unità del corpo centrale riguarda la futura glorificazione dei discepoli[70].

8. Considerazioni finali

Dopo aver constatato la molteplicità delle proposte su una possibile divisione di Gv 17, possiamo fornire alcune considerazioni conclusive. All'inizio avevamo visto che Gv 17 è stato sempre suddiviso in almeno due parti, mai quindi come un blocco unitario. Abbiamo poi appurato che un buon numero di autori divide il cap. 17 in tre parti (1-5; 6-19; 20-26 o 1-8; 9-19; 20-26). Sono queste le divisioni più semplici e diffuse che mettono in luce la preghiera di Gesù per la propria glorificazione (vv. 1-5 o 1-8); la preghiera per i discepoli presenti (6-19 o 9-19) e per i futuri credenti (vv. 20-26). Tuttavia abbiamo notato che i vv. 6-8 non riguardano né la richiesta di glorificazione di Gesù per se stesso, e né l'inizio della preghiera per i discepoli presenti. Dal v. 22 al 26 inoltre, Gesù fa nuovamente un riferimento ai discepoli presenti e non tanto ai futuri credenti. Si sono cercate allora altre divisioni che tenessero

---

[69] Cf. K. WENGST, *Das Johannesevangelium*, 173-174.
[70] Cf. D.F. TOLMIE, «A discourse analysis», 403-418.

presenti nuovi criteri tematici e/o letterali. Il cap. 17 è stato suddiviso fino a sette ed otto parti, tuttavia ci sembra che le più comuni divisioni in tre parti (vv. 1-5; 6-19 e 20-26 o 1-8; 9-19 e 20-26) in cui Gesù prega il Padre per la propria glorificazione, per i discepoli presenti e per i discepoli presenti e futuri, risultino le migliori.

Al termine di questa parte ci sembra utile un riepilogo di quanto svolto fin qui. Abbiamo iniziato con un capitolo introduttivo su Gv 17 e le preghiere dell'AT e del NT, dove peraltro abbiamo approfondito il confronto con il *Pater noster* ed il titolo «sacerdotale» di Gv 17. Quindi si è considerato lo *status quaestionis* su Gv 17 nell'insieme dei capp. 13-17, nel secondo capitolo. L'analisi ha mostrato che Gv 17 ben rientra nell'insieme dei capp. 13-17 per le numerose corrispondenze, in particolare con il cap. 13. Il successivo capitolo sullo *status quaestionis* di Gv 17 in se stesso, ha evidenziato la molteplicità di proposte sulla divisione del cap. 17[71], in base a criteri letterali o tematici. Dallo *status quaestionis* negli ultimi cinquant'anni è emerso anche che Gv 17 rappresenta una sintesi ed un apice nel vangelo di Giovanni. Ora, proseguendo il nostro lavoro nella seconda parte, con l'analisi letteraria[72] proporremo una nostra struttura per Gv 17.

---

[71] Non abbiamo comunque citato quegli autori che non danno una divisione di Gv 17.

[72] Nello studio del cap. 17, così come avevamo fatto per i capp. 13-17 (pag. 45), seguiremo prima la via sincronica dell'analisi letteraria, la quale ci consentirà di dare una divisione del capitolo, e di affrontare poi con il metodo diacronico la parte in cui vi è il versetto in esame.

PARTE SECONDA
APPROFONDIMENTO DI Gv 17

CAPITOLO IV

Analisi letteraria di Gv 17

1. Introduzione al metodo dell'analisi letteraria

Nella proposta di divisione di Gv 17 che prenderemo in considerazione, il metodo utilizzato è quello dell'analisi letteraria. Essa studia le strutture letterarie di un testo allo scopo di offrire una lettura fondata sulla forma ed il contenuto dello stesso. Il pensiero di alcuni autori (che saranno citati secondo una sequenza logica) ci aiuterà a comprendere meglio quest'analisi.

In particolare ci si atterrà alle indicazioni fornite da Vanhoye nel suo studio sull'Epistola agli Ebrei. Egli vede nella struttura un insieme organico di relazioni nel quale i vari elementi sono disposti secondo un certo ordine ed una certa finalità. In una struttura vi è un'unità superiore in cui ciascun elemento ha una sua collocazione ed una sua funzione. Queste osservazioni generali valgono per ogni testo scritto che in quanto tale ha una determinata struttura senza della quale sarebbe privo di significato. Ma un testo può presentare vari livelli di struttura tra cui se ne possono distinguere, per la loro facile individuazione, tre. Innanzitutto vi è la struttura grammaticale che riguarda l'ordine con cui le parole sono disposte in una frase, nonché il senso ch'essa esprime. E' una struttura di tipo linguistico. Il secondo tipo è la struttura letteraria che è situata al livello dell'unità di un insieme di frasi che formano un discorso o un libro. A differenza della prima che non ci dice nulla sulla composizione di un intero discorso, la struttura letteraria mette in evidenza la forma ed il contenuto di un testo. Infine, la struttura logica concerne le relazioni tra i vari concetti espressi: la connessione tra causa ed effetto, finalità e mezzi, argomenti e conclusione, e via dicendo. La struttura logica è percepibile quando si sono determinate le prime due[1].

Occorre peraltro chiarire la differenza che intercorre tra l'analisi letteraria e quella strutturale, denominata anche strutturalismo. Ancora Vanhoye rileva che l'analisi strutturale si applica nella Bibbia ai racconti ed il suo interesse principale riguarda un livello logico. Non conta molto il testo nella sua forma originale o in qualche sua versione, bensì la logica interna dei racconti, ovvero la scoperta progressiva del significato dei termini adoperati. Il rischio di una tale analisi è di perdere il contatto con il testo stesso per analizzare le sue infrastrutture[2].

Vanni utilizza un identico metodo letterario in un suo studio sull'Apocalisse. Quando un testo possiede una sua fisionomia riconoscibile per il vocabolario, la grammatica e lo stile (comprendente alcune figure retoriche), esso si presta a tale tipo di analisi. L'analisi letteraria ha un'autonomia rispetto al contenuto a cui si riferisce ed una precedenza teologica. Prescinde perciò in un primo momento dal contenuto che il testo veicola, ma alla fine è funzionale allo stesso. Considerando più avanti il rapporto tra metodo dell'analisi letteraria e metodo strutturale nello studio dell'Apocalisse, Vanni ritiene che vi sia una continuità tra i due metodi d'analisi, ovvero un'esigenza di complementarietà e di integrazione reciproca[3].

Il metodo dell'analisi retorica poi è strettamente imparentato con ciò di cui stiamo parlando. Meynet offre una spiegazione dell'analisi retorica dicendo che ha come finalità l'individuazione delle leggi specifiche di organizzazione dei testi biblici, nonché la retorica che ha presieduto agli stessi. Questo metodo è interessato soltanto alla configurazione delle strutture di composizione dei testi. Rispetto alla retorica classica, greca e latina, nella quale vi erano tre parti principali (l'*inventio* o ricerca delle idee, la *dispositio* o organizzazione delle idee e l'*elocutio* che è il modo di rendere più bello il discorso), quella biblica prende in considerazione soltanto la seconda. Meynet precisa che non si tratta di una realtà diversa dall'*analyse structurelle* di Vanhoye. La scelta

---

[1] Cf. A. VANHOYE, *Struttura*, 6-8.
[2] Cf. A. VANHOYE, *Struttura*, 17-18.
[3] Cf. U. VANNI, «L'analisi letteraria», 319.334-335. In un suo studio precedente Vanni auspicava la possibilità che lo studio letterario di un testo, in questo caso l'Apocalisse, potesse fornire dei validi spunti per l'analisi esegetico-teologico (cf. U. VANNI, *La struttura letteraria*, 2-3).

dell'uno o dell'altro termine — «retorica» o «strutturale» — può andare bene, ma il secondo presenta due svantaggi. Pur riconoscendo il pregio della parola *structurel*, in quanto l'analisi che porta questo nome mette in luce delle strutture, vi è il rischio di confondere i termini *structurel* e *structural* (che possiamo tradurre con strutturale e strutturalistico), che si riferiscono a due metodi alquanto diversi. La parola «struttura» inoltre, se accostata a «letteraria», può ingenerare un altro fraintendimento con il metodo della critica letteraria. Il termine «retorica», invece a giudizio di Meynet, corre al riparo da questi due pericoli[4]. Sull'analisi letteraria, Giurisato chiarisce il fatto che Vanhoye prende i suoi criteri da quella parte della retorica che è la *elocutio*. La *dispositio* del testo verrebbe individuata in base ai segnali presenti nella *elocutio*[5].

Riteniamo tuttavia che un uso oculato dei termini «analisi», «struttura» e «letteraria» possa evitare di produrre delle confusioni[6].

Prima di addentrarci nell'analisi di Gv 17 è opportuno descrivere brevemente alcuni principi fondamentali che staranno alla base dell'individuazione di una struttura in Gv 17. Vanhoye ne elenca quattro: 1) la docilità completa al testo nella sua struttura concreta; 2) il rispetto della relazione forma-contenuto; 3) il rigore nell'uso dei criteri; 4) l'uso di criteri molteplici. Il primo principio considera anzitutto la mediazione del testo, la sua forma ed organizzazione letteraria. La ripetizione di certe parole e la loro posizione sono elementi importanti di questo primo principio. Il secondo mette in risalto il fatto che non si tratta soltanto di uno studio formale, bensì anche di contenuto. La «forma» serve per esprimere un messaggio e conferire un'unità intelligibile al testo. Il terzo principio dice che non basta un'indagine approssimativa per ricavare una struttura, occorre invece percorrere diverse strade e approfondire quelle che sembrano più complete. Il quarto mette in chiaro che solo la convergenza di più prove può dare un esito sicuro. Non basta un'unica serie di indizi per accertare la verità di una struttura[7].

---

[4] Cf. R. MEYNET, *L'analisi retorica*, 13-15.

[5] Cf. G. GIURISATO, *Struttura e teologia*, 280.

[6] Un accenno va infine fatto al rapporto tra metodo storico-critico e l'analisi della struttura. Ancora una volta è Vanhoye ad osservare che il metodo storico-critico non ha dedicato molta attenzione alla struttura dei testi; ciò ha portato a ridurre il testo in tante piccole parti senza una comprensione d'insieme (cf. A. VANHOYE, *Struttura*, 10-11).

[7] Cf. A. VANHOYE, *Struttura*, 31-32.

Il primo principio ci porta inoltre a considerare alcuni indizi per la ricerca di una struttura. In particolare Vanhoye ne riconosce sei: a) gli annunzi di tema; b) il vocabolario caratteristico; c) il cambiamento di genere letterario; d) l'inclusione; e) la parola-gancio e f) la disposizione simmetrica. Non mi soffermo ora a descrivere tutti questi indizi, se non brevemente due di essi a cui Vanhoye attribuisce una particolare importanza. L'annunzio di tema è l'indizio fondamentale che indica la struttura organica; esso definisce in anticipo il contenuto di un discorso o di una sua parte. L'inclusione è un procedimento letterario tipico della Bibbia; è utile per segnare i limiti di un'unità letteraria. Consiste nel ripetere alla fine del brano una parola o un'espressione adoperata all'inizio. Questi sono gli indizi di cui ci serviremo nell'analisi di Gv 17[8].

Prima di introdurci all'analisi letteraria di Gv 17 vogliamo, attraverso il vocabolario caratteristico, situare il capitolo nell'insieme del vangelo.

2. Il vocabolario caratteristico in Gv 17

Attraverso un'analisi lessicale è possibile determinare un confronto tra il vocabolario utilizzato in Gv 17 e quello del resto del vangelo.

Lo studio di Segalla ha distinto il vocabolario di Gv 17 da quello della prima parte del vangelo (capp. 1-12), nonché da quello dei capp. 13-16.18-21. Ne risulta che vi è un unico termine, ἀπωλεία, che si trova soltanto in 17,12 e costituisce perciò un *apax legomenon*. Nella prima parte del vangelo, tranne ἀπωλεία, dei temi di Gv 17 manca solo γνωρίζω, ma più numerosi sono i temi mancanti nei discorsi d'addio (13,31-16,33). In totale abbiamo ben sedici parole assenti nei vv. 13,31-16,33: ἁγιάζω, ἀπώλεια, ἀπόλλυμι, ἀποστέλλω (sostituito dal verbo πέμπω), la coppia οὐρανός/γῆ, δόξα (anche se comunque compare δοξάζω), ἐν, ἐξουσία, ζωή, αἰώνιος, πονηρός, σάρξ, τελειόω, φανερόω, Χριστός. Nella terza parte (capp. 18-21) mancano invece: ἀγάπη, ἁγιάζω, ἀπώλεια, γνωρίζω, δόξα (vi è tuttavia δοξάζω), εἰμί ἐν, ἐν, ἐξέρχομαι, ἔργον, αἰώνιος ζωή, μισέω, οὐρανός, πονηρός, ῥῆμα, σάρξ, τηρέω, χαρά, in tutto diciassette. In definitiva le tematiche di Gv 17 sono in larga parte coerenti con tutto il vangelo. La coerenza più alta è con la prima parte (capp. 1-12) in cui sono presenti tutti i temi (tranne ἀπωλεία e γνωρίζω). Più problematico è il rapporto con i capp. 13-16, a cui la preghiera è strutturalmente unita. Non vi sono infatti temi significativi come quello

---

[8] Cf. A. VANHOYE, *Struttura*, 49-54.

dell'ἐξουσία, della σάρξ della αἰώνιος ζωη, dell'unità, del φανερόω. Viceversa non troviamo nella preghiera alcuni temi dei discorsi d'addio tra cui l'assenza più vistosa è quella dello Spirito Santo. La conclusione di Segalla è che Gv 17 non è un brano isolato nell'insieme; rappresenta invece il testo teologicamente più ricco e denso di tutto il vangelo[9].

Dopo aver dato un rapido sguardo lessicale sul cap. 17, nell'insieme del vangelo di Giovanni, adesso proporremo una nostra struttura di Gv 17, con l'ausilio del metodo d'analisi letteraria (vd. pagg. 119-122).

3. Proposta di una struttura per Gv 17

Il cap. 17, situato tra la fine dei discorsi d'addio (16,33) e l'inizio del racconto della passione, costituisce una pericope ben definita. Essa si distingue dai precedenti discorsi (13,31-16,33) per l'atteggiamento di Gesù e il contenuto delle sue parole, i quali ci rivelano che egli sta formulando una preghiera. Infatti l'atteggiamento orante è messo in risalto all'inizio dal suo levare gli occhi al cielo (17,1); è in seguito sottolineato dall'uso del verbo ἐρωτάω[10] (pregare) ai vv. 9.15.20. Al termine di questa preghiera comincia il racconto della passione; il punto di contatto con esso è nell'«ora» che in 17,1 «è giunta» e che nei capitoli seguenti si attua.

Malatesta afferma che la frase ἐλήλυθεν ἡ ὥρα ricorre soltanto qui nella preghiera. Secondo questo autore, echeggiando il v. 12,23 alla conclusione del pubblico ministero, nonché 13,1 che introduce la seconda parte del vangelo, la frase situa in modo solenne la preghiera nella prospettiva della morte e resurrezione di Gesù[11].

Un altro tema in comune riguarda la glorificazione di Gesù, che nella preghiera viene annunciato all'inizio e che nel racconto della passione si concretizza. Gv 17, ponendo dall'inizio questo tema e riconsiderandolo in seguito fino all'ultima menzione in 17,24, ne mette in risalto la sua importanza[12]. Ma i due temi, quello dell'«ora» e quello della glorificazione, sono fra loro inscindibilmente uniti. Nell'ora della passione,

---

[9] Cf. G. SEGALLA, *La preghiera*, 85-89.

[10] Léon-Dufour sottolinea il fatto che ἐρωτάω significa letteralmente «interrogare» ed in un'accezione secondaria si può tradurre con «pregare qualcuno di», nel senso di domandare un favore. (cf. X. LÉON-DUFOUR, *Lettura*, III, 351-352). E' in questo secondo significato che noi abbiamo tradotto il verbo ἐρωτάω.

[11] Cf. E. MALATESTA, «The Literary», 195.

[12] Questa idea la troviamo espressa da questi autori: R. SCHNACKENBURG, *Il vangelo*, III, 268; E. MALATESTA, «The Literary», 195 e J. FERREIRA, *Johannine Ecclesiology*, 138.

allo sguardo di fede dell'evangelista, si realizza la glorificazione di Gesù. Pertanto, Gv 17 si trova in un punto di mezzo tra gli annunci della sua «ora» (12,23; 13,1.31;17,1) ed il racconto della stessa nel suo drammatico svolgimento[13].

Alcuni termini chiave di Gv 17 ci guideranno nello studio del testo: si tratta di Πάτερ[14], δοξάζω (o δόξα), ἐρωτάω. Essi si trovano in punti fondamentali del testo per l'analisi letteraria ed hanno inoltre un'importanza tematica notevole per la comprensione di Gv 17.

Il primo elemento da determinare è l'annunzio di tema, per riconoscere il quale sono decisive la posizione e la novità: deve cioè trovarsi al principio di un testo e costituire una novità, o perlomeno un approfondimento di qualcosa che è stato già trattato[15]. Essendo il tema della glorificazione nominato all'inizio del capitolo, ci suggerisce la possibilità che si tratti di un annunzio di tema. E la novità consiste proprio nel fatto delle sue ripetute occorrenze (δοξάζω in 1.4.5.10 e δόξα in 5.22.24), mentre nei discorsi d'addio (13,31-32; 14,13; 15,8 e 16,14) troviamo delle menzioni puntuali. Sarà comunque l'analisi del testo a valutare la centralità di questo tema che, nella preghiera di Gesù al Padre, coinvolge anche i discepoli.

Rivolto al Padre, Gesù chiede dunque innanzitutto la propria glorificazione (vv. 1-5). Malatesta osserva il fatto che Gesù si rivolge subito al Padre (v. 1) e lo rinomina al v. 5, lasciando pensare che il Padre è la fonte ed il fine di tutta la glorificazione attraverso l'opera mediatrice del Figlio[16].

Al v. 9 (e fino al 19) incomincia la preghiera per i discepoli presenti: il verbo ἐρωτάω (v. 9) unito alla menzione di coloro che il Padre ha dato a Gesù, richiama tale preghiera per i discepoli presenti. Al v. 20 vi è un allargamento dei destinatari della preghiera, poiché Gesù dice di pregare non solo per i discepoli presenti, ma anche per quelli che crederanno per la parola dei primi (questa preghiera per tutti i credenti termina al v. 26). In base all'atteggiamento orante di Gesù, espresso dal suo levare gli occhi al cielo (v. 1) e dall'utilizzo del verbo ἐρωτάω (vv. 9.15.20), nonchè in base al fine e ai destinatari della preghiera di Gesù (la propria glorificazione, i discepoli presenti e tutti i credenti),

---

[13] Cf. R.E. BROWN, *Giovanni*, 914-915.

[14] In base alla menzione del termine «Padre», che segna a tre riprese un nuovo inizio, Léon-Dufour, suddivide il capitolo in 17,1-11a; 17,11b-23 e 17,24-26. (cf. X. LÉON-DUFOUR, *Lettura*, III, 355).

[15] Cf. A. VANHOYE, *Struttura*, 54.

[16] Cf. E. MALATESTA, «The Literary», 195.

pensiamo che Gv 17 si possa suddividere in queste tre parti: 1-8; 9-19; 20-26[17].

Brown fa notare questi elementi comuni fra le varie parti: ciascuna unità comincia con quello che Gesù vuol chiedere o per cui vuol pregare (1.9.20); ha il tema della gloria (1.4-5.10.22.24); ha un appello al Padre, che scandisce l'unità (5.11.21); allude agli uomini dati a Gesù dal Padre (2.9.24); ha il tema della rivelazione del Padre che Gesù ha fatto agli uomini («il tuo nome», v. 6; «la tua parola», v. 14; «il tuo nome», v. 26)[18].

Vi è tuttavia una difficoltà, riguardante il posto che compete ai vv. 6-8: mentre infatti 1-5 trattano della glorificazione di Gesù, 6-8 considerano l'opera svolta da Gesù nei confronti dei discepoli. Sono i vv. 6-8 un'unità separata, vanno uniti a 1-5, o a 9-19? I cinque versetti iniziali peraltro, appaiono delimitati da un'inclusione in forma di chiasmo:

(v. 1) πάτερ [...] δόξασόν // δόξασόν [...] πάτερ (v. 5)[19]

Tuttavia dobbiamo rilevare che l'inclusione non è perfetta: infatti mentre i termini πάτερ e δόξασόν si corrispondono (con un chiasmo) perfettamente nei vv. 1.5, non altrettanto vale per le parole comprese fra quei due termini.

Un'altra difficoltà si presenta al v. 6 per il cambiamento di genere letterario. Il Cristo descrive quello che ha fatto nei confronti degli uomini che gli sono stati dati dal Padre. Ha manifestato il suo nome e ha donato le sue parole; questa parte espositiva termina al v. 8, in quanto subito dopo il genere letterario muta di nuovo. All'invocazione di Gesù dei vv. 1-5, deducibile dai suoi occhi alzati al cielo e dalle parole che rivolge al Padre, si passa ad un «racconto giustificativo» con un richiamo al passato[20].

Ma a questo proposito ci sembra importante l'osservazione di Brown secondo cui i vv. 6-8 altro non sono che un ampliamento del tema contenuto nel v. 4. Lì Gesù affermava di aver glorificato il Padre, compiendo l'opera a lui affidatagli (quindi anche il v. 4 potrebbe rientrare nel genere del «racconto giustificativo»). Nei vv. 6-8 viene

---

[17] Ricordo che questo criterio di suddivisione è condiviso da Brown, Molla, Stibbe, Moloney, Gnilka e Ferreira (vd. pagg. 78-80 del nostro testo).
[18] Cf. R.E. BROWN, *Giovanni*, 913.
[19] Cf. J. FERREIRA, *Johannine Ecclesiology*, 75.
[20] Ci siamo richiamati qui allo studio di Becker (vd. pag. 96 del nostro testo) sul genere letterario, il cosiddetto *Gattungselement* di Gv 17, secondo cui i vv. 6-8 rientrano nel «racconto giustificativo».

descritto più in dettaglio il contenuto di tale opera[21]. Non condividiamo pertanto la scelta di quegli autori (Bultmann, Balagué, Grayston, Malatesta, Radermakers, Menken, vd. pagg. 97-100) che fanno consistere i vv. 6-8 in una parte a sé stante.

Importante è l'uso, che nel v. 6 appare per la prima volta, del termine ὄνομα La sua ripetizione nei vv. 11.12.26 ci induce a cercarne un'esatta comprensione. Il «nome», ci ricorda Schnackenburg, sta per l'essere e la natura di Dio, la sua santità, la sua giustizia ed il suo amore, che peraltro trovano espressione nell'allocutivo «Padre» e negli attributi ad esso collegati[22]. Léon-Dufour afferma poi che l'espressione «manifestare (φανερόω) il nome» è audace e non si trova altrove nella Bibbia[23].

La parte seguente (dal v. 9 al 19) segna un ritorno al genere letterario della preghiera; il verbo ἐρωτάω che compare nel v. 9 per la prima volta, ci offre questa indicazione[24]. Gesù nei vv. 9-19 prega soltanto per i discepoli presenti, che il Padre gli ha dato (v. 9), e tale preghiera per i «suoi» termina al v. 19, dal momento che dopo l'orizzonte dell'intercessione si allarga anche ai futuri credenti. Ma questa seconda parte (dal v. 9 al 19), come fa notare Malatesta, si può suddividere in tre sottoparti in base al vocabolario utilizzato, la forma dei tempi e le corrispondenze letterarie. Dapprima Gesù indica le persone (i «suoi») a cui indirizza la sua preghiera, nell'introduzione alla stessa (vv. 9-11a). Poi, dall'11b (in cui vi è una ripresa dei termini πάτερ e ὄνομά) fino al 16, Gesù chiede principalmente che i discepoli siano custoditi dal Padre, che siano inoltre una sola cosa come lui ed il Padre (v. 11b) e che abbiano la pienezza della sua gioia (v. 13). Da notare l'uso dell'imperativo τήρησον all'inizio di questa seconda sottoparte (v 11b). Infine la terza sottoparte (vv. 17-19) inizia anch'essa con un impe-rativo, ἁγίασον, ed è delimitata da una corrispondenza tra i vv. 17 e 19:

v. 17 ἁγίασον αὐτοὺς ἐν τῇ ἀληθείᾳ
v. 19 αὐτοὶ ἡγιασμένοι ἐν ἀληθείᾳ[25]

Nella terza parte, che inizia al v. 20, ritroviamo la parola ἐρωτάω però l'orizzonte entro il quale spazia la preghiera di Gesù non è circoscritto più soltanto ai discepoli presenti nel cenacolo, bensì anche a tutti

---

[21] Cf. R.E. BROWN, *Giovanni*, 913.
[22] Cf. R. SCHNACKENBURG, *Il vangelo*, III, 281.
[23] X. LÉON-DUFOUR, *Lettura*, III, 369.
[24] ἐρωτῶ comparirà ancora nei vv. 15.20.
[25] Cf. E. MALATESTA, «The Literary», 200.

coloro che crederanno attraverso la loro parola (v. 20). I vv. 20-21.24, sono inquadrati da una duplice corrispondenza incrociata:

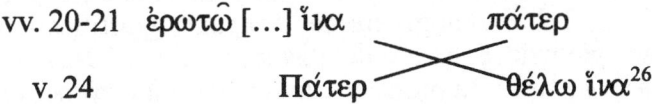

Inoltre i temi dell'unità, della gloria e dell'amore sono più volte evidenziati nei vv. 20-24:

v. 21a	ἵνα πάντες ἓν ὦσιν καθὼς σύ πάτερ...σοί	tema
v. 22b	ἵνα ὦσιν ἓν καθὼς ἡμεῖς ἕν	dell'unità
v. 21b	καθὼς σύ, πάτερ, ἐν ἐμοὶ κἀγὼ ἐν σοί	tema
v. 23a	ἐγὼ ἐν αὐτοῖς καὶ σὺ ἐν ἐμοί	dell'unità
v. 22a	τὴν δόξαν ἣν δέδωκάς μοι	tema
v. 24b	τὴν δόξαν τὴν ἐμήν, ἣν δέδωκάς μοι	della gloria
v. 23c	ἐμὲ ἠγάπησας	tema
v. 24c	ἠγάπησάς με	dell'amore

Infine i vv. 25-26 ci avviano alla conclusione. Ritroviamo all'inizio del v. 25 il termine πάτερ che, essendo nominato al principio del 24 (è tra l'altro un termine chiave della preghiera), costituisce una parola gancio[27]. Anche qui abbiamo delle corrispondenze e viene messo in risalto il tema della conoscenza (verbo γνωρίζω):

v. 25c   καὶ οὗτοι ἔγνωσαν
v. 26a   καὶ ἐγνώρισα αὐτοῖς

E' ripreso anche il tema dell'amore, presente nei vv. 23-24.
Le tre parti di Gv 17 le possiamo individuare in: 1-8; 9-19 e 20-26. Avendo spiegato il motivo per cui i vv. 6-8 vanno legati ad 1-5, non ci sembra corretto separare le due parti, così come non ci sembra il caso di staccare i vv. 25-26 da 20-24. Non condividiamo quindi la struttura proposta da Malatesta (anche da Radermakers e Menken, vd. pagg. 91-93), che divide Gv 17 in cinque parti: 1-5; 6-8; 9-19; 20-24; 25-26.

---

[26] Cf. J. MENKEN, «Numerical», 239.
[27] «Consiste nel riprendere, per cominciare una nuova frase, una parola della frase precedente», A. VANHOYE, Struttura, 44-45.

Abbiamo anzitutto mostrato che i vv. 1.5 non presentano un'inclusione perfetta e che i vv. 6-8 si possono benissimo collegare a 1-5 come ampliamento del v. 4 (pagg. 125-126). Ed anche per quanto concerne i vv. 25-26, il ritorno al genere del «racconto giustificativo» non depone, a nostro giudizio, a favore del distacco dai vv. 20-24. La difficoltà più grossa della struttura proposta da Malatesta è però nel fatto che vi è un parallelismo fra la prima e la terza parte (1-5 e 20-24), nonché fra la seconda e la quinta (6-8 e 25-26), mentre la parte centrale (9-19) sembra estranea all'insieme. Riportiamo di seguito la figura proposta da Malatesta, dove possiamo notare la simmetria parallela fra A e A^1, nonché fra B e B^1, ma dove C resta fuori dall'insieme:

$$
\begin{array}{ccc}
A\ 1\text{-}5 & & A^1\ 20\text{-}24 \\
& C\ 9\text{-}19 & \\
B\ 6\text{-}8 & & B^1\ 25\text{-}26
\end{array}
$$

Ci sembra invece che la struttura in tre parti (1-8; 9-19 e 20-26), risulti più semplice e simmetricamente corretta:

Le tre parti di Gv 17

$$A\ 1\text{-}8 \qquad B\ 9\text{-}19 \qquad A^1\ 20\text{-}26$$

Analizziamo ora le varie corrispondenze fra parti diverse. I vv. 1-5 e i vv. 20-24 cominciano e finiscono entrambi con una combinazione di vocativi e petizioni. 17,1b introduce il primo vocativo πάτερ seguito da una richiesta all'imperativo, δόξασόν, e termina con una petizione all'imperativo, δόξασόν in 5a, a cui fa seguito lo stesso vocativo, πάτερ. I vv. 17,20-24 cominciano con una petizione, ἐρωτω al v. 20, seguita da un vocativo, πάτερ al v. 21, e terminano con un vocativo, πάτερ al v. 24, a cui segue un'altra petizione, θέλω ἵνα. Oltre a queste corrispondenze, vi è in comune l'importante tema della glorificazione, menzionato con l'uso del sostantivo δόξα (vv. 5.22.24) e del verbo δοξάζω (vv. 1.4.5). Vi è quindi una corrispondenza di parole chiave e di temi fra i vv. 1-5 e 20-24[28].

Tra i vv. 6-8 e i vv. 25-26 si può notare la ripetizione del verbo γινώσκω. In entrambi i gruppi di versetti vi è una descrizione dell'opera di Gesù e della risposta dei discepoli. Significativa è la corri-

---

[28] Cf. J. MENKEN, «Numerical», 239-240.

spondenza tra il v. 8c ed il 25c, poiché viene ripetuta un'identica espressione che riguarda il tema dell'invio di Gesù da parte del Padre:

- v. 8c   ἐπίστευσαν ὅτι σύ με ἀπέστειλας
- v. 25c ἔγνωσαν ὅτι σύ με ἀπέστειλας

Un'altra corrispondenza vi è tra il v. 6a ed il 26a:

6a   Ἐφανέρωσά σου τὸ ὄνομα
26a ἐγνώρισα αὐτοῖς τὸ ὄνομά σου

La conclusione della preghiera inoltre, cominciando con il vocativo πάτερ (v. 25), stabilisce una corrispondenza con l'inizio della preghiera (anche in 1b vi è πάτερ).
La parte centrale (vv. 9-19) ha delle corrispondenze con le precedenti e con le successive unità. Nella prima sottounità (vv. 9-11a) ritroviamo il tema della glorificazione sviluppato nei vv. 1-5. La seconda (vv. 11b-16), compresa fra due espressioni equivalenti (τήρησον αὐτοὺς in 11b e τηρήσῃς αὐτοὺς nel v. 15), inizia con il vocativo πάτερ ἅγιε (11b) che segna un nuovo inizio dopo quello del v. 1b. Lì Gesù chiedeva con un imperativo (δόξασόν) la propria glorificazione; qui con un altro imperativo (τήρησον) domanda al Padre che i suoi discepoli siano custoditi nel suo nome. Il tema del nome (ὄνομα), presente nei vv. 11b-12, è ripetuto nei vv. 6-8 ed in 25-26. Il tema dell'unità, (ἵνα ὦσιν ἓν, v. 11b) è ripreso nella terza parte (vv. 20-23) e quello della parola, λόγος al v. 14, è menzionato ancora nei vv. 6.20. Infine la terza sottounità (vv. 17-19), insieme al tema della santificazione nella verità, presenta quello della parola e quello dell'invio nel mondo di Gesù (v. 17), che ritroviamo nella prima parte (al v. 8) e nella terza (v. 21.25). L'unità centrale fa allora da ponte tra quella che precede e quelle che segue.
Il cap. 17 è strutturato secondo una disposizione simmetrica del tipo ABA[1]. I termini πατήρ, δοξάζω, ἐρωτῶ hanno la funzione di determinare nuovi inizi, definendo le singole parti e scandendo i tempi della preghiera. Nella prima parte la preghiera, formulata da Gesù, comincia con il vocativo πάτερ. Prima di pregare per i suoi discepoli e per i futuri credenti, Gesù si rivolge al Padre per chiedergli la propria glorificazione. Descrive poi la sua attività rivelativa nei confronti degli uomini che il Padre gli ha dato, dicendo anzitutto di aver manifestato il suo «nome», ovvero il suo stesso essere (vv. 6-8).

Un nuovo inizio possiamo rilevarlo al v. 9 con l'uso del verbo ἐρωτῶ; Gesù inizia a pregare per coloro che il Padre gli ha dato. All'interno di questa unità centrale (vv. 9-19) l'uso del vocativo πάτερ, a cui si allaccia l'espressione ἐν τῷ ὀνόματι (11b), segna un'altra cesura. Viene specificato il fine della preghiera di Gesù al Padre per i suoi: la custodia nel nome del Padre. Tale protezione li farà essere «una cosa sola» (11b) e permetterà loro di avere la stessa gioia di Gesù (v. 13). L'uso di un altro imperativo al v. 17, ἁγίασον, e le corrispondenze tra i vv. 17.19, ci suggeriscono l'individuazione di una terza sottounità nella parte C.

Un terzo inizio, al v. 20, è indicato ancora dalla parola ἐρωτῶ. Infine, di nuovo l'uso di πατήρ (v. 25) conduce alla conclusione del testo (compare peraltro anche ὄνομα, termine equivalente a πάτερ, alla fine nel v. 26). Gv 17, inizia con un'invocazione di Gesù al Padre, e si chiude con un analogo riferimento a Lui. Entro il rapporto fra il Figlio ed il Padre, attraverso la preghiera di Gesù, vengono inclusi anche i discepoli presenti e futuri.

Vediamo ancora, dopo l'analisi della struttura, quali temi di fondo emergono in Gv 17. Nella prima parte della preghiera (vv. 1-8) Gesù chiede la propria glorificazione; è un tema che ricorre anche nell'unità centrale, sebbene siano i discepoli a glorificare il Cristo (v. 10), e nella terza unità (vv. 20-26) dove egli vuole per i «suoi» che contemplino la sua gloria là dove lui si trova (v. 24). Il tema della manifestazione del nome del Padre ricorre nella prima parte (v. 6) e nella conclusione (v. 26).

Nella parte centrale prevalgono i temi della custodia, dell'unità e della gioia (vv. 11b-16); quindi l'argomento sulla santificazione nella verità chiude l'unità sui discepoli, per i quali Gesù prega. La terza parte riprende il tema dell'unità (la preghiera qui è indirizzata a tutti i credenti, presenti e futuri). Ricompare il termine δόξα ed un accenno all'amore del Padre per i discepoli. La conclusione (v. 26) evidenzia di nuovo il tema del «nome», messo in risalto nella prima parte, nonché quello sull'amore (presente già al v. 23).

Lungo tutta la preghiera il verbo δίδωμι ricorre ben diciassette volte[29]. Il Padre è colui che dona al Figlio tutta una serie di realtà; questi a sua volta offre ai discepoli un altro insieme di doni. Fra tutti

---

[29] Léon-Dufour rileva che l'accumulo del verbo «donare» invita a riconoscere in Dio il Donatore per eccellenza (cf. X. LÉON-DUFOUR, *Lettura*, III, 356).

emerge la δόξα[30], di cui si fa riferimento all'inizio (vv. 1.4.5), nell'unità centrale (al v. 10) e nella terza parte (vv. 22.24). E' un tema fondamentale del vangelo, la cui collocazione in Gv 17 prepara l'evento ormai imminente della passione e morte in croce di Gesù.

Continuiamo ora il nostro studio con l'analisi logica di Gv 17, che completa il quadro iniziato con l'analisi letteraria.

4. Analisi logica di Gv 17

Dopo l'analisi letteraria sarà importante considerare un altro tipo di studio più concettuale poiché, secondo Vanhoye, «lo studio della struttura letteraria non basta e non può sostituire lo sforzo di analisi concettuale logica»[31].

Perciò, avendo individuato nella glorificazione l'annunzio di tema della preghiera, occorrerà verificare quanto questo concetto abbia una vera priorità in Gv 17 e nel vangelo in generale. Ci avvarremo a tal fine di un'analisi semantica del termine δόξα nel vangelo e di un raffronto con qualche altro tema ad esso correlato. Iniziamo con l'esposizione del significato del termine nel NT ed in Giovanni:

> Nel NT la gloria è la manifestazione della forza e della salvezza di Dio nella storia salvifica, e soprattutto in Cristo e nella sua opera redentrice (Mt 17,2; Gv 1,14; 2,11; 2Cor 4,4.6) e quindi nei credenti (Gv 17,22; 2Cor 3,18; Ef 1,18; 3,16; Col 1,11). Come nell'AT, anche nel NT la gloria è collegata in parte con l'azione di Dio (Rom 6,4) ed in parte con la sua persona come attributo. La presenza di questa δόξα personale di Dio in Cristo sta a significare che la salvezza è presente (Gv 1,14; 17,22; 2Cor 4,4.6). In Gv la gloria è intesa come manifestazione di Dio oppure come espressione del suo potente intervento nella storia (Gv 1,14; 2,11; 11,4; 12,41). La glorificazione di Gesù non avviene semplicemente al momento del suo ingresso in cielo, ma si realizza anche con la sua passione, morte e resurrezione (12,23s) ed infine con la testimonianza dello Spirito (16,14)[32].

Un altro contributo importante per comprendere il significato di δόξα in Giovanni ce lo offre Hegermann:

---

[30] Pryor denota che Gv 17 è una preghiera che gira attorno ad un certo numero di temi ripetuti. Ma mentre il tema della δόξα è il più importante, diversi altri possono essere isolati: la mutua conoscenza ed il mutuo amore fra Padre e Figlio, la rivelazione del Padre ai discepoli, l'unità dei discepoli nella gloria e nell'amore del Padre e del Figlio (cf. J.W. PRYOR, «The Great Thanksgiving», 172).

[31] A. VANHOYE, Struttura, 91.

[32] S. AALEN, «gloria – onore/δόξα», 812-813.

La δόξα di Dio precede ogni realtà creata, e così pure quella del Figlio che era da sempre «presso Dio» (17,5, cf. 1,1s). Nel morire egli ritorna nella δόξα «presso il Padre» (17,5), ma sulla terra non è mai uscito dalla δόξα del Padre, perché il Padre è sempre «con lui» (16,32; cf. 5,17). A lui appartenne la gloria anche nel suo rivelarsi nel mondo, come gloria dell'Unigenito dal Padre (1,14); il Padre lo rende partecipe della sua δόξα nell'amore (1,18; 3,35; 5,20; 17,24)[33].

Vediamo ancora cosa pensa Kittel sul tema della glorificazione nel IV vangelo (con particolare riferimento all'«ora»):

L'ora del δοξασθῆναι è l'ora della croce, del granello di frumento che muore (12,23ss). Anche questa accentuazione corrisponde al tipo giovanneo, in quanto Giovanni sente con forza particolare il rapporto causale tra la morte e la fecondità del grano di frumento e, fuori dell'immagine, fra la croce e la resurrezione di Gesù, fra la passione e la glorificazione del Figlio dell'uomo[34].

Il tema della glorificazione è dunque in stretta connessione con quello dell'«ora» che era stato già annunziato in 12,23, ripreso in 13,31, 17,1 e narrato nella passione. Schnackenburg sottolinea il fatto che «i dialoghi di Gesù con i discepoli nella sala della cena non costituiscono una parte a sé stante, ma soltanto un trapasso alla passione e alla resurrezione»[35].

I capp. 13-20 inoltre, sono anche chiamati «libro della gloria» perché, come afferma Brown, hanno come tema il ritorno di Gesù al Padre, ritorno che proprio la sua glorificazione realizza. Quest'ultima, preparata dagli ultimi discorsi ai «suoi» (13,31-16,33) e dalla preghiera di Gv 17, porterà a compimento quanto era stato anticipato nella prima parte del vangelo (1,19-12,50)[36].

Vorremmo adesso indicare quelle espressioni di Gv 17 che possono essere messe in rapporto con la glorificazione, al fine di dimostrare una convergenza di temi attorno a quello principale. Anzitutto nei vv. 2-3 vi è un'esemplificazione del modo in cui la glorificazione di Gesù riguarda anche gli uomini.

Schnackenburg afferma infatti che il Figlio ha ricevuto il potere di donare la vita eterna, e ciò è da mettere in relazione con la glorifica-

---

[33] H. HEGERMANN, «δόξα», 921-922.
[34] G. KITTEL, «δόξα», 1388-1389.
[35] R. SCHNACKENBURG, *Il vangelo*, III, 13.
[36] Cf. R.E. BROWN, *Giovanni*, CLXX.

zione di Gesù che, passando per la croce e la morte, ha fatto sprigionare quelle forze portatrici di salvezza e comunicatrici di vita che il Padre gli ha dato[37].

La seconda espressione a cui vogliamo riferirci è quella del v. 6 — Ἐφανέρωσά σου τὸ ὄνομα —. Segalla fa notare che il verbo φανερόω nel vangelo di Giovanni è riferito ai segni che rivelano Gesù; essi come opere di Dio rivelano anche il Padre e l'unione del Padre con il Figlio. Nella rivelazione di tali segni (o opere) si manifesta la gloria di Gesù. Analogamente l'espressione — ἐγνώρισα αὐτοῖς τὸ ὄνομά σου καὶ γνωρίσω — del v. 26, è in relazione con l'esaltazione ultima del Cristo sulla croce e quindi con la sua glorificazione[38].

L'unità che Cristo invoca per i «suoi» ha un forte legame con la δόξα. La preghiera per l'unità, nel pensiero di Schnackenburg, sarebbe lo scopo finale del dono della δόξα di Gesù ai discepoli. L'unità è la caratteristica dell'essenza divina a cui i «suoi» sono chiamati a prendere parte[39].

Emerge parimenti il tema dell'amore. Thüsing afferma che non a caso il sostantivo «amore» si trova alla fine della preghiera (v. 26), come senso ultimo di tutto il testo. Il v. 26, continua Thüsing, dimostrerebbe che la glorificazione del Padre da parte di Gesù è rivelazione del suo amore e dell'amore del Padre verso Gesù[40].

Analogamente, anche la glorificazione da parte dei discepoli ha a che fare con il tema dell'amore. Infatti, condizione per glorificare Gesù è quella di aver osservato la parola del Padre (17,6) ed aver creduto nell'Unigenito (17,8) e questo equivale a rimanere nell'amore di Gesù, come vedremo più avanti (cap. 9). Δόξα è dunque un termine che, per la ripetuta occorrenza, la profondità e la ricchezza di significato, occupa un posto fondamentale nel vangelo di Giovanni ed in particolare nel cap. 17[41].

---

[37] Cf. R. SCHNACKENBURG, *Il vangelo*, III, 268. Analogamente si esprime Brown dicendo che, nella sua glorificazione, Gesù glorificherà il Padre con il dono della vita eterna e questa genererà a Dio nuovi figli (cf. R.E. BROWN, *Giovanni*, 914).

[38] Cf. G. SEGALLA, *La preghiera*, 121-122.

[39] Cf. R. SCHNACKENBURG, *Il vangelo*, III, 308. Egli fa notare che καθώς nei vv. 11.21.22 serve per evidenziare un'unità tra i discepoli, come quella tra il Figlio e il Padre.

[40] Cf. W. THÜSING, *La prière*, 50.

[41] Ho usato indistintamente i due termini δοξάζω e δόξα, ma va precisato che il primo ha una precedenza poiché è la glorificazione che realizza la «gloria» in Gv 17.

Dall'analisi letteraria è emerso che la parte entro cui si trova il versetto oggetto di questo studio, riguarda i vv. 9-19. Nel capitolo seguente approfondiremo allora il contenuto dei vv. 9-19, con la critica testuale e letteraria di questi versetti. Questo lavoro ci aiuterà ad avere un miglior quadro della situazione e a verificare se vi siano eventualmente dei versetti aggiunti in un secondo tempo, prima dell'analisi di Gv 17,9-19.

CAPITOLO V

Critica testuale e letteraria dei vv. 9-19

Nel capitolo corrente, dopo esserci soffermati sull'analisi letteraria al fine di individuare una struttura per Gv 17 (1-8; 9-19 e 20-26), considereremo la critica testuale e letteraria[1] dei vv. 9-19. Approfondiamo questa seconda parte della preghiera perché è la parte entro cui vi è il versetto allo studio. Un esame critico dei vv. 9-19 ci aiuterà a verificare se vi siano eventuali versetti aggiunti in un secondo tempo, rispetto a quelli che rientrano nel corpo del testo fin dall'inizio. Al di fuori dei vv. 9-19, il cap. 17 presenta il caso del v. 3 che, nell'opinione condivisa dagli autori, è una glossa esplicativa[2].

---

[1] La critica testuale del NT cerca di ricostruire a partire dai manoscritti disponibili, il testo originale del NT. La critica letteraria analizza i testi neotestamentari per individuare e ricostruire eventuali fonti utilizzate nella stesura degli scritti del NT, evidenziandone le accentuazioni teologiche e l'ambiente vitale. Nel vangelo di Giovanni (in particolare) si propone di evidenziare le tappe della redazione, ovvero la rielaborazione di fonti, strati, archetipi (W. EGGER, *Metodologia*, 43.172).

[2] Per una visuale più completa della critica sul cap. 17, presentiamo brevemente il pensiero di alcuni autori sul v. 3: αὕτη δέ ἐστιν ἡ αἰώνιος ζωὴ ἵνα γινώσκωσιν σὲ τὸν μόνον ἀληθινὸν θεὸν καὶ ὃν ἀπέστειλας Ἰησοῦν Χριστόν.
Ridderbos si chiede se il v. 3, ch'egli considera una glossa esplicativa, va inteso come un corpo estraneo inserito da una mano posteriore. Il v. 3 è da comprendere piuttosto come un approfondimento del contenuto a cui Gesù, dall'inizio, vuole introdurre i discepoli. E se l'evangelista utilizza delle formule adoperate più tardi nella comunità cristiana, egli non sostituisce la confessione della comunità a quella degli apostoli, come testimoni ed interpreti di Gesù. Conferma bensì il fatto che la confessione sull'unico vero Dio e su Gesù Cristo, il suo inviato, poggia al cuore della rivelazione di Gesù, nella sua preghiera d'addio (cf. H.N. RIDDERBOS, *The Gospel*, 549).

Per la critica testuale ci riferiamo al testo di Nestle-Aland[3] e, dove non vi sia alcuna nota di varianti al testo, tratteremo subito la critica letteraria. Iniziamo questo studio con la critica letteraria del v. 9, che non presenta varianti al testo (gli autori saranno citati anche in questo capitolo secondo un filo logico).

Analogamente Beasley-Murray afferma che, anche se per il v. 3 si può parlare di una glossa dell'evangelista, tuttavia vi è unità rispetto all'insegnamento di Gesù e alla preghiera di Gv 17, in particolare (cf. G.R. BEASLEY-MURRAY, *John*, 297).

Lindars sottolinea il fatto che l'espressione «Gesù Cristo» non è caratteristica di Giovanni, ricorrendo solo qui ed al v. 1,17. Vi è inoltre anche l'espressione «l'unico vero Dio», del tutto originale nel IV vangelo. Resta, secondo Lindars, l'incertezza se si tratti di una glossa oppure di un versetto nella composizione giovannea, che vuole dare un cenno sulla dichiarazione finale di salvezza (cf. B. LINDARS, *The Gospel*, 519-520).

Brown rileva che «l'unico vero Dio» e «Gesù Cristo» non sono identificati nel versetto e ciò contrasta con altri versetti del vangelo che chiamano Gesù «Dio» (1,1.18; 20,28). Inoltre è anomalo il fatto che Gesù parli di sé stesso in terza persona. Da questi indizi se ne deduce che il versetto è un'inserzione nel testo della preghiera, che riflette una formula confessionale o liturgica (cf. R.E. BROWN, *Giovanni*, 901).

Segalla presenta quattro argomentazioni secondo cui il v. 3 sarebbe una glossa esplicativa: 1) nell'espressione ἡ αἰώνιος ζωή incontriamo due particolari inconsueti rispetto alla tradizione giovannea, e cioè l'articolo e l'aggettivo premesso al sostantivo; 2) τὸν μόνον ἀληθινὸν θεὸν è originale nel IV vangelo, mentre si trova in 1Gv 5,20; 3) ὃν ἀπέστειλας è giovannea (5,38; 6,29; 10,36), ma non è mai chiarito con un'apposizione, come qui; 4) l'espressione «Gesù Cristo» la incontriamo un'altra volta, solo nel Prologo (1,17). Il v. 3, rileva ancora Segalla, è una formula di fede e non ha quindi la forma della preghiera; si tratta di una glossa del redattore che proviene dall'ambiente giovanneo, vicino a 1Gv (cf. G. SEGALLA, *La preghiera*, 35).

Alle ragioni fornite da Segalla, Schnackenburg vi aggiunge le seguenti: 1) il contesto di Gv 17 non ne risentirebbe in alcun modo senza questo versetto; 2) nella preghiera che Gesù rivolge al Padre risulta inverosimile ch'egli pronunci il suo nome per esteso (Gesù Cristo); 3) nonostante il tentativo di illustrare il concetto di vita eterna risalta la particella ἵνα che esprime uno scopo o un fine. Così la frase vuole significare una promessa o un appello; 4) «conoscere» Dio vuol dire entrare in comunione con Lui. Nella prima lettera di Giovanni sarà un'espressione fondamentale per indicare tale comunione e quindi il legame più prossimo è con questa lettera (in particolare 1Gv 5,20). La conclusione, anche per Schnackenburg, è che la glossa potrebbe venire dalla stessa cerchia che ha prodotto 1Gv (cf. R. SCHNACKENBURG, *Il vangelo*, III, 275-276).

In base alle considerazioni presentate da questi autori, riteniamo fondato il fatto che il v. 3 sia una glossa esplicativa.

[3] Cf. NESTLE-ALAND, *Novum Testamentum Graece*, 305-306.

CAP. V: CRITICA TESTUALE E LETTERARIA DEI vv. 9-19

1. Critica letteraria di 17,9

9'Ἐγὼ περὶ αὐτῶν ἐρωτῶ, οὐ περὶ τοῦ κόσμου ἐρωτῶ ἀλλὰ περὶ ὧν δέδωκάς μοι, ὅτι σοί εἰσιν.

9 Io prego per loro; non prego per il mondo, ma per coloro che mi hai dato, perché sono tuoi.

Quello che qui vogliamo approfondire è il significato della parola «mondo» per il quale Gesù non prega, in rapporto al gruppo dei discepoli, per i quali è formulata la preghiera. Ci sembra importante inserire questo tema nella critica letteraria perché, come afferma Becker sul vangelo di Giovanni, «la critica letteraria non è fine a se stessa, ma è un aiuto per individuare il processo di formazione di quest'opera e insieme accedere alle vicende teologiche delle comunità giovannee»[4].

Il tema del «mondo» nel contesto di Gv 17 e, in particolare dei vv. 9-19, ha in questo senso una valenza fondamentale per comprendere meglio il significato della preghiera di Gesù. E' lo stesso Becker ad affermare che il dualismo tra comunità e mondo, largamente presente in 15,18-16,15, ha un ulteriore approfondimento in riferimento al cap. 17[5].

Risalta a prima vista, come fa notare Sprecher, il contrasto dovuto al fatto che Gesù prega per i discepoli e non per il mondo, nel v. 9. Così come nel v. 14 emerge l'odio del mondo per i discepoli che hanno ricevuto la parola del Padre da Gesù e, nel v. 25, l'incapacità del mondo di conoscere il Padre a differenza dei discepoli, che hanno riconosciuto in Gesù l'inviato del Padre[6].

Innanzitutto va rilevato, con Clark, la frequente ripetizione della parola «mondo» in Gv 17 (ben diciannove volte). Di tali utilizzi del termine occorre distinguere quelli in cui κόσμος ha il significato di universo (o terra) (17,5.11.13.24), da quelli in cui indica gli uomini in generale (17,21.23), o che riguardano una realtà di persone, la cui ostilità verso Dio è presupposta (17,9.14.15.16.25)[7].

Va notato peraltro, con Zevini, che il concetto di «mondo» in chiave negativa emerge soprattutto nella seconda parte del vangelo (capp. 13-

---

[4] J. BECKER, «Aus der Literatur», 301.
[5] Cf. J. BECKER, *Das Evangelium*, 523.
[6] Cf. M.-T. SPRECHER, *Einheitsdenken*, 223. Sprecher aggiunge anche l'antitesi del v. 11 in cui Gesù dice di non essere più nel mondo, mentre i discepoli vi rimangono in esso, sebbene qui κόσμος non ha una valenza negativa.
[7] Cf. D.J. CLARK, «*Kosmos*», 402-405. Secondo questo autore nei vv. 17,9.25 vi si può leggere sia il significato generico di umanità, che quello di mondo ostile a Dio, sebbene Clark dia un peso maggiore a quest'ultimo.

20) ed in particolare nei capp. 13-17, a differenza della prima parte (capp. 1-12) in cui è messo in luce l'aspetto positivo[8].

Indagando il contenuto del termine «mondo», inteso nella valenza negativa, ci sembra interessante un'osservazione di Mannucci. Egli afferma che nei capp. 15-17 scompaiono le figure dei Giudei, dei capi dei sacerdoti e dei farisei, per lasciare il posto unicamente al «mondo» e all'odio del mondo per i discepoli di Gesù. Perciò in tali capitoli un problema centrale è il rapporto tra i discepoli e il mondo, insieme alla missione dello Spirito Paraclito che, fra i suoi vari compiti, avrà quello di convincere «il mondo quanto al peccato, alla giustizia e al giudizio» (16,8)[9].

Assentendo con il pensiero di Clark e Mannucci, non ci sembra giustificata l'interpretazione di Malina e Rohrbaugh secondo cui il termine «mondo», oltre a riguardare il mondo fisico e Israele, come popolo scelto da Dio, si riferirebbe ai Giudei come nemici della comunità giovannea. Lo stesso termine, secondo quegli autori, in Giovanni non riguarderebbe mai tutti gli esseri umani[10].

Ma, in ogni caso, sembra strana questa esclusione del mondo dalla preghiera di Gesù. Com'è da intendere? Schnackenburg fa notare che, se si isola la frase dal contesto, risalta la durezza del rifiuto di Gesù, sebbene sia in linea con l'affermazione che il mondo è incapace di ricevere il Paraclito (14,17)[11].

Per Brown questo atteggiamento verso il mondo colpisce molti cristiani del nostro tempo, come strano e come una distorsione del vero apostolato cristiano. In un'epoca di impegno in cui gli uomini s'interrogano sul ruolo della chiesa nel mondo moderno, il rifiuto di pregare per il mondo è uno scandalo[12].

Analogamente Segalla rileva che l'espressione in cui i discepoli sono contrapposti al mondo suona un po' dura, anche se si volesse leggere la preghiera di Gesù come una preghiera speciale per i suoi discepoli, nella quale non rientrano tutti gli altri uomini[13].

---

[8] Cf. G. ZEVINI, «Gesù, i discepoli», 126.
[9] Cf. V. MANNUCCI, *Giovanni*, 167. Di parere simile è Marrow, per il quale il termine κόσμος nei capp. 13-17 sostituisce completamente il ruolo avuto dai Giudei e potrebbe riferirsi sia a persone al di fuori della comunità, così come interne ad essa (cf. S.B. MARROW, «κόσμος in John», 100-101).
[10] Cf. B.J. MALINA – R.L. ROHRBAUGH, *Social-Science*, 246.
[11] Cf. R. SCHNACKENBURG, *Il vangelo*, III, 285.
[12] Cf. R.E. BROWN, *Giovanni*, 932.
[13] Cf. G. SEGALLA, *La preghiera*, 133.

Léon-Dufour vede nel dualismo discepoli/mondo, presente soprattutto nei discorsi d'addio, una corrispondenza con il dualismo fra luce e tenebre nella prima parte del vangelo, ma anche con l'esperienza interiore di liberazione che caratterizza la comunità cristiana primitiva[14].

Ma, giustamente, Smith precisa che il dualismo tra Dio ed il mondo non è assoluto perchè non solo il mondo è stato creato da Dio, ma è anche l'oggetto del suo amore e della salvezza (3,16-17)[15].

Fabris pone questa domanda sulla preghiera di Gesù solo per i «suoi»: si tratta di una delimitazione dell'orizzonte della salvezza in chiave di settarismo esoterico o dualistico, per cui da una parte vi è la conventicola degli eletti e dall'altra il mondo dei perduti? E tale immagine dei due gruppi contrapposti è ancora più impressionante perché appare che la divisione risalga ad un'iniziativa insondabile di Dio[16].

Tuttavia Schnackenburg contesta un'idea giovannea di missione cristiana rivolta soltanto a coloro che sono dati a Cristo dal Padre, e non al mondo. La comunità giovannea non è un gruppo esoterico, che si ritrae dal mondo incredulo, non è una comunità misterica cristiana. La concezione giovannea della chiesa è bensì aperta ad un orizzonte universale ed il cristianesimo giovanneo è integrabile nella realtà di chiesa che si va costituendo. Per dimostrare questo suo pensiero, Schnackenburg si appoggia ad alcuni testi. Il primo che si riferisce, secondo questo autore, ad una «chiesa di Giudei e pagani», è Gv 10,16: «E ho altre pecore, che non sono di quest'ovile; anche queste io devo condurre; ascolteranno la mia voce e diventeranno un solo gregge e un solo pastore». L'ampliamento di orizzonte agli uomini chiamati dal paganesimo è dunque, per Schnackenburg, del tutto possibile a questo punto del discorso del buon pastore. Tanto più che il contenuto di 10,16 viene risottolineato in 11,52: «e non per la nazione soltanto, ma anche per riunire i figli di Dio che erano dispersi»[17].

Un altro testo che testimonia a favore di un'apertura giovannea nei confronti di gente distinta dai Giudei è Gv 4,39-42, in cui si parla della conversione degli abitanti di Sichar, ovvero di una comunità di Samaritani. Il racconto costituisce per Giovanni un esempio missionario e la tendenza universale trova espressione nel riconoscimento finale dei Samaritani che «costui è veramente il Salvatore del mondo». Come i Samaritani, anche i Greci vengono introdotti nel nuovo popolo di Dio.

---

[14] Cf. X. LÉON-DUFOUR, *Lettura*, III, 371-372.
[15] Cf. D.M. SMITH, *La Teologia*, 105.
[16] Cf. R. FABRIS, *Giovanni*, 870-871.
[17] Cf. R. SCHNACKENBURG, *Il vangelo*, III, 337-338.

Il v. 7,35 è per l'evangelista una larvata profezia, simile a quella di Caifa: Gesù, per mezzo dei predicatori cristiani andrà nel territorio greco della diaspora e conquisterà i Greci al suo vangelo. Una scena successiva trasforma in certezza l'anticipazione della missione fra i Greci. All'ultima festa della pasqua, vengono anche dei pellegrini greci e desiderano vedere Gesù (12,20ss); essi sono il segno della speranza per la missione cristiana fra i Greci. Il fatto in quanto tale, continua Schnackenburg, è un segnale del tempo futuro della prima missione cristiana[18].

L'evangelista pensa concretamente ai pagani i quali, insieme con i Giudei che credono, formano la chiesa di Dio fondata nella morte di Gesù. Non si trova mai invece, nel vangelo di Giovanni, l'idea di una predestinazione ed elezione divine intese in senso gnostico, di certi uomini che farebbero parte della cerchia degli illuminati e dei perfetti, che attraverso la gnosi vengono salvati. L'evangelista non colloca quindi la comunità in un ambito appartato, ma la inserisce nell'ampio contesto missionario del cristianesimo delle origini. E' del tutto ingiustificato, per Schnackenburg, pensare alla comunità come a coloro che rientrano nel concetto di «eletti»[19].

In questo senso, condividendo l'opinione di Schnackenburg, non ci sembra molto esatta l'osservazione di Segalla secondo cui la comunità è formata da persone elette dal mondo per essere date a Gesù nella fede. Segalla respinge comunque una prospettiva deterministica della predestinazione in Gv 17, affermando invece il peso della decisione morale, ovvero la decisione di appartenere al Padre per mezzo di Gesù, che i vv. 3,18b-20 mettono in luce[20]. In ogni caso, come sostiene Morris e come vedremo più avanti nell'analisi dei vv. 9-19, anche il mondo è compreso nella missione di Gesù che sarà portata avanti dai discepoli, al fine che il mondo stesso possa approdare alla fede (vv. 21.23)[21].

Da tutte queste riflessioni possiamo trarre la conclusione che il «mondo», sebbene in Giovanni abbia anche una valenza negativa, in riferimento a coloro che non hanno riconosciuto il Cristo (1,10), non è escluso dal fatto che possa approdare alla fede attraverso l'unità dei

---

[18] Cf. R. SCHNACKENBURG, *Il vangelo*, III, 339-340.
[19] Cf. R. SCHNACKENBURG, *Il vangelo*, III, 339-341.
[20] Cf. G. SEGALLA, *La preghiera*, 127.136.
[21] Cf. L. MORRIS, *The Gospel*, 725. Analogamente Anderson afferma che l'opera del Figlio, dello Spirito e dei discepoli sarà completata attraverso la loro testimonianza nel mondo, che condurrà lo stesso all'amore salvifico del Padre, attraverso il Figlio (cf. P.N. ANDERSON, *The Christology*, 266).

credenti (vv. 21.23). I discepoli per cui Gesù prega non sono peraltro il gruppo degli «eletti», predestinati alla salvezza, bensì degli uomini che hanno osservato la parola del Padre, hanno accolto le parole di Gesù ed hanno creduto ch'egli fu mandato dal Padre (vv. 6.8). Il peso della loro decisione morale di appartenere al Padre, attraverso il Cristo, non viene cioè sminuito. Proseguiamo adesso con l'analisi del v. 10.

2. Critica testuale di 17,10

10 καὶ τὰ ἐμὰ πάντα σά ἐστιν καὶ τὰ σὰ ἐμά, καὶ δεδόξασμαι ἐν αὐτοῖς.

10 Tutte le cose mie sono tue e tutte le cose tue sono mie, e io sono glorificato in loro.

Nel v. 10 al posto di τὰ ἐμὰ πάντα σά ἐστιν καὶ τὰ σὰ ἐμά, il testimone ℵ legge ἐμόι αὐτοὺς ἔδοκας. Anzitutto va notato l'isolamento di ℵ rispetto a tutti gli altri testimoni che leggono il testo nella sua forma corrente; in secondo luogo l'espressione appare come una ripetizione prolissa di quanto già detto al versetto precedente. I discepoli sono dati a Gesù dal Padre, per essi il Signore prega (v. 9), ma non è il caso di ripetere nel v. 10 che i «suoi» gli sono dati dal Padre.

Al posto di δεδόξασμαι il testimone D legge ἐδόξασας μέ. Anche qui possiamo dire che il testimone occidentale D è isolato rispetto a tutti gli altri testimoni. Schnackenburg spiega poi in questo modo la singolare variante del codice D: $\mathcal{P}^{66}$ presenta un errore di scrittura in quanto scrive τεδοξασμε con un δ sovrapposto alla lettera iniziale. Probabilmente il copista leggeva anche lui δεδόξασμαι, ma l'errore di scrittura potrebbe spiegare la singolare variante di D[22].

Possiamo inoltre dire che il tempo al perfetto rende meglio l'idea di una permanente attualità, rispetto all'aoristo che è un tempo puntuale del passato. E' nell'«ora», come vedremo più avanti, che i discepoli glorificano il Cristo e lo glorificheranno. In conclusione, ci sembra che la scarsezza dei testimoni che sostengono una differente variante al testo, nonché le altre motivazioni interne che abbiamo enunciato, confermino il testo attuale.

---

[22] Cf. R. SCHNACKENBURG, *Il vangelo*, III, 286.

3. Critica letteraria di 17,10

Ritt fa notare che la prima parte del v. 10 (καὶ τὰ ἐμὰ πάντα σά ἐστιν καὶ τὰ σὰ ἐμά), inserita fra il v. 9 e la seconda parte del 10, appare come un abbellimento e la critica letteraria non può escludere la possibilità che si tratti di una glossa aggiunta[23].

Lindars offre una ragione per cui il v. 10a è parentetico dicendo che spiega il motivo per cui i discepoli, i quali appartengono a Gesù stesso (v. 6), sono nel contempo del Padre. Gli aggettivi pronominali del v. 10a sono al neutro, indicando una comunione totale di beni fra il Padre e il Figlio, nella quale rientrano anche i discepoli[24]. L'idea che il v. 10a sia una parentesi è condivisa anche da Brown e Barrett[25].

Tuttavia Schnackenburg osserva che in una preghiera di lode, come Gv 17, non risultano strane certe aggiunte ornamentali. Perciò anche se la prima parte del v. 10 rallenta lo svolgimento logico delle idee, si collega bene all'ultima parte del v. 9, ὅτι σοί εἰσιν[26].

Condividendo il pensiero di Schnackenburg, siamo dell'opinione che il v. 10a non sia semplicemente un'espressione parentetica, né tantomeno una glossa aggiunta in un secondo tempo[27]. Collegandosi con l'ultima parte del v. 9 (ὅτι σοί εἰσιν), nonché con il v. 6 (σοὶ ἦσαν κἀμοὶ αὐτοὺς), la prima parte di 17,10 ha una sua importanza di rilievo perché esprime l'idea fondamentale della comunione totale tra il Figlio e il Padre. Nella seconda parte del v. 10 l'espressione «sono glorificato in loro» riprende quello che nell'analisi letteraria abbiamo visto essere il tema principale della preghiera. Consideriamo adesso il v. 11a.

4. Critica testuale di 17,11a

11a καὶ οὐκέτι εἰμὶ ἐν τῷ κόσμῳ, καὶ αὐτοὶ ἐν τῷ κόσμῳ εἰσίν, κἀγὼ πρὸς σὲ ἔρχομαι.

11a Io non sono più nel mondo; essi invece sono nel mondo, e io vengo a te.

---

[23] Cf. H. RITT, *Das Gebet*, 184.
[24] Cf. B. LINDARS, *The Gospel*, 523.
[25] Cf. R.E. BROWN, *Giovanni*, 923; C.K. BARRETT, *The Gospel*, 507.
[26] Cf. R. SCHNACKENBURG, *Il vangelo*, III, 286.
[27] Abbiamo considerato questi autori sul v. 10a e non gli altri che, in merito alla questione, non esprimono un giudizio.

Sul v. 11a sono da analizzare due problemi. Il primo riguarda il pronome di terza persona plurale: al posto di αὐτοὶ i testimoni A C D L W Θ Ψ f¹.¹³ 33 𝔐 lat leggono οὗτοι. 𝔓⁶⁶ᵛⁱᵈ vgᵐˢ omettono invece il pronome personale di terza persona plurale. A questi testimoni si contrappone il gruppo composto da ℵ B 1241 pc d f, che sostiene la versione del testo.

Nonostante la maggior parte dei testimoni sia concorde sulla scelta di οὗτοι tuttavia, come fa notare Metzger, il testo alessandrino di cui due testimoni fondamentali sono B ℵ, è considerato ancora la recensione antica complessivamente migliore e quella che si avvicina di più all'originale[28]. Questo vale come prova esterna, se consideriamo invece il testo di Gv 17, possiamo osservare un'uniformità nell'uso del pronome personale di terza persona plurale (vv. 6.8.9.10.11.12.14.15.17.18. 20.22.23.26), mentre il pronome dimostrativo (οὗτοι) è utilizzato solo in 17,25.

Il secondo problema concerne l'inserimento di una determinata espressione: dopo ἔρχομαι e prima di πάτερ (v. 11b) i testimoni D (a c) r¹ aggiungono οὐκέτι εἰμὶ ἐν τῷ κόσμῳ, καὶ ἐν τῷ κόσμῳ εἰμὶ. Per Brown l'aggiunta dei testimoni D (a c) r¹ sembra unire la precedente affermazione in 11a, «io vengo a te», con la stessa affermazione nel v. 13[29].

Schnackenburg spiega questa variante dicendo che l'affermazione οὐκέτι εἰμὶ ἐν τῷ κόσμῳ, all'inizio del v. 11a, è equivoca in quanto Gesù direbbe di essere già tornato al Padre. Mentre, l'espressione οὐκέτι εἰμὶ ἐν τῷ κόσμῳ, καὶ ἐν τῷ κόσμῳ εἰμὶ, che i testimoni D (a c) r¹ situano dopo quel «io vengo a te», mostrerebbe più chiaramente come va intesa la preghiera[30].

Barrett nota che la lettura di D (a c) r¹, sebbene interessante, probabilmente deriva dalla ripetizione accidentale delle prime due proposizioni del versetto[31].

Va notato in ogni caso che solo i testimoni D (a c) r¹ leggono tale variante e che comunque è da preferire la lezione più difficile e più breve, che noi adottiamo.

---

[28] Cf. B.M. METZGER, *Il testo del Nuovo Testamento*, 207.
[29] Cf. R.E. BROWN, *Giovanni*, 924.
[30] Cf. R. SCHNACKENBURG, *Il vangelo*, III, 287.
[31] Cf. C.K. BARRETT, *The Gospel*, 507.

5. Critica letteraria di 17,11a

Brown vede un contrasto fra «io non sono più nel mondo» del v. 11a e «dico queste cose mentre sono ancora nel mondo» del v. 13, anche se in entrambi i versetti Gesù dice: «io vengo a te»[32].

Dello stesso parere è Segalla sull'antitesi fra i due versetti, 11a e 13, motivo questo che darebbe ragione a coloro che mettono questa preghiera in bocca al Signore risorto. Tuttavia si può anche pensare che Gesù si consideri già anticipatamente fuori del mondo, mentre è sul punto di ritornare al Padre[33]. Ovvero, come afferma Schnackenburg, Gesù parla nel mondo ma sapendo già di abbandonarlo e di lasciarvi i discepoli[34]. Allora una traduzione possibile è la seguente: «Io fra poco non sarò più nel mondo (significato grammaticalmente possibile), mentre essi sono e rimangono nel mondo»[35].

Fatte queste debite osservazioni e concordando con l'opinione di Schnackenburg, non appare più tanto strana l'affermazione di Gesù — «io non sono più nel mondo» —, dal momento ch'egli sta per lasciarlo mentre i discepoli rimarranno nel mondo. Consideriamo a questo punto la seconda parte del v. 11.

6. Critica testuale di 17,11b

11b πάτερ ἅγιε, τήρησον αὐτοὺς ἐν τῷ ὀνόματί σου ᾧ δέδωκάς μοι, ἵνα ὦσιν ἓν καθὼς ἡμεῖς.

11b Padre santo, custodiscili nel tuo nome che tu mi hai dato[36], perché siano una cosa sola, come noi.

La critica testuale di 17,11b presenta tre problemi. Il primo, per il testimone D è dopo ἐν τῷ ὀνόματί σου, poiché vi aggiunge l'espressione καὶ ὅτε ἤμην μετ' αὐτῶν ἐγὼ ἐτήρουν αὐτοὺς ἐν τῷ ὀνόματί σου. Il testimone D[1] legge anche ἐν τῷ κόσμῳ fra ἐγὼ e ἐτήρουν dell'aggiunta precedente. Si tratta di testimonianze isolate su un'aggiunta che verrà ripresa tale e quale nel v. 12; è comunque preferibile la lezione più breve del testo. Il secondo problema riguarda i

---

[32] Cf. R.E. Brown, *Giovanni*, 924.
[33] Cf. G. Segalla, *Giovanni*, 417.
[34] Cf. R. Schnackenburg, *Il vangelo*, III, 287.
[35] Cf. G. Segalla, *La preghiera*, 138.
[36] In questo caso, la nostra traduzione differisce da quella della CEI, per le ragioni che spieghemo nell'analisi testuale, la quale viene subito dopo.

testimoni D* 1424 pc che leggono ὅ δέδωκάς invece di ᾧ δέδωκάς; D¹ (N) 209. 892ˢ *al* aur f q vg leggono οὕς δέδωκάς; $\mathcal{P}^{66vid}$ ℵ L W 579 pc leggono ᾧ ἔδωκας, mentre la versione del testo è sostenuta da $\mathcal{P}^{60}$ A B C Θ Ψ f¹³ 1 𝔐.

Barrett afferma che ὅ e οὕς sono correzioni. Mentre ᾧ introduce di nuovo il concetto che i discepoli furono dati a Gesù dal Padre (cf. vv. 2.6.9), ὅ e οὕς evitano la sfumatura messa in luce dal pronome relativo ᾧ. E non è il caso di supporre che ᾧ è una traduzione errata del pronome relativo aramaico ד (*dᵉ*) che sarebbe stato reso giustamente con οὕς. Anche se, conclude Barrett, οὕς è una particella caratteristica del pensiero giovanneo, così come d'altronde ᾧ[37].

Brown sostiene che le testimonianze migliori, compreso $\mathcal{P}^{66}$, hanno il neutro dativo del relativo singolare (ᾧ) e questo vuol dire che l'antecedente è «il tuo nome». Un gran numero invece di testimonianze, più tarde e meno attendibili, hanno un relativo maschile plurale (οὕς), il cui antecedente dev'essere «essi», e cioè i discepoli. Questa seconda lezione, secondo Brown, rappresenta probabilmente un'armonizzazione scribale con i vv. 2.6.9 che parlano di uomini dati a Gesù dal Padre. Il tempo perfetto del verbo è inoltre da preferire all'aoristo in quanto il nome è stato dato ed è ancora posseduto[38].

Schnackenburg concorda sull'idea che si tratti, nel caso delle due varianti al testo, di un caso di armonizzazione. La lezione con ὅ va considerata come un tentativo di facilitare la comprensione ed era suggerita da 17,2.24. Si adattava inoltre al testo come apposizione di αὐτούς, sebbene l'adattamento non sia perfetto a causa della posposizione. La seconda variante (οὕς) è quindi il chiarimento di questa interpretazione[39].

Segalla afferma che la varietà delle lezioni testuali è dovuta alla difficoltà del testo in sé. Invece del dativo di attrazione (ᾧ), presente nei papiri ed essendo il più attestato nella tradizione testuale, si pone il neutro ὅ e infine il più facile οὕς, assimilazione evidente al v. 6 e a 18,9. La proposta di considerare il neutro ὅ come originale, corrispondente all'aramaico *dᵉ* (il cui significato equivale praticamente a οὕς), non è plausibile. Non spiega infatti come da questa lezione, supposta originale, abbia avuto origine ᾧ. Segalla conclude affermando che il

---

[37] Cf. C.K. BARRETT, *The Gospel*, 508.
[38] Cf. R.E. BROWN, *Giovanni*, 924. Per l'idea di una correzione scribale si schiera anche Morris (cf. L. MORRIS, *The Gospel*, 727).
[39] Cf. R. SCHNACKENBURG, *Il vangelo*, III, 290.

dativo di attrazionè ᾧ è la lezione originale e che le varianti non sono altro che tentativi di risolvere la difficoltà del testo[40].

Anche Lindars sottolinea l'influenza del v. 18,9 dove è utilizzato il pronome οὕς per parlare di coloro che il Padre ha dato a Gesù e di cui nessuno è andato perduto. Il v. 18,9 allude peraltro a 17,12 ove si parla ancora del fatto che nessuno è andato perduto, se non il «il figlio della perdizione». Lindars afferma quindi che è da ritenere la lezione più difficile, ovvero quella con il pronome ᾧ[41].

Tenendo presente che le testimonianze più numerose[42] e accreditate sostengono la versione del testo e che, come afferma Ritt[43], va data la precedenza al criterio della *lectio difficilior*, concordiamo con gli autori citati nel sostenere la lezione ᾧ δέδωκάς.

Infine il terzo problema concerne le ultime cinque parole del v. 11 — ἵνα ὦσιν ἐν καθὼς ἡμεῖς — che sono omesse da $\mathcal{P}^{66*}$ it ac², mentre B Θ 579. 700. *l* 844 *al* aur f vg sy^h e $\mathcal{P}^{66c}$ (con un grado di incertezza) aggiungono καὶ prima della parola finale ἡμεῖς.

Barrett afferma che è difficile trovare una buona ragione per la quale le ultime parole dovrebbero essere omesse, anche se proprio per questo il testo più breve ha un suo rilievo[44].

Brown nota che si tratta di una combinazione importante di testimonianze testuali (alessandrina, latina e copta), per le quali il tema della unità è omesso. Per Brown questo tema rientra meglio nella terza parte della preghiera (vv. 21-23), per cui egli mette tra parentesi l'ultima parte del v. 11[45]. Lindars ritiene comunque possibile che Giovanni abbia fatto un accenno al tema sviluppato più avanti nei vv. 21-23, anche se il tema dell'unità non si adatta bene al pensiero di 11b, che concerne la protezione dei discepoli nel nome del Padre[46].

Sebbene alcune importanti testimonianze testuali omettano il tema dell'unità dei discepoli, nell'ultima parte del v. 11 e, anche se questo tema sarà sviluppato più avanti (vv. 21-23), non ci sembra inverosimile che vi sia un cenno già al v. 11. D'altro canto è già annunciato in 10,30, ed essendo un tema fondamentale, non può risultare strano che se ne

---

[40] Cf. G. SEGALLA, *La preghiera*, 151.
[41] Cf. B. LINDARS, *The Gospel*, 524-525.
[42] Sul criterio delle testimonianze più numerose concorda H.N. RIDDERBOS, *The Gospel*, 553.
[43] Cf. H. RITT, *Das Gebet*, 166.
[44] Cf. C.K. BARRETT, *The Gospel*, 508.
[45] Cf. R.E. BROWN, *Giovanni*, 925.
[46] Cf. B. LINDARS, *The Gospel*, 525.

parli anche in 17,11. Per quanto concerne l'aggiunta di un καί, prima dell'ultima parola del versetto, non cambia il senso della frase, essendo un dettaglio secondario.

7. Critica letteraria di 17,11b

La lezione con ᾧ δέδωκάς, riferita al nome che Dio ha dato a Gesù, compare in Giovanni solo ai vv. 11.12[47]. Tuttavia Schnackenburg fa notare che quest'idea di custodire i discepoli nel nome che il Padre ha dato a Gesù, si ricollega con la rivelazione del nome del Padre agli uomini che Dio ha donato a Gesù (v. 6). Ed ora che si allontana da essi (v. 11a), prega perché il Padre li custodisca nella rivelazione del nome che Gesù ha fatto loro[48].

D'altro canto va pure detto che qualora un'espressione compaia soltanto in uno o due versetti, non per questo si deve necessariamente mettere in dubbio la sua fondatezza. Così è per l'espressione «Padre santo» del v. 11 che, come afferma Morris[49], è presente solo in questo punto del vangelo.

Per quanto riguarda il tema dell'unità, nel pensiero di Brown come abbiamo già visto (pag. 146), rientra meglio nella terza parte della preghiera (vv. 21-23) rispetto alla menzione nel v. 11. Analogamente Lindars ritiene che le parole sull'unità interferiscono con il senso generale del versetto, che riguarda anzitutto la protezione dei discepoli nel «nome» del Padre[50].

Ma, con Segalla, va notato che nel v. 11b risuonano ben tre motivi importanti che saranno sviluppati in seguito: quello della santificazione (vv. 17-19), introdotto dall'invocazione «Padre santo»; quello della conservazione dal Maligno (vv. 12.16) e quello dell'unità (vv. 20-23)[51]. Per Ridderbos e Carson inoltre, sebbene il tema dell'unità sarà sviluppato solo nei vv. 21-23, tuttavia esso è lo scopo e il risultato della custodia nel «nome» del Padre[52].

Per queste ragioni non riteniamo corretto di mettere tra parentesi l'ultima parte del v. 11, come fa Brown (pag. 146). Il tema dell'unità rientra già fin d'ora nella preghiera di Gv 17 e avrà un ulteriore, approfondito sviluppo nei vv. 21.23. Consideriamo adesso il v. 12.

---

[47] Cf. R.E. BROWN, *Giovanni*, 924.
[48] Cf. R. SCHNACKENBURG, *Il vangelo*, III, 289.
[49] Cf. L. MORRIS, *The Gospel*, 726.
[50] Cf. B. LINDARS, *The Gospel*, 525.
[51] Cf. G. SEGALLA, *La preghiera*, 152.
[52] Cf. H.N. RIDDERBOS, *The Gospel*, 553; D.A. CARSON, *The Gospel*, 562.

8. Critica testuale di 17,12

12 ὅτε ἤμην μετ' αὐτῶν ἐγὼ ἐτήρουν αὐτοὺς ἐν τῷ ὀνόματί σου ᾧ δέδωκάς μοι, καὶ ἐφύλαξα, καὶ οὐδεὶς ἐξ αὐτῶν ἀπώλετο εἰ μὴ ὁ υἱὸς τῆς ἀπωλείας, ἵνα ἡ γραφὴ πληρωθῇ.

12 Quand'ero con loro, io li conservavo nel tuo nome che mi hai dato[53]. E li ho custoditi; nessuno di loro è andato perduto, tranne il figlio della perdizione, perché si adempisse la Scrittura.

Sul v. 12 la critica affronta tre problemi che elenchiamo di seguito. I testimoni A C³ Θ Ψ f¹³ $\mathfrak{M}$ (a) f q sy bo^{ms} aggiungono ἐν τῷ κόσμῳ dopo μετ' αὐτῶν, mentre la versione del testo è appoggiata da $\mathcal{P}^{60.66}$ ℵ B C* D L W 1 pc lat co. Tuttavia, qui le testimonianze migliori appoggiano il testo e va inoltre preferita la lezione più breve, per un criterio di logica interna[54].

$\mathcal{P}^{66*}$ legge ἐν τῷ ὀνόματί μου invece di ἐν τῷ ὀνόματί σου, mentre 565 vg^{ms} omettono del tutto il pronome (di seconda o di prima persona singolare). Qui, nel caso della scelta del pronome μου, si tratta di un errore di trascrizione in quanto il contesto immediato[55], del v. 11, presentava già l'espressione ἐν τῷ ὀνόματί σου, che ora non può essere mutata in ἐν τῷ ὀνόματί μου. Inoltre, il riferimento di Gesù in tutta la preghiera è al Padre attraverso espressioni varie, tra cui anche — «nel tuo nome» —.

I testimoni A (C³) D Θ Ψ f¹·¹³ $\mathfrak{M}$ lat sy^{ph} leggono οὓς δέδωκάς invece di ᾧ δέδωκάς, mentre $\mathcal{P}^{66*}$ ℵ* (sy^s) conservano solo il καὶ che introduce la seconda parte del v. 12 e omettono la menzione del nome o di coloro che il Padre ha dato a Gesù. La versione del testo è sostenuta da (ℵ²) B (C*) L W 33. (579) pc co e, con un grado di incertezza, da ($\mathcal{P}^{66c}$). Le testimonianze testuali qui sono divise riguardo al pronome relativo, in modo simile a come lo erano nel v. 11b[56]. Schnackenburg suppone dapprima che la ripetizione di ᾧ δέδωκάς sia stata fatta da un'altra mano per assimilazione al v. 11, ma poi afferma che la ripetizione non è estranea allo stile di Giovanni[57].

---

[53] Anche qui la nostra traduzione differisce da quella della CEI per i motivi che diremo nell'analisi testuale.
[54] Cf. B.M. METZGER, *Il testo del Nuovo Testamento*, 201.
[55] Sul contesto immediato cf. B.M. METZGER, *Il testo del Nuovo Testamento*, 201.
[56] Cf. R.E. BROWN, *Giovanni*, 925.
[57] Cf. R. SCHNACKENBURG, *Il vangelo*, III, 290.

Per l'ultima parte del v. 12 è da segnalare solo l'omissione della preposizione ἐξ da parte di $\mathcal{P}^{66*}$. Tuttavia è preferibile in questo caso non avvalorare la lezione più breve (senza ἐξ) per due motivi: a) seguendo lo stile ed il lessico di Gv 17, l'utilizzo della preposizione ἐξ in 17,12b è in sintonia con le altre volte in cui è presente (ἐκ ai vv. 6.14.15.16)[58]; b) probabilmente il testimone $\mathcal{P}^{66*}$ avrà ritenuto superflua la presenza di ἐξ in 17,12b.

9. Critica letteraria di 17,12

Schnackenburg fa notare che la riflessione sul «figlio della perdizione» nel contesto di Gv 17 sembra superflua (il v. 13 si collegherebbe bene con il 12a), non si adatta allo stile dell'intercessione e al resto del capitolo per la sua ripresa del discorso, le parole insolite e l'accenno alla Scrittura. Pur tuttavia non vi è una ragione sufficiente per cancellare dalla preghiera la digressione sul «figlio della perdizione»[59].

Brown osserva che non è chiaro se l'ultima frase introdotta da ἵνα rappresenti un'osservazione dello scrittore giovanneo, oppure riporti le parole di Gesù stesso[60]. Un'altra incongruenza del versetto, secondo Segalla, riguarda l'uso del verbo φυλάσσειν (all'aoristo) invece di τηρεῖν, usato nella prima parte del versetto all'imperfetto. L'imperfetto suggerirebbe un'inserzione posteriore con il fine di introdurre la questione sul «figlio della perdizione». Per quanto infatti, in altro luogo (12,27), φυλάσσειν abbia lo stesso senso di τερεῖν, qui assume un significato speciale che accentua la coscienza di un pericolo, quello che qualcuno rubi le pecore e le disperda (si introduce la figura di Giuda)[61]. Lindars afferma poi che φυλάσσειν, oltre che essere raro in Giovanni, è un verbo il cui riferimento è alla guardia militare[62].

Per il v. 12b, facendo nostre le osservazioni degli autori citati, possiamo dunque trarre la conclusione che si tratti di un'aggiunta al testo di Gv 17. Analizziamo adesso il v. 13.

---

[58] Sullo stile, il lessico ed il contesto immediato dell'autore cf. B.M. METZGER, *Il testo del Nuovo Testamento*, 201.

[59] Cf. R. SCHNACKENBURG, *Il vangelo*, III, 292. Brown rileva che se la seconda parte del v. 12 è un'aggiunta esplicativa in prosa, allora il redattore che l'ha aggiunta può essersi ricordato del v. 13,18 (cf. R.E. BROWN, *Giovanni*, 926-927).

[60] Cf. R.E. BROWN, *Giovanni*, 924.

[61] Cf. G. SEGALLA, *La preghiera*, 153. Barrett fa notare anch'egli che ἐφύλαξα è di solito una parola più forte di τηρεῖν, ma qui al v. 12b è probabile che i due termini siano utilizzati come sinonimi (cf. C.K. BARRETT, *The Gospel*, 508).

[62] Cf. B. LINDARS, *The Gospel*, 525.

10. Critica testuale di 17,13

13 νῦν δὲ πρὸς σὲ ἔρχομαι καὶ ταῦτα λαλῶ ἐν τῷ κόσμῳ ἵνα ἔχωσιν τὴν χαρὰν τὴν ἐμὴν πεπληρωμένην ἐν ἑαυτοῖς.

13 Ma ora io vengo a te e dico queste cose mentre sono ancora nel mondo, perché abbiano in se stessi la pienezza della mia gioia.

Sul v. 13 è da segnalare soltanto la lettura di αὐτοῖς invece di ἑαυτοῖς, da parte di $\mathcal{P}^{66*}$ ℵ* C³ D L Θ f.(13) 33 𝔐 e di ταῖς καρδίαις ἑαυτῶν (sempre al posto di ἑαυτοῖς) da parte di C*vid. La versione del testo è appoggiata invece da ℵ² A B N W Ψ 579 al. Per quanto riguarda l'opzione sostenuta da C*vid si tratta di un unico testimone alessandrino, privo peraltro di assoluta certezza. Fra le due possibilità, αὐτοῖς o ἑαυτοῖς, preferiamo quest'ultima perché il pronome riflessivo di terza persona plurale si adatta meglio al contesto immediato del v. 13[63].

11. Critica letteraria di 17,13

Lindars accenna soltanto al contrasto messo in luce già in 11a: lì Gesù diceva di non essere più nel mondo, qui afferma di essere sul punto di andare al Padre, mentre dice «queste cose» ai suoi discepoli, ed è ancora nel mondo[64].

Segalla sottolinea ancor più la differenza fra il v. 11a e il 13, poiché in quest'ultimo Gesù si considera ancora nel mondo[65]. Ma l'apparente contrasto può essere risolto tenendo presente che εἰμί, del v. 11a, talvolta può avere il senso di un futuro prossimo: «Io non ho da stare più nel mondo»[66].

In sostanza ci sembra solo un apparente contrasto in quanto, come fa notare Schnackenburg, la dipartita di Gesù viene di nuovo evidenziata all'inizio del v. 13 così come in 11a[67], sebbene egli sia ancora per un po' nel mondo e dica le sue ultime parole ai discepoli.

---

[63] Sul contesto immediato vd. B.M. METZGER, *Il testo del Nuovo Testamento*, 201.
[64] Cf. B. LINDARS, *The Gospel*, 526.
[65] Cf. G. SEGALLA, *Giovanni*, 418.
[66] Cf. G. SEGALLA, *La preghiera*, 156.
[67] Cf. R. SCHNACKENBURG, *Il vangelo*, III, 292.

12. Critica testuale di 17,14

14 ἐγὼ δέδωκα αὐτοῖς τὸν λόγον σου καὶ ὁ κόσμος ἐμίσησεν αὐτούς, ὅτι οὐκ εἰσὶν ἐκ τοῦ κόσμου καθὼς ἐγὼ οὐκ εἰμὶ ἐκ τοῦ κόσμου.

14 Io ho dato a loro la tua parola e il mondo li ha odiati perché essi non sono del mondo, come io non sono del mondo.

I testimoni $\mathcal{P}^{66*}$ D f^{13} pc it sy^s omettono l'ultima parte del versetto: καθὼς ἐγὼ οὐκ εἰμὶ ἐκ τοῦ κόσμου.
Mentre Barrett dice semplicemente che quelle parole sono state omesse dai testimoni citati, in quanto ridondanti rispetto al v. 16[68], Brown formula anche l'ipotesi complementare secondo cui l'ultima parte del v. 14 sia stata aggiunta a imitazione del v. 16. La seconda ipotesi, per Brown, sembra la più plausibile[69].
Lindars sostiene che l'ultima parte del v. 14 anticipa il v. 16 e si ricollega alle prime parole del v. 11. Si tratta semplicemente di un abbellimento che sarebbe stato meglio omettere, come fanno i testimoni $\mathcal{P}^{66*}$ D f^{13} pc it sy^s? La risposta di Lindars è che non si tratta di un'omissione originale, bensì essa può essere spiegata da un punto di vista trascrizionale, poiché le stesse parole riportate nel v. 16 hanno fatto pensare all'ipotesi di un omoioteleuto[70] (si ha quando parole diverse terminano allo stesso modo).
Dello stesso parere, sull'omissione per omoioteleuto, sono anche Schnackenburg e Segalla[71]. Accogliamo anche noi queste ultime spiegazioni sull'omissione di alcuni testimoni della parte finale del v. 14. In questo caso non vale la regola della lezione più breve, fatto salvo il caso dell'omoioteleuto[72].

13. Critica letteraria di 17,14

Il punto su cui ci soffermeremo nella critica letteraria di 17,14 riguarda l'affermazione sui discepoli che non sono del mondo, così come Gesù non è del mondo. Questo tema sarà ripreso nell'analisi dei vv. 9-19, ma qui occorre perlomeno introdurre il significato di una tale realtà. Abbiamo peraltro già sviluppato (pagg. 137-141) il senso della

---

[68] Cf. C.K. BARRETT, The Gospel, 509 e R. SCHNACKENBURG, Il vangelo, III, 294
[69] Cf. R.E. BROWN, Giovanni, 927.
[70] Cf. B. LINDARS, The Gospel, 527.
[71] Cf. R. SCHNACKENBURG, Il vangelo, III, 294 e G. SEGALLA, La preghiera, 161.
[72] Cf. B.M. METZGER, Il testo del Nuovo Testamento, 201.

preghiera di Gesù per i discepoli, e non per il mondo, commentando il v. 17,9.

Per Barrett i discepoli condividono l'alterità di Gesù (egli innanzitutto non è del mondo), perché sono stati scelti dal mondo (15,19) e perché sono nati dallo Spirito (3,3-8), generati da Dio e non dall'uomo (1,13)[73]. Analogamente secondo Brown, il cristiano è generato dall'alto e appartiene a Dio (3,3-6; 1,13); i discepoli inoltre sono stati scelti dal mondo (15,19)[74].

Morris chiarisce allora che i discepoli, pur essendo nati nel mondo e facendo parte di esso, tuttavia con la loro rinascita (vd. 3,3-8) ormai «non sono (più) del mondo». O, per meglio dire, essi non appartengono al mondo[75]. Thüsing afferma ancora che i discepoli non sono del mondo perché, oltre alla loro rinascita, prendono parte all'opera di Gesù proclamando le parole di Dio nel mondo[76].

In tal senso va compresa l'affermazione, a prima vista paradossale, per la quale i discepoli non sono del mondo come non lo è Gesù. Essi sono nel mondo, ma non vivono secondo il mondo e non compiono le sue opere, bensì quelle di Gesù (cf. 14,12), nell'accoglienza della sua parola (17,8.14).

14. Critica testuale di 17,15-16

15 οὐκ ἐρωτῶ ἵνα ἄρῃς αὐτοὺς ἐκ τοῦ κόσμου, ἀλλ' ἵνα τηρήσῃς αὐτοὺς ἐκ τοῦ πονηροῦ. 16 ἐκ τοῦ κόσμου οὐκ εἰσὶν καθὼς ἐγὼ οὐκ εἰμὶ ἐκ τοῦ κόσμου.

15 Non chiedo che tu li tolga dal mondo, ma che li custodisca dal Maligno.
16 Essi non sono del mondo, come io non sono del mondo.

Tutto il v. 15 è omesso da *vs* 33 *pc* bo^{mss}, mentre per il v. 16 vi è l'omissione da parte di $\mathcal{P}^{66c}$. Per le ultime cinque parole del v. 16, i testimoni $\mathcal{P}^{66*}$ Θ Ψ f$^{.13}$ 33 𝔐 sy^h cambiano l'ordine delle parole: ἐκ τοῦ κόσμου οὐκ εἰμι. La versione del testo, nel v. 16, è appoggiata invece da ℵ A B C D L W *l* 844 *al* aur e vg.

Sul v. 16 Schnackenburg rileva l'omissione da parte di vari codici, ma poiché gli stessi codici omettono anche il v. 15, si tratta di un salto involontario provocato dall'omoioteleuto ἐκ τοῦ κόσμου del v. 14.

---

[73] Cf. C.K. BARRETT, *The Gospel*, 509.
[74] Cf. R.E. BROWN, *Giovanni*, 927.
[75] Cf. L. MORRIS, *The Gospel*, 729.
[76] Cf. W. THÜSING, *La prière*, 97.

Dal punto di vista critico il versetto è dunque sicuro[77]. Peraltro va anche notato il piccolo cambiamento nell'ordine delle parole dai testimoni sopracitati, per il quale non vi è una perfetta corrispondenza fra la fine del v. 14 e la fine del 16[78].

In definitiva riteniamo che questi due versetti non presentino dei problemi dal punto di vista della critica testuale, potendo spiegare l'omissione di alcuni testimoni, fra cui $\mathcal{P}^{66c}$, con l'omoioteleuto del v. 16 rispetto al 14. Resta inoltre il fatto che la maggior parte dei testimoni appoggia il testo attuale.

15. Critica letteraria di 17,15-16

Se dal punto di vista critico i due versetti sono sicuri, rimane da risolvere, secondo Schnackenburg, il problema della critica redazionale, in particolare per il v. 16. Con τηρήσῃς nel v. 15 l'unità del discorso sarebbe adeguatamente conclusa e le ultime parole, ἐκ τοῦ πονηροῦ, segnerebbero meglio il passaggio alla preghiera sulla santificazione (v. 17). Tuttavia Schnackenburg sottolinea il fatto che una ricapitolazione del pensiero in 17,16, per rafforzare il pensiero precedentemente espresso (che inquadra ora la richiesta del v. 15), non è estranea allo stile di Giovanni. Perciò si può affermare l'originarietà del versetto[79].

Secondo Ritt, la ripetizione del v. 14c — οὐκ εἰσὶν ἐκ τοῦ κόσμου — in 16a (con un ordine delle parole modificato) e di 14d — ἐγὼ οὐκ εἰμὶ ἐκ τοῦ κόσμου — in 16b, sarebbe un segnale negativo per la critica letteraria. Ma occorre inquadrare questa ripetizione nell'ambito dello stile della preghiera, prima di affermare che si tratti di un'evidente glossa. Da uno sguardo su tutto Gv 17 risulta che si tratta di un brano con una notevole compattezza, per cui il v. 16 con grande probabilità dev'essere visto come un ampliamento, ovvero come una ripresa meditativa del pensiero espresso in precedenza[80].

Segalla afferma che in confronto al versetto precedente (14) il v. 16 evidenzia ancor più, con la posizione enfatica di ἐκ τοῦ κόσμου, la diversità dei discepoli rispetto al mondo. Per questa ragione egli esclude che si tratti di un'aggiunta[81].

---

[77] Cf. R. SCHNACKENBURG, *Il vangelo*, III, 295.
[78] Questa variazione viene indicata anche da L. MORRIS, *The Gospel*, 730.
[79] Cf. R. SCHNACKENBURG, *Il vangelo*, III, 295.
[80] Cf. H. RITT, *Das Gebet*, 185.
[81] Cf. G. SEGALLA, *La preghiera*, 164.

Secondo Beasley-Murray la ripetizione delle stesse espressioni nei vv. 14.16, riguardanti la non appartenenenza dei discepoli al mondo, crea inoltre un ponte per la successiva preghiera di consacrazione degli stessi, attraverso cui la salvezza di Dio potrà raggiungere il mondo[82].

Per tutte queste ragioni possiamo dire, anche per la critica letteraria, che i vv. 15-16 rientrano nel corpo del testo dall'inizio, rinforzando il pensiero di Giovanni, con uno stile a lui congeniale. Passiamo all'analisi del v. 17.

16. Critica testuale di 17,17

17 ἁγίασον αὐτοὺς ἐν τῇ ἀληθείᾳ ὁ λόγος ὁ σὸς ἀλήθειά ἐστιν.

17 Santificali[83] nella verità. La tua parola è verità.

I testimoni $\aleph^2$ C^3 Ψ f^{13} 33 𝔐 q sy bo^{pt} aggiungono il pronome di seconda persona singolare (al genitivo) σου dopo ἐν τῇ ἀληθείᾳ, mentre la versione del testo è sostenuta da $\mathcal{P}^{66*}$ ($\aleph^*$: h. t.) A B C* D L W Θ 1. 579. l 844 pc lat co.

Propendiamo per le testimonianze più numerose ed antiche ($\mathcal{P}^{66*}$) che sostengono la versione del testo, anche perché l'aggiunta del pronome σου dopo ἐν τῇ ἀληθείᾳ ci sembra inutile, considerata la successiva identificazione fra la verità e la parola del Padre. Il contesto immediato e la scelta della lezione più breve (senza σου) confermano la preferenza del testo attuale[84].

17. Critica letteraria di 17,17

Barrett fa notare che il verbo ἁγιάζω ed il sostantivo ἅγιος sono infrequenti in Giovanni; il primo infatti compare solo in 10,36 e 17,17.19, mentre il secondo in 6,69 e 17,11[85].

Nondimeno anche se l'utilizzo è raro, va sottolineata l'importanza di queste parole. Barrett ripercorre quindi brevemente il significato della santificazione di una persona nell'AT, fino a giungere alla santificazione di Gesù (10,36) e a quella dei discepoli. Quest'ultimi sono scelti

---

[82] Cf. G.R. BEASLEY-MURRAY, *John*, 300. Così la pensa anche B. LINDARS, *The Gospel*, 528.

[83] Anche qui la nostra traduzione differisce da quella della CEI che preferisce il verbo «consacrali», per le motivazione che diremo nella critica letteraria.

[84] Cf. B.M. METZGER, *Il testo del Nuovo Testamento*, 200-201.

[85] Cf. C.K. BARRETT, *The Gospel*, 510. Ferreira nota inoltre che la parola ἅγιος la ritroviamo anche in 1,33; 14,26 e 20,22, non come sostantivo bensì in funzione aggettivale rispetto a πνεῦμα (cf. J. FERREIRA, *Johannine Ecclesiology*, 122).

da Dio, ovvero separati dagli altri uomini, per una missione nel mondo[86].

E Schnackenburg sottolinea il fatto che, anche se i discepoli appaiono come una comunità di santi, non si tratta però di una consacrazione o di una iniziazione in senso misterico. La via attraverso cui la «verità» afferra i discepoli si distingue dalla concezione gnostica perché Gesù, il rivelatore storico, ha aperto ad essi la parola di Dio nella sua persona[87].

Un'altra questione che interessa la critica letteraria è la traduzione di ἁγιάζω[88]. Per de la Potterie in questo contesto non si fa anzitutto riferimento all'idea di offerta, né a quella di consacrazione ad un'opera apostolica. Gesù parla invece della santificazione dei discepoli nella «verità», per mezzo della rivelazione del nome del Padre. I discepoli vengono santificati dal Padre, nella misura in cui si aprono alla verità e riconoscono l'amore di Dio. E la santificazione di Gesù comprende l'offerta della croce, ma non in maniera esclusiva e neppure in primo luogo; ha un'estensione molto maggiore, abbracciando tutta la sua vita terrena[89].

Segalla osserva che questo termine è stato tradotto spesso con un verbo diverso da «santificare»: talvolta con «consacrare» e tal'altra con «sacrificare» (soprattutto per il v. 19). Ma il verbo «consacrare» presupporrebbe un'azione liturgica in funzione di una missione, di cui si parla al v. 18, sebbene quest'ultimo versetto non sia collegato sintatticamente con il 17. Peraltro questo non significa che il verbo «santificare» non sia collegato con la missione, nel contesto dei vv. 17-19. E a conferma di ciò, Segalla accenna al v. 10,36 dove santificazione e missione di Gesù sono strettamente legate fra loro, anche sintatticamente[90].

Carson concorda sul fatto che la santificazione in Giovanni è sempre in vista della missione. E per i discepoli tale missione sarà evidenziata nel versetto successivo[91].

---

[86] Cf. C.K. BARRETT, *The Gospel*, 510.
[87] Cf. R. SCHNACKENBURG, *Il vangelo*, III, 296. Avevamo già discusso questo argomento, vd. pagg. 139-140.
[88] Mollat precisa che il verbo significa letteralmente «mettere a parte per Dio, dedicare a Dio» (cf. D. MOLLAT, *L'Évangile*, 173).
[89] Cf. I. de la POTTERIE, *La preghiera di Gesù*, 76-77.
[90] Cf. G. SEGALLA, *La preghiera*, 181-182.
[91] Cf. D.A. CARSON, *The Gospel*, 566.

Riassumendo, anche se il verbo ἁγιάζω è raro in Giovanni, nel contesto dei vv. 17,17.19 e del v. 10,36 ha un'importanza notevole che si riallaccia al significato della santificazione nell'AT. La santificazione di una persona o più persone è in vista di una missione da compiere: questo era vero per i profeti, per Gesù stesso e per i suoi discepoli. Ci sembra inoltre opportuno tradurre ἁγίασον, del v. 17, con «santificali» e non con altri verbi, per il fatto che la consacrazione presupporrebbe un'azione liturgica, di cui in Gv 17 non vi è un riferimento. Inoltre anche la santificazione è in vista di una missione. Analizzeremo comunque più dettagliatamente questo versetto nell'analisi dei vv. 9-19.

18. Critica testuale di 17,18

18 καθὼς ἐμὲ ἀπέστειλας εἰς τὸν κόσμον, κἀγὼ ἀπέστειλα αὐτοὺς εἰς τὸν κόσμον;

18 Come tu mi hai mandato nel mondo, anch'io li ho mandati nel mondo;

Il testimone P^{66vid} omette l'ultima parte del versetto — κἀγὼ ἀπέστειλα αὐτοὺς εἰς τὸν κόσμον — mentre f^{13}, al posto del secondo ἀπέστειλα, scrive ἀποστέλλω.

Sulla lettura del presente ἀποστέλλω da parte del gruppo di manoscritti in minuscolo f^{13}, Brown sostiene che si tratta di un tentativo scribale di attenuare la difficoltà causata dall'aoristo. A quando infatti si riferirebbe l'invio dei discepoli prima dell'ultima cena? A un episodio che non è stato riportato, o alla stessa missione di cui si era parlato in 4,38 a proposito della messe spirituale fra i Samaritani? Ma Brown conclude dicendo che il tempo verbale dell'aoristo si situa dal punto di vista dell'evangelista e si riferisce alla missione dei discepoli dopo la risurrezione (20,21)[92]. Così per Carson l'invio dei discepoli nel mondo, di cui al v. 18, è un'anticipazione della missione articolata in 20,21, la missione adombrata in 13,20 e 15,26-27[93].

Dello stesso parere è Barrett per il quale Giovanni scrive tenendo presente la sua propria epoca, ma con un riguardo alla missione del Figlio virtualmente completata, e alla missione della chiesa virtualmente cominciata all'ultima cena nella quale l'amore, l'obbedienza e la gloria di Gesù sono pienamente rappresentati[94].

---

[92] Cf. R.E. BROWN, *Giovanni*, 929.
[93] Cf. D.A. CARSON, *The Gospel*, 566.
[94] Cf. C.K. BARRETT, *The Gospel*, 510.

L'aoristo ἀπέστειλα, per Schnackenburg, si spiega da una parte ponendosi nella situazione di colui che ha formulato la preghiera, ma è suggerito anche dal precedente ἀπέστειλας, che pone la missione dei discepoli nel più stretto parallelo con la missione di Gesù[95].

Ci sembra peraltro di rilevante importanza anche l'opinione di Segalla che integra quelle precedentemente esposte. Egli afferma che il momento in cui Gesù prega è un momento in cui considera il passato ormai compiuto, ovvero come una missione storica già realizzata. Si tratterebbe perciò di un aoristo complessivo. Non ci si riferisce ad un invio particolare, come la missione raccontata dai Sinottici (Mt 10,1.5-15), ma gli apostoli sono inviati nel mondo da Gesù, già durante la sua vita. La missione pasquale del Signore risorto e glorioso (20,21) non è che la consacrazione definitiva di una missione a cui Gesù aveva chiamato gli apostoli sin dall'inizio[96].

Accogliendo l'opinione degli autori citati, possiamo concludere dicendo che l'aoristo ἀπέστειλα, riferito ai discepoli, concerne la loro chiamata ed il loro invio nel mondo, fin dall'inizio. Tuttavia questa missione riceverà la sua definitiva compiutezza allo scadere dell'«ora», dopo la pasqua di risurrezione. Tenendo presente inoltre il parallelismo fra la missione di Gesù e quella dei discepoli, attestata anche dallo stesso tempo verbale (l'aoristo), riteniamo errata l'omissione di $\mathcal{P}^{66vid}$ sulla seconda parte del versetto. Si tratta in ogni caso di un testimone isolato, la cui lezione non può essere confermata con assoluta certezza[97].

19. Critica letteraria di 17,18

Circa l'utilizzo dell'aoristo ἀπέστειλα, per parlare dell'invio dei discepoli nel mondo, Ridderbos annota ancora che sebbene la loro missione assume la piena rilevanza solo dopo la resurrezione, tuttavia la loro nomina come testimoni e apostoli nel mondo è il grande presupposto della chiamata a seguire Gesù. Ridderbos rileva anche che in questo versetto, nonostante prevalga talvolta in Giovanni un significato negativo della parola «mondo», come insieme degli uomini alienati e indipendenti da Dio, vi è un interesse a che il mondo non resti

---

[95] Cf. R. SCHNACKENBURG, *Il vangelo*, III, 298. Anche Brown scorge un parallelismo fra la prima e la seconda parte del versetto (R.E. BROWN, *Giovanni*, 929).
[96] Cf. G. SEGALLA, *La preghiera*, 186-187.
[97] Su tale mancanza di certezza assoluta cf. NESTLE-ALAND, *Novum Testamentum Graece*, 55*.

tale. Il mondo rimane l'oggetto della volontà salvifica di Dio, espressa nella missione del Figlio. Perciò Gesù afferma che come lui è stato mandato dal Padre nel mondo, così i discepoli sono mandati dal Signore, nell'intento (espresso nel v. 21) che il mondo stesso sia salvato[98].

Beasley-Murray fa notare anch'egli il parallelismo fra l'invio di Gesù e quello dei discepoli. L'aoristo ἀπέστειλα riflette la situazione postpasquale, tuttavia la sua collocazione nella sala dell'ultima cena è di fondamentale importanza. La missione dei discepoli dipende da quella di Gesù, che è per la salvezza del mondo. Così anche la missione dei discepoli, come quella della chiesa più tardi, deve avere lo stesso scopo[99].

Schnackenburg afferma che la testimonianza di coloro che sono stati insieme a Gesù fin dall'inizio (15,27) e la loro unità, devono far riconoscere al mondo che Dio ha inviato Gesù ed ha comunicato il suo amore ai discepoli (17,23). La comunità è cosciente di essere inviata nel mondo ed ha perciò un atteggiamento ben diverso da quello gnostico-esoterico[100]. Per Segalla questo è forse il versetto che più di ogni altro nella preghiera, milita contro la tesi esoterica, a favore di un'apertura alla salvezza universale[101].

Anche qui (come alle pagg. 137-141) abbiamo messo in luce la parola «mondo», come una realtà la cui valenza negativa è controbilanciata dalla volontà salvifica universale di Gesù. Ed il parallelismo fra la prima e la seconda parte del versetto depone a favore di una missione di Gesù e dei discepoli, il cui scopo è proprio la salvezza del mondo (come emergerà più chiaramente nel v. 21).

20. Critica testuale di 17,19

19 καὶ ὑπὲρ αὐτῶν ἐγὼ ἁγιάζω ἐμαυτόν, ἵνα ὦσιν καὶ αὐτοὶ ἡγιασμένοι ἐν ἀληθείᾳ.

19 per loro io santifico me stesso, perché siano anch'essi santificati nella verità[102].

---

[98] Cf. H.N. RIDDERBOS, *The Gospel*, 556-557.
[99] Cf. G.R. BEASLEY-MURRAY, *John*, 300-301.
[100] Cf. R. SCHNACKENBURG, *Il vangelo*, III, 298.
[101] Cf. G. SEGALLA, *La preghiera*, 187.
[102] Come per il v. 17, la nostra traduzione differisce qui da quella della CEI perché preferisce «santificare» a «consacrare», per i motivi richiamati (vd. pagg. 154-155).

La critica testuale del v. 19 presenta due problemi. E' da segnalare anzitutto l'omissione del pronome personale di prima persona singolare, ἐγώ, da parte di ℵ A W 579. 700 *pc* it sa ac² pbo bo^ms. I testimoni 𝔓^66* a b c e leggono ὦσιν αὐτοί invece di ὦσιν καὶ αὐτοί, mentre C³ Γ Δ 209. 700. 892ˢ. 1424 *pm* sy^h seguono quest'ordine: καὶ αὐτοί ὦσιν. Sull'omissione del pronome enfatico ἐγω da parte di alcuni importanti testimoni, Brown afferma che il contesto ha in ogni caso un tono enfatico[103].

Schnackenburg spiega quest'enfasi riguardante la persona di Gesù, dicendo che l'idea di missione (v. 18) aveva condotto a lui, l'inviato di Dio, il quale rende possibile la santificazione degli uomini. L'opera mediatrice di Gesù, che porta alla santificazione dei discepoli, ha qui un risvolto singolare nell'utilizzo del verbo ἁγιάζω con pronomi riflessivi[104].

In accordo con gli autori citati, rileviamo che tutto il contesto pone un'enfasi sulla figura di Gesù, in particolare quel «io santifico me stesso», il cui accento sulla prima persona singolare si differenzia nettamente dal v. 10,36, in cui è Dio che santifica e manda Gesù. Tuttavia, colui che Dio ha mandato nel mondo (v. 18), sta per terminare la sua opera nell'«ora» stabilita e la sua dedizione giunge fino al dono della vita. Non ci pare dunque corretto omettere il pronome ἐγω, poiché la sua presenza rientra nel tono enfatico di tutto il versetto. Per quanto concerne l'ordine delle parole ὦσιν καὶ αὐτοί che, anche se diverso non muta il significato dell'espressione, ci atteniamo alla lettura della maggior parte dei testimoni.

21. Critica letteraria di 17,19

La critica letteraria del v. 19 si soffermerà ancora (come nel v. 17) sul verbo ἁγιάζω, dal momento che in modo e con significati diversi è stato tradotto[105]. Avevamo visto (pagg. 155-156) che il verbo «consacrare» indica un'azione liturgica in vista di una missione e che anche il verbo «santificare» è collegato con la missione, sia di Gesù (vd. 10,36) che dei discepoli (17,19).

Secondo Schnackenburg l'utilizzo del verbo ἁγιάζω, accompagnato dalla particella ὑπέρ nella prima parte del versetto, non lascia dubbi che

---

[103] Cf. R.E. BROWN, *Giovanni*, 929.
[104] Cf. R. SCHNACKENBURG, *Il vangelo*, III, 299.
[105] Nell'analisi dei vv. 9-19 torneremo ad approfondire il significato di ἁγιάζω nel v. 19.

si tratti della dedizione di Gesù sino alla morte[106]. Per la loro missione nel mondo, allo stesso modo di Gesù, i discepoli devono essere santificati dalla morte sacrificale di Gesù. La preghiera al Padre è dunque rafforzata dalla consacrazione di Gesù alla morte per i discepoli[107].

Per Segalla il contesto è eminentemente esistenziale, per cui vanno tralasciate le traduzioni — «sacrificare» e «consacrare» — (senso cultuale). Occorre invece attenersi al senso più usuale e radicale di «santificare» che significa un offrirsi a lui e alla sua volontà. Tuttavia egli vede nell'espressione «santifico me stesso» la dedizione filiale e totale di Gesù al Padre, fino al dono di se stesso nella morte[108].

Anche Léon-Dufour ritiene che non convenga tradurre ἁγιάζω con «consacrare», poiché la prospettiva del testo non va nel senso di un atto sacrificale che Gesù compirebbe per riscattare gli uomini, bensì ci si riferisce ad una fedeltà senza cadute, nella quale anche i discepoli devono mantenersi. Ma l'espressione «santifico me stesso» è comunque paradossale perché modifica il carattere passivo di 10,36. Il contesto dell'«ora» ormai giunta (17,1) invita a capire l'espressione «santifico me stesso» come libera e perfetta obbedienza al Padre fino alla morte[109].

Lasciando all'analisi nel prossimo capitolo il compito di approfondire il significato del v. 19, qui possiamo dire che è preferibile la traduzione di ἁγιάζω con «santificare», nel senso di offerta esistenziale di se stessi a Dio, da parte di Gesù e dei discepoli. Tuttavia la presenza della particella ὑπέρ, lascia presagire che l'offerta di se stesso da parte di Gesù arrivi fino al dono della vita, per i discepoli. E d'altra parte, il fatto che Gv 17 si situi fin dall'inizio nell'«ora», testimonia a favore di un dono totale di sé, fino alla morte. Sono inclusi cioè, nell'utilizzo dell'espressione — ὑπὲρ αὐτῶν ἐγὼ ἁγιάζω ἐμαυτόν —, entrambi i significati di offerta esistenziale di se stessi a Dio e di dono di sé fino alla morte.

La critica testuale e quella letteraria, di Gv 17,9-19, hanno messo in luce che il v. 12b presenta qualche problema. Infatti l'espressione «figlio della perdizione», nel contesto di Gv 17 sembra superflua (il v. 13 si collegherebbe bene con il 12a). E' superflua perché non si adatta allo stile dell'intercessione e all'insieme del capitolo, per le parole insolite e l'accenno alla Scrittura. Vi è inoltre in 12b la presenza di

---

[106] Cf. R. SCHNACKENBURG, *Il vangelo*, III, 299.
[107] Cf. R. SCHNACKENBURG, *Il vangelo*, III, 301.
[108] Cf. G. SEGALLA, *Giovanni*, 188-189.
[109] Cf. X. LÉON-DUFOUR, *Lettura*, III, 385-386.

φυλάσσειν (all'aoristo) invece di τηρεῖν, nella prima parte del versetto. Φυλάσσειν, oltre che essere raro in Giovanni, è un verbo il cui riferimento è alla guardia militare (vd. pag. 149). Per queste ragioni avevamo detto che il v. 12b è un'aggiunta posteriore al testo di Gv 17. Nei vv. 9-19 non abbiamo poi riscontrato altre difficoltà o problemi che possano far pensare ad aggiunte successive al testo.

CAPITOLO VI

Analisi dei vv. 9-19

L'analisi dei vv. 9-19 approfondirà ulteriormente il contenuto del cap. 17. Anche per quest'analisi, come per quella critica, ci soffermeremo dunque sulla parte in cui si trova il versetto in esame. Il Signore prega per i suoi discepoli e questi saranno in grado di glorificarlo. Nelle altre parti, dopo aver chiesto al Padre la propria glorificazione e descritto quello che ha fatto per i discepoli nel suo ministero terreno (vv. 1-8), Gesù prega per i discepoli futuri fino a concludere ritornando sui discepoli presenti, nei quali è l'amore del Padre (vv. 20-26).

Dall'analisi letteraria (pagg. 119-134), abbiamo messo in luce il tema della glorificazione come tema principale in Gv 17. Dopo la prima parte (1-8) in cui Gesù chiede al Padre di glorificarlo e in cui narra brevemente la sua attività rivelatrice nei confronti degli uomini che il Padre gli ha dato, nella seconda ritroviamo quasi subito il tema della glorificazione (v. 10), che riapparirà nella parte successiva, (vv. 20-26). Ma in 17,10b non è più il Padre a glorificare Gesù, bensì i discepoli presenti. Analizzando i vv. 9-19, entro cui si trova il versetto in esame, cercheremo di mostrare la loro pertinenza con la struttura e l'annunzio di tema che abbiamo esposto nell'analisi letteraria[1].

---

[1] Riprendiamo, per comodità, il testo di Gv 17,9-19 in italiano, mentre per il greco rimandiamo al cap. precedente (pagg. 137-159). Anche per questo capitolo citeremo gli autori non in un senso cronologico, bensì logico.

Gv 17,9-19

9 Io prego per loro; non prego per il mondo, ma per coloro che mi hai dato, perché sono tuoi. 10 Tutte le cose mie sono tue e tutte le cose tue sono mie, e io sono glorificato in loro. 11a Io non sono più nel mondo; essi invece sono nel mondo, e io vengo a te. 11b Padre santo, custodiscili nel tuo nome che tu che mi hai dato, perché siano una cosa sola, come noi. 12 Quand'ero con loro, io li conservavo nel tuo nome che tu mi hai dato. E li ho custoditi; nessuno di loro è andato perduto, tranne il figlio della perdizione, perché si adempisse la Scrittura. 13 Ma ora io vengo a te e dico queste cose mentre sono ancora nel mondo, perché abbiano in se stessi la pienezza della mia gioia. 14 Io ho dato a loro la tua parola e il mondo li ha odiati perché essi non sono del mondo, come io non sono del mondo. 15 Non chiedo che tu li tolga dal mondo, ma che li custodisca dal Maligno. 16 Essi non sono del mondo, come io non sono del mondo. 17 Santificali nella verità. La tua parola è verità. 18 Come tu mi hai mandato nel mondo, anch'io li ho mandati nel mondo; 19 per loro io santifico me stesso, perché siano anch'essi santificati nella verità.

1. 17,9

Con il v. 9 ha inizio la preghiera d'intercessione per i discepoli presenti (che terminerà al v. 19). Schnackenburg osserva che l'uso del verbo ἐρωτάω suggerisce il fatto che sta per cominciare una preghiera; questo verbo compare in riferimento a περὶ αὐτῶν, a coloro cioè che erano presenti durante i discorsi d'addio. Dopo aver detto che prega per i discepoli, i quali erano lì presenti, Gesù aggiunge che non prega per il mondo. Emerge subito questo contrasto tra i discepoli e il mondo. Il tema del «mondo» era stato annunziato al v. 6, in esso si poteva già intravvedere un'esclusione dalla rivelazione di Cristo di tutti quegli uomini che fanno parte del «mondo», esclusione che adesso riguarda la preghiera d'intercessione di Gesù[2].

Quale senso bisogna dare al «mondo» per il quale Gesù non prega? Brown nota che oltre ad un significato fisico di cosmo e un altro che concerne il genere umano, vi è un'accezione negativa della parola «mondo» che è tipica della teologia giovannea. «Mondo» in questo terzo caso va inteso nel senso di coloro che hanno avuto una reazione di rifiuto e opposizione nei confronti di Gesù. La sua venuta ha posto in essere un giudizio sul mondo (vd. 9,39 e 12,31) e sui figli delle tenebre

---

[2] Cf. R. SCHNACKENBURG, *Il vangelo*, III, 285.

che lo abitano (12,35-36; 1Gv 2,9-10). Gesù e i suoi discepoli non possono essere del «mondo» perché esso è diventato incompatibile con la fede in Cristo e l'amore per lui (Gv 16,20; 17,14.16; 18,36; 1Gv 2,15)[3].

Il rifiuto di Gesù di pregare per il mondo deriva dal fatto che la sola speranza per esso (nel terzo significato accennato) è che cessi di essere «mondo» per poter essere salvato[4]. Ma secondo de la Potterie, Gesù non si rifiuta di pregare per il mondo, piuttosto in questo momento particolare la sua preghiera è per i discepoli. L'idea di un mondo cattivo è peraltro estranea alla prospettiva di questa preghiera perché, da una parte il contesto riguarda la preoccupazione particolare di Gesù per i «suoi». Vi è cioè anzitutto l'interesse a pregare per i «suoi» e d'altronde, per de la Potterie, la porta della conversione è lasciata aperta anche per i grandi peccatori[5].

Léon-Dufour ci ricorda che occorre comunque tenere presente tutto il contesto di Gv 17 per comprendere meglio il significato delle parole di Gesù. Quello che egli chiede in questo capitolo per i discepoli (la gioia, la santificazione, l'unità, la gloria, l'amore) non può chiederlo anche per coloro che sono in un atteggiamento di chiusura e ostilità nei suoi confronti, perché non servirebbe. Tuttavia al v. 18 Gesù afferma di aver mandato i discepoli nel mondo e ai vv. 21.23 esprime il desiderio che, attraverso l'unità dei discepoli presenti e futuri, il mondo creda e sappia che il Padre lo ha inviato sulla terra. L'accoglienza del mondo resta nell'orizzonte della preghiera e un ruolo importante in questo senso avrà la mediazione dei discepoli[6].

Carson precisa che l'ultima parte del v. 9 (ὅτι σοί εἰσιν) rende più chiara la ragione per la quale Gesù prega soltanto per gli uomini che il Padre gli ha dato. Essi sono del Padre ed anche se Dio «ha tanto amato il mondo da dare il suo Figlio unigenito» (3,16); anche se Gesù non è venuto «per condannare il mondo, ma per salvare il mondo» (12,47), c'è tuttavia uno speciale rapporto di predilezione, intimità, fede, obbedienza, gioia, pace che lega i discepoli a Dio Padre[7].

In definitiva, il contenuto della preghiera di Gesù delimita il campo dei destinatari ai soli discepoli; viene peraltro auspicato che il mondo

---

[3] Cf. R.E. BROWN, *Giovanni*, 1451-1452.
[4] Cf. C.K. BARRETT, *The Gospel*, 422; D.A. CARSON, *The Gospel*, 561 e G. SEGALLA, *La preghiera*, 134.
[5] Cf. I. de la POTTERIE, *La preghiera di Gesù*, 72.
[6] Cf. X. LÉON-DUFOUR, *Lettura*, III, 370-371.
[7] Cf. D.A. CARSON, *The Gospel*, 560.

creda e conosca che Gesù è l'inviato di Dio. In tal modo esso non avrà più quella connotazione negativa che la parola «mondo» indica nel contesto giovanneo, rientrando così nella schiera di coloro per i quali Gesù prega. Il senso delle parole di Gesù nel v. 9, al di là di un'apparente esclusione del mondo dalla sua preghiera, contengono l'auspicio manifestato dai vv. 20-21, che anch'esso rientri nell'orizzonte della sua intercessione.

2. 17,10

La prima parte di questo versetto mette in risalto la comunione totale di beni tra il Figlio ed il Padre. Alcuni autori considerano il v. 10a un'espressione parentetica (Brown, Barrett, Lindars), o una digressione cristologica (Schnackenburg), se non addirittura una glossa che è stata aggiunta in un secondo tempo con lo scopo di dare una forma più bella al versetto (Ritt). Essa spiegherebbe perché i discepoli, che appartengono a Gesù (v. 6), sono anche del Padre, sebbene gli aggettivi pronominali sono al neutro — τὰ ἐμὰ πάντα σά [...] τὰ σὰ ἐμά —, indicando una totale comunione di beni tra il Figlio ed il Padre, nella quale rientrano anche i discepoli[8]. Ma, giustamente, Barrett fa notare che qui al v. 10a vi è una precisa intenzione di allargare il pensiero. Non soltanto i discepoli appartengono sia al Padre che al Figlio, ma vi è nel contempo un ampliamento illimitato di beni che il Padre ed il Figlio hanno in comune e che l'uso ripetuto di δίδωμι (diciassette volte) lungo tutto Gv 17 suggerirebbe[9].

I discepoli, secondo Carson, sono inclusi in questa comune appartenenza al Padre ed al Figlio, come già il v. 6 rilevava. Così pure il v. 2 metteva in evidenza il fatto che il Padre ha dato al Figlio «potere su ogni carne affinché dia la vita eterna a tutti coloro che gli hai dato»[10].

Thüsing vede un nesso tra il v. 10a e l'ultima parte del 9 — ὅτι σοί εἰσιν —; se Gesù prega per i discepoli lo fa anzitutto perché sono del Padre. Come nel resto del vangelo, Gesù non cerca di fare altro se non la volontà del Padre, così in Gv 17 prega per quelli che sono del Padre e che a lui sono stati dati. Il Padre ha scelto tali uomini perché attra-

---

[8] Cf. B. LINDARS, *The Gospel*, 523. Il neutro produce infatti un ampliamento della rivendicazione che ha già una notevole portata (cf. R.E. BROWN, *Giovanni*, 923).
[9] Cf. C.K. BARRETT, *The Gospel*, 423.
[10] Cf. D.A. CARSON, *The Gospel*, 561. Il neutro singolare del v. 2 (πᾶν) indicava una totalità di uomini, considerati come una singola entità, mentre i neutri plurali del v. 10a indicano una totalità illimitata (vd. anche B. LINDARS, *The Gospel*, 523).

verso di loro il suo amore splenda nelle tenebre, e Gesù ratifica questa scelta in quanto vuole donare la salvezza al mondo con la sua obbedienza[11].

Uno pensiero analogo sul v. 10b è espresso da Becker. Gv 17,10a sarebbe un'osservazione d'appendice, in cui comunque, riprendendo la parte finale del versetto precedente («perché sono tuoi»), ne offre una spiegazione fondata sulla reciprocità totale fra Padre e Figlio[12].

Ferraro afferma che il v. 10a ha il suo equivalente nel 16,15: «Tutte le cose che ha il Padre sono mie». La differenza tra le due formule consiste nel fatto che in 17,10a la reciprocità è perfetta ed il riferimento al Figlio viene per primo, mentre in 16,15 è nominato anzitutto il Padre. Nel corso del cap. 17 ricorre varie volte il pronome possessivo «mio» o «tuo», sia riguardo al Padre (1.6.9.11.12.14.17.26) che nei confronti del Figlio (2.4.6-9.22.24). In quest'ultimo caso il pronome «mio» designa una molteplicità di beni che appartengono al Figlio grazie al dono che ne fa il Padre; e le parole di 17,10a sono la rivelazione di un'eguaglianza nell'essere tra il Padre ed il Figlio e di una correlatività del dare e del ricevere[13].

Considerando tutte queste ricorrenze del possessivo «mio-tuo», nonché il legame del v. 10a con il 6 ed il 9, non crediamo che si tratti semplicemente di un'espressione parentetica, né tantomeno di una glossa aggiunta in un secondo tempo. Nella seconda parte del v. 10, l'espressione — «e sono glorificato in loro» — riprende il tema dominante della preghiera (questo pensiero è condiviso da Schnackenburg, Thüsing, Radermakers), o perlomeno il tema centrale della prima parte della preghiera (Segalla). Nei vv. 1.5 Gesù chiedeva al Padre di glorificarlo, ora sono i discepoli che lo glorificano.

Lindars afferma che la missione dei discepoli è la copia terrena della glorificazione di Gesù da parte del Padre, cosicché la richiesta di glorificazione del v. 5 non può essere soddisfatta senza includere anche un'analoga glorificazione da parte dei discepoli[14]. Il tema della glorificazione, annunciato nella prima parte (vv. 1-5), viene dunque ripreso con il v. 10. Inoltre vi è un legame con il v. 4 dove si affermava che

---

[11] Cf. W. THÜSING, *La prière*, 78.
[12] Cf. J. BECKER, *Das Evangelium*, 522.
[13] Cf. G. FERRARO, *Mio-Tuo*, 159-160.
[14] Cf. B. LINDARS, *The Gospel*, 523. Analogamente anche Rigaux mette assieme le due glorificazioni dei vv. 5.10 (cf. B. RIGAUX, «Les destinataires du IVe Évangile», 307).

Gesù ha glorificato il Padre sulla terra, avendo compiuto l'opera a lui affidata.

Mettendo insieme i due versetti, Thüsing fa notare che i discepoli, essendo stati scelti e costituiti da Gesù, corrispondono all'opera terrestre attraverso la quale egli ha glorificato il Padre. Il versetto seguente (11a) confermerebbe questa interpretazione, in quanto Gesù dice di non essere più nel mondo mentre i discepoli sono ancora nel mondo. E' nei discepoli che Gesù è glorificato e resterà glorificato (il verbo «glorificare» al tempo perfetto, δεδόξασμαι, indica la permanente attualità di un avvenimento passato). L'autore vede qui un collegamento con la prima parte del v. 10 perché la comunione reciproca tra il Padre ed il Figlio, nella quale sono compresi i discepoli, si rivelerà proprio attraverso la loro glorificazione di Gesù[15].

Carson osserva peraltro che probabilmente vi è un senso prolettico nell'uso di δεδόξασμαι perché, se è vero che Gesù è stato glorificato dai discepoli con l'obbedienza e la fede dimostrata verso di lui durante il suo ministero terreno, l'arrivo dell'«ora» segna una svolta nuova per la quale la glorificazione di Cristo riceverà un'ulteriore intensità[16].

Barrett vede nei discepoli il «luogo» (ἐν sarebbe locativo, sebbene anche il senso strumentale possa andar bene) in cui il Cristo è glorificato e poiché, nel v. 11 dice di non essere più nel mondo, sarà glorificato dal fedele compimento della missione dei discepoli[17]. Anche Ferreira è dell'opinione che la particella ἐν può essere intesa sia in un senso locale che strumentale, sebbene quest'ultimo significato è di solito espresso da ὑπό con il genitivo. In questo secondo caso, traducendo — «io sono stato glorificato da essi» —, vi sarebbe un'allusione ai discepoli che continuano il mandato di Gesù (cf. 17,18)[18].

A nostro parere, i due significati, locale e strumentale, in realtà non alterano il senso della glorificazione che i discepoli pongono in essere nei confronti di Gesù (questo tema sarà comunque sviluppato più avanti).

Il tema espresso nel v. 10b ha degli agganci con altri passi del vangelo di Giovanni. Il tema della glorificazione di Cristo nei «suoi» richiama anzitutto il v. 15,8 sulla parabola della vigna: «Il Padre mio è glorificato in questo, che portiate molto frutto e diventiate miei disce-

---

[15] Cf. W. THÜSING, *La prière*, 80-81.
[16] Cf. D.A. CARSON, *Jesus and his friends*, 185.
[17] Cf. C.K. BARRETT, *The Gospel*, 507.
[18] Cf. J. FERREIRA, *Johannine Ecclesiology*, 117.

poli». Vi è anche il paragone con il chicco di grano che, caduto in terra «produce molto frutto» (12,24).

Rademakers sostiene che questo frutto è, nell'uno e nell'altro testo, la vita di Cristo a cui si prende parte con la conoscenza del Padre e di Gesù (17,3). Il frutto è l'esistenza stessa dei discepoli. E quando Gesù afferma che i suoi discepoli faranno «opere più grandi» (14,12; cf. 5,20) delle sue, annuncia in realtà ch'essi realizzeranno la sua opera stessa al di là della morte, fino al suo compimento. Gesù ha rivelato il Padre, ma la sua rivelazione deve svolgersi ancora nel tempo della chiesa[19]. In definitiva, al dire di Becker, nel v. 10b vi è uno sviluppo del pensiero: Gesù è glorificato nei discepoli, come una prova visibile e ricca di frutti dell'opera compiuta dal Signore (v. 4)[20].

Dunque il v. 10b, attraverso i vari passi collegati, mostra ancora di più il suo legame con la prima parte della preghiera (vv. 1-5). Alla glorificazione del Padre verso il Figlio e viceversa, nel v. 1, si aggiunge quella dei discepoli e questa seconda glorificazione dipende dalla prima, perché manifesta l'amore del Padre per il Figlio e viceversa[21].

3. 17,11a

Il versetto si annuncia nella sua enigmaticità: «e io non sono nel mondo ed essi sono nel mondo, e io vengo a te». L'ultima parte («io vengo a te») getta una luce sul senso del versetto. Gesù in realtà è ancora nel mondo, ma sapendo che presto lo avrebbe lasciato. Nel momento in cui sta per lasciare il mondo la sua attenzione è rivolta ai discepoli che saranno privati di lui.

Schnackenburg fa notare che l'idea dell'abbandono di Gesù urta con il discorso della vite (15,1-10) e con l'annuncio del suo ritorno (14,3.18.28; 16,16-19.22), ma occorre capire le parole del v. 11a nell'ottica della preghiera di Gesù per i «suoi»[22].

Altri autori (Barrett, Carson) considerano quel «io vengo a te» come un diretto riferimento alla passione, che peraltro nei capp. 14-17

---

[19] Cf. J. RADERMAKERS, «La prière», 69-70. A proposito del v. 14,2 Thüsing fa notare che le «più grandi opere», compiute dai discepoli, sono da mettere in relazione con lo Spirito Santo, il quale attualizza poi l'opera di Gesù (cf. W. THÜSING, La prière, 87).
[20] Cf. J. BECKER, Das Evangelium, 522.
[21] Cf. W. THÜSING, La prière, 88-89.
[22] Cf. R. SCHNACKENBURG, Il vangelo, III, 287. Rientra in ogni caso nella prospettiva teologica della presenza ed assenza di Gesù che intercede per i «suoi» (cf. E. MALATESTA, «The literary», 201).

(14,3.19.28; 16,5.17.28; 17,11.13) è descritta frequentemente nei termini dell'andata di Gesù al Padre[23]. Ma, d'accordo con Segalla, non rileviamo un tono drammatico in quel «io vengo a te», né nel resto del cap. 17. Non si sente nemmeno in lontananza l'eco drammatico dell'imminente passione (cf. 12,27 e 18,11). Gesù, in questa preghiera, è come uno che domina dall'alto tutta la scena descritta. Casomai la sua preoccupazione riguarda i discepoli che «sono nel mondo», il che implica una situazione di pericolo che i versetti successivi evidenzieranno (vv. 11b-16)[24].

Possiamo adesso trarre una conclusione sui vv. 9-11a, prima di continuare con l'analisi del v. 11b. In questi versetti Gesù comincia la preghiera per i «suoi», per coloro cioè che sono nel mondo, ma non sono «del mondo» (14.16). Essi glorificheranno Gesù accompagnando l'opera di glorificazione del Padre (1.5) nei confronti del Figlio. Glorificando Gesù, i discepoli manifesteranno la loro appartenenza al Figlio ed al Padre, appartenenza che è compresa nel v. 10a.

4. 17,11b

Da questo momento la preghiera di Gesù per i «suoi» si riempie di un contenuto. Egli comincia a chiedere al Padre una serie di cose per i discepoli che restano nel mondo, mentre lui ritorna a Dio. Innanzitutto Gesù domanda che i discepoli siano custoditi nel nome del Padre.

L'allocutivo «Padre santo» si spiega, secondo Schnackenburg, in quanto il Padre rivela nel Figlio il suo proprio essere (o il suo «nome»), che si comunica ai credenti e li isola (santificandoli) dal mondo. La richiesta di custodire i discepoli ha un'impronta giovannea per la presenza del verbo τηρεῖν. Il Padre qui deve «custodire» i discepoli, i quali a loro volta hanno «custodito» le parole di Gesù (v. 6). Tale idea si collega con la rivelazione del nome del Padre da parte di Gesù (v. 6) e, poiché ora egli sta per andare via, chiede che sia il Padre a pensare ai discepoli[25].

Carson vede nell'espressione, «Padre santo», riunite insieme le due nozioni di trascendenza ed intimità e, cosa ancora più importante, vi è un anticipo di quanto sarà detto nei vv. 17-19 ove i discepoli saranno consacrati nella verità, come Gesù consacra sé stesso. La santità del Padre stabilisce cioè cosa signifchi per il Figlio ed i discepoli essere

---

[23] Cf. C.K. BARRETT, *The Gospel*, 507; D.A. CARSON, *The Gospel*, 561.
[24] Cf. G. SEGALLA, *La preghiera*, 138-139.
[25] Cf. R. SCHNACKENBURG, *Il vangelo*, III, 289.

consacrati, secondo un rapporto che sussiste già nell'AT: «Io sono il Signore, il Dio vostro. Santificatevi dunque e siate santi, perché io sono santo» (Lev 11,44). Quindi Gesù prega affinchè il Padre custodisca i discepoli nel «suo nome», ovvero nella fedeltà alla rivelazione che Gesù stesso ha trasmesso. L'uso del termine «nome» è in accordo con i vv. 6-8, in cui è associato con la rivelazione, per cui Carson vi vede un nesso fra la custodia nel nome del Padre e la custodia dei discepoli nella rivelazione che Gesù ha loro trasmesso. Il fine di questa «custodia» è l'unità dei discepoli sul modello di quella tra Padre e Figlio, tema che sarà sviluppato nei vv. 21-23[26].

Ferreira nota che l'aggettivo ἅγιος è usato solo qui per descrivere il Padre, mentre di solito è associato con lo Spirito (cf. 1,33; 7,39; 14,26 e 20,22). Nell'espressione «Padre santo», vi è una preparazione a quanto sarà detto in 17,17. I vv. 11b-16 formano un'unità a riguardo della protezione della comunità nel mondo, mentre i vv. 17-19 costituiscono un'unità rispetto alla consacrazione della comunità nel mondo[27].

L'espressione — «Padre santo» —, presente soltanto qui nel vangelo, comprende anche secondo Beasley-Murray le due nozioni di trascendenza ed intimità, con cui Gesù si rivolgeva al Padre e parlava di lui. Secondo Beasley-Murray, tenendo presente il v. 8 sulle «parole» che Gesù ha ricevuto dal Padre, vi è un significato analogo alla custodia nel «nome» del Padre. Si tratta della rivelazione del Padre che Gesù ha ricevuto e trasmesso ai suoi discepoli; soltanto se questi sono conservati in tale rivelazione possono essere una cosa sola come il Padre ed il Figlio sono una cosa sola. Questo sarebbe lo scopo ultimo della petizione: «Conservali nel tuo nome»[28].

L'invocazione — «Padre santo» —, fa notare Léon-Dufour, regge l'intero passo. La santità, riferita a Dio, dice il mistero trascendente, ineffabile del tutt'Altro. Gesù chiede che il Padre mantenga in sé stesso, nella sua vita, i discepoli. La precisazione sul nome del Padre che Gesù ha ricevuto, mette in luce la condizione unica del Figlio, il quale ha il ruolo di comunicare ai credenti la sua perfetta comunione con il Padre[29].

---

[26] Cf. D.A. CARSON, *The Gospel*, 561-563.
[27] Cf. J. FERREIRA, *Johannine Ecclesiology*, 117. Anche Mateos e Barreto sostengono che l'appellativo «Padre santo» prepara la petizione finale di questa orazione nel v. 17: «santificali nella verità» (J. MATEOS – J. BARRETO, *El Evangelio*, 716).
[28] Cf. G.R. BEASLEY-MURRAY, *John*, 299.
[29] Cf. X. LÉON-DUFOUR, *Lettura*, III, 373-375.

La potenza protettiva del nome di Dio, a giudizio di Brown, è un tema ebraico svolto già nel libro dei Proverbi: «Torre fortissima è il nome del Signore: il giusto vi si rifugia ed è al sicuro» (18,10)[30].

Non è molto chiaro, a giudizio di Lindars, il significato dell'espressione: «custodiscili nel tuo nome». Equivale a proteggerli secondo la propria specifica mansione del Padre, oppure indica la custodia dei discepoli nel «suo nome», come in un rifugio sicuro? Quest'ultima interpretazione sembra preferibile, in accordo con il versetto successivo (12) e la comparazione con la frase corrispondente del v. 17, in cui vi è l'espressione «nella verità». Per Lindars inoltre, la protezione dei discepoli da parte del Padre consente loro di diventare essi stessi i custodi della rivelazione e questo rimanda al versetto precedente in cui Gesù dice di essere glorificato nei discepoli[31].

Marzotto s'interroga sul significato del «nome del Padre» e lo identifica con l'ambiente vitale nel quale Padre e Figlio vivono e che è la base dell'unità dei discepoli. La custodia dei discepoli nel nome del Padre va poi letta in parallelo con il v. 15 in cui si accenna alla protezione dal Maligno. Ma la finalità della custodia è l'unità dei discepoli. La congiunzione ἵνα ed il congiuntivo ὦσιν fanno dedurre che si tratta di una meta da raggiungere e non di un risultato già acquisito. D'altronde, continua Marzotto, non si ha qui un verbo di divenire, bensì una voce del verbo essere. Questo significa che in qualche modo essi sono già una cosa sola e la preghiera di Gesù chiede che continuino ad essere ciò che sono. Il fatto che i discepoli «rimangano» nell'ambito del «nome» li porterà sempre più vicino alla fonte ed al modello dell'unità[32].

Per de la Potterie il «nome» è dato al Figlio, in quanto il Padre si è manifestato e comunicato a lui dall'eternità. Il Figlio ha ricevuto tutto dal Padre, ma anche l'uomo Gesù vive della rivelazione che Dio è suo Padre. La preghiera di Gesù affinchè i discepoli siano custoditi nel «nome» del Padre è che anche i discepoli partecipino a questa rivelazione, per divenire a loro volta figli del Padre, figli nel Figlio. In precedenza (v. 6) Gesù aveva detto di aver fatto conoscere il nome del Padre agli uomini a lui dati; adesso prega perché i discepoli siano custoditi nella rivelazione della paternità di Dio e sapppiano di essere, come Gesù, figli del Padre per sempre[33].

---

[30] Cf. R.E. BROWN, *Giovanni*, 931-932.
[31] Cf. B. LINDARS, *The Gospel*, 524-525.
[32] Cf. D. MARZOTTO, *L'unità*, 178-179.
[33] Cf. I. de la POTTERIE, *La preghiera di Gesù*, 74.

Morris vede un legame fra l'espressione — «custodisci nel tuo nome coloro che mi hai dato» — e l'intera rivelazione di Dio. Gesù prega affinchè il Padre che lui ha rivelato possa, nella rivelazione offerta ai discepoli, custodirli. Ed il fine di tale custodia è l'unità, un'unità che è già data. Gesù non prega affinchè essi possano diventare una cosa sola, bensì perché possano continuamente essere una cosa sola. E' un'unità nel Padre e nel Figlio (cf. v. 21), là dove Cristo sarà in loro (v. 23)[34].

«Custodire» i discepoli, fa notare Radermakers, equivale a introdurli e farli avanzare sempre più nell'unità, di cui l'origine ed il modello è l'unità trinitaria. L'unione fraterna dei discepoli non è altro che l'opera della santità divina che è contrapposta alle tenebre dell'odio, nel mondo. L'opposizione tra quest'ultimo ed i discepoli è necessaria affinchè la comunione dei credenti sia percepita come proveniente da un'energia che suscita gli sforzi umani: l'unità stessa di Dio[35].

Secondo Thüsing la preghiera per la custodia (vv. 11b-16) e quella sulla santificazione (vv. 17-19) sono strettamente legate fra loro: la santificazione infatti, è l'espressione più perfetta ed esplicita di ciò che Gesù domanda a partire dal v. 11b. L'accentuazione sulla santità di Dio, in 11b, contrasta fortemente con la menzione del mondo che precede immediatamente (11a). E' nel «nome del Padre» che i discepoli devono essere custoditi. Il nome del Padre, secondo Thüsing, è la rivelazione del suo amore per Gesù e designa qui come uno spazio che Dio crea per i discepoli. Non sono questi, da sé stessi, ad entrare in questo spazio, ma vi sono bensì attirati dopo essere stati scelti. Così l'espressione — «custodiscili nel tuo nome» — non significa solamente una protezione nello spazio aperto dalla rivelazione, bensì anche l'assistenza di una forza divina con cui la rivelazione li ha afferrati, ovverosia l'assistenza dello Spirito Santo[36].

Il termine «custodire», continua Thüsing, significa qualcos'altro rispetto a preservare. Se il Padre custodisce i discepoli nella sua santa luce, è in vista della lotta e dell'esposizione all'ostilità del mondo a cui saranno sottoposti. I discepoli non sono dunque l'oggetto passivo dell'azione divina. Di questo ne abbiamo una prova grazie all'impiego che il cap. 15 fa dello stesso termine: il v. 10 dice che i discepoli devono «custodire» i comandamenti di Gesù e così dimorare nel suo

---

[34] Cf. L. MORRIS, *The Gospel*, 726-727. Anche Carson spiega l'unità dei discepoli nel senso che essi possano essere una cosa sola continuamente (cf. D.A. CARSON, *Jesus and his friends*, 186).
[35] Cf. J. RADERMAKERS, «La prière», 71.
[36] Cf. W. THÜSING, *La prière*, 91-92.

amore. «Essere custoditi» significa quindi per i discepoli, ricevere dal Padre la forza di dimorare in Gesù. Il senso e lo scopo poi di custodire i discepoli da parte del Padre, è la loro unità[37].

Anche Segalla vede nell'utilizzo del verbo τηρεῖν, in Giovanni, sempre un senso attivo e dinamico. La conservazione dei discepoli non significa allora mantenerli staticamente nella situazione attuale, bensì conservarli in una fedeltà dinamica, orientata alla pienezza ed unità di Dio. Segalla vede poi nell'espressione — «nel tuo nome» — una presenza dinamica e salvifica già attiva nell'AT, che acquista un significato nuovo nella rivelazione di Dio come Padre di Gesù. Se questo è il «nome», allora esprime indirettamente anche l'unità divina del Padre con il Figlio, a cui rimandano infine le ultime parole del v. 11: «affinchè siano una cosa sola, come noi»[38]. Segalla fa notare ancora che nel v. 11b risuonano i tre motivi che verranno poi sviluppati ai vv. 12-23: quello della santificazione (vv. 17-19), appena accennato nell'invocazione — «Padre santo» —; quello della conservazione dal Maligno (vv. 12-16) e quello dell'unità (vv. 20-23). Dal punto di vista tematico si tratta dunque di un versetto chiave[39].

Barrett osserva che nello stesso versetto viene indicato il fine di questa custodia nel nome del Padre: «Perché siano una cosa sola, come noi». L'unità dei discepoli nell'amore è già stata evidenziata, a giudizio di Barrett, nei discorsi d'addio (13,34s; 15,13) e sarà di nuovo sottolineata nella preghiera di Gv 17 (vv. 21s). E' una dimostrazione della verità del vangelo perché non si tratta di una mera unanimità umana, bensì di qualcosa il cui modello e la cui origine è nell'unità del Padre e del Figlio[40].

Fabris denota che la matrice del tema sull'unità va cercata nell'ambiente biblico, in particolare nei testi profetici che annunziano il futuro della salvezza come riunificazione dei divisi e convocazione dei dispersi, grazie all'intervento di Dio (Dt 30,2-5; Is 27,13; 43,5-7; Ger 29,14; 31,10; Ez 34,11-25; Zac 8,7-8)[41].

La nostra opinione personale è che, dal v. 11b, la preghiera si riempie di un contenuto nei confronti dei discepoli. Vi è un primo accenno al tema della santità, che più avanti sarà sviluppato (vv. 17-19). Il verbo

---

[37] Cf. W. THÜSING, *La prière*, 92-93.
[38] Cf. G. SEGALLA, *La preghiera*, 149-150.
[39] Cf. G. SEGALLA, *La preghiera*, 152.
[40] Cf. C.K. BARRETT, *The Gospel*, 508. Così Schnackenburg, per il quale l'unità è espressione e segno dell'essenza divina (cf. R. SCHNACKENBURG, *Il vangelo*, III, 290).
[41] Cf. R. FABRIS, *Giovanni*, 879.

τηρεῖν ha un'impronta giovannea, è presente al v. 15,10 ove il senso del verbo è dinamico, indicando l'osservanza dei comandamenti di Gesù per dimorare nel suo amore. L'essere custoditi nel nome del Padre, ovvero nella rivelazione che Gesù ha messo in atto, consente ai discepoli di vivere nell'unità. Concordiamo infine con il pensiero di Segalla, secondo cui in 11b risuonano i tre motivi che saranno sviluppati ai vv. 12-23: la santificazione (17-19); la conservazione dal Maligno (12-16) e l'unità (21-23). Si tratta allora di un versetto chiave.

5. 17,12

Nel v. 12 con il richiamo al nome del Padre, a giudizio di Morris, compare ancora una volta il tema della rivelazione. Era nella potenza del Dio che ha rivelato se stesso, che Gesù custodiva i discepoli[42].

Beasley-Murray afferma che il destino di Giuda è di compiere la Scrittura, così come è riferito in 13,18, il quale a sua volta richiama il Sal 41,10. «Figlio della perdizione» è poi un ebraismo nel quale il genitivo è ambiguo. Può denotare il carattere della persona, come nel Sal 57,4, o il destino della persona come in Is 34,5, dove il popolo votato allo sterminio diventa, nei LXX, il popolo della perdizione. L'espressione — «il figlio della perdizione» — è applicato anche all'Anticristo in 2Tess 2,3[43].

Lindars osserva che il detto — «nessuno di loro è andato perduto» — ricorre anche in 6,12 ed in 10,28. E' presupposto che il fallimento di Pietro (13,38) e del resto dei discepoli (16,32) sarà superato. Ma la stessa cosa non può essere detta di Giuda e questa eccezione si rifà al compimento della Scrittura. L'espressione — «figlio della perdizione» — richiama, secondo Lindars, 2Sam 12,5 in cui Davide parla di un uomo che merita la morte. Vi è un nesso anche con Is 57,4 in cui il profeta richiama il male del popolo fin dalla nascita[44].

Il titolo — «figlio della perdizione» — secondo Carson, potrebbe riferirsi o all'atteggiamento di Giuda o al suo destino. Entrambi sono veri, ma probabilmente l'ultimo è dominante in questo contesto. L'espressione, che ricorre anche in 2Tess 2,3 rimanda all'«uomo iniquo, il figlio della perdizione», il quale prima della fine si manifesterà. Probabilmente, a giudizio di Carson, il v. 17,12 ritrae Giuda Iscariota come un orribile precursore dell'escatologico figlio della perdizione. La

---

[42] Cf. L. MORRIS, *The Gospel*, 728.
[43] Cf. G.R. BEASLEY-MURRAY, *John*, 299.
[44] Cf. B. LINDARS, *The Gospel*, 525-526.

referenza al compimento della Scrittura assicura inoltre il lettore sul fatto che la defezione di Giuda è stata prevista dalla Scrittura, e non è da leggere perciò come un fallimento da parte di Gesù[45].

Secondo Brown se la seconda parte del v. 12, con il suo accenno alla Scrittura, è un'aggiunta esplicativa al cap. 17[46], allora il redattore che l'ha aggiunta potrebbe essersi ricordato del v. 13,18[47].

Schnackenburg sostiene che il v. 12 richiama l'immagine giovannea del pastore Gesù che conosce i «suoi» ed offre la sua vita per essi (10,28). Il fatto oscuro del tradimento di Giuda e la sua esclusione dal gruppo dei discepoli eletti da Gesù si spiega, come in 13,18, con il motivo che si doveva «adempiere la Scrittura». Quindi, a giudizio di Schnackenburg, si pensa sicuramente al passo del salmo 41 (41,10), citato esplicitamente in 13,18. L'espressione — «il figlio della perdizione» — è probabilmente indotta da ἀπώλετο, una parola dura che allude alla dannazione, all'esclusione dalla salvezza. La comunità è richiamata alla consapevolezza, che la separazione dalla vera comunione salvifica significa la perdita della salvezza ed un asservimento al potere del diavolo[48]. Anche Fabris denota un tacito monito ai membri della comunità credente, mettendoli in guardia contro il rischio di essere esclusi dalla preghiera di custodia e dall'azione salvifica del Padre[49].

A nostro giudizio il richiamo al «figlio della perdizione» fa riferimento ad alcuni passi della Scrittura (2Sam 12,5; Sal 41,10; Is 34,5; 57,4; 2Tess 2,3). Vi è peraltro un richiamo a Gv 13,18, che cita a sua volta il Sal 41,10. Con Schnackenburg e Fabris ci troviamo d'accordo sul fatto che il cenno al «figlio della perdizione» metta in guardia la comunità sulla necessità di rimanere nella comunione salvifica per non cadere in perdizione.

---

[45] Cf. D.A. CARSON, *The Gospel*, 563-564.

[46] Ricordiamo le osservazioni della critica letteraria (pag. 149) secondo cui il riferimento al «figlio della perdizione», superfluo in Gv 17, e l'uso di φυλάσσειν invece di τηρεῖν, come nella prima parte del versetto, ci hanno fatto propendere per l'idea di un'inserzione posteriore del v. 12b.

[47] Cf. R.E. BROWN, *Giovanni*, 926-927.

[48] Cf. R. SCHNACKENBURG, *Il vangelo*, III, 291-292. Così Léon-Dufour vede nel v. 12 un richiamo all'immagine del buon Pastore ed un rinvio alla Scrittura, in particolare al Sal 41,10 (cf. X. LÉON-DUFOUR, *Lettura*, III, 376-378).

[49] Cf. R. FABRIS, *Giovanni*, 873. Della stessa opinione, circa l'avvertimento alla comunità che ha il richiamo al «figlio della perdizione», sono Mateos e Barreto (cf. J. MATEOS – J. BARRETO, *El Evangelio*, 718).

6. 17,13

Una volta di più, per Barrett, è evidenziato il movimento di Gesù verso il Padre, che fa emergere il contrasto tra il tempo in cui Gesù «conservava» i suoi discepoli, ed il tempo in cui egli è ritornato al Padre[50].

Morris confronta il tema della gioia in 17,12 con il tema della vita che Gesù dona in abbondanza al v. 10,10. E' qualcosa di simile che Gesù ha in mente quando parla della pienezza della sua gioia per i discepoli[51].

Ridderbos fa osservare che qui incontriamo la tipica espressione giovannea — «pienezza di gioia» — che Gesù applica a sé stesso e ai suoi discepoli come un termine che esprime la salvezza totale. I discepoli non potrebbero desiderare per se stessi una migliore conservazione ed un futuro più sicuro rispetto a quanto Gesù chiede per essi, affidandoli alle mani del Padre[52].

La gioia unita alla pace, secondo Segalla, è l'esperienza della salvezza escatologica. Nei discorsi d'addio vi sono altri due testi, più ampi, sulla gioia. Il primo è parallelo al nostro testo: «Queste cose vi ho detto affinchè la mia gioia sia in voi e la vostra gioia sia piena» (15,11). Il secondo mette in risalto il passaggio dalla tristezza per la morte di Gesù, alla gioia per il suo ritorno come risorto (16,20-22.24). E' una gioia che ai discepoli non sarà più strappata (16,22) e sarà completa, perché la preghiera dei discepoli nel suo nome sarà esaudita (16,24). Per Segalla è la rivelazione accolta nella fede che produce la gioia. Questo autore accosta al v. 13 quei passi della prima e seconda lettera di Giovanni in cui la gioia è vista come la conseguenza naturale dell'annuncio, accolto nella fede (1Gv 1,3-4; 2Gv 1,12)[53].

Anche Ferreira condivide il fatto che nella comunità giovannea, la gioia consiste in primo luogo nella rivelazione o nella parola del Rivelatore. Nei Sinottici invece, la gioia emerge dall'incontro con il Signore risorto (cf. Lc 24,41.52; Mt 28,8), la scoperta del regno (cf. Mt 13,2-10.20.44; Mc 4,16), la proclamazione del vangelo (cf. Lc 2,10) e il riposo finale (cf. Mt 25,21.23)[54].

---

[50] Cf. C.K. BARRETT, *The Gospel*, 509.
[51] Cf. L. MORRIS, *The Gospel*, 729.
[52] Cf. H.N. RIDDERBOS, *The Gospel*, 554.
[53] Cf. G. SEGALLA, *La preghiera*, 157-158.
[54] Cf. J. FERREIRA, *Johannine Ecclesiology*, 120.

Per Thüsing il v. 13, come anche il precedente, suggerisce che il Padre possa custodire i discepoli. Ora che Gesù va al Padre, lo prega perché i discepoli abbiano la pienezza della sua gioia. Nel cap. 15 la gioia piena dei discepoli è legata all'osservanza dei comandamenti di Gesù e quindi al «rimanere» nel suo amore. Ora, secondo Thüsing, dimorare in Gesù ed essere custoditi dal Padre indicano la stessa cosa. Dimorare nell'amore di Gesù fa portare molto frutto ed equivale, nel v. 17,13, a vivere nella gioia[55].

Nel v. 16,24 la gioia perfetta è descritta come il risultato dell'esaudimento delle preghiere dei discepoli. E questo esaudimento, continua Thüsing, consiste nel fatto ch'essi possono compiere le «opere più grandi» (cf. 14,12s). La realizzazione dell'opera di Gesù, la fecondità della vigna, è la sola grande intenzione della preghiera dei discepoli. Ed è anche la gioia della loro vita, la gioia di Gesù in essi (15,11). La gioia di Gesù è nei discepoli se essi fanno propri l'amore e l'ardente desiderio con cui Gesù attendeva il tempo della vendemmia, il tempo della salvezza. La pienezza della gioia è poi il segno distintivo dell'azione dello Spirito Santo. Come il Paraclito riempirà i discepoli e dimorerà in essi (14,16s), così sarà di tale gioia. La gioia «in pienezza» è questa gioia tutta particolare che accompagna l'azione dello Spirito Santo nei discepoli. E' donata in pienezza, perché lo Spirito Santo è effuso senza misura (3,35). Dire che Gesù prega il Padre perché «custodisca» i discepoli al fine che la sua gioia sia in essi è, per Thüsing, un altro modo per dire che Gesù vuole essere glorificato in loro. Tale glorificazione conferisce ai discepoli non solo dignità, ma anche vita e gioia, e la «gioia in pienezza» va legata all'unione definitiva con Gesù (cf. 14,2s; 17,24)[56].

Carson si sofferma sull'espressione — «dico queste cose» —, il cui riferimento è all'insieme dei discorsi d'addio, così che la gioia di Gesù richiama certamente Gv 15,11. Lì la gioia di Gesù derivava dal rimanere nell'amore del Padre, avendo osservato i suoi comandamenti. Chiedendo la gioia per i suoi discepoli, è come se Gesù pregasse perché essi rimangano nell'amore del Padre, obbedendo a lui e restando fedeli alla parola del Cristo Signore[57].

Beasley-Murray lega la gioia piena del v. 13 alla comunione con il Padre, attraverso cui i discepoli sperimentano un'unità sul modello di

---

[55] Cf. W. THÜSING, *La prière*, 94-95.
[56] Cf. W. THÜSING, *La prière*, 95-96.
[57] Cf. D.A. CARSON, *The Gospel*, 564.

quella tra il Padre ed il Figlio. In questo la gioia di Gesù nei «suoi» raggiunge la perfezione. L'espressione — «queste cose» — rimanda allora alla possibilità che i discepoli sperimentino la gioia piena di cui al v. 15,11[58].

Schnackenburg, riallacciandosi ai vv. 15,11 e 16,20-22.24, afferma che la preghiera è stata concepita previa conoscenza dei capp. 15-16 e come seguito di essi[59]. Così anche per Fabris, la preghiera per la gioia riprende un tema ricorrente nei discorsi d'addio. La sua formulazione risente dello stesso contesto e stile di rivelazione (cf. 15,11 e 1Gv 1,4). Tale gioia ha una dimensione escatologica perché anticipa la realtà della salvezza definitiva[60].

A nostro parere, il fatto che si parli della partenza di Gesù, mentre i discepoli rimangono nel mondo, fa emergere la differenza fra il tempo in cui egli era con i «suoi» e quello in cui è ritornato al Padre. Ci pare ancora che la gioia sia il traguardo della salvezza escatologica (insieme alla pace), anticipato nell'oggi terreno in cui vivono i discepoli. Il v. 13 riprende poi il 15,11 ed i vv. 16,20-22.24, attestando così la conoscenza dei capp. 15-16 e costituendo il seguito di essi.

7. 17,14

Morris ritiene che il cenno sulla parola del Padre donata da Gesù ai «suoi» richiama il v. 6. La «parola» è l'intero messaggio che Gesù ha rivelato[61].

Così anche Beasley-Murray sottolinea che la parola data da Gesù ai «suoi» è la rivelazione del Padre, mentre il mondo ha rifiutato la rivelazione del Cristo[62].

Lindars vede un nesso non solo con i vv. 6-8, ma anche un richiamo ai discorsi d'addio, là dove i discepoli dovranno continuare la missione di Gesù in un mondo che li odia (cf. 15,18-25)[63].

Per Carson quella «parola» altro non è che la verità della rivelazione di Dio (v. 17), la conoscenza della quale è «vita eterna» (cf. il v. 17,3 ed il 20,31). Per i discepoli, il fatto di essere stati scelti dal mondo ed

---

[58] Cf. G.R. BEASLEY-MURRAY, *John*, 299.
[59] Cf. R. SCHNACKENBURG, *Il vangelo*, III, 293.
[60] Cf. R. FABRIS, *Giovanni*, 874. L'opinione è condivisa anche da Léon-Dufour secondo cui sussiste il legame con i capp. precedenti ai vv. 13,19; 14,29; 16,1.4; 16,33 (cf. X. LÉON-DUFOUR, *Lettura*, III, 379).
[61] Cf. L. MORRIS, *The Gospel*, 729.
[62] Cf. G.R. BEASLEY-MURRAY, *John*, 300.
[63] Cf. B. LINDARS, *The Gospel*, 526-527.

aver obbedito alla parola del Padre, data da Gesù, fa sì che essi siano in sintonia con il Padre e la sua rivelazione in Cristo. Questo motivo causa l'odio del mondo, che ama se stesso[64].

Thüsing fa un confronto con il cap. 15 in cui alcune frasi relative all'immagine della vigna completano quanto viene detto qui: «Se voi foste del mondo, il mondo amerebbe ciò che è suo; poiché invece non siete del mondo, ma io vi ho scelti dal mondo, per questo il mondo vi odia» (15,19s). I discepoli non sono del mondo, essi sono nati da Dio. Prendono inoltre parte all'opera di Gesù, proclamando la parola di Dio al mondo. Il v. 14 ci parla di questo compito proprio dei discepoli: Gesù ha dato loro la parola del Padre e per loro offre conoscenza e vita, affinchè i discepoli trasmettano ad altri questa conoscenza e questa vita (cf. 15,20)[65].

Segalla si sofferma sull'uso dell'aoristo ἐμίσησεν che differisce dal v. 15,18, dove Gesù usava un presente. Le ipotesi per l'utilizzo dell'aoristo sono, per Segalla, le seguenti: 1) il riferimento ad una situazione storica; 2) l'utilizzo di uno stile poetico, in cui l'aoristo corrisponde al perfetto ebraico profetico; 3) colui che parla sarebbe il Signore glorificato. Ma, quest'ultima ipotesi è in contrasto con il tenore della preghiera che è una preghiera d'addio. Restano allora le altre due possibilità, sebbene in ogni caso il riferimento dell'evangelista alla sua comunità è sempre valido. Il testo più significativo in rapporto a questo versetto è 14,21-24, dove «colui che osserva i comandamenti» di Gesù è «colui che osserva la sua parola»[66].

Secondo Brown, l'uso dell'aoristo ἐμίσησεν va letto dal punto di vista temporale dell'autore. L'espressione — «non sono del mondo» — indica poi, nel pensiero giovanneo, il fatto che il cristiano è generato dall'alto ed è di Dio (cf. 1,13 e 3,3-6)[67].

Per Schnackenburg, così come nel v. 6, la rivelazione del nome di Dio e la rivelazione della parola di Gesù sono strettamente collegate: con la sua parola, Gesù ha comunicato ai discepoli l'essenza di Dio. Ciò ha portato all'odio del mondo, che si oppone a tutto quanto viene da Dio. Tale concetto di «mondo», nettamente dualistico, era già affiorato nel v. 9; è poi formulato nel modo più drastico in 15,18s. Quello che in 15,18 è preannunciato ai discepoli (presente con valore di futuro), in 17,14 Gesù lo constata come un fatto avvenuto (aoristo di

---

[64] Cf. D.A. CARSON, *The Gospel*, 564.
[65] Cf. W. THÜSING, *La prière*, 97.
[66] Cf. G. SEGALLA, *La preghiera*, 159.
[67] Cf. R.E. BROWN, *Giovanni*, 927.

constatazione). E', secondo Schnackenburg, chiaramente presupposta la situazione postpasquale, come più avanti nel v. 18. Anche Schnackenburg considera l'ipotesi, per l'utilizzo dell'aoristo, dello stile poetico e della situazione storica della comunità giovannea[68].

Vi sarebbe, secondo Ferreira, un chiaro riferimento all'antagonismo della sinagoga rispetto alla comunità giovannea. L'opposizione della sinagoga è vista come un simbolo dell'opposizione del mondo alla comunità. A questo punto si può constatare che in Giovanni il mondo corrisponde alla sinagoga (ma non si esaurisce in essa), ovvero ai capi religiosi d'Israele[69].

Per Léon-Dufour il dualismo che emergeva in precedenza, ora si afferma: i credenti non sono del mondo, per il fatto che Gesù non è del mondo. Qui confluisce una tematica che attraversa il quarto vangelo. L'opposizione con il mondo caratterizzava anzitutto il rapporto con Gesù (cf. 7,7); questi rivelava ancora un'origine completamente diversa rispetto al mondo: «Voi siete dal basso, io sono dall'alto, voi siete di questo mondo, io non sono di questo mondo» (8,23). I discepoli, da parte loro, sono stati presi di mezzo al mondo (15,19; 17,6) ed accogliendo la Parola, sono stati generati dall'alto. Di qui l'odio del mondo contro di loro, di cui Gesù affermava essere diretto contro di lui ed il Padre (vd. 15,18-16,3)[70].

Riteniamo che la «parola» data da Gesù ai «suoi» si possa identificare con la rivelazione, ovvero la «verità» di cui si parla al v. 17. Nel v. 14 si rafforza il dualismo già emerso in precedenza tra il mondo ed i discepoli, che non sono del mondo. E' una tematica che attraversa tutto il vangelo e che riguarda anzitutto Gesù rispetto al mondo. L'aoristo ἐμίσησεν presuppone uno stile poetico e la situazione della comunità, che ha perciò subito odio e persecuzione da parte del mondo.

8. 17,15-16

L'espressione — «non prego che tu li tolga dal mondo» — ha, secondo Segalla, dei paralleli rabbinici, la cui fonte è perciò una fonte orale aramaica. Di per sé ἐκ τοῦ πονηροῦ potrebbe anche essere inteso come un neutro e venir quindi tradotto «dal male». Ma è preferibile il senso personale, tenendo conto del contesto giovanneo sul «principe di questo mondo» e su «Satana» che entra in Giuda (13,27). La preghiera

---

[68] Cf. R. SCHNACKENBURG, *Il vangelo*, III, 293.
[69] Cf. J. FERREIRA, *Johannine Ecclesiology*, 120.
[70] Cf. X. LÉON-DUFOUR, *Lettura*, III, 379-380.

di Gesù non vuole che i discepoli siano tolti dal mondo; la loro missione è per il mondo[71].

Thüsing commenta l'espressione «del mondo» in riferimento a qualcuno che è sottomesso al potere del nemico personale di Gesù e del Padre. Questa sottomissione al potere del suo principe, caratterizza il mondo che si oppone a Dio. Se i discepoli sono nel mondo, ma non sono del mondo, vi dovranno portare la rivelazione dell'amore, resistendo alla potenza personale dell'odio e della menzogna, con la forza di Dio che li «custodisce»[72].

Anche Carson ritiene che l'espressione ἐκ τοῦ πονηροῦ potrebbe essere considerata in un senso astratto («dal male») o come riferita al diavolo. Tuttavia quest'ultima interpretazione è sicuramente quella esatta. La morte/esaltazione del Signore condanna il principale difensore del ruolo di questo mondo (12,31; 14,30; 16,14), sebbene non lo privi di tutta la potenza con la quale può arrecare ancora danno ai discepoli di Gesù, se questi rimangono senza soccorso. Il compito dei cristiani allora, non è di ritirarsi dal mondo, né di confondersi con esso, bensì di rimanere nel mondo, portando testimonianza alla verità con l'aiuto del Paraclito (15,26-27). La protezione del Padre renderà possibile tutto questo[73].

Brown afferma anch'egli che la parola πονηρός può essere tradotta come un nome astratto, «male», ma sull'analogia di 1Gv 2,13-14, 3,12, 5,18-19, si intende un'applicazione personale al diavolo. Peraltro questa espressione è il parallelo giovanneo del *Pater noster*[74]. Anche a giudizio di Schnackenburg, questa espressione singolare nel vangelo di Giovanni, ἐκ τοῦ πονηροῦ, e l'accenno ripetuto al mondo dominato dal male, stabiliscono un contatto con la prima lettera di Giovanni (cf. 1Gv 2,15ss; 3,13; 4,4s; 5,4s)[75].

Beasley-Murray afferma che la coscienza della missione dei discepoli non è annullata dalla ripetuta menzione, al v. 16, dell'ostilità del mondo a Gesù e ai suoi discepoli. Tale manifestazione di ostilità crea piuttosto un ponte per la successiva richiesta di consacrazione (vv. 17-

---

[71] Cf. G. SEGALLA, *La preghiera*, 162.
[72] Cf. W. THÜSING, *La prière*, 98-99.
[73] Cf. D.A. CARSON, *The Gospel*, 565.
[74] Cf. R.E. BROWN, *Giovanni*, 928. Anche Léon-Dufour vede un nesso con il *Pater noster* nella richiesta: «liberaci dal Maligno» (cf. X. LÉON-DUFOUR, *Lettura*, III, 382).
[75] Cf. R. SCHNACKENBURG, *Il vangelo*, III, 294.

19) dei discepoli, da cui la salvezza di Dio potrebbe derivare per il mondo[76].

Insieme ai vari autori citati, adottiamo l'interpretazione di ἐκ τοῦ πονηροῦ, riferita non al male in senso astratto, bensì al Maligno. La missione dei discepoli inoltre, non è distolta dall'opposizione del mondo, poiché quest'ultima prepara piuttosto la loro consacrazione di cui si tratterà ai vv. 17-19.

9. 17,17-19

Morris vede un nesso tra la santificazione nella verità di 17,17 ed il «fare la verità» di 3,21. La santificazione che Gesù chiede al Padre per i discepoli consentirà loro di «operare» la verità. E tale verità è legata alla parola del Padre, il che significa che la rivelazione divina è nuovamente richiamata. La santificazione nella verità è dunque non separata dalla rivelazione divina, che si identifica con la verità[77].

Lindars concorda nell'affermare che la «verità» è un altro modo per parlare della rivelazione di Dio in Cristo, che ai discepoli è stata affidata. La richiesta del v. 17, fissa l'attenzione sulla capacità della rivelazione di contrastare il male del mondo. La petizione sulla consacrazione nella verità è allora l'altro lato della preghiera, rispetto a quello sulla protezione dal Maligno nel v. 15. E' una preghiera per la conservazione dei discepoli nella verità ch'essi hanno ricevuto[78].

Brown vede nella consacrazione dei discepoli una finalità alla missione. Questo è in armonia con la comprensione vetero-testamentaria della consacrazione. Mosè che fu consacrato da Dio in Es 28,41, diventa a sua volta colui che consacra altri perché servano Dio come sacerdoti. I discepoli invece devono essere consacrati perché, in quanto apostoli, saranno inviati nel mondo[79].

Beasley-Murray afferma che la consacrazione dei discepoli nella verità approfondisce e sviluppa la petizione del v. 11b — «custodiscili nel tuo nome» —. La petizione «consacrali nella verità» riguarderebbe la loro separazione dallo stile del mondo, per essere di Dio, sì che la loro vita divenga conforme alla rivelazione di Cristo e si dedichi al suo servizio[80].

---

[76] Cf. G.R. BEASLEY-MURRAY, *John*, 300.
[77] Cf. L. MORRIS, *The Gospel*, 730-731.
[78] Cf. B. LINDARS, *The Gospel*, 528.
[79] Cf. R.E. BROWN, *Giovanni*, 933.
[80] Cf. G.R. BEASLEY-MURRAY, *John*, 300.

Carson fa notare che il gruppo di parole sulla santità è piuttosto raro nel quarto vangelo. Il verbo ἁγιάζω è utilizzato in 10,36; 17,17.19; l'aggettivo «santo» ricorre nell'espressione «Santo Spirito» in 1,33, 14,26, 20,22 ed in altro contesto, in 6,69 e 17,11. Come primo basilare livello di significato la parola «santo» è riferita a Dio per indicare la trascendenza, l'alterità, la distinzione e separazione rispetto alla creazione. In un senso derivato poi, gli uomini e le cose che vengono riservati a lui, sono a loro volta chiamati «santi». Il Padre immergerà i discepoli di Gesù nella rivelazione di se stesso attraverso suo Figlio, li santificherà mandando il Paraclito affinchè li guidi nella verità (15,13). I discepoli di Gesù saranno riservati al servizio di Dio, in modo che vivano nella «verità», che è la parola del Cristo[81].

Ferreira sottolinea il fatto che la consacrazione ha un significato soteriologico. In 10,36 infatti, il Padre ha consacrato il Figlio, ovvero lo ha scelto e messo a parte per mandarlo nel mondo. Il suo invio nel mondo ha poi lo scopo della salvezza dello stesso (cf. 3,17). In Giovanni, la santificazione o consacrazione non riguardano la condizione di una persona senza peccato, bensì il fatto di essere messi a parte per la missione nel mondo[82].

La nuova preghiera per la santificazione, a giudizio di Schnackenburg, approfondisce e sviluppa la preghiera per la custodia nel nome di Dio. Il collegamento fra le due preghiere appare sotto due aspetti: la «parola di Dio» compie tanto la separazione dal mondo (v. 14a), quanto la santificazione nella verità (v. 17b). Inoltre, «nel nome di Dio» (v. 12) e «nella verità» si corrispondono. Così è definita più precisamente la santificazione: è un'introduzione nella sfera di Dio, una compenetrazione della sua natura ed essenza[83].

La domanda di consacrazione dei discepoli riprende, secondo Thüsing, l'idea annunciata in 11b attraverso l'espressione «Padre santo», che domina tutta la sezione. Si può vedere in questi versetti non solo una continuazione della domanda sulla protezione dal Maligno, ma anche il punto culminante della preghiera per i discepoli. Già il v. 14 affermava una certa similitudine fra Gesù ed i suoi discepoli: come lui, essi non sono del mondo. Il v. 16 riprendeva ed approfondiva questa affermazione. I vv. 17-19 sono interamente dominati da questa idea di similitudine[84].

---

[81] Cf. D.A. CARSON, *The Gospel*, 565-566.
[82] Cf. J. FERREIRA, *Johannine Ecclesiology*, 122.
[83] Cf. R. SCHNACKENBURG, *Il vangelo*, III, 295.
[84] Cf. W. THÜSING, *La prière*, 101.

Il centro della preghiera di Gv 17, secondo Segalla, è nella richiesta della santificazione dei discepoli in ordine alla missione. La glorificazione di Gesù (17,1-5) passa infatti attraverso la santificazione e la missione dei discepoli. La loro «custodia» dal mondo e dal Maligno ha un senso in quanto è orientata, mediante la missione, a riscattare il mondo dal male e portarlo alla fede ed all'unità. Sia in 17,17 che in 10,36-37, fa notare Segalla, la santificazione è ordinata alla missione[85].

In questo senso, de la Potterie afferma che la santificazione che Gesù chiede al Padre per i discepoli, non è una separazione cultuale dal mondo profano, secondo una concezione veterotestamentaria. Al contrario, i discepoli sono mandati nel mondo, mentre la «separazione» deve avvenire nel loro cuore attraverso una continua conversione[86].

Sul nesso tra santificazione e glorificazione, concorda anche Manns. Egli nota anzitutto che il ricorso al tema della santificazione è raro nel quarto vangelo. L'aggettivo «santo» designa una qualità dell'essere che nell'AT è fondamentale per parlare di Dio. In Is 6,3 santità e gloria stanno l'una accanto all'altra. «Santificare» significa essere messo a parte per una missione e, per Gesù, ciò equivale all'offerta di se stesso per i suoi. L'idea dell'offerta e del sacrificio sono ancora, per Manns, incluse nell'espressione ὑπὲρ αὐτῶν ἐγὼ ἁγιάζω ἐμαυτόν, del v. 19[87].

Morris vede un parallelo molto importante tra il v. 17,18 ed il 10,36. In quest'ultimo il Padre ha consacrato e mandato nel mondo Gesù. In 17,18, dopo aver chiesto al Padre di santificare i discepoli nella verità (v. 17), è Gesù stesso a mandare i discepoli nel mondo affinchè adempiano la loro missione, come il Cristo ha adempiuto la sua[88].

Anche Beasley-Murray vede un parallelo tra il v. 17,18 ed il 10,36. Gesù è consacrato dal Padre e mandato nel mondo per portare la rivelazione del Padre e la sua salvezza sovrana. Il suo intero ministero fu un adempiere tale chiamata e adesso, nell'ora del compimento finale, affida ai discepoli la sua missione. L'aoristo ἀπέστειλα riflette il punto di vista dell'evangelista dopo la Pasqua; tuttavia il contesto dell'ultima cena e dei discorsi d'addio è di fondamentale importanza. La consacrazione dei discepoli dipende da quella di Gesù e, così come la sua

---

[85] Cf. G. SEGALLA, *La preghiera*, 180-181.
[86] Cf. I. de la POTTERIE, *La preghiera di Gesù*, 73.
[87] Cf. F. MANNS, *L'Évangile de Jean*, 392.
[88] Cf. L. MORRIS, *The Gospel*, 731.

missione è per la salvezza del mondo, altrettanto vale per la missione dei discepoli[89].

Un altro importante parallelo è quello che Becker suggerisce fra il v. 17,18 ed il 3,16. In entrambi vi è un invio, in 3,16 del Padre nei confronti del Figlio, ed in 17,18 di quest'ultimo nei riguardi dei discepoli[90].

Il v. 18 sull'invio dei discepoli nel mondo è, secondo Carson, un'anticipazione della missione articolata in 20,21, una missione già adombrata in 13,20 e 15,26-27. Il tempo verbale dell'aoristo viene spesso letto come un evidente segno di anacronismo. Comparando il v. 18 con il 20 dove Gesù estende la lista di coloro per i quali egli prega, vi è una conferma che le persone di cui si parla ai vv. 6-19 sono in primo luogo i suoi primi discepoli. Giovanni mantiene quindi una specifica storicità ed è nel contempo libero dall'apparente anacronismo[91].

L'aoristo ἀπέστειλα del v. 18 si spiega, secondo Barrett, in quanto Giovanni scrive dal punto di vista del suo proprio tempo, ma anche dal punto di vista della missione del Figlio come se fosse virtualmente completata. Vi è ancora il punto di vista della missione della Chiesa, come se fosse virtualmente iniziata, durante l'ultima cena, mentre l'amore, l'obbedienza e la gloria di Gesù sono pienamente rappresentate[92].

Segalla formula un'altra ipotesi sull'uso dell'aoristo ἀπέστειλα. Non ha senso parlare di un aoristo storico, riferentesi a qualche missione di Gesù durante il suo ministero terreno, in quanto la missione di cui si parla riguarda certamente un futuro. Questo diventerà chiaro nel v. 20 in cui Gesù prega per quelli che «per la loro parola crederanno in me». La spiegazione di Segalla è che il momento in cui Gesù prega è un momento in cui egli considera il passato dietro le spalle, come una missione storica complessiva, già compiuta. In questa luce, si tratta allora di un aoristo complessivo[93].

---

[89] Cf. G.R. BEASLEY-MURRAY, *John*, 300-301.
[90] Cf. J. BECKER, *Das Evangelium*, 524.
[91] Cf. D.A. CARSON, *The Gospel*, 566.
[92] Cf. C.K. BARRETT, *The Gospel*, 510.
[93] Cf. G. SEGALLA, *La preghiera*, 186.

Sul v. 19 Morris legge la consacrazione di Cristo in riferimento alla sua morte. Solo attraverso la morte la domanda di Gesù per la consacrazione dei discepoli sarà esaudita[94].

Analogamente, secondo Léon-Dufour, le parole dell'«io consacro me stesso» sono da comprendere, nel contesto dell'ora ormai giunta (v. 1), come libera e perfetta obbedienza al Padre sino alla croce, grazie alla quale Gesù ha aperto ai discepoli l'accesso al Dio santo[95].

A proposito del v. 19, Carson afferma che la finalità ultima della missione del Figlio è la sua morte, resurrezione e ritorno alla gloria. Se Gesù consacra sé stesso per esaudire il desiderio del Padre, egli si consacra al sacrificio della croce, tema questo che ricorre in altri passi (10,17-18; 18,11; 19,30; cf. 1,29.34; 11,49-52). Il punto cruciale è in quel ὑπὲρ αὐτῶν e ὑπὲρ πολλῶν, espressione di espiazione evocatrice di altri passaggi (Mc 14,24; Lc 22,19; Gv 6,51; 1Cor 11,24). E' anche evocativa di alcuni passi dell'AT dove l'animale sacrificato era «consacrato» o «messo da parte» per la morte; il linguaggio della consacrazione diventa infatti sinonimo del sacrificio stesso della vita (cf. Dt 15,19.21). Nello stesso tempo la seconda parte del versetto, sulla consacrazione dei discepoli, suggerisce che lo scopo della consacrazione di Gesù è che i suoi discepoli possano dedicarsi alla stessa opera di salvezza, la stessa missione nel mondo[96].

Thüsing riprende il v. 10,36 per spiegare in cosa consista la consacrazione di cui parla Gesù al v. 19. La consacrazione di Gesù è legata, in 10,36, al suo invio nel mondo, così come nei vv. 17,18-19. E se nel v. 19 Gesù consacra sé stesso, ciò vuol dire ch'egli approva quello che ha fatto il Padre inviandolo nel mondo. Il Padre gli ha comandato di donare la sua vita (10,18); Gesù esegue questo comando consacrando sé stesso, ovvero accettando la morte sulla croce. Già nell'AT, fa notare Thüsing, il verbo consacrare poteva avere il senso di consacrare per il sacrificio. La morte di Gesù è allora concepita come un sacrificio, egli è consacrato dal Padre e si consacra lui stesso, essendo quindi vittima e sacerdote[97].

Analogamente, fa notare Thüsing, nel v. 19 la consacrazione dei discepoli, conseguente a quella di Gesù, ha a che fare con il sacrificio. La conformità tra Gesù e i discepoli è totale, e il v. 18 sottolinea ch'essi sono inviati nel mondo così come Gesù è stato inviato nel mondo. La

---

[94] L. MORRIS, *The Gospel*, 732.
[95] Cf. X. LÉON-DUFOUR, *Lettura*, III, 385-386.
[96] Cf. D.A. CARSON, *The Gospel*, 567.
[97] Cf. W. THÜSING, *La prière*, 102.

«verità» di cui al v. 17 è inoltre la realtà divina che si rivela in Gesù Cristo e nella quale si è introdotti dallo Spirito Santo (vd. 16,13)[98].

Ma Lindars appoggia l'interpretazione per cui l'espressione ὑπὲρ αὐτῶν è una reminiscenza delle parole eucaristiche (cf. Mc 14,24; 1Cor 11,24). Giovanni, secondo Lindars, si appoggia alla tradizione delle parole eucaristiche, che egli parafrasa per il presente contesto[99].

Beasley-Murray unisce le due interpretazioni. Le parole del v. 19 sono per il riferimento più esplicito alla sua morte. Si possono accostare le parole di Paolo e dei Sinottici sull'istituzione dell'Eucarestia nell'ultima cena, in particolare queste parole: ὑπὲρ ὑμῶν (Lc 22,19; 1Cor 11,24) e ὑπὲρ πολλῶν (Mc 14,24). La consacrazione di Cristo per la morte si compie in vista del fatto che anche i discepoli possano dedicarsi allo stesso compito di portare la salvezza al mondo. Solo Cristo in realtà, può introdurre la salvezza sovrana nel mondo, ma i discepoli possono e devono servire come suoi strumenti per proclamare la buona novella al mondo[100].

Segalla vede nella santificazione di Gesù, di cui al v. 19, sia la dedizione filiale e totale di Gesù al Padre ed alla sua volontà, e sia nel contempo l'espressione più alta di questa dedizione: il dono della sua vita nella morte, a favore delle sue «pecore» (10,17-18). La particella ὑπέρ richiama tale sacrificio della vita[101].

Nei vv. 17-19 si trovano associati, a giudizio di Léon-Dufour, due centri d'interesse presenti nei vv. 11-19. La santificazione dei discepoli si lasciava presentire nella prima domanda; infatti — «santificali nella verità» — ricalca — «Padre santo, custodiscili nel tuo nome!» —. Inoltre, il rapporto con il mondo è stato spesso menzionato: i discepoli sono stati tratti fuori dal mondo, ma non tolti. Essi vi sono inviati per rivelare il nome del Padre[102].

Concludendo, i vv. 17-19 si ricongiungono con il v. 11b, per l'espressione «Padre santo» che è ripresa nella domanda di santificazione dei discepoli. Questa poi è ordinata alla missione, attraverso la quale il mondo potrà giungere alla fede. Si scorge anche un riferimento al v. 10,36 nel quale Gesù è consacrato per la missione. Nelle parole ὑπὲρ αυτων possiamo leggere una reminiscenza delle parole eucaristiche (Mc 14,24; Lc 22,19; 1Cor 11,24) e un richiamo all'«ora», in

---

[98] Cf. W. THÜSING, La prière, 103.
[99] Cf. B. LINDARS, The Gospel, 529.
[100] Cf. G.R. BEASLEY-MURRAY, John, 301.
[101] Cf. G. SEGALLA, La preghiera, 189.
[102] Cf. X. LÉON-DUFOUR, Lettura, III, 383.

quanto Gesù si è consacrato per i discepoli durante tutta la sua vita ed in particolare nell'ultima «ora»[103]. I vv. 17-19 rappresentano in definitiva un punto culminante della preghiera di Gesù per i discepoli.

Dall'analisi dei vv. 9-19, in cui Gesù intercede per i «suoi» che rimarranno dopo la sua dipartita, è emerso il contrasto fra il mondo e i discepoli. Questi ultimi si troveranno in un mondo che non ha accolto la parola di Gesù, mentre essi l'hanno osservata (v. 6). Gesù chiede per loro che siano custoditi dal Maligno e li prepara alla santificazione «nella verità». Con tale santificazione saranno abilitati per la missione nel mondo stesso. Come il Padre ha mandato Gesù, così i discepoli sono mandati da Gesù nel mondo affinchè anch'esso possa credere nel Figlio di Dio (v. 20). Nei vv. 9-19 emergono peraltro altri temi (l'«ora», la custodia dei discepoli, la gioia, la «parola» data ai discepoli, la santificazione nella verità, l'unità, la comunione tra il Figlio e il Padre) di cui ci occuperemo nel capitolo seguente.

---

[103] Ricordiamo tuttavia, dalla critica testuale e letteraria (pagg. 155-156.160), che abbiamo preferito tradurre ἁγιάζω con «santificare» invece di «consacrare», per le ragioni ivi esposte.

CAPITOLO VII

Analisi dei principali temi dei vv. 9-19, tranne la glorificazione

In questo capitolo analizzeremo alcuni temi che riteniamo essere principali nei vv. 9-19, nella parte cioè in cui si trova il versetto in esame. Nell'analisi dei vv. 9-19, svolta nel capitolo precedente, abbiamo già considerato le tematiche inerenti quella parte, perciò qui ci limiteremo ad una breve richiamo, soffermandoci un po' di più sull'unità e la comunione. L'unità è un tema che richiama quello della comunione; quest'ultima, la comunione tra il Figlio ed il Padre (v. 10a), pensiamo possa stabilire il nesso con tutti gli altri temi dei vv. 9-19. Ecco perché dedicheremo una particolare attenzione a questi due temi. Per quanto riguarda la glorificazione, sarà oggetto di uno studio approfondito a partire dalla terza parte del nostro lavoro.

1. La custodia nel nome del Padre

Abbiamo messo in luce (pagg. 170-175) che il fine della custodia dei discepoli da parte del Padre, è l'unità (v. 17,11). La custodia nel nome del Padre non è nient'altro poi che una custodia nella rivelazione apportata da Gesù.

Avevamo peraltro affermato (pagg. 173-174) che il termine «custodire», significa qualcos'altro rispetto a preservare. Vi è infatti un senso attivo del verbo τηρεῖν e di questo ne abbiamo conferma nel cap. 15, in cui i discepoli devono «custodire» i comandamenti di Gesù e così dimorare nel suo amore (v. 15,10). «Essere custoditi» significa per i discepoli, ricevere dal Padre la forza di dimorare in Gesù. Significa ancora conservarli in una fedeltà dinamica, orientata alla pienezza ed unità di Dio.

2. La gioia

Abbiamo visto (pagg. 177-179) che la «pienezza della gioia» di cui al v. 17,13 richiama altri testi dei precedenti discorsi d'addio (15,11 e 16,20-22.24). Lo stesso contesto e stile di rivelazione sostengono questo parallelismo. Nel cap. 15 la gioia era legata all'osservanza dei comandamenti, che consentiva ai discepoli di rimanere nell'amore di Gesù (15,10). E «rimanere» in Gesù (ovvero nel suo amore) equivaleva per qualche autore (Thüsing) all'essere custoditi dal Padre del v. 17,12. Sulla gioia avevamo ancora detto (pag. 177) ch'essa è il traguardo della salvezza escatologica, insieme alla pace, anticipato nell'oggi terreno in cui vivono i discepoli.

3. La «parola» data da Gesù ai discepoli

La parola del Padre donata da Gesù ai discepoli (v. 14) richiama da una parte il nome del Padre (v. 6), che analogamente è stato fatto conoscere ai discepoli. Richiama d'altronde anche la «verità» di cui al successivo v. 17. Si tratta della rivelazione che Gesù ha trasmesso ai discepoli, l'intero messaggio da lui rivelato. L'aver accolto tale «parola» da parte dei discepoli suscita l'odio del mondo che si è chiuso alla rivelazione di Dio (vd. pagg. 179-181).

4. La santificazione nella verità

Avevamo richiamato il collegamento tra i vv. 17-19 ed il v. 11b, per l'espressione «Padre santo», che è ripresa nella domanda di santificazione dei discepoli (pagg. 183-188). Avevamo anche messo in luce che la consacrazione dei discepoli è ordinata alla missione, attraverso la quale il mondo potrà giungere alla fede. Abbiamo intravisto ancora un riferimento al v. 10,36, nel quale Gesù è consacrato per la missione. Nelle parole ὑπὲρ αὐτῶν del v. 17,19 scorgevamo inoltre un richiamo all'«ora», in quanto Gesù si è consacrato per i discepoli durante tutta la sua vita ed in particolare nell'ultima ora. I vv. 17-19, concludevamo, rappresentano allora un punto culminante della preghiera di Gesù per i discepoli (pag. 189).

Continuiamo il nostro studio con l'approfondimento di due temi presenti nei vv. 9-19, l'unità e la comunione, che riteniamo essere di rilevante importanza per Gv 17 e per questa parte in particolare. Il tema della comunione totale tra il Figlio ed il Padre (v. 10a) soprattutto, ci sembra possa stabilire il nesso con tutti gli altri temi presenti nei vv. 9-

19. Per quanto riguarda la glorificazione (presente in questa parte al v. 10b), tralasciamo per il momento di esaminarne il significato, perché lo inizieremo a fare dal prossimo capitolo.

5. L'unità

Considerando il tema dell'unità in Giovanni, d'Aragon fa notare che è il cap. 17 ad avere i testi più elaborati e precisi sull'unità. I versetti di Gv 17 sull'unità forniscono allora l'orientamento generale per questa analisi. E' un tema che viene peraltro sviluppato e chiarito nelle formule d'immanenza: εἶναι ἐν, μένειν ἐν, o semplicemente ἐν (come nell'espressione «voi in me ed io in voi» di Gv 14,20)[1].

D'Aragon fa osservare che in questa preghiera solenne di Gesù al momento di lasciare i «suoi», è significativo che la prima domanda rivolta da Gesù al Padre per i suoi discepoli riguarda l'unità: «perché siano una cosa sola» (17,11). Ma l'unità dei discepoli è collegata a quella tra Gesù ed il Padre e questo legame è espresso dalla preposizione καθώς. L'unità del Padre e del Figlio è ad un tempo il modello e la fonte dell'unità dei credenti. L'insieme dei cristiani è rimandato al Figlio ed al Padre attraverso una linea vitale che riunisce tutti i credenti nella perfezione dell'unità: «io in essi e tu in me» (17,23)[2].

L'unità del Padre e di suo Figlio, secondo d'Aragon, si esprime in una triplice relazione di conoscenza, amore ed immanenza reciproche. La conoscenza reciproca del Padre e del Figlio è affermata espressamente in questa frase: «Il Padre mi conosce ed io conosco il Padre» (Gv 10,15). Oltre a questo testo, tutti gli altri menzionano solamente la conoscenza del Figlio nei confronti del Padre (7,29; 8,55; 17,25)[3].

Jerumanis approfondisce il tema dell'unità tra il Figlio ed il Padre analizzando diversi aspetti dello stesso: l'unità di vita, di amore, di conoscenza, d'azione, di «privilegi». Il v. 17,10a esprime quest'ultima unità dei «privilegi»: si tratta della vita che il Figlio possiede in sé come il Padre (5,26); della gloria ricevuta dal Padre (13,31; 17,5.24). Si tratta ancora del giudizio che appartiene ad entrambi (5,22); del potere divino su «ogni carne» (17,2). Perciò, conclude Jerumanis, glorificare una delle due Persone divine, equivale a glorificare anche l'altra[4]. Adesso, prima di concludere questo paragrafo, esamineremo un altro

---

[1] Cf. J.-L. D'ARAGON, «La notion johannique de l'unité», 111.
[2] Cf. J.-L. D'ARAGON, «La notion johannique de l'unité», 112.
[3] Cf. J.-L. D'ARAGON, «La notion johannique de l'unité», 112.
[4] Cf. P.-M. JERUMANIS, *Réaliser la communion avec Dieu*, 408.

versetto che tratta dell'unità, per la prima volta nel vangelo di Giovanni, in 10,30.

5.1 Gv 10,30

ἐγὼ καὶ ὁ πατὴρ ἕν ἐσμεν.

Io ed il Padre siamo una cosa sola.

Brown si ricollega ai precedenti vv. 10,28-29, sulle anime che sono nelle mani di Dio e nessuno può strapparle da Gesù e dal Padre. Egli afferma che l'unità di cui tratta il v. 10,30 è un'unità di potenza e di azione[5].

In alcuni passi precedenti, secondo Schnackenburg, Gesù ha parlato della sua cooperazione con il Padre (5,17.19), della sua concordanza con il Padre (5,30; 8,16.18), del suo operare secondo la volontà e la direttiva del Padre (6,38; 8,26.28; 10,18). Ma nella guida e nella protezione delle pecore, la concordia diventa unità perché le pecore sono proprietà comune del Padre e del Figlio (cf. 17,10) e sono accolte nella comunione del Padre e del Figlio (cf. 10,14; 17,21-23.26). Questa unità del Padre con il Figlio diventa, nella preghiera di Gv 17, figura e modello dell'unità a cui devono giungere anche i credenti[6]. L'affermazione d'eccezionale vigore — «Io e il Padre siamo una cosa sola» — a giudizio di Fabris, indica un'unità dinamica e vitale che si può esprimere anche mediante la formula della reciproca appartenenza o comunione (cf. 10,38 e 17,11.21)[7].

Léon-Dufour suggerisce che l'utilizzo del neutro ἕν (anziché il maschile εἷς) esprime l'unità nell'azione tra Gesù ed il Padre. Il v. 10,30 si potrebbe allora anche tradurre così: «Io ed il Padre non facciamo che uno». La tradizione posteriore leggerà legittimamente in questo passo l'unità di essenza divina del Padre e del Figlio. Leggendo il v. 10,30, continua Léon-Dufour, occorre tener presente che Giovanni mantiene sempre la distinzione delle persone: per quanto intima ed indissociabile sia l'unione tra il Padre ed il Figlio, essa non è mai fusione, bensì comunione[8]. Söding ribadisce che l'unità di cui in 10,30

---

[5] Cf. R.E. BROWN, *Giovanni*, 531.
[6] Cf. R. SCHNACKENBURG, *Il vangelo*, II, 513.
[7] Cf. R. FABRIS, *Giovanni*, 596.
[8] Cf. X. LÉON-DUFOUR, *Lettura*, II, 493-494. In questo senso anche Moloney afferma che l'unità di cui in 10,30 è creata da un'unione di amore ed obbedienza (cf. F.J. MOLONEY, *The Gospel*, 316).

non è identità, in quanto Gesù ed il Padre restano distinti e la distinzione è proprio la condizione dell'unità. Si tratta poi, anche secondo Söding, di un'unità di azione che si spinge nel contesto del cap. 10, fino al punto in cui Gesù offre la sua vita per le pecore (10,17) compiendo la volontà del Padre, che per questo lo ama. E' ancora, un'unità dell'essere per la quale l'amore del Padre è per il Figlio e viceversa. Inoltre, l'unità dell'essere e l'unità d'azione si richiamano l'una all'altra perché l'essere di Dio, che è amore (cf. 1Gv 4,8.16), si manifesta al mondo per la sua salvezza (cf. Gv 3,17)[9].

Prima di continuare con il tema della comunione, richiamiamo ancora quanto affermato nell'analisi del v. 17,11. Lì avevamo visto che l'unità dei discepoli non è una mera unanimità umana, bensì qualcosa il cui modello ed origine sono nel Padre e nel Figlio (pag. 171-174). Un modello ed un'origine che trovano nel v. 10,30 la loro prima esplicitazione, per cui l'unità dei discepoli ricalca la stessa unità vitale che vige tra Padre e Figlio.

Tralasciamo per il momento l'esame di altri versetti (17,21-23) del cap. 17 sull'unità, perché sarà oggetto di studio in un capitolo successivo, e proseguiamo con il tema della comunione.

6. La comunione tra il Figlio ed il Padre in 17,10a

In questo paragrafo, dopo una breve introduzione sulla comunione che lega il Figlio al Padre, esamineremo alcuni versetti del vangelo di Giovanni, il cui tema ci aiuterà a comprendere meglio il significato del v. 17,10a.

Il rapporto di comunione tra il Figlio ed il Padre traspare da tutto il vangelo, ed in Gv 17 viene messo particolarmente in luce. Già nel v. 10,30, fa notare Jerumanis, vi è un'espressione sull'intimità eccezionale tra Gesù ed il Padre: ἕν ἐσμεν («siamo una cosa sola»). E in 17,22 Gesù adopera la stessa espressione: καθὼς ἡμεῖς ἕν («come noi siamo una cosa sola»). Tale unità, per Jerumanis, è esplicitata altrove come prossimità permanente del Padre presso Gesù: μόνος οὐκ εἰμι («Io non sono solo», 8,16 e cf. 8,29; 16,32); μετ' ἐμοῦ ἐστιν («Il Padre è con me», 16,32, cf. 8,29)[10].

E' a questa unità e a questa prossimità che sono direttamente associate, secondo Jerumanis, le formule d'immanenza reciproca tra il Figlio ed il Padre. Nel v. 10,38, l'espressione — «il Padre è in me ed io

---
[9] Cf. T. SÖDING, «Ich und der Vater», 197-198.
[10] Cf. P.-M. JERUMANIS, *Réaliser*, 406.

nel Padre» — è collegata all'affermazione: «Io sono Figlio di Dio» (10,36). In 14,10s, la proposizione — «io sono nel Padre ed il Padre è in me» — fonda le affermazioni precedenti sull'unità tra Gesù ed il Padre (cf. 14,6-9). In 17,21 la protasi — «come tu Padre, sei in me e io in te» —, è direttamente parallela con — «come noi siamo una cosa sola» in 17,22 —[11].

Nell'approfondire la prima parte del v. 17,10 sulla comunione totale tra il Figlio ed il Padre, alcuni temi correlati ci saranno d'aiuto. La comunione implica infatti la considerazione di altri temi affini quali l'unità, l'amore, la prossimità, l'immanenza, che nel vangelo di Giovanni hanno un'importanza rilevante. Sarà utile allora esaminare taluni passi in cui questi temi ci offrono delle indicazioni e dei chiarimenti per l'approfondimento del v. 17,10a.

L'amore reciproco del Padre e del Figlio merita, a giudizio di d'Aragon, una particolare attenzione. A più riprese Gesù afferma che suo Padre l'ama (3,35; 5,20; 10,17; 15,9-10; 17,23-24.26). Questo amore del Padre si manifesta nella liberalità del Padre per Gesù. I doni che quest'ultimo riceve da suo Padre, in due casi sono rapportati al suo amore: «il Padre ama il Figlio e gli ha dato in mano ogni cosa» (3,35); «la gloria che tu mi hai donato, perché tu mi hai amato» (17,24). I doni che il Padre fa al Figlio sono poi messi in particolare evidenza nel quarto vangelo: Gesù riceve il «nome» del Padre, in vista di rivelarlo agli uomini (17,11-12). Il Padre dona a Gesù l'opera del suo ministero (17,4), comprendente le sue «opere» (5,36) e le sue «parole» (17,8). Gesù riceve anche il potere su ogni uomo (17,2; cf. 3,35; 13,3), sì che ogni giudizio è nelle sue mani (5,22.27); egli ha la vita in sé stesso (5,26) e da' la vita a chi vuole (5,21; 17,2)[12].

D'Aragon fa notare ancora che Gesù presenta con una certa insistenza i discepoli come un dono del Padre (6,37.39; 10,29; 17,2.6.9.24; 18,9). Infine, due affermazioni assolute rivelano che la liberalità eterna del Padre per il Figlio è senza limiti, ch'egli si dona totalmente a lui, in modo tale che il Figlio è uguale al Padre: «tutto quello che ha il Padre è mio» (16,15); «tutto quello che è mio è tuo e tutto quello che è tuo è mio» (17,10)[13].

Siamo arrivati allora, seguendo il pensiero di d'Aragon, a segnalare nel contesto della relazione d'amore tra il Padre ed il Figlio, un apice rispetto agli altri passi che parlano dei doni fatti dal Padre a Gesù. La

---

[11] Cf. P.-M. JERUMANIS, *Réaliser*, 408.
[12] Cf. J.-L. D'ARAGON, «La notion johannique de l'unité», 113.
[13] Cf. J.-L. D'ARAGON, «La notion johannique de l'unité», 113.

comunità di vita che unisce il Figlio al Padre, Giovanni l'evidenzia poi soprattutto con le formule d'immanenza che esprimono la mutua appartenenza. Le espressioni — «io sono nel Padre» — (14,20) e — «tu (Padre) in me» — (17,23), mettono in luce solo un aspetto di questa relazione. Ma, in generale, la relazione reciproca si trova affermata nella stessa frase: «il Padre è in me ed io nel Padre» (10,38; 14,10-11; 17,21). Ed una tale comunione suppone una certa identità, da cui derivano espressioni come quelle dei vv. 8,19 e 14,7.9 sulla conoscenza e l'aver visto il Figlio ed il Padre. Queste affermazioni, continua d'Aragon, sono possibili perché la comunione di Cristo con suo Padre costituisce l'ideale assoluto dell'unità: «Io e il Padre siamo una cosa sola» (10,30); «perché siano una cosa sola, come noi» (17,11.22)[14].

Vogliamo approfondire ancora il significato della comunione nelle sue esplicitazioni in termini di conoscenza, immanenza ed amore. Analizzeremo a tal fine i seguenti versetti: 3,35; 5,20; 10,17; 14,31. Incominciamo dal v. 3,35, in cui il tema dell'amore emerge per la prima volta.

6.1 *Gv 3,35*

ὁ πατὴρ ἀγαπᾷ τὸν υἱὸν καὶ πάντα δέδωκεν ἐν τῇ χειρὶ αὐτοῦ.

Il Padre ama il Figlio e gli ha dato in mano ogni cosa.

Secondo Brown nel v. 3,35 il richiamo al fatto che il Padre ha dato in mano al Figlio ogni cosa, è uno dei temi preferiti in Giovanni. Fra le cose che il Padre dona al Figlio vi è il giudizio (5,22.27), l'avere la vita in sé (5,26), il potere su ogni carne (17,2), i discepoli (6,37; 17,6), le parole (12,49; 17,8), il nome divino (17,11-12) e la gloria (17,22)[15].

Il tema dell'aver dato ogni cosa al Figlio ci sembra peraltro affine a quello della comunione tra il Figlio ed il Padre in 17,10a. E nel v. 3,35 il «tutto» che il Figlio riceve dal Padre è legato all'amore di quest'ultimo per il primo.

Feuillet esamina in special modo il tema dell'amore tra il Padre e il Figlio che, come abbiamo visto, rientra nella comunione fra le due Persone divine. L'autore comincia il suo studio analizzando il v. 3,35. Il verbo «amare» è al presente, suggerendo il fatto che il Figlio è amato dal Padre in modo permanente, da tutta l'eternità, nella sua qualità di Figlio unico. L'aver «rimesso tutto nelle sue mani» è da intendere poi

---

[14] Cf. J.-L. D'ARAGON, «La notion johannique de l'unité», 114.
[15] Cf. R.E. BROWN, *Giovanni*, 214.

in funzione dell'azione salvifica che il Figlio di Dio incarnato deve esercitare sulla terra (cf.13,3 e 17,2). E' in vista di questa attività salvifica che il Padre dona al Figlio la vita (5,26), il giudizio (5,22.27), i discepoli (6,37.39), la gloria (17,24)[16]. La dichiarazione del v. 3,35 — «Il Padre ama il Figlio ed ha rimesso tutto nelle sue mani» — va inoltre ricollegata, secondo Feuillet, al versetto precedente sulle «parole di Dio» che Gesù proferisce e sul dono dello Spirito ch'egli elargisce «senza misura» (3,34). Sul dare «lo Spirito senza misura», Feuillet evidenzia che il Cristo non può essere l'unico autore della comunicazione dello Spirito, perchè è un dono del Padre prima di essere un dono del Figlio. In altri termini, nel v. 3,34 viene detto che è il Figlio a donare lo Spirito ma, nel contempo, è anche il Padre ad esercitare una tale funzione[17].

Il v. 3,34 è un versetto importante, a giudizio di Feuillet e nostro, perché tutte e tre le Persone divine entrano in gioco, cosa che in 17,10, pur non essendo chiaramente detto, è implicito.

Schnackenburg fa notare che nel v. 3,35 è evidenziato l'amore del Padre verso il Figlio, perché è proprio dell'amore il donare senza misura. L'espressione semitica «rimettere qualcosa nelle mani di un altro» significa genericamente il trasferimento dell'autorità e della potenza. In questo senso vi è un rimando al potere salvifico su «ogni carne», che è stato conferito al Figlio e che diverrà operante dopo la sua glorificazione. L'autocomunicazione del Padre nei confronti del Figlio appare come il presupposto dell'illimitato trasferimento al Figlio di conoscenza e potere. Ciò che il Figlio possiede da parte del Padre in modo unico, conoscenza della sua essenza (17,6), vita (5,26; cf. 6,57) e gloria (17,5.22), ha il potere di trasmetterlo a quanti credono in lui, perché ne diventino partecipi[18].

Il v. 3,35, secondo Léon-Dufour, fa emergere il fondamento ultimo di quello che compie il Figlio: egli è amato dal Padre suo e da lui ha ricevuto tutto, per cui dispone di ogni cosa. La parola «amore» comunica un senso positivo, salvifico, all'onnipotenza che viene donata al Figlio: questi dispone del dono della vita. Quando nel v. 5,21 si affermerà che il Figlio dona la vita a chi vuole, la causa indicata sarà la stessa che in questo versetto: «Il Padre infatti ama il Figlio e gli manifesta tutto quello che fa» (5,20). L'amore del Padre per il Figlio è

---

[16] Cf. A. FEUILLET, *Le mystère*, 41-42.
[17] Cf. A. FEUILLET, *Le mystère*, 43-45.
[18] Cf. R. SCHNACKENBURG, *Il vangelo*, I, 554-555.

l'ultima parola della rivelazione[19]. Il secondo passo che esamineremo, in cui emerge ancora il tema dell'amore, è Gv 5,20.

6.2 *Gv 5,20*

ὁ γὰρ πατὴρ φιλεῖ τὸν υἱὸν καὶ πάντα δείκνυσιν αὐτῷ ἃ αὐτὸς ποιεῖ, καὶ μείζονα τούτων δείξει αὐτῷ ἔργα, ἵνα ὑμεῖς θαυμάζητε.

Il Padre infatti ama il Figlio, gli manifesta tutto quello che fa e gli manifesterà opere ancora più grandi di queste, e voi ne resterete meravigliati.

E' possibile, secondo Feuillet, che Giovanni abbia sostituito il verbo φιλέω ad ἀγαπάω per sottolineare la sfumatura d'intimità. Inoltre i verbi «amare» e «mostrare» sono al presente e questo suggerisce che, in modo permanente, il Padre ed il Figlio sono inseparabili nelle loro azioni e, al di là di queste, nel loro stesso essere[20].

Schnackenburg mette in luce la piena unità d'essere nell'azione. In particolare va notato l'utilizzo del verbo φιλέω invece di ἀγαπάω (si tratta dell'unica volta). A proposito di φιλέω si può forse pensare che l'evangelista intendesse accentuare il carattere personale dell'amore. Il «mostrare» del Padre corrisponde al «guardare» del Figlio (5,19) verso il Padre. Come il Figlio non può fare null'altro se non ciò che vede fare dal Padre, così il Padre si apre interamente al Figlio nell'amore (cf. 15,15), conferendogli impulso e forza per operare. Infatti, continua Schnackenburg, il «mostrare opere ancora più grandi» implica un trasferimento di poteri (cf. vv. 5,22.26-27)[21]. Analizziamo adesso un altro versetto sull'amore, il 10,17.

6.3 *Gv 10,17*

Διὰ τοῦτό με ὁ πατὴρ ἀγαπᾷ ὅτι ἐγὼ τίθημι τὴν ψυχήν μου, ἵνα πάλιν λάβω αὐτήν.

Per questo il Padre mi ama: perché io offro la mia vita, per poi riprenderla di nuovo.

A proposito del v. 10,17 che si ricollega alla parabola precedente sul buon pastore si può interpretare, secondo Feuillet, in una prospettiva trinitaria. Con insistenza, la parabola del buon pastore presenta il Cristo come il servitore di Jahvè che, per la salvezza di tutti gli uomini, offre

---

[19] Cf. X. LÉON-DUFOUR, *Lettura*, I, 443.
[20] Cf. A. FEUILLET, *Le mystère*, 46-48.
[21] Cf. R. SCHNACKENBURG, *Il vangelo*, II, 182-183.

generosamente la vita per il suo gregge (cf. Is 53,10). Il piano salvifico nei confronti dell'umanità, così come l'ha deciso il Padre, implica la morte espiatrice ed il ritorno alla vita del servo. Gesù compie questo destino liberamente ed è per questa ragione che, dal v. 10,17, il Padre lo avvolge della sua predilezione[22].

Se il Padre ama il Figlio, secondo de la Potterie, è perché Gesù offre la sua vita per le «pecore» e le riunisce in un solo gregge (vv. 14-16). Ma il testo giovanneo aggiunge anche che Gesù ha il potere di riacquistare la vita (con la resurrezione), portando così a termine tutta l'opera di salvezza. Riavendo la vita, Gesù è in grado di comunicare agli uomini questa nuova vita, dopo aver sparso il suo sangue sulla croce. Perciò, conclude de la Potterie, tutta l'opera di salvezza compiuta da Gesù buon pastore, è una grande rivelazione dell'amore del Padre[23].

Con il suo sacrificio della vita, è il pensiero di Schnackenburg, il Figlio dimostra la sua obbedienza al Padre, ma nello stesso tempo dimostra il suo potere (ἐξουσία), perché offre liberamente la vita per poi riprenderla. Le due idee muovono dall'amore del Padre per Gesù, motivato dalla sua autoimmolazione (v. 17); accentuano poi la libera autodisposizione di Gesù (v. 18a) ed il suo potere (v. 18b), per tornare infine al mandato del Padre, che Gesù sa di dover compiere (v. 18c). Obbedienza e potere sono uniti l'una all'altro dalla comunione del Figlio con il Padre[24].

Per Fabris il motivo di Gesù buon pastore, che offre la vita per le pecore (vv. 10,15.17-18), si intreccia con quello della comunione reciproca tra Gesù ed il Padre. Nella libera e piena disponibilità a dare la sua vita, Gesù ha anche il diritto-potere di riprenderla. Questa libertà di Gesù è radicata nel suo rapporto di amore con il Padre. All'inizio si parla dell'amore del Padre per Gesù (10,17), alla fine del comando ch'egli ha ricevuto dal Padre (10,18). E', secondo Fabris, un comando di amore che si esprime ed attua nella libertà o autodonazione di Gesù. Il potere totale che possiede Gesù o, la sua radicale libertà, gli viene dal Padre (cfr. 3,35; 13,3; 17,2)[25].

Léon-Dufour sostiene che il Padre ama il Figlio, non soltanto per la sua offerta a favore delle pecore ma anche perché, attraverso questo dono, si esplicherà pienamente il potere di vita che il Figlio possiede in

---

[22] Cf. A. FEUILLET, *Le mystère*, 52-53.
[23] Cf. I. de la POTTERIE, *Studi di cristologia giovannea*, 107.
[24] Cf. R. SCHNACKENBURG, *Il vangelo*, II, 501.
[25] Cf. R. FABRIS, *Giovanni*, 593.

se stesso (5,26), avendolo ricevuto dal Padre. Vi è peraltro un'eco del Canto del servo in Isaia. Colui che ha offerto la sua vita per il popolo di Dio «prolungherà i suoi giorni» e sarà glorificato da Jahvé perché «si è abbandonato da se stesso alla morte» (Is 53,10.12)[26]. Consideriamo infine il v. 14,31.

6.4 Gv 14,31

ἀλλ' ἵνα γνῷ ὁ κόσμος ὅτι ἀγαπῶ τὸν πατέρα, καὶ καθὼς ἐνετείλατό μοι ὁ πατήρ, οὕτως ποιῶ. ἐγείρεσθε, ἄγωμεν ἐντεῦθεν.

Ma bisogna che il mondo sappia che io amo il Padre e faccio quello che il Padre mi ha comandato. Alzatevi, andiamo via di qui.

D'Aragon osserva che nell'orizzonte dell'amore fra il Padre ed il Figlio, una sola volta è menzionato espressamente l'amore di Gesù per il Padre (14,31), ma Giovanni insiste piuttosto sull'espressione concreta di quest'amore, che è l'obbedienza di Cristo. Tale obbedienza di Gesù corrisponde così ai doni del Padre, i quali sono il segno del suo amore per il Figlio. In 14,31 è sottolineato questo legame stretto tra l'amore di Gesù e la sua obbedienza. Quest'ultima fonda una linea vitale che unisce Gesù al Padre[27].

L'amore di Gesù per il Padre si dimostra nel fatto ch'egli fa quello che il Padre gli ha comandato. E questa, secondo Schnackenburg, è un'idea che ricorre spesso e che corrisponde alla cristologia giovannea (cf. 8,28; 10,18; 12,49)[28].

Così Barrett mette in luce il nesso tra l'amore di Gesù verso il Padre e l'osservanza dei suoi comandamenti. Il v. 14,31 richiama inoltre il 15,10: in quest'ultimo il legame tra l'osservanza dei comandamenti ed il rimanere nell'amore del Padre è dichiarato esplicitamente. L'obbedienza e l'amore del Figlio, a giudizio di Barrett, trovano la loro suprema dimostrazione nella libera offerta della vita di Gesù (cf. 10,17)[29].

Amore ed obbedienza, rileva Léon-Dufour, qui riuniti da un καί epesegetico, sono ciò che è dentro e ciò che si rivela al di fuori. Questo autore fa osservare anch'egli che per la prima ed unica volta si afferma

---

[26] Cf. X. Léon-Dufour, *Lettura*, II, 473-474.
[27] Cf. J.-L. D'Aragon, «La notion johannique de l'unité», 113.
[28] R. Schnackenburg, *Il vangelo*, III, 145.
[29] Cf. C.K. Barrett, *The Gospel*, 469.

in Giovanni che Gesù ama il Padre, come per sottolineare che il suo comportamento è l'espressione stessa del suo amore[30].

Così, anche nei vv. 15,9-10 secondo l'opinione di Feuillet, all'imitazione dei discepoli è proposto innanzitutto il libero amore di Gesù per suo Padre, che si traduce nell'osservanza dei suoi comandamenti. La ragione dell'amore permanente del Padre per il Figlio è nel fatto che Gesù è legato alla volontà del Padre, in particolare al comandamento di donare la sua vita per il mondo[31].

I vari passi esaminati ci avvicinano sempre meglio alla comprensione del v. 17,10a. Già il primo versetto esaminato (3,35) affermava che il Padre ha dato in mano al Figlio «ogni cosa» e questo richiama il v. 17,10a. Il Figlio riceve tutto dal Padre ed il motivo di questa donazione totale è l'amore, menzionato nella prima parte del v. 3,35. Ma se l'amore è il motivo per il quale il Padre dona «ogni cosa» al Figlio, possiamo dire che la comunione totale in 17,10a è una comunione d'amore. Nel v. 5,20 vi è ancora la menzione di un «tutto» che il Padre manifesta al Figlio e, la ragione di fondo di ciò è ancora l'amore. Il tema della comunione nell'amore possiamo allora leggerlo anche nel v. 5,20. Il v. 10,17 richiama anch'esso l'amore del Padre per il Figlio e lo lega all'offerta libera che Gesù fa della sua vita. Il Padre ama il Figlio perché questi offre per amore la sua vita per le «pecore», osservando la volontà del Padre. Al tema dell'amore fra le due Persone divine, si aggiunge quello della vita che il Figlio dopo la sua morte è in grado di riacquistare. E anche nel v. 5,21, di Gesù veniva detto che è in grado di dare la vita a chi vuole. Ed arriviamo al v. 10,30 in cui, senza mezzi termini, si afferma che Gesù ed il Padre sono «una cosa sola». Stando agli autori che abbiamo citato, si tratterebbe di un'unità dinamica, di azione, piuttosto che di qualcosa che riguardi l'essenza. Questa sfumatura dell'unità ci offre un'ulteriore esplicitazione della comunione totale esistente tra le due Persone divine.

Infine nel v. 14,31 è richiamato questa volta, ed è l'unica, l'amore del Figlio per il Padre, che si concretizza nell'osservanza di quello che il Padre gli ha comandato. I paralleli vv. 15,9-10 insistono nell'idea che per «rimanere» nell'amore di Cristo, occorre osservare i comandamenti di Gesù, come egli ha osservato i comandamenti del Padre e rimane nel suo amore. In definitiva tutti questi versetti, richiamando il tema di un «tutto» che il Padre ha affidato o manifestato a Gesù (3,35 e 5,20), e

---

[30] X. LÉON-DUFOUR, *Lettura*, III, 181.
[31] Cf. A. FEUILLET, *Le mystère*, 55.

dell'amore del Padre verso il Figlio e viceversa, ci aiutano ad approfondire il senso del v. 17,10a. E' nell'amore che sussiste la comunione totale tra il Figlio e il Padre; è nell'amore che il Figlio riceve tutto dal Padre ed opera in unità con lui.

Prima di iniziare la terza parte sulla glorificazione di Gesù Cristo vorremmo ancora verificare se vi sia un tema, fra i tanti, che unisce Gv 17 agli altri capitoli e che percorre tutto il vangelo come un motivo di fondo. Nei vv. 9-19, sebbene non vi sia il termine ὥρα bensì νῦν (13), dal contesto del v. 13 emerge comunque il suo legame con la partenza di Gesù (vd. pagg. 177-179 del nostro testo) e quindi con la sua «ora». Nell'analisi dei capp. 13-17 avevamo già individuato l'importante tema dell'«ora», all'inizio del cap. 13 e all'inizio del 17 (pagg. 46-48). E' un tema che potrebbe avere questa funzione, come adesso vedremo.

7. Il tema dell' «ora»

Il tema dell'«ora», fa osservare Brown, non è esclusivo di Giovanni soltanto. I Sinottici utilizzano lo stesso concetto per alludere alla passione di Gesù senza tuttavia dargli la stessa valenza di Giovanni. Nell'orto del Getsèmani Gesù prega il Padre perché «se fosse possibile passasse da lui quell'«ora» (Mc 14,35) ed in Mc 14,41 (vd. Mt 26,45) egli dice ai discepoli che l'«ora» è venuta perché colui che lo ha tradito è vicino. Sembrerebbe dunque un tema comune alle due tradizioni, eppure Brown rileva che mentre nei Sinottici questo tema appare solo marginalmente, in Giovanni assume un'importanza primaria[32].

Inoltre, mentre negli accenni che i Sinottici fanno sul tema dell'«ora» emerge soltanto l'aspetto negativo, quello del lato cupo ed oscuro della passione (vd. Mc 14,41 e Lc 22,53), in Giovanni l'«ora» non sarà come nei Sinottici, semplicemente quella delle tenebre. Essa sarà piuttosto l'«ora» dell'innalzamento sulla croce, che è una cosa sola con la glorificazione di Gesù[33].

De la Potterie fa notare che tutto il vangelo di Giovanni è teso verso tale «ora» misteriosa. Fin dalle nozze di Cana Gesù aveva accennato a questo tema in riferimento alla croce: «Non è ancora giunta la mia ora» (2,4). L'orientamento verso la passione viene messo in rilievo ancor più chiaramente in occasione della festa dei Tabernacoli ove i Giudei vorrebbero arrestare Gesù ma non possono «perché non era venuta la sua ora» (7,30 e 8,20). In prossimità della sua morte invece, Gesù dirà

---

[32] Cf. R.E. BROWN, *Giovanni*, 1461.
[33] Cf. I. de la POTTERIE, *La passione di Gesù*, 14.

solennemente: «E' giunta l'ora in cui il Figlio dell'uomo dev'essere glorificato» (12,23). Per la prima volta, sottolinea de la Potterie, l'«ora» riguarda la glorificazione e così sarà anche in 13,31-32 ed in 17,1. L'«ora» diventa il momento solenne in cui Gesù passerà da questo mondo al Padre e sarà nel contempo glorificato. I capitoli 12-17 svelano sempre più il senso profondo della passione. In 12,23-32 la morte di Gesù è paragonata a quella del granello di frumento che caduto in terra porta molto frutto; analogamente Gesù innalzato da terra attirerà a sé gli uomini (12,24.32). In 13,1 l'«ora» di Gesù è quella in cui egli ama fino all'estremo i «suoi»; Gv 17,1-2 richiama infine l'«ora» della glorificazione che consentirà a Gesù di estendere il suo dominio su ogni «carne»[34].

Schnackenburg osserva che l'uso del verbo «amare» all'aoristo in 13,1 indica un comportamento determinato ed unico di Gesù, che in questo caso si esplica come una manifestazione d'amore per i «suoi», sta alla fine ed è insuperabile. L'espressione εἰς τέλος può avere un duplice significato: temporale o qualitativo (di una qualità eminente). Essendo riferito alla sua «ora», Schnackenburg fa notare che prevale il significato qualitativo senza escludere quello temporale. Anche nel momento della morte l'ultima parola di Gesù è proprio τετέλεσται (19,30). L'amore fino all'estremo di 13,1 va dunque letto in vista della sua morte sulla croce che la lavanda dei piedi prepara come segno. L'autore conclude dicendo che 13,1 funge da titolo per tutta la seconda parte e da introduzione alla lavanda dei piedi nella sua valenza simbolica[35]. E la morte di Gesù, per Moloney, è l'«ora» (13,1; 17,1) di un atto di amore sino alla fine (13,1; 17,4) che rivela la gloria di Dio (13,31-32; 17,1-5)[36].

Anche Brown sostiene che il supremo atto d'amore a cui l'«ora» del v. 13,1 richiama è quello della passione, morte, resurrezione ed ascensione. Questo autore mette tra l'altro in comune 13,1 ed il Prologo, là dove si parla dei «suoi» e, come il Prologo fa da introduzione a tutto il vangelo, così 13,1 rimanda allo stesso Prologo ed introduce la seconda parte (capp. 13-20)[37].

Il v. 13,1 va inoltre messo in parallelo con 13,31-32 dove, sebbene non si adoperi il termine ὥρα, bensì νῦν (13,31), vi è comunque un legame tra i due termini, legame riscontrabile anche sul tema della

---

[34] Cf. I. de la POTTERIE, *Studi di cristologia giovannea*, 157-158.
[35] Cf. R. SCHNACKENBURG, *Il vangelo*, III, 31-33.
[36] Cf. F.J. MOLONEY, *The Gospel*, 478.
[37] Cf. R.E. BROWN, *Giovanni*, 668.

glorificazione che viene ripreso. Schnackenburg sottolinea il fatto che si tratti di un νῦν enfatico che richiama l'attenzione sull'ora di Gesù di cui si era parlato all'inizio del capitolo. Si tratta qui (vv. 13,31-32) dell'ora più oscura della vita di Gesù che all'occhio credente dell'evangelista rivela la sua glorificazione[38].

In questo versetto (13,1) abbiamo dunque il tema dell'«ora» che è sopraggiunta, l'«ora» del suo ritorno al Padre attraverso la passione, morte, risurrezione ed ascensione. L'«ora» è qui collegata al tema dell'amore fino all'estremo che la lavanda dei piedi prefigura e che la morte in croce realizzerà pienamente.

Interessante è anche quanto suggerisce Léon-Dufour sul verbo amare. Esso è usato raramente prima del cap. 13 e ben trentotto volte dopo. Il rilievo dato all'amore nell'esordio del cap. 13 sottolinea dunque l'importanza di questo tema[39].

Per quanto riguarda i capitoli sulla passione il tema dell'«ora», che in 12,23 si cominciava a dire ch'era arrivata, ha un'importanza primaria. L'«ora» di Gesù si compie nella passione. E' ancora de la Potterie a sostenere che alla base della teologia giovannea sulla passione si trovino i seguenti temi: a) l'ora di Gesù; b) l'esaltazione del Figlio dell'Uomo; c) l'anticipazione degli eventi escatologici. L'«ora» che si compie nella passione è quella dell'esaltazione del Figlio dell'Uomo, è l'ora della glorificazione e quella della rivelazione suprema dell'amore del Padre (3,16; 13,1). E' infine l'ora del giudizio (12,31 e 16,11) e quella del raduno in unità dei figli di Dio dispersi (11,51-52)[40].

Il tema dell'«ora», nel pensiero di Braun, riunisce in sé vari elementi (partenza di Gesù e suo ritorno al Padre, attraverso la sua resurrezione ed ascensione). L'«ora» non è tanto un punto cronologico, bensì teologico. Ogni volta che l'«ora» viene nominata, questi diversi elementi formano un'unità. E ogni volta che si insiste sulla necessità di levare lo sguardo verso la croce, la realtà dell'avvenimento visibile dev'essere oltrepassata[41].

Un discorso analogo vale per il cap. 20, il quale si può situare anche esso nell'ottica dell'«ora» che abbiamo fino a questo momento esposto. Schnackenburg si chiede come la resurrezione possa rientrare nella sfera della glorificazione che l'«ora» realizza. Per Giovanni la pasqua di risurrezione rientra ancora nella pienezza dell'amore con cui Gesù ha

---

[38] Cf. R. Schnackenburg, *Giovanni*, III, 83-84.
[39] Cf. X. Léon-Dufour, *Lettura*, III, 26.
[40] Cf. I. de la Potterie, *Studi di cristologia giovannea*, 157-160.
[41] Cf. F.-M. Braun, *Jean le Théologien*, III, 224-225.

amato i «suoi» (13,1). I racconti del cap. 20 hanno inoltre lo scopo di istruire i futuri credenti e indicano infine lo scopo di tutto quanto è stato detto (20,31)[42].

Dello stesso parere è Brown che sottolinea l'importanza dell'«ora» anche per la resurrezione. Sebbene a suo giudizio la resurrezione non trovi facilmente una collocazione nella teologia giovannea della passione, in quanto si preferisce parlare di un «innalzamento» del Cristo (3,14 e 12,32) o di una salita al Padre (14,12.18; 16,5.10.28), tuttavia il quarto vangelo non poteva fare a meno di questa realtà (la resurrezione). Giovanni ha cercato allora di adattare la resurrezione al passaggio di Gesù da questo mondo al Padre. E se il vangelo interpreta la crocifissione assimilandola alla glorificazione di Gesù, drammatizza nel contempo la resurrezione in modo che rientri nel contesto dell'ascensione. Gesù è innalzato sulla croce, è risuscitato dai morti e sale al Padre: questi tre movimenti fanno parte dell'unico concetto dell'«ora»[43]. Ma a questi tre momenti, possiamo aggiungere anche l'invio dello Spirito Santo. Il tema dell'«ora» unisce infatti, secondo Braun, queste quattro cose: l'elevazione sulla croce, la resurrezione, il ritorno presso il Padre e l'effusione dello Spirito Santo, tanto che sembrano realizzate nello stesso momento[44].

Sull'effusione dello Spirito, che è compresa nell'«ora», concorda anche Mollat. Egli sostiene che nel pensiero di Giovanni il dono dello Spirito, la sera di Pasqua, non è altro che il prolungamento della scena del Calvario, con la quale costituisce una cosa sola[45]. E, a sostegno dell'effusione dello Spirito Santo, inclusa nell'«ora», Casalegno menziona il v. 19,30, che utilizza l'inusuale espressione — «dare lo Spirito» —, riferita al morire di Gesù (cf. 20,22)[46].

Secondo Burge, sebbene Giovanni sia cosciente circa gli eventi storicamente separati che compongono l'«ora», egli li considera dal punto di vista teologico come un tutto unificato. Ed in particolare, l'ascensione e lo Spirito sono nell'«ora» legati alla croce. Lo Spirito è coinvolto nella dinamica dell'ascensione stessa: Gesù deve andare via, deve tornare al Padre, affinchè lo Spirito possa venire (vd. 6,62-63; 16,7)[47].

---

[42] Cf. R. SCHNACKENBURG, Il vangelo, III, 492.
[43] Cf. R.E. BROWN, Giovanni, 1274.
[44] Cf. F.-M. BRAUN, Jean le Théologien, III, 239-240.
[45] Cf. D. MOLLAT, Études johanniques, 162-163.
[46] Cf. A. CASALEGNO, «Tempo e momento escatologico», 182.
[47] Cf. G.M. BURGE, The anointed Community, 133.

Unendo i quattro momenti nell'«ora», è conferita alla stessa tutta la sua valenza cristologica e teologica. Il tema dell'«ora», che è arrivata, viene collegato dapprima con la glorificazione ed esaltazione in 12,23.32, e poi con l'amore in 13,1. In 17,1 infine, l'«ora» tornerà ad essere quella della glorificazione. L'amore e la glorificazione si trovano quindi entrambi al punto di convergenza dell'«ora»; sarà nostra preoccupazione sviluppare in seguito il significato dei due termini e la relazione che intercorre fra gli stessi.

Dopo aver presentato i temi dei vv. 9-19, al fine di approfondire ulteriormente la parte in cui vi è il versetto allo studio, non ci resta a questo punto che sviluppare un ultimo tema menzionato nei medesimi vv. 9-19: la glorificazione (v. 10b). Si tratta del tema che abbiamo indicato come principale per Gv 17 già nell'analisi letteraria della preghiera sacerdotale (pagg. 119-134) e che ora analizzeremo all'interno dei capp. 13-17. Prima di approfondire il significato della glorificazione di Gesù Cristo da parte dei discepoli (17,10b), inquadreremo dunque questo tema all'interno dei cinque capitoli (13-17) che abbiamo visto essere un'unica struttura (pag. 75). In tal modo saremo più convenientemente introdotti nello studio del v. 17,10b, a cui daremo finalmente un determinato contenuto e significato.

PARTE TERZA

LA GLORIFICAZIONE DI GESÙ CRISTO

CAPITOLO VIII

Il tema della glorificazione nei capp. 13-17

Prima di affrontare lo studio del v. 17,10b presenteremo il tema della glorificazione nei capp. 13-17, dopo averne fatto una breve presentazione nell'insieme del vangelo. Il tema della glorificazione in Giovanni non è di facile ed immediata individuazione, né presenta un unico binario sul quale è possibile seguire le tracce del suo percorso. Bisognerebbe perciò indagare il suo significato all'interno di tutto il vangelo, seguendo le diverse piste che trattano del tema, al fine di avere un quadro generale della situazione. Tuttavia ci soffermeremo molto più sulla glorificazione nei capp. 13-17, perché è questo l'ambito entro cui abbiamo delimitato lo studio del v. 17,10b. E' la glorificazione che avviene nell'«ora», sotto cui stanno i capp. 13-17, l'oggetto principale di studio in questo capitolo.

1. La glorificazione prima dei capp. 13-17[1]

Occorre subito distinguere i due termini δόξα e δοξάζειν. Morgen fa notare che la maggior parte delle volte la parola δόξα si trova prima del cap. 12 (quattordici volte prima e quattro dopo). Tranne i casi dei versetti 1,14 e 2,11, il vocabolo δόξα serve per contrapporre la gloria che viene dagli uomini rispetto a quella che viene da Dio. Il verbo δοξάζω invece, si trova soltanto quattro volte prima del cap. 12 e diciassette dopo[2].

---

[1] Anche in questo capitolo seguiremo il criterio degli autori citati secondo un filo logico e non cronologico.
[2] Cf. M. MORGEN, «Afin que le monde», 170-171.

Grossouw rileva l'importanza dei termini δόξα e δοξάζειν anche solo da un punto di vista quantitativo (diciotto volte il sostantivo e ventuno il verbo). I due termini rientrano in una serie di parole privilegiate dall'evangelista (vedere, conoscere, vita, luce, mondo, testimoniare, giudizio) che vengono ripetute con una certa frequenza. D'altronde non è facile individuare subito il significato esatto di ciascun termine, in quanto da una parte Giovanni è molto parco nel dare degli epiteti esplicativi e, soprattutto, questi termini sono dotati di una sorta d'elasticità che rende possibile uno slittamento di pensiero. Sarebbe quindi un'illusione fissare il loro significato in base a uno o due testi soltanto. Δόξα, δοξάζειν appartengono a tale categoria di parole privilegiate che tuttavia non sono immediatamente comprensibili, ma si riempiono gradualmente di un significato cristologico sempre più profondo[3].

Seguendo l'indicazione di Grossouw, ci sembra utile fare un breve inventario dei passi del vangelo di Giovanni in cui compaiono i termini δόξα e δοξάζειν[4], riservando comunque uno studio più approfondito al tema della glorificazione nei capp. 13-17. Suddivideremo i versetti, per rendere più agevole la loro lettura, in base al contenuto degli stessi. Iniziamo dunque da quei versetti (1,14 e 12,41) in cui si parla della gloria vista dai discepoli e dal profeta Isaia, senza specificare di che si tratta.

1.1 La visione della gloria di Cristo

1.1.1 Gv 1,14

Καὶ ὁ λόγος σὰρξ ἐγένετο καὶ ἐσκήνωσεν ἐν ἡμῖν, καὶ ἐθεασάμεθα τὴν δόξαν αὐτοῦ, δόξαν ὡς μονογενοῦς παρὰ πατρός, πλήρης χάριτος καὶ ἀληθείας.

E il Verbo si fece carne e venne ad abitare in mezzo a noi; e noi vedemmo la sua gloria, gloria come di unigenito da Padre, pieno di grazia e di verità.

Nel v. 1,14 compare per la prima volta il termine δόξα. Di che gloria si tratta, in cosa consiste una tale gloria? Secondo alcuni autori, Brown e Dupont[5], qui vi è un riferimento alla trasfigurazione. Come fa notare

---

[3] Cf. W. GROSSOUW, *L'Évangile de Jean*, 130.133.
[4] Da questo inventario tralasceremo quei versetti (5,41.44; 7,18; 8,50.54 e 12,43) in cui il termine δόξα non è usato in un senso specificamente ebraico, bensì greco di onore e reputazione, in quanto non interessano direttamente il nostro studio.
[5] Cf. R.E. BROWN, *Giovanni*, 47-48; J. DUPONT, *Christologie*, 277.

Brown, nell'AT vi è una costante connessione della gloria di Dio con la sua presenza nel tabernacolo e nel Tempio (vd. Es 24,15-16; 40,34; 1Re 8,10-11; Ez 11,23; 44,4). Analogamente, dopo aver detto che il «Verbo venne ad abitare in mezzo a noi», Giovanni afferma che lui ed altri videro la sua gloria[6]. L'analogia emerge più chiaramente osservando che le radicali σκν che sono alla base del verbo ἐσκήνωσεν («mise la tenda» o «abitò») rassomigliano alla radice ebraica שכן (škn) da cui deriva il termine שכנה (shekinah), che indicava la presenza di Dio dimorante in mezzo al suo popolo. Il pensiero della presenza divina in Gesù che ora serve da tabernacolo e forse da *shekinah,* risalta nel v. 1,14. E' altresì appropriato l'accenno alla sua gloria che è diventata visibile[7].

Beasley-Murray è d'accordo con Brown nel sostenere che il verbo σκηνόω e la visione della gloria di Cristo richiamano la rivelazione della gloria di Dio nell'Esodo (in particolare nel mar Rosso, sul monte Sinai e nella tenda dell'incontro con il popolo accampato). I riferimenti all'Esodo, secondo l'autore, sono intenzionali e fanno parte del tema della rivelazione e redenzione del Cristo-Logos, come compimento della speranza di un secondo Esodo. Nel parlare della gloria che i discepoli contemplarono, l'evangelista deve aver avuto in mente la gloria di Cristo che i testimoni videro nei «segni» realizzati da Gesù (vd. 2,11), nel suo essere innalzato sulla croce (19,35) e nella resurrezione pasquale (20,24-29). Tutto questo fu una rivelazione della gloria che soltanto l'Unigenito del Padre avrebbe potuto porre in atto[8].

In conclusione si può affermare che il versetto del Prologo (1,14) sulla gloria abbia, senza escludere l'interpretazione della trasfigurazione, un forte nesso con l'AT, quando Dio dimorava nel tabernacolo o nel tempio ed ivi manifestava la sua gloria. Questa aveva talvolta l'aspetto di un fuoco divorante sulla cima del Sinai (Es 24,17), talaltra quella della nube che riempiva la tenda del convegno (Es 40,34-35) ed il tempio (1Re 8,10-11), o si posava sopra un monte (Ez 11,22-23).

Come afferma Brown, Gesù Cristo è ora colui che sostituisce quella presenza di Dio anticotestamentaria, nel tabernacolo o nel tempio, ove si rivelava la sua gloria. Gesù è il nuovo tabernacolo o tempio di Dio nel quale traspare la gloria dell'Unigenito[9].

---

[6] Cf. R.E. BROWN, *Giovanni,* 47.
[7] Cf. R.E. BROWN, *Giovanni,* 46-47.
[8] Cf. G.R. BEASLEY-MURRAY, *John,* 14.
[9] Cf. R.E. BROWN, *Giovanni,* 47-48.

Al versetto del Prologo (1,14) ne affianchiamo un altro sulla gloria del Cristo, vista dal profeta Isaia in 12,41. La scelta di questi due testi, uno dopo l'altro, si basa sul fatto che in entrambi si menziona la visione della gloria di Cristo, senza ulteriori specificazioni o riferimenti particolari.

1.1.2 Gv 12,41

Ταῦτα εἶπεν Ἡσαΐας ὅτι εἶδεν τὴν δόξαν αὐτοῦ, καὶ ἐλάλησεν περὶ αὐτοῦ.

Questo disse Isaia quando vide la sua gloria e parlò di lui.

Dupont collega dapprima questo passo con quello in cui Abramo esultò nella speranza di vedere il giorno del Signore e, vistolo, se ne rallegrò (8,56). L'autore sostiene che non si tratta qui del giorno unico ed immutabile dell'eternità. Il contesto rimanderebbe piuttosto all'AT ed evocherebbe la manifestazione gloriosa del Signore alla fine dei tempi. La promessa fatta ad Abramo di una grande discendenza (Gn 17,17) troverebbe il suo pieno compimento nella venuta del messia. La visione di Cristo non riguarderebbe una realtà presente, sarebbe bensì una contemplazione gioiosa della promessa a lui fatta, ovvero una visione profetica[10]. Per Dupont la visione d'Isaia è allora una visione profetica che implica peraltro un aspetto legato alla fede, il che è ben conforme al modo in cui Giovanni usa i verbi vedere o contemplare[11]. Non si tratta dunque della gloria del Cristo preesistente, bensì della gloria del Cristo nel suo avvento. Ed è più probabile che anche in questo caso si parli dell'avvento escatologico, quello del «giorno del Signore» per eccellenza, nel quale si manifesterà la gloria del Signore, ed in cui saranno realizzate pienamente tutte le promesse[12].

Léon-Dufour sostiene l'ipotesi che Giovanni si sia richiamato a Is 6,1-5. L'espressione — «vedere la gloria» — potrebbe derivare dall'attenuazione che il testo originale aveva subito nel Targum d'Isaia ove si legge: «Io vidi la gloria della *shekinah* del Signore». L'interpretazione più plausibile di tale gloria, secondo Léon-Dufour, è quella che tiene

---

[10] Cf. J. DUPONT, *Christologie*, 271-272.

[11] In greco abbiamo quattro termini per esprimere i verbi di visione: βλέπω, θεάομαι, θεωρέω, ὁράω.

[12] Cf. J. DUPONT, *Christologie*, 272-273. Dupont tuttavia rileva che non si può escludere, in nome di questo vocabolario escatologico, un'anticipazione della gloria nell'esistenza terrestre di Gesù.

presente le due citazioni d'Isaia dei vv. 38.40. La prima, riguardante Is 53,1, evoca tutto il quarto «Canto del Servo». La seconda si riferisce ad Is 6,9: il cap. 6 d'Isaia narra la visione isaiana di un Signore seduto su un trono. Ora il trono, occupato soltanto da Dio in Is 6, è visitato in Is 52,13 da un ospite venuto dalla terra. Quindi, la conclusione dell'autore, è che Isaia avrebbe veduto la gloria del Servo[13].

In conclusione, ci sembra plausibile la tesi che la visione isaiana della gloria di Gesù non riguardi la preesistenza del Verbo incarnato, bensì la gloria del messia, che hanno contemplato anche gli apostoli nei miracoli e negli altri eventi in cui è stata rivelata. E' una visione della manifestazione gloriosa del Cristo al mondo. Vi è inoltre un'allusione al cap. 6 e al «Canto del Servo» (52,13-53,12) nel libro d'Isaia.

Dalla gloria contemplata dai discepoli nell'Unigenito (v. 1,14) e da Isaia nella sua visione profetica del Cristo (12,41), senza un riferimento specifico al contenuto della stessa, consideriamo adesso quei versetti (2,11 e 11,4.40) in cui i discepoli sono spettatori della gloria manifestata dal Signore attraverso i miracoli.

1.2 *La gloria manifestata nei miracoli*

1.2.1 Gv 2,11

Ταύτην ἐποίησεν ἀρχὴν τῶν σημείων ὁ Ἰησοῦς ἐν Κανὰ τῆς Γαλιλαίας καὶ ἐφανέρωσεν τὴν δόξαν αὐτοῦ, καὶ ἐπίστευσαν εἰς αὐτὸν οἱ μαθηταὶ αὐτοῦ.

Così Gesù diede inizio ai suoi miracoli in Cana di Galilea, manifestò la sua gloria e i suoi discepoli credettero in lui.

Brown fa un'analisi dell'episodio di Cana, evidenziandolo come un'azione drammatica che si svolge nel contesto di uno sposalizio. Nell'AT (Is 54,4-8; 62,4-5) lo sposalizio serve a simboleggiare i giorni messianici, e sia le nozze che il banchetto sono simboli a cui Gesù attinge (Mt 8,11; 22,1-14; Lc 22,16-18). Un altro simbolo è la sostituzione dell'acqua con ottimo vino, migliore di quello che i commensali avevano bevuto. Nella tradizione sinottica, Gesù usa il simbolismo del vino nuovo in otri vecchi (Mt 9,17; Mc 2,22; Lc 5,37) per paragonare il suo insegnamento nuovo con le usanze dei farisei. Così, le parole del maestro di tavola alla fine dell'episodio — «tu invece hai conservato il vino buono fino ad ora» (2,10) —, si possono intendere come la

---

[13] Cf. X. LÉON-DUFOUR, *Lettura*, II, 611-612.

proclamazione della venuta dei giorni messianici. Diventa anche comprensibile l'abbondanza di vino (una quantità compresa tra 400 e 700 litri). Una delle immagini costanti dell'AT per esprimere la gioia dei giorni finali è l'abbondanza di vino (Am 9,13-14; Os 14,7; Ger 31,12). Attraverso tutti questi simbolismi, il miracolo di Cana poteva venir compreso dai discepoli come un segno dei tempi messianici e della nuova economia. La rivelazione della gloria del v. 2,11 si adatta al tema dei tempi messianici perché ci si aspettava che fosse un segno degli ultimi tempi (vd. Sal 17,32; 97,6; 102,16; Is 60,1-2)[14].

Beasley-Murray mette in luce il significato simbolico del terzo giorno nel v. 2,1, che rinvierebbe alla Pasqua di resurrezione. Il miracolo dell'acqua mutata in vino anticipa la manifestazione della gloria di Cristo nella resurrezione. Vi è peraltro, secondo questo autore, un implicito contrasto fra l'acqua usata per il rito della purificazione giudaica e il vino donato da Gesù, essendo la prima caratteristica del vecchio ordine ed il secondo del nuovo. Il miracolo dell'acqua mutata in vino è allora un segno della venuta del regno di Dio, attraverso Gesù. La gloria di Gesù, rivelata a Cana, fu proprio un segno della venuta del regno di Dio nel ministero di Gesù[15].

Anche per Brodie la menzione del terzo giorno non può che evocare la resurrezione. In questa prospettiva, il vino va associato all'«ora» di Gesù e la manifestazione della gloria è un riverbero di quell'ora finale in cui Gesù sarebbe stato glorificato, passando da questo mondo al Padre[16].

Dopo aver considerato il pensiero di questi autori riteniamo che il v. 2,11, sulla gloria manifestata dal Signore compiendo il primo miracolo, vada letto nella prospettiva dei tempi messianici che Gesù ha inaugurato. Il versetto del Prologo (1,14) aveva affermato che la gloria di Cristo era quella dell'unigenito del Padre. Adesso, nel miracolo di Cana, Cristo rivela la stessa gloria dell'unigenito. Esaminiamo ora l'altro versetto in cui Gesù sta per compiere un miracolo, manifestando la sua gloria (11,40).

---

[14] Cf. R.E. BROWN, *Giovanni*, 136.
[15] Cf. G.R. BEASLEY-MURRAY, *John*, 34-36.
[16] Cf. T.L. BRODIE, *The Gospel*, 172-173.

1.2.2 Gv 11,40

Λέγει αὐτῇ ὁ Ἰησοῦς οὐκ εἶπόν σοι ὅτι ἐὰν πιστεύσῃς ὄψῃ τὴν δόξαν τοῦ θεοῦ.

Le disse Gesù: «Non ti ho detto che, se credi, vedrai la gloria di Dio?».

Dupont afferma che la gloria vista dai discepoli, quella dell'unigenito del Padre (1,14), s'illumina con i due miracoli di Cana e Lazzaro. Vedendo l'acqua mutata in vino e Lazzaro risuscitato, i discepoli hanno constatato un potere straordinario in Gesù, ch'egli non poteva che avere da Dio. La gloria di Cristo appariva nella potenza di compiere i miracoli, questi sono dei segni che manifestano la potenza ricevuta dal Padre. I miracoli consentono pure di vedere la sua gloria, riconoscendo in colui al quale Dio ha donato tale gloria, il vero Figlio di Dio[17].

Léon-Dufour legge un'inclusione del v. 40 con il 4. La gloria di Dio, secondo questo autore, esprime il senso ultimo che comprende i diversi significati offerti da Gesù alle sue opere. La gloria di Dio che qui Gesù metterà in luce, è la creazione nuova ch'egli suscita al di là della decomposizione che produce la morte. E la condizione per «vedere» questa gloria di Dio è la fede[18].

Abbiamo dunque due segni miracolosi, Cana e Lazzaro, che rivelano il potere di Cristo, un potere ch'egli come Figlio unigenito ha dal Padre e che è una manifestazione della sua gloria. Dopo aver visto questi due versetti, ci fermiamo adesso ad analizzare qualche altro (7,39 e 12,16) in cui la glorificazione di Gesù è legata all'evento della sua morte e resurrezione, sebbene non vi sia un riferimento esplicito all'«ora».

1.3 *La glorificazione del Cristo nella sua morte e resurrezione*

1.3.1 Gv 7,39

Τοῦτο δὲ εἶπεν περὶ τοῦ πνεύματος ὃ ἔμελλον λαμβάνειν οἱ πιστεύσαντες εἰς αὐτόν· οὔπω γὰρ ἦν πνεῦμα, ὅτι Ἰησοῦς οὐδέπω ἐδοξάσθη.

Questo egli disse riferendosi allo Spirito che avrebbero ricevuto i credenti in lui: infatti non c'era ancora lo Spirito, perché Gesù non era stato ancora glorificato.

---

[17] Cf. J. DUPONT, *Christologie*, 280.282.
[18] Cf. X. LÉON-DUFOUR, *Lettura*, II, 532-533. Barrett fa notare che in 11,40 la fede è una condizione per vedere la gloria di Dio, mentre in 2,11 è il risultato della visione della gloria di Cristo (cf. C.K. BARRETT, *The Gospel*, 402).

Moloney si chiede che legame vi sia tra il simbolo messianico dell'acqua (vv. 7,37-38), il dono dello Spirito e la glorificazione di Gesù. Quando, egli si chiede, si realizzerà questa glorificazione? La crescente minaccia di violenza attorno alla presenza di Gesù in Gerusalemme per la festa dei Tabernacoli (vd. 7,19-20.23.25.30.32) e la sua allusione ai fratelli circa la sua «ora» che sarebbe venuta ad un'altra festa dei Giudei (7,6-8), rimanda alla sua morte. La perfezione della promessa messianica, ovvero il dono dello Spirito e la glorificazione di Gesù, sono legati alla sua morte sulla croce[19]. Analogamente, anche Barrett e Bienaimé sostengono che il dono dello Spirito va visto in relazione alla pasqua di morte e resurrezione[20].

De la Potterie stabilisce un parallelo con i vv. 4,10-14 in cui Gesù parla, rivolto alla Samaritana, di un dono di Dio e di un'acqua, bevuta la quale si estinguerà la sete, diventando una sorgente che zampilla per la vita eterna. In entrambi i testi l'evangelista distingue due tempi nella rivelazione: quello di Gesù e quello dello Spirito. In un primo tempo è Gesù che compie l'opera della rivelazione, poi lo Spirito che dall'interno irrigherà le anime dei discepoli, facendo di essi dei veri credenti[21]. De la Potterie afferma che, sia in 4,14 che in 7,38, le «sorgenti d'acqua» cominceranno a scorrere nei credenti dopo la glorificazione di Gesù. Quest'ultima comincerà a realizzarsi sulla croce e corrisponde al «non ancora» del v. 7,39. Ma poiché in Giovanni l'«ora» di Gesù comprende sia la sua morte che la sua resurrezione, il dono dello Spirito è da riferirsi ad entrambi questi momenti. A conferma di ciò, de la Potterie cita quei passi del vangelo in cui Gesù dona lo Spirito, sia sulla croce che dopo la resurrezione (19,30 e 20,22)[22].

Ci sembra corretta l'interpretazione che mette assieme i seguenti temi: acqua, Spirito Santo, morte in croce di Gesù. Il v. 39 non sarebbe parentetico, come sostiene Brown[23], ma metterebbe in rapporto l'acqua con lo Spirito Santo che, solo a partire dall'«ora» di Gesù, sarà effuso.

Il versetto successivo (12,16) si colloca nel quadro dell'ingresso messianico di Gesù a Gerusalemme, quando egli è acclamato dalla folla e tuttavia si siede sopra un puledro d'asina (12,12-15).

---

[19] Cf. F.J. MOLONEY, *The Gospel*, 253.
[20] Cf. C.K. BARRETT, The *Gospel*, 329; G. BIENAIMÉ, «L'annonce», 309-310.
[21] Cf. I. de la POTTERIE, «Gesù e lo Spirito Santo», 123.
[22] Cf. I. de la POTTERIE, «Gesù e lo Spirito Santo», 124-125. L'autore traduce l'espressione παρέδωκεν τὸ πνεῦμα del v. 19,30 con — «trasmise lo Spirito» —. Con questa traduzione la morte sulla croce determina allora l'invio dello Spirito.
[23] Cf. R.E. BROWN, *Giovanni*, 424.

1.3.2 Gv 12,16

Ταῦτα οὐκ ἔγνωσαν αὐτοῦ οἱ μαθηταὶ τὸ πρῶτον, ἀλλ᾽ ὅτε ἐδοξάσθη Ἰησοῦς τότε ἐμνήσθησαν ὅτι ταῦτα ἦν ἐπ᾽ αὐτῷ γεγραμμένα καὶ ταῦτα ἐποίησαν αὐτῷ.

Sul momento i suoi discepoli non compresero queste cose; ma quando Gesù fu glorificato, si ricordarono che questo era stato scritto di lui e questo gli avevano fatto.

Braun collega i vv. 12,15-16 con un passo parallelo in 2,22 ove Giovanni aveva fatto un'osservazione analoga a proposito della purificazione del Tempio. I discepoli si erano ricordati della parola del Sal 69,10: «lo zelo della tua casa mi divora» (2,17). E dopo la resurrezione di Gesù dai morti, essi si ricorderanno delle parole di Gesù in 2,19 — «Distruggete questo tempio e in tre giorni lo farò risorgere» — e ne comprenderanno il senso (2,22). Da questo passo parallelo si può concludere che la glorificazione di Gesù è la sua resurrezione[24].

Ma, cosa curiosa per Grossouw, è che Giovanni in 12,16 impiega il verbo δοξάζω come di passaggio, in un senso quasi tecnico: il verbo è al passivo e si rapporta a Cristo. Con questo impiego assoluto di δοξάσθηναι in 12,16, l'autore vuole senza alcun dubbio designare in primo luogo la resurrezione e la glorificazione di Gesù nel senso normale del cristianesimo primitivo, per cui il v. 12,16 si può paragonare a 2,22 e 20,9. Tuttavia l'insieme del quarto vangelo mostra con evidenza che la morte del Signore fa ugualmente parte di questa glorificazione di Gesù[25].

Anche Schnackenburg mette in luce che il «ricordarsi» dei discepoli è reso possibile dall'opera dello Spirito Santo (cf. 14,26; 16,14). I discepoli comprenderanno il passo riportato in 12,15, dopo la resurrezione di Gesù dai morti (2,22) e l'invio dello Spirito (7,39). L'unico evento della glorificazione, continua Schnackenburg, include la resurrezione, l'esaltazione e l'invio dello Spirito[26].

Ci troviamo in sintonia con le interpretazioni che includono la passione, la morte, la resurrezione e l'invio dello Spirito nella glorificazione di cui ai vv. 12,15-16. E' nell'«ora» che tutta l'esistenza di Gesù è protesa; in essa si avvererà anche quella glorificazione di cui i miracoli erano un anticipo. Ci addentriamo dunque nell'analisi di quei passi

---

[24] Cf. F.-M. BRAUN, *Jean*, 212.
[25] Cf. W. GROSSOUW, *L'Évangile*, 135.
[26] Cf. R. SCHNACKENBURG, *Il vangelo*, II, 626.

che considerano il tema della glorificazione in rapporto all'«ora». Quanto discusso finora è preliminare allo studio della glorificazione nell'«ora», che riguarda in particolar modo i capp. 13-17, ma anche i vv. 12,23.27-28. Quest'«ora» è nominata da Gesù già nell'episodio delle nozze di Cana per affermare che essa «non è ancora giunta» (2,4). C'è un cammino da fare per arrivare all'«ora», ma questa è già presente nell'orizzonte della vita di Gesù fin dalle nozze di Cana, in cui Gesù ha manifestato la sua gloria (2,11).

Percorso questo tratto di strada, dopo aver visto i vari passi in cui la glorificazione avviene prima dell'«ora», analizzeremo adesso alcuni versetti (12,23.27-28; 13,31-32; 17,1.4.22.24)[27] che affrontano direttamente il tema della glorificazione nell'«ora». Incominciamo dal versetto in cui Gesù dice per la prima volta che l'ora della sua glorificazione è giunta (12,23), che studieremo insieme ai vv. 12,27-28 per l'affinità di contenuto.

1.4 *Gv 12,23.27-28*

23 ὁ δὲ Ἰησοῦς ἀποκρίνεται αὐτοῖς λέγων ἐλήλυθεν ἡ ὥρα ἵνα δοξασθῇ ὁ υἱὸς τοῦ ἀνθρώπου.
27 Νῦν ἡ ψυχή μου τετάρακται, καὶ τί εἴπω; πάτερ, σῶσόν με ἐκ τῆς ὥρας ταύτης; ἀλλὰ διὰ τοῦτο ἦλθον εἰς τὴν ὥραν ταύτην. 28 πάτερ, δόξασόν σου τὸ ὄνομα. ἦλθεν οὖν φωνὴ ἐκ τοῦ οὐρανοῦ καὶ ἐδόξασα καὶ πάλιν δοξάσω.

23 Gesù rispose: «E' giunta l'ora che sia glorificato il Figlio dell'uomo».
27 Ora l'anima mia è turbata; e che devo dire? Padre, salvami da quest'ora? Ma per questo sono giunto a quest'ora! 28 Padre, glorifica il tuo nome. Venne allora una voce dal cielo: «L'ho glorificato e di nuovo lo glorificherò!»[28].

L'associazione così netta tra l'«ora» e la glorificazione di Gesù, denota Fabris, si ha in 12,23 e nella preghiera finale. Fino a questo momento la vita di Gesù era ritmata dalla prospettiva dell'«ora» che non arrivava. Da adesso in poi è oltrepassata la soglia critica per entrare nell'«ora» della gloria (13,1.31). Egli sarà glorificato da Dio e l'ini-

---

[27] Tralasciamo per il momento il v. 17,10b, che sarà studiato nel capitolo successivo.
[28] Nel commento a questi versetti ci soffermeremo maggiormente in quanto, pur non rientrando nei capp. 13-17, riguardano il tema della glorificazione nell'«ora», che a noi interessa più da vicino.

ziativa della glorificazione, come lascia intendere il passivo δοξασθῇ (12,23), appartiene proprio a Dio[29]. Fabris osserva che il successivo v. 28 riprende il tema della glorificazione, abbracciando l'intero arco del processo di rivelazione salvifica, che va dalla condizione del Verbo preesistente presso il Padre, alla sua comunione finale (17,5.24). Nel segno della gloria che viene da Dio Padre e si manifesta nel Figlio, sta l'intera missione di Gesù. L'«ora» di Gesù è il vertice ed il compimento della sua missione; segna inoltre il passaggio alla gloria futura ed escatologica, nella quale si compirà la piena rivelazione di Dio Padre nel Figlio (vd. 13,31-32)[30].

L'«ora» del v. 12,23, secondo Barrett, è come in altri versetti (2,4, 7,30 e 8,20 ove non è ancora arrivata; 12,27, 13,1 e 17,1 ove è già arrivata), l'«ora» della morte di Gesù. Tale morte è tuttavia una cosa sola con la sua glorificazione[31]. In 12,28 Gesù non fa che ripetere il principio che ha guidato la sua vita (vd. 7,18 e 8,50), e cioè che Dio è glorificato nella completa obbedienza del suo servo ed il servo vuole soltanto compiere la volontà di colui che lo ha mandato, glorificando Dio. E, mentre una glorificazione del nome del Padre è già avvenuta nei segni miracolosi che Gesù ha compiuto, quella che deve ancora avvenire riguarda la morte ed esaltazione di Gesù[32].

La glorificazione già avvenuta di cui al v. 28 sarebbe, per Carson, da porre in relazione con il ministero terreno di Gesù, nell'incarnazione (1,14) e specialmente nei segni prodigiosi (2,11 e 11,40). La glorificazione futura riguarda invece la morte ed esaltazione di Gesù. Il nome del Padre, che è stato glorificato attraverso il ministero di Gesù, continuerà ad essere glorificato nell'«ora» del Cristo[33].

L'«ora» sopraggiunta al v. 23, secondo Carson, non è nient'altro che il tempo per Gesù della sua morte, resurrezione ed esaltazione, ovvero della sua glorificazione. Il titolo — «Figlio dell'uomo» — che nei Sinottici è utilizzato in connessione con le sue sofferenze, o in riferimento all'arrivo della gloria, qui include entrambi i temi. Questo è vero non solo perché la morte di Gesù è il primo stadio sulla via che porta alla gloria, bensì anche perché la stessa morte è la suprema manifestazione della gloria di Gesù[34].

---

[29] Cf. R. FABRIS, *Giovanni*, 683.
[30] Cf. R. FABRIS, *Giovanni*, 686.
[31] Cf. C.K. BARRETT, *The Gospel*, 422-423.
[32] Cf. C.K. BARRETT, *The Gospel*, 425-426.
[33] Cf. D.A. CARSON *The Gospel*, 441.
[34] Cf. D.A. CARSON, *The Gospel*, 437.

L'uso del perfetto ἐλήλυθεν in 12,23 evidenzia, a giudizio di Schnackenburg, il fatto che quest'«ora» è giunta stabilmente come ora della glorificazione. L'autore fa notare che i vv. 7,30 e 8,20 parlavano dell'«ora» di Gesù come ora della morte che non era ancora arrivata. Qui invece, viene messo in luce l'aspetto positivo dell'«ora»: essa infatti s'identifica con la glorificazione di Gesù. Tale identificazione illumina anche il significato dell'esaltazione del Figlio dell'uomo di cui in 3,14 e 8,28[35].

Brown riallaccia i vv. 12,27-28 con il 12,23: anche qui viene nominato il tema dell'«ora» e quello della glorificazione. Egli suggerisce il fatto che, poiché i vv. 27-28 riprendono i temi dell'ora e della glorificazione del v. 23, probabilmente in origine i vv. 23.27-28 erano un'unità[36].

Così anche per Schnackenburg, il v. 27 si riallaccia al 23; il νῦν infatti del v. 27 corrisponde all'ὥρα del 23. L'«ora» della morte e della glorificazione è venuta, ed è sentita da Gesù nella sua dimensione più profonda e drammatica. Nel versetto successivo (28) Schnackenburg interpreta l'aoristo ἐδόξασα in riferimento a tutta l'opera di Gesù sulla terra fino alla sua «ora». L'opera di Gesù ha glorificato il Padre, come apparirà dal v. 17,4; anche il Padre tuttavia ha mostrato al Figlio obbediente la sua vicinanza e comunione con lui (vd. 8,16.29.54)[37].

Léon-Dufour infine considera tutta la sezione che va dal v. 23 al 33, come un'unità letteraria in forma di chiasmo. Il versetto iniziale, che richiama la presenza dell'«ora», offre il tono a tutto il discorso. Al centro del chiasmo si trova il v. 27 che ripropone ancora una volta il tema dell'«ora». L'intero discorso riguarda dunque il mistero dell'«ora», l'ora della glorificazione. Di tale glorificazione l'autore è il Padre, come indica il verbo al passivo, usato per la prima volta in collegamento con l'«ora». Fin dall'inizio del discorso il Padre è presente al pensiero di Gesù[38].

Il cammino verso l'annunciata glorificazione (è ancora Léon-Dufour a parlare) è quindi precisato con l'immagine del grano di frumento al v. 24: in Giovanni il grano è da identificare con Cristo stesso. La glorificazione di cui in 12,23 consiste nella morte del grano, ovvero di Cristo, che in quanto tale produce altro grano in abbondanza. Il versetto corrispondente a questo nel chiasmo (v. 32) chiarisce ancora meglio questo

---

[35] Cf. R. Schnackenburg, *Il vangelo*, II, 635.
[36] Cf. R.E. Brown, *Giovanni*, 612.
[37] Cf. R. Schnackenburg, *Il vangelo*, II, 642.644.
[38] Cf. X. Léon-Dufour, *Lettura*, II, 575-576.

pensiero: «e io, quando sarò elevato da terra, attirerò tutti gli uomini a me»[39].

Léon-Dufour sostiene ancora che i versetti successivi (25-26), insieme a quelli corrispondenti nella sezione (31.28), illuminano sempre più il significato del versetto iniziale (23) sulla glorificazione di Gesù nell'«ora». La preghiera dei vv. 27-28, secondo Léon-Dufour, avvia già la risalita rappresentata dall'altro versante del chiasmo. L'invocazione «glorifica il tuo nome» corrisponde alla domanda del Padre nostro: «sia santificato il tuo nome!». Gesù ha domandato la glorificazione del Padre, ma la gloria di Dio altro non è che la piena rivelazione del suo amore per il mondo e s'identifica quindi con l'opera del Figlio, mediante la quale i credenti sono riuniti assieme entrando a far parte della comunione divina. La risposta dal cielo — «L'ho glorificato e di nuovo lo glorificherò!» — dimostra che il passato ed il futuro si toccano mediante il presente dell'«ora»[40].

Continuiamo il nostro studio approfondendo il tema della glorificazione nell'«ora», nel contesto dei capp. 13-17 (a partire dai vv. 13,31-32).

2. La glorificazione nei capp. 13-17

2.1 *I capp. 13-16*

2.1.1 Gv 13,31-32

31 Ὅτε οὖν ἐξῆλθεν, λέγει Ἰησοῦς νῦν ἐδοξάσθη ὁ υἱὸς τοῦ ἀνθρώπου καὶ ὁ θεὸς ἐδοξάσθη ἐν αὐτῷ 32 εἰ ὁ θεὸς ἐδοξάσθη ἐν αὐτῷ, καὶ ὁ θεὸς δοξάσει αὐτὸν ἐν αὐτῷ, καὶ εὐθὺς δοξάσει αὐτόν.

---

[39] Cf. X. LÉON-DUFOUR, *Lettura*, II, 577-578. De la Potterie, dopo aver rilevato che il tema dell'esaltazione ha uno sfondo anticotestamentario nel IV canto sul «servo sofferente» (Is 52,13) dove si parla della sua esaltazione e glorificazione, e nella predicazione della chiesa primitiva che lo connette con l'ascensione di Cristo (At 2,33; 5,31; Fil 2,9), fornisce un'altra spiegazione per Giovanni. Il termine «esaltazione» qui non indica in nessun luogo l'ascensione di Cristo, bensì viene legato direttamente alla sua morte in croce (come lo stesso v. 12,33 dirà). Inoltre, conformemente all'AT greco dove il verbo «essere esaltato» designava un potere regale (cf. 1Mac 8,13; 11,16; Dan 4,19; 11,36), anche in Giovanni vi è tale prospettiva. Ma, mentre l'intronizzazione regale negli Atti era riferita all'Ascensione (At 2,34-35), in Giovanni è anticipata sulla croce. Il IV vangelo vede nella passione e morte di Gesù i frutti prodotti per la salvezza del mondo: dall'alto della croce Gesù attira a sé tutti gli uomini divenendo il re di coloro che credono in lui (cf. I. de la POTTERIE, *Studi di cristologia giovannea*, 118-119).

[40] Cf. X. LÉON-DUFOUR, *Lettura*, II, 575.589-590.

31 Quando egli fu uscito, Gesù disse: «Ora il Figlio dell'uomo è stato glorificato, e anche Dio è stato glorificato in lui. 32 Se Dio è stato glorificato in lui, anche Dio lo glorificherà da parte sua e lo glorificherà subito.

La stessa idea di 12,23.28 è espressa anche in 13,31-32. Questi versetti, è Grossouw ad affermarlo, servono da introduzione ai discorsi d'addio, ovvero alla suprema rivelazione di Gesù ai «suoi», dove è esposto per prima cosa il senso autentico della sua passione. Giovanni vede in questi due versetti, più ancora che altrove, la glorificazione del Figlio in unione con la gloria del Padre: Dio glorifica suo Figlio nella sua morte ed è attraverso il Figlio stesso che viene glorificato[41].

Nei vv. 13,31-32, a giudizio di Carson, l'evangelista rende noto che il momento supremo della divina rivelazione, il grande svelamento della gloria, avviene nell'umiliazione della croce. Questo sarebbe il motivo principale per il quale è utilizzato al v. 31 il titolo — «Figlio dell'uomo» —[42]. A proposito di εὐθὺς del v. 32, Barrett afferma che non è necessario aspettare la parusia perché il Cristo entri nella gloria del Padre. La sua gloria appare infatti ad un tempo nella resurrezione, nel dono dello Spirito e nell'essere presente fra i «suoi», così come appare nella crocifissione. Questa verità sarà sviluppata in seguito nei tre capitoli successivi (capp. 14-16)[43].

A giudizio di Brodie, la dichiarazione sulla glorificazione fatta dopo l'uscita di Giuda è qualcosa di simile alla precedente dichiarazione resa dopo la venuta dei Greci (12,20-23.28). I due processi, sostiene Brodie, sono complementari, come se entrambi fossero necessari per la piena rivelazione della gloria di Dio nel Figlio dell'uomo. Nei vv. 13,31-32 il verbo δοξάζω, ripetuto cinque volte, ha un potente effetto climatico. Nel Figlio dell'uomo, specialmente nella sua morte, lo «splendore» di Dio si è manifestato. Quello che viene detto qui è un misto di passato e futuro: la glorificazione è accaduta ed accadrà. Essa include tutto ciò che Dio ha sempre rivelato e sempre rivelerà, attraverso la sua Parola, all'umanità[44].

Anche Beasley-Murray afferma che le parole di Gesù in 12,23.27.31-32 sono strettamente imparentate con quelle in 13,31-32. L'«ora» di cui in 12,23 include non solo sofferenza e morte, ma anche esaltazione, così come i vv. 12,31-32 mettono in evidenza: la glorificazione del

---

[41] Cf. W. GROSSOUW, L'Évangile, 138.
[42] Cf. D.A. CARSON, The Gospel, 482.
[43] Cf. C.K. BARRETT, The Gospel, 451.
[44] Cf. T.L. BRODIE, The Gospel, 455.

Figlio dell'uomo si realizza nel suo innalzamento sulla croce e al trono del cielo. In modo simile, i tempi al passato ed al futuro sulla glorificazione in 13,31-32, sono tenuti insieme dal νῦν del v. 31 e da εὐθὺς del v. 32[45].

L'«ora» in 13,31, per Braun, è il momento in cui Gesù affronta la potenza delle tenebre ed in cui la glorificazione è considerata come un fatto acquisito. Certo che lungo tutta la sua vita terrena Gesù ha glorificato il Padre sia con le sue opere (5,19ss; 10,25.32.37s; 14,10s; 15,24), e sia manifestando la sua potenza (9,3s; 11,4.40), e pronunciando le sue parole (3,34; 7,16; 8,28.40; 12,49s; 14,10.24; 18,8.14), o facendo conoscere il suo nome (17,6; cf. 12,28). Ma il νῦν designa l'istante indivisibile in cui il Padre ed il Figlio saranno simultaneamente glorificati attraverso la morte sulla croce[46].

L'«ora» di cui si parla in questi versetti non riguarda, secondo Schnackenburg, un momento ben preciso, ma un evento pregnante, che in ogni caso culmina nell'elevazione di Gesù sulla croce. L'«ora» era infatti già venuta (ἐλήλυθεν) durante la visita dei Greci (12,20-24) e Gesù vi era entrato con il suo turbamento (12,27). Tutti i fatti ordinati alla morte in croce di Gesù hanno perciò un riferimento a quest'«ora» (i tempi dei verbi, aoristi e futuri, non sono da interpretare allora in un senso strettamente temporale)[47]. Importante è tener presente questa unità inscindibile della glorificazione del Figlio e del Padre che l'«ora» determina. Un ulteriore approfondimento del tema ci verrà fornito dall'analisi di Gv 17.

Nel pensiero di Léon-Dufour, i vv. 13,31-32 segnano un passo avanti rispetto a 12,23.27-28. Sembra quasi che Gesù veda la morte dietro di sé e sia già nella gloria del suo Dio. Egli ha superato l'emozione in cui l'aveva gettato l'imminenza della morte in 12,27 e 13,21[48]. Il primo uso del verbo δοξάζω in 13,31 è al passato: «Ora il Figlio dell'uomo è stato glorificato». Léon-Dufour stabilisce un legame tra questa glorificazione e la morte di Gesù; l'uscita di Giuda dalla sala dell'ultima cena, appena avvenuta, avvalorerebbe questa tesi. Si potrebbero tener presenti anche i «segni» compiuti da Gesù nel suo ministero terreno ma la

---

[45] Cf. G.R. BEASLEY-MURRAY, *John*, 246.
[46] Cf. F.-M. BRAUN, *Jean*, 212-213.
[47] Cf. R. SCHNACKENBURG, *Il vangelo*, III, 84-85.
[48] Cf. X. LÉON-DUFOUR, *Lettura*, III, 64-65

morte, considerata come se già fosse accaduta, rappresenta il coronamento di una missione in cui l'opera di Dio è stata compiuta[49].

A proposito del secondo aoristo in 13,31, ἐδοξάσθη, Léon-Dufour fa notare che invece della traduzione abituale — «Dio è stato glorificato in lui» —, si potrebbe leggere «Dio si è glorificato in lui», nel senso che ha rivelato in lui la sua gloria. Così si spiegherebbe anche l'espressione ἐν αὐτῷ che in Giovanni ha raramente valore di dativo strumentale («attraverso di lui»), mentre ha per lo più un senso locativo. Glorificando il Figlio dell'uomo, Dio ha rivelato la propria gloria. Nell'evento della croce si manifesta la «gloria» della partecipazione di tutti i credenti, attraverso Gesù, alla vita stessa di Dio[50].

Per Bultmann nel νῦν di 13,31 passato e futuro sono legati insieme; questo è evidenziato in modo particolare dalla paradossale giustapposizione di ἐδοξάσθη del v. 31 a δοξάσει del 32. Tale parola, δοξάσει, può essere di nuovo legata a quel καὶ εὐθὺς δοξάσει αὐτόν, che è una referenza all'imminente passione. La δόξα diviene manifesta proprio nella croce[51]. Il v. 32, per Léon-Dufour, orienta l'azione futura di Dio nei confronti del Figlio dell'uomo attraverso lo stesso verbo, δοξάζω, adoperato al futuro ed in forma attiva. Nella prima parte in cui è detto che «Dio lo glorificherà in se stesso», vi è una prospettiva indefinita, ma la seconda parte del versetto — «e lo glorificherà subito» —, ci riporta all'orizzonte della morte imminente del Figlio dell'uomo. La glorificazione riferita al passato nel v. 31, nel successivo versetto è rivolta al futuro (un futuro imminente)[52].

Analizziamo adesso i versetti del cap. 17 in cui è presente il tema della glorificazione nell'«ora», dopo aver fatto una breve introduzione su Gv 17.

2.2 Il cap. 17

Grossouw sostiene che la rivelazione di Gesù raggiunge il suo punto culminante nella preghiera sacerdotale; parimenti incontriamo le dichiarazioni supreme sulla gloria del Signore, tema peculiare di questo capitolo. La glorificazione è messa fin dall'inizio (v. 1) in relazione con la «ora» che è arrivata. La partenza di Gesù è l'ora decisiva della morte come della glorificazione (cf. 12,23ss; 13,1-31); tutto quello che prece-

---

[49] Cf. X. LÉON-DUFOUR, *Lettura*, III, 67.
[50] Cf. X. LÉON-DUFOUR, *Lettura*, III, 67-69.
[51] Cf. R. BULTMANN, *The Gospel*, 523-524.
[52] Cf. X. LÉON-DUFOUR, *Lettura*, III, 69-70.

deva tendeva verso quest'ora e vi trovava il suo senso; tutto ciò che segue, durante il tempo della chiesa, vi si fonda[53].

In quest'ora Gesù è glorificato, vale a dire è entrato nella sua condizione permanente e definitiva. Ed in quanto «glorificato» egli è il redentore e rivelatore; rivelatore anche perché lo Spirito ch'egli invierà nella sua qualità di glorificato, introdurrà i discepoli nella «verità tutta intera» (16,13)[54].

Grossouw afferma ancora che tutto quanto si riferisce al vero senso della sua opera, la sua δόξα, non raggiunge uno scopo ultimo con la sua esistenza terrena ma, al contrario, se ne può adeguatamente parlare a partire dalla sua morte. Il cap. 17 determina allora questo passo avanti: mentre fino a quel momento la vita di Gesù era già segnata dalla δόξα (cf. 1,14 e 2,11), da adesso in poi la δόξα è vista in riferimento al suo termine finale, all'«ora» di Gesù. E la δόξα non è percepibile che per la fede soltanto, fede che nella sua piena accezione si ottiene per il dono dello Spirito, dopo la resurrezione, come l'evangelista indica in vari passi (2,22; 7,39; 12,16; 14,25-26; 13,7; 16,5-12; 20,9). L'originalità della visione giovannea è quella di considerare, con una logica molto profonda, la vita e la missione di Gesù in funzione della sua fine, di collocare dall'inizio l'esistenza di Cristo sotto il segno della δόξα, che fu rivelata ai discepoli in modo peculiare attraverso la resurrezione, l'ascensione e l'invio dello Spirito[55]. Questo vale in modo speciale per l'«ora», ma non bisogna dimenticare che anche durante la sua esistenza terrena Gesù manifestò, con i miracoli e la trasfigurazione, la sua δόξα.

Grossouw pensa che, senza diminuire la storicità della vita terrestre di Gesù, senza attenuare lo scandalo della croce, Giovanni giunge ad una concezione teologica perfettamente unitaria, che abbraccia la preesistenza ed il compimento finale. Verso la fine della preghiera sacerdotale, Gesù dirà: «La gloria che tu mi hai dato, io l'ho data a loro, affinchè siano una cosa sola, come noi siamo una cosa sola» (17,22)[56].

La chiesa per Grossouw, di essa si tratta a partire dal v. 20, ha ricevuto la δόξα del suo maestro glorificato. Come Gesù, attraverso la sua incarnazione, ha glorificato il Padre in parole ed in opere, così la chiesa, che vive in questo mondo (17,11ss.) e dunque sotto le minacce e nella tristezza (16,6.20), dovrà far conoscere al mondo la gloria del Padre rivelata nel Figlio, e lo farà con la forza dello Spirito ed in virtù

---

[53] Cf. W. GROSSOUW, *L'Évangile*, 138.
[54] Cf. W. GROSSOUW, *L'Évangile*, 139.
[55] Cf. W. GROSSOUW, *L'Évangile*, 140.
[56] Cf. W. GROSSOUW, *L'Évangile*, 140.

del suo invio in questo mondo. I «suoi» possiedono dunque già adesso la sua δόξα, e tuttavia Gesù può dire ch'essi non la possiedono ancora, perlomeno in modo perfetto. Perciò Gesù afferma nel v. 17,24: «Padre, quelli che tu mi hai dato, voglio che là dove sono io, siano anch'essi con me, perché contemplino la gloria che tu mi hai dato, perché mi hai amato prima della creazione del mondo». Dal punto di vista cronologico, la δόξα più lontana nel passato, quella che è preesistente, è congiunta a quella più lontana nell'avvenire, la δόξα strettamente escatologica e senza velo, quella della visione di Dio e di Cristo[57].

La preghiera sacerdotale, per Braun, è eminentemente la preghiera del Figlio che ritorna da suo Padre e che, forte della sua missione, gli domanda che l'opera d'amore di cui egli è stato incaricato abbia il suo pieno sviluppo (17,22-23.26). Ed ancora, la sua glorificazione personale è in totale riferimento a quella di suo Padre (ἵνα ὁ υἱὸς δοξάσῃ σέ, 17,1). Inoltre, mentre nel suo ministero precedente Gesù ha esercitato il suo potere di donare la vita eterna solo in modo limitato, qui nell'«ora», il Padre mette il Figlio nella condizione migliore per dimostrare il suo potere vivificatore, senza limitazioni[58].

Il tema della glorificazione, per Thüsing, è centrale in Gv 17. Questo tema che appare all'inizio (v.1), è ripreso nella prima parte ai vv. 4-5, nella seconda parte (v. 10); quindi nella quarta (v. 22) e nella quinta (v. 24) è menzionato il tema della gloria[59]. La domanda iniziale sulla glorificazione offre, secondo Thüsing molto più fortemente di quanto potrebbe sembrare, il senso dell'insieme ed è il tema di tutta la preghiera. Riconoscere ciò che significa nel vangelo di Giovanni la glorificazione di Gesù e di suo Padre, equivale a trovare la chiave per comprendere Gv 17[60]. Nell'analisi della glorificazione e della gloria in questo capitolo ci atterremo soprattutto allo studio di Thüsing, il quale inizia dal v. 17,4 a sondare questo tema.

Thüsing comincia la sua analisi della glorificazione in Gv 17 dal v. 4 perché, secondo lui, è il versetto che svela più chiaramente il significato della glorificazione[61]. Nel v. 4 infatti, Gesù afferma di aver glorificato il Padre compiendo l'opera che questi gli ha affidato. Vi è cioè una specificazione riguardante il contenuto della glorificazione, cosa che

---

[57] Cf. W. GROSSOUW, *L'Évangile*, 141.
[58] Cf. F.-M. BRAUN, *Jean*, 214.
[59] Come abbiamo già visto (pag. 105) Thüsing divide Gv 17 in queste sei parti: 1b-5; 6-11a; 11b-19; 20-23; 24; 25-26.
[60] Cf. W. THÜSING, *La prière*, 20-21.
[61] Cf. W. THÜSING, *La prière*, 22.

negli altri versetti (1.5.10.22.24) concernenti lo stesso tema, non sussiste. Cominciamo allora con l'analisi di Gv 17,4 e proseguiremo secondo un filo logico tracciato dallo stesso autore (Thüsing).

2.2.1 Gv 17,4

ἐγώ σε ἐδόξασα ἐπὶ τῆς γῆς τὸ ἔργον τελειώσας ὃ δέδωκάς μοι ἵνα ποιήσω.

Io ti ho glorificato sopra la terra, compiendo l'opera che mi hai dato da fare.

Thüsing rileva l'importanza dei vv. 6-8 per illuminare il significato della glorificazione che Gesù ha realizzato nei confronti del Padre, compiendo l'opera che questi gli ha affidato. Il v. 6 nella sua prima parte — «Ho fatto conoscere il tuo nome agli uomini che mi hai dato dal mondo» — contiene un enunciato che descrive tutta l'opera di Gesù, a condizione di comprenderne l'intenzione profonda. I vv. 8.14 dicono parallelamente che Gesù ha trasmesso ai discepoli la «parola» o le «parole» che il Padre gli aveva dato, e anche questo, per Thüsing, equivale al compimento della rivelazione. Al termine della preghiera, il v. 26 riprenderà quasi testualmente il contenuto del v. 6: «Ho fatto conoscere loro il tuo nome». In che senso, si chiede Thüsing, questa rivelazione, è una glorificazione del Padre[62]?

Anzitutto, continua Thüsing, occorre chiarire il significato del termine «nome», riferito a Dio. Il «nome» designa normalmente nella Bibbia, la realtà stessa. «Il nome del Padre che è stato fatto conoscere» significa allora che il Padre può essere nominato nella sua realtà, e che coloro che sono stati toccati dalla rivelazione possono ora invocare e conoscere il Padre. Gesù rivela il nome del Padre, ovvero dona ai «suoi» l'accesso a Dio, il Padre. Il contenuto di tutta la rivelazione del NT è in effetti questo: Dio è Padre[63].

Thüsing osserva tuttavia che, nel vangelo di Giovanni, questo messaggio riceve una particolare accentuazione, come mette in luce il v. 20,17: «Salgo al Padre mio e Padre vostro, Dio mio e Dio vostro». Questo versetto parla del Padre e Dio di Gesù, distinguendolo nettamente rispetto ai discepoli. In primo luogo Dio è il Padre di Gesù Cristo. La sua relazione unica di Figlio è particolarmente sottolineata nel vangelo di Giovanni, così come l'unità tra Padre e Figlio.

---

[62] Cf. W. THÜSING, La prière, 26.
[63] Cf. W. THÜSING, La prière, 27.

L'originalità di 20,17, secondo Thüsing, è nell'appello rivolto a Dio, Padre dei discepoli, in quanto per la prima ed ultima volta viene usata questa espressione nel quarto vangelo. L'unico vero Dio (17,3) che, in modo unico è il Padre di Gesù, diventa in una forma nuova il Padre di coloro che credono in Gesù. La loro filiazione è differente da quella di Gesù e tuttavia è una reale partecipazione, grazie alla vita nuova donata attraverso la rivelazione. Tale è la manifestazione del nome del Padre di cui parla Gv 17,6, che si identifica con la realizzazione dell'«opera» in 17,4. E' la rivelazione di Dio e Padre di Gesù che fa dei credenti i suoi figli[64].

Approfondendo il significato della rivelazione di Gesù, Thüsing si chiede in che modo Gesù abbia realizzato quest'opera in cui ha manifestato il nome di Dio. Qual è, in altri termini, il contenuto della rivelazione di Gesù? Egli ha manifestato il Padre, rivelandosi come suo inviato, colui che solo può manifestare il suo nome. Questo era in suo potere perché Gesù è una cosa sola con il Padre. Il passaggio più esplicito in tal senso, secondo Thüsing, si trova in 14,9s dove Gesù risponde a Filippo che gli ha chiesto di mostrargli il Padre: «Chi ha visto me ha visto il Padre [...]? Non credi che io sono nel Padre e che il Padre è in me? [...] il Padre che è in me compie le sue opere»[65].

Gv 17 riprende le affermazioni riportate in 14,9-10 nei vv. 6-10. L'enunciato del v. 6 — «Ho manifestato il tuo nome agli uomini» — viene ripreso dai vv. 7-10: «Ora essi sanno che tutto quello che mi hai donato viene da te [...] e hanno veramente riconosciuto che sono uscito da te e hanno creduto che tu mi hai inviato [...]. Perché essi sono tuoi e tutto ciò che è tuo è mio». I versetti dal 7 al 10 svelano la risposta dei discepoli alla rivelazione del nome del Padre. In Gv 17 è dunque soggiacente l'affermazione di 14,9, in quanto Gesù manifesta il Padre, rivelando di essere una cosa sola con lui (i vv. 11.21 ne parleranno esplicitamente)[66].

Thüsing sostiene che si comprenderebbe ancora imperfettamente la «opera» di Gesù del v. 17,4 trascurando quello che i vv. 6-10 vogliono veramente dire. Gesù prega per l'unità dei «suoi», egli che li ha custoditi nel nome del Padre (17,12). L'aver costituito questa comunità è parte inseparabile del suo agire sulla terra ed esprime validamente la sua «opera»[67].

---

[64] Cf. W. THÜSING, La prière, 28.
[65] Cf. W. THÜSING, La prière, 28.
[66] Cf. W. THÜSING, La prière, 29.
[67] Cf. W. THÜSING, La prière, 29-30.

Thüsing rileva ancora che l'espressione del v. 4 — «l'opera che mi hai dato da fare» — dimostra che l'obbedienza al Padre informava l'agire terrestre di Gesù. Ma il carattere essenziale e necessario di quest'obbedienza per il «compimento dell'opera» ci viene riferito in Gv 4,34: «mio cibo è fare la volontà di colui che mi ha mandato e compiere la sua opera». Le due idee del v. 4,34 — Gesù fa la volontà del Padre e compie la sua opera — si completano e s'esplicano mutuamente. In sostanza indicano la stessa cosa. Per Gesù, l'opera della sua vita non è una realizzazione personale, indipendente, bensì nient'altro che il compimento della volontà del Padre. Compiere l'opera e la volontà del Padre, questo è il suo «cibo»[68].

Anche Vanhoye vede uno stretto parallelo tra il compiere l'opera di Dio e fare la sua volontà; è il v. 4,34 a suggerire questo parallelo. L'opera che il Padre ha affidato a Gesù perché la compia, in 17,4, va dunque letta nel senso di una manifestazione della volontà divina. E Gesù presenta, in effetti, il compimento della volontà del Padre come il mezzo per dimorare nell'amore di Dio: «Se osserverete i miei comandamenti, dimorerete nel mio amore, come io ho osservato i comandamenti del Padre mio e dimoro nel suo amore» (15,10)[69].

Infine il detto di 4,34, per Thüsing, designa l'opera come se fosse l'opera stessa del Padre. Tale opera non è allora soltanto donata o esigita dal Padre, ma si realizza attraverso il Padre stesso che vi partecipa. Si tratta di un'azione comune, reciproca, di Gesù e del Padre. Il v. 5,17 si colloca su questa linea dell'azione comune di Padre e Figlio: «Mio Padre lavora sempre ed anch'io lavoro». Questo significa che il Padre e Gesù operano entrambi in totale unità. I vv. 5,19-20 precisano come questa azione e questa uguaglianza siano da intendere: «In verità, in verità vi dico, il Figlio non può far nulla da solo se non ciò che vede fare dal Padre; quello che egli fa, anche il Figlio lo fa. Il Padre infatti ama il Figlio, gli manifesta tutto quello che fa». Questi versetti fanno parte di una serie di parole di Gesù in cui egli afferma di non essere venuto da sé stesso e di non parlare o agire di propria iniziativa. Egli non cerca nemmeno di fare la sua volontà. L'opera del Padre è piuttosto l'opera di Gesù e questa non è un'affermazione statica, bensì implica un flusso ed un riflusso di amore che si dona e di un'obbedienza che ama[70].

---

[68] Cf. W. Thüsing, *La prière*, 30-31.
[69] Cf. A. Vanhoye, «L'oeuvre du Christ», 393.
[70] Cf. W. Thüsing, *La prière*, 32-33.

In un'opera successiva, Vanhoye afferma che il compimento dell'opera affidata dal Padre a Gesù riguarda la passione, avendo il verbo τελειόω in 17,4 lo stesso valore che in 19,28[71].

Thüsing vede la morte sulla croce di Gesù come il compimento della sua opera. Perché, egli si chiede, sia in 4,34 che in 17,4 appare la parola «compiere»? In Gv 13,1 compare un'espressione che ci permette di fare un passo avanti: «Prima della festa di Pasqua Gesù, sapendo che era giunta la sua ora di passare da questo mondo al Padre, avendo amato i suoi che erano nel mondo, li amò sino alla fine». Il senso di questo «amore sino alla fine» ci è svelato in 15,13: «Nessuno ha un amore più grande di questo: dare la vita per i propri amici». L'amore divino «sino alla fine» significa, nella sua espressione terrena, il dono totale di sé nella morte[72].

A partire dal v. 4,34, secondo Thüsing, la morte sulla croce è vista come l'atto di obbedienza finale, l'ultima rinuncia a sé stesso in una morte accettata liberamente (cf. 10,17s). Questa morte è, non soltanto il compimento dell'amore di Gesù, bensì anche il compimento della sua opera. Quello che sta al fondo della rinuncia alla propria volontà nell'obbedienza all'opera è nient'altro che l'amore di Gesù per il Padre. Un passo in Gv 14,31 esprime chiaramente questo amore presente dappertutto: «ma bisogna che il mondo sappia che io amo il Padre e faccio quello che il Padre mi ha comandato». La morte di Gesù, per Thüsing, dev'essere per il mondo la prova di quest'amore. E' a partire da lì che occorre interpretare tutta l'«opera» di Gesù. Il nome del Padre è rivelato quando Gesù si fa conoscere come il suo inviato, quando cioè diventa manifesto che Gesù e il Padre sono una cosa sola. L'obbedienza fino alla morte in croce è la rivelazione ultima dell'unità del Padre e del Figlio, il compimento dell'«opera»[73].

Thüsing stabilisce un collegamento tra il v. 4,34 ed il 19,30. In 19,30 si trova per l'ultima volta nel vangelo di Giovanni l'idea di compimento, è l'ultima parola di Gesù morente: «Tutto è compiuto». Non dovremmo pensare, si chiede Thüsing, al «compimento dell'opera» di cui in 4,34 vi è un riferimento? Il cibo di cui parla 4,34 riguarda dunque già il compimento dell'obbedienza nella morte. Analogamente, il v. 17,4 sul compimento dell'opera non concerne ugualmente una morte per obbedienza? Ad una prima considerazione Thüsing esclude questa

---

[71] Cf. A. VANHOYE, *Se conoscessi*, 80.
[72] Cf. W. THÜSING, *La prière*, 32-33.
[73] Cf. W. THÜSING, *La prière*, 34.

CAP. VIII: LA GLORIFICAZIONE NEI CAPP. 13-17 233

risposta; la preghiera è infatti formulata prima della passione. La glorificazione del Padre da parte di Gesù dipende dall'opera ch'egli ha compiuto fino a quel momento (manifestazione del nome del Padre in parole e in atti)[74].

Vi è tuttavia, sempre Thüsing lo afferma, un passo parallelo che corrisponde esattamente al v. 17,4. Si tratta del v. 12,27s: «Ora l'anima mia è turbata; e che devo dire? Padre, salvami da quest'ora? Ma per questo sono giunto a quest'ora! Padre, glorifica il tuo nome». Thüsing fa osservare che qui ritroviamo il verbo «glorificare», presente nel v. 17,4, ed il «nome» del Padre in 17,6. In cosa consiste allora questa glorificazione del nome del Padre per la quale Gesù prega in 12,28? L'ora della sua passione è arrivata, occorre bere il calice che il Padre gli offre. La preghiera di Gesù — «Padre, glorifica il tuo nome» — significa ch'egli accetta quest'ora e con essa il calice della passione; in tal modo sarà veramente glorificato il nome del Padre. Il desiderio di Gesù di rivelare il nome del Padre, sarà compiuto attraverso la passione[75].

La preghiera di Gesù in 12,27-28, continua Thüsing, esprimeva la sua disponibilità ad accettare la morte nell'obbedienza. Ciò equivaleva già a glorificare il nome del Padre. La prima parte della risposta che viene dal cielo lo attesta: «L'ho glorificato» (12,28). La morte per obbedienza apre tuttavia il campo ad una nuova e totale rivelazione del nome del Padre: «di nuovo lo glorificherò!» (12,28)[76].

Tornando adesso a considerare Gv 17,4, Thüsing afferma che questo versetto si riferisce al v. 12,28, lì dove Gesù è disposto a glorificare il Padre accettando l'«ora» e bevendo il «calice». L'obbedienza che realizza il disegno e l'opera del Padre non poteva consistere in nient'altro che nella rivelazione della totale unità di Gesù con suo Padre. Gesù non poteva parlare del compimento dell'opera, prima d'aver portato a termine la sua obbedienza, accettando anche la morte. Poiché è l'obbedienza che porta ed anima l'«opera», quest'ultima è da considerarsi ormai compiuta. L'opera di cui si parla in 17,4 culmina allora, come abbiamo visto in 4,34, 13,1 e 19,30, nella morte di Gesù[77].

---

[74] Cf. W. THÜSING, La prière, 35.
[75] Cf. W. THÜSING, La prière, 36.
[76] Cf. W. THÜSING, La prière, 36.
[77] Cf. W. THÜSING, La prière, 36-37. L'evento della croce rientra, anche secondo Schnackenburg, nell'opera che il Figlio ha compiuto (v. 4) in obbedienza al Padre (cf. R. SCHNACKENBURG, Il vangelo, III, 277).

Riassumendo, Thüsing esprime così il suo pensiero su Gv 17,4. Gesù ha glorificato il Padre sulla terra rivelando il suo nome; ha aperto ai «suoi» l'accesso a Dio suo Padre, facendosi conoscere come colui che lo ha manifestato, come colui cioè che è una cosa sola con lui e che lo rende visibile. Questa rivelazione è portata avanti nella sua obbedienza fino alla morte sulla croce. Il Padre è glorificato nella morte per obbedienza di Gesù, e l'opera a lui affidata trova sulla croce il suo compimento[78].

Secondo Braun la morte di Cristo sulla croce segna l'ultimo compimento della sua missione sulla terra, come testimoniano i vv. 17,4 e 19,28.30. L'elevazione di Cristo sulla croce è dunque sicuramente una rivelazione che sorpassa quella dei segni e delle parole. Offrendo la sua vita per quelli che gli sono stati dati, Gesù sigilla il messaggio ch'egli aveva avuto il compito di proclamare, e lo sigilla con il suo sangue. Di fatto, nella linea della rivelazione, l'avvenimento del calvario è il punto culminante che non sarà mai sorpassato; nella linea dell'incarnazione, si situa più in basso della κατάβασις, fino al punto in cui il Figlio unico doveva discendere per trasferire la famiglia umana nella sfera divina della luce e della vita[79].

La morte in croce è insomma l'apice della missione di Gesù verso la quale la sua vita era protesa. L'«ora» segna l'inizio di questo compimento che determinerà la glorificazione.

Dopo l'analisi del v. 4, Thüsing esamina il v. 17,5 in quanto vi è un legame stretto fra i due. Gesù chiede infatti al Padre di rispondere con la glorificazione del Figlio all'opera che Gesù ha compiuto, glorificando il Padre[80]. Seguiremo anche noi quest'ordine considerando nel contempo il v. 24, per l'affinità tematica (in entrambi vi è un riferimento alla gloria di Cristo prima della creazione del mondo) che vi è tra i due versetti.

2.2.2 Gv 17,5.24

5 καὶ νῦν δόξασόν με σύ, πάτερ, παρὰ σεαυτῷ τῇ δόξῃ ᾗ εἶχον πρὸ τοῦ τὸν κόσμον εἶναι παρὰ σοί.

24 Πάτερ, ὃ δέδωκάς μοι, θέλω ἵνα ὅπου εἰμὶ ἐγὼ κἀκεῖνοι ὦσιν μετ' ἐμοῦ, ἵνα θεωρῶσιν τὴν δόξαν τὴν ἐμήν, ἣν δέδωκάς μοι ὅτι ἠγάπησάς με πρὸ καταβολῆς κόσμου.

---

[78] Cf. W. THÜSING, *La prière*, 37.
[79] Cf. F.-M. BRAUN, *Jean*, 218-219.
[80] Cf. W. THÜSING, *La prière*, 41.

5 E ora, Padre, glorificami davanti a te, con quella gloria che avevo presso di te prima che il mondo fosse.
24 Padre, voglio che anche quelli che mi hai dato siano con me dove sono io, perché contemplino la mia gloria, quella che mi hai dato; poiché tu mi hai amato prima della creazione del mondo.

Ci soffermeremo dapprima su un'analisi dei tempi verbali nei vv. 17,5.24 per cogliere il significato della gloria che viene menzionata.

La glorificazione di cui al v. 17,5 per Dupont indicherebbe il raggiungimento futuro della gloria, piuttosto che il possesso eterno della stessa; è dunque una gloria escatologica. Egli preferisce la traduzione — «glorificami con quella gloria che (era) presso di te» —, ove il verbo essere viene sottinteso. Prima che il mondo fosse, la gloria di Cristo esisteva presso Dio e a Gesù è destinata per la fine dei tempi. Si tratterebbe perciò di una gloria escatologica, preparata da Dio prima del mondo, per essere donata alla fine dei tempi[81].

Dupont, analizzando poi il v. 17,24, rileva che l'utilizzo del perfetto del verbo «dare», riguardante la gloria che il Padre ha dato al Figlio, si può intendere sia come un futuro anteriore — «la gloria che tu mi avrai dato» — e sia come un passato prossimo, — «la gloria che tu mi hai (già) dato» —. Pur tuttavia, il contesto in cui Gesù domanda la propria glorificazione fa preferire il primo senso. Gesù sarà in possesso della sua gloria allorquando i discepoli lo raggiungeranno[82].

Mettendo in relazione 17,24, ove si usa l'espressione «prima della fondazione del mondo», con altri testi del NT ove si adopera la medesima espressione (Ef 1,4; Mt 25,34: Ap 13,8 e 17,8; 1Cor 2,7; 1Pt 1,20), Dupont sottolinea che si tratta di un mezzo letterario dall'apocalittica giudaica che amava stabilire una corrispondenza tra le intenzioni di Dio prima della fondazione del mondo ed il loro compimento alla fine. Il mondo presente non sarebbe altro che una sorta di parentesi, un periodo transitorio, tra l'elezione e la glorificazione (cf. Rom 8,29-30). Il tema della glorificazione in 17,24 riguarderebbe perciò il raggiungimento futuro della gloria piuttosto che il possesso eterno della stessa; è dunque una gloria escatologica[83].

Non allo stesso modo la pensano Brown, Schnackenburg e Léon-Dufour che concordano invece con un'altra interpretazione: i due versetti del cap. 17 (5.24) avrebbero a che fare con la gloria che Cristo

---

[81] Cf. J. DUPONT, *Christologie*, 267-269.
[82] Cf. J. DUPONT, *Christologie*, 265.
[83] Cf. J. DUPONT, *Christologie*, 265-267.

aveva presso il Padre prima che il mondo fosse. Si tratta allora della gloria che come Figlio unigenito egli ha da tutta l'eternità[84].

Ci sembra che questa interpretazione rispetti una migliore traduzione e sia più conforme al contesto del cap. 17. Al v. 5 infatti viene utilizzato il verbo εἶχον («avevo») e non il verbo essere, per parlare della gloria che il Cristo aveva prima che il mondo fosse. Non si tratta dunque della gloria che «era» presso il Padre prima che il mondo fosse, bensì di quella che il Figlio «aveva» presso il Padre prima che il mondo fosse. Così al v. 24 l'uso, due volte ripetuto, del perfetto δέδωκάς fa preferire la traduzione al passato prossimo («hai dato»). Gesù parla della gloria che il Padre gli ha dato, poiché lo ha amato prima della fondazione del mondo. La ripetizione di due espressioni simili — «prima che il mondo fosse» e «prima della fondazione del mondo» (vv. 5.24) — richiama inoltre l'attenzione su qualcosa che è anteriore alla vita terrestre di Gesù e che riguarda la sua gloria. Abbiamo allora a che fare con una gloria distinta da quella terrena della vita di Gesù, una gloria che il Figlio possedeva presso il Padre da tutta l'eternità.

Grossouw fa notare, inoltre, lo strano carattere d'atemporalità di qualche versetto, in particolare 17,11: «Io non sono più nel mondo; ma essi sono nel mondo e io vengo a te». Dopo tutti gli altri testi ove si parla della glorificazione, questo passo precisa ai nostri occhi quello che Giovanni intende concretamente con il termine glorificazione. Questa consiste anzitutto nel fatto che Gesù se ne va al Padre; attraverso la sua morte lascia questo mondo e ritorna alla sua esistenza celeste, di cui la δόξα è la caratteristica peculiare. Così Grossouw interpreta 17,5 e 17,24, vedendovi una conclusione a tutto il Prologo. In secondo luogo, la glorificazione non include solamente un modo d'essere, una condizione, ma un'attività, così come nell'AT la *K^{e}bod Jahweh* designava frequentemente una potenza presente ed operante di Dio. Il testo lo conferma: la δόξα che Gesù riceve dal Padre consiste nel potere (ἐξουσία) su ogni carne (v. 2), che è esercitato effettivamente attraverso la sua morte[85]. Ci sembra interessante quest'idea espressa da Grossouw su Gv 17 come conclusione del Prologo.

Ciò che Gesù domanda in 17,5, a giudizio di Thüsing, non è nient'altro che il compimento della volontà del Padre. Già nel v. 10,18 vi è un riferimento, nel potere di Gesù di offrire e riprendere la sua vita,

---

[84] Cf. R.E. BROWN, *Giovanni*, 917-918; R. SCHNACKENBURG, *Il vangelo*, III, 278-279; X. LÉON-DUFOUR, *Lettura*, III, 365-366.
[85] Cf. W. GROSSOUW, *L'Évangile*, 139.

al compimento della volontà del Padre. Il libero esercizio del potere di Gesù in 10,18 è nello stesso tempo il compimento di un comando, quello del Padre. In 10,18 si può già dire che l'opera che il Padre ha affidato a Gesù, vale a dire la rivelazione del suo nome, non si compie se non con la morte sulla croce. Questo è il quadro a partire dal quale il v. 17,5 si può comprendere[86].

In 17,5 Gesù esprime il desiderio di essere glorificato «presso» il Padre, espressione quest'ultima che compare due volte. Ma Thüsing osserva che questo versetto non è l'unico in cui viene evidenziata la volontà di essere «presso» il Padre. In realtà questo è il grande tema dei discorsi d'addio: Gesù ritorna al Padre e questa partenza riveste un'importanza capitale per lui, per i discepoli e per il mondo[87].

Thüsing si chiede quindi quale sia il contenuto di quella «gloria presso il Padre» di cui parla il v. 17,5. Nel rispondere a questa domanda egli si ricollega al successivo v. 17,24 che offrirebbe una parola chiave. In 17,24 si trova infatti l'espressione «prima della creazione del mondo, simile a quella del v. 5, «prima che il mondo fosse». Tuttavia il v. 24 introduce, secondo Thüsing, qualcosa di nuovo; infatti in quel «tu mi hai amato prima della creazione del mondo» viene affermato che tale gloria ha il suo fondamento nell'amore eterno di Dio. La domanda che allora emerge è questa: perché l'amore del Padre per il Figlio viene designato con il termine «gloria»[88]?

Thüsing afferma che nel vangelo di Giovanni il termine «gloria» qualifica Dio secondo due prospettive: sotto l'aspetto della luce divina e sotto quello della potenza divina. La gloria di cui parla l'evangelista Giovanni conosce questi due significati, che hanno tuttavia una sfumatura caratteristica. La gloria è luce: in questo senso Gesù è illuminato dall'amore del Padre. Il v. 17,24 lascia intravvedere una tale accezione del termine «gloria», in quanto si dice che dev'essere contemplata. La gloria è anche potenza: con il suo amore, il Padre gratifica il Figlio di tutto quello che lui possiede. In sintesi, Gesù in 17,5 chiede di ricevere e manifestare la gloria del Padre, cioè la sua unità d'amore con lui, con tutto il potere che tale gloria implica[89].

Facendo un passo indietro, al v. 17,4, Thüsing afferma che in questo versetto è confermato tutto quanto detto finora. L'opera terrestre di

---

[86] Cf. W. THÜSING, La prière, 41-42.
[87] Cf. W. THÜSING, La prière, 42.
[88] Cf. W. THÜSING, La prière, 44-45.
[89] Cf. W. THÜSING, La prière, 45.

Gesù rivela in definitiva l'unione nell'amore del Padre e del Figlio; essa manifesta il Padre come colui che ama Gesù e, attraverso di lui, il mondo intero. Prendendo a prestito qualche espressione della prima lettera di Giovanni (1Gv 4,7-8), si può dire che la glorificazione terrestre portata a termine da Gesù consiste nel rivelare Dio come amore[90].

Dopo aver analizzato i vv. 4-5, Thüsing esamina i primi tre versetti. Egli segue quest'ordine perché dall'esame del v. 5 è data la spiegazione della richiesta di glorificazione di cui al v. 1. Gesù chiede al v. 5 di poter essere glorificato «con quella gloria che avevo presso di te prima che il mondo fosse», precisazione questa che non appare al v. 1. Forse, si chiede Thüsing, la richiesta di glorificazione del v. 1 si deve comprendere in un senso più generale ed ampio? A questa domanda cercherà di rispondere Thüsing nell'analisi dei vv. 1-3[91].

Pensiamo anche noi di poter seguire questo filo logico che comincia dal v. 4, in cui la glorificazione del Padre da parte di Gesù è specificata nel senso del compimento dell'opera a lui affidata. Dal v. 4 siamo passati al successivo (5) per il nesso che lega i due versetti; infatti subito dopo aver detto che ha glorificato il Padre, Gesù chiede di essere glorificato lui stesso. Vi è inoltre una precisazione importante nel v. 5 — «con quella gloria che avevo presso di te prima che il mondo fosse» —, per la quale adesso sappiamo che tipo di glorificazione Gesù chiede al v. 1. Ci addentriamo dunque nell'analisi di Gv 17,1.

2.2.3 Gv 17,1

Ταῦτα ἐλάλησεν Ἰησοῦς καὶ ἐπάρας τοὺς ὀφθαλμοὺς αὐτοῦ εἰς τὸν οὐρανὸν εἶπεν πάτερ, ἐλήλυθεν ἡ ὥρα δόξασόν σου τὸν υἱόν, ἵνα ὁ υἱὸς δοξάσῃ σέ.

Così parlò Gesù. Quindi, alzati gli occhi al cielo, disse: «Padre, è giunta l'ora, glorifica il Figlio tuo, perché il Figlio glorifichi te».

Sul v. 1 Brown afferma che il processo della glorificazione è già iniziato con l'inizio dell'«ora», ma non è stato ancora completato. Nel v. 4 il verbo è all'aoristo, ἐδόξασα, come se l'azione fosse terminata. D'altronde, secondo Brown, non è pensabile che la glorificazione del Padre, a cui si accenna nel v. 4, sia stata completata prima dell'ora della morte, resurrezione ed ascensione. Perciò sembra più corretto affermare

---

[90] Cf. W. Thüsing, *La prière*, 47.
[91] Cf. W. Thüsing, *La prière*, 49.

che i vv. 1.4 trovano la loro giusta collocazione quando l'«ora» e l'esaltazione di Gesù siano state adempiute[92]. La richiesta di essere glorificato in 17,1 può sembrare strana, secondo Brown, dal momento che l'evangelista ha messo in luce fin dall'inizio la gloria posseduta e manifestata da Gesù (vd. 1,14; 2,11; 11,4.40; 12,28). Tuttavia l'autore afferma che la gloria di Gesù durante il ministero terreno era visibile come un segno; nell'«ora» si passa dal segno alla realtà, cosicchè l'«ora» è il tempo in cui il Figlio dell'uomo viene glorificato (12,23). E quando l'«ora» si compirà, la vita eterna sarà elargita attraverso il dono dello Spirito (20,22)[93].

Anche per Barrett la richiesta di glorificazione in 17,1 è più esplicita che non in 12,23. La gloria del Figlio proviene dal Padre ed è la conseguenza dell'obbedienza di Gesù. E' per questa obbedienza che il Figlio è in grado di glorificare il Padre. L'aoristo, ἐδόξασα, del v. 4 contrasta con il congiuntivo presente, δοξάσῃ del v. 1. Secondo Barrett si tratta di un differente tipo di glorificazione; nel v. 1 il Figlio glorificherà il Padre dando la vita agli uomini (cf. v. 2), qui la glorificazione dipende dall'opera compiuta dal Figlio (τὸ ἔργον τελειώσας). Il participio τελειώσας si riferisce all'intera esistenza terrena fino anche alla morte (cf. 19,30, τετέλεσται) di Gesù[94].

Il chiasmo iniziale su cui è strutturato il v. 1 (glorificazione-Figlio-Figlio glorificazione), per Segalla, mette in chiaro che: 1) il tema principale della preghiera è la glorificazione del Figlio; 2) la glorificazione del Figlio è glorificazione del Padre; 3) vi è un'unità profonda del Padre e del Figlio nella storia della salvezza. L'insistente domanda di glorificazione si spiega per la situazione di crisi che l'«ora» ha determinato (cf. 12,27 e 12,24). L'evangelista è cosciente che la glorificazione passa attraverso la morte. I vv. 13,31-32 sulla glorificazione del Figlio dell'uomo, essendo legati all'uscita di Giuda dalla sala dell'ultima cena, sono da leggere in riferimento alla prossima passione, morte e resurrezione di Gesù ed indicano il clima entro cui il versetto iniziale di Gv 17 dev'essere interpretato. Il Padre glorificherà il Figlio con la resurrezione e l'invio dello Spirito. La breve richiesta iniziale indica allora come la glorificazione di Gesù vada letta sullo sfondo oscuro della passione, e quella del Padre attraverso l'opera del Figlio e dei discepoli (nonché i credenti futuri)[95].

---

[92] Cf. R.E. BROWN, *Giovanni*, 899-901.
[93] Cf. R.E. BROWN, *Giovanni*, 915.
[94] Cf. C.K. BARRETT, *The Gospel*, 501.504.
[95] Cf. G. SEGALLA, *La preghiera*, 101-103.

Fabris rileva che nel v. 1 risuona per l'ultima volta il segnale dell'«ora», prima della morte e glorificazione di Gesù. Dopo gli annunci sull'«ora» in 12,23 e 13,1, adesso nuovamente e per l'ultima volta è ripreso questo tema. Ma la novità del contesto, aggiunge Fabris, sta nel nuovo rapporto di Gesù con Dio, il Padre. Non è infatti più usata l'espressione — «Figlio dell'uomo» —, di matrice apocalittica, bensì semplicemente il termine «Figlio». Ciò significa che nella preghiera di Gv 17 una relazione unica viene messa in luce tra il Figlio ed il Padre[96].

Schnackenburg stabilisce un nesso inscindibile fra la richiesta di glorificazione al v. 1 ed il potere di donare la vita eterna agli uomini, nel v. 2. La successiva affermazione sulla glorificazione del v. 4 non indica nient'altro che il presupposto della meta indicata nel v. 2, che farebbe da filo conduttore di tutto quello che segue in Gv 17[97].

Thüsing fa notare che mentre al v. 5 è utilizzata l'espressione «la gloria che avevo presso di te», nel v. 1 Gesù chiede al Padre la propria glorificazione «affinchè il Figlio glorifichi te», frase che i vv. 2-3 espliciteranno chiarendone il significato. Quello che Gesù ha fatto sulla terra, glorificando il Padre, non termina con la domanda della propria glorificazione, in quanto egli vuole ancora glorificare il Padre[98].

L'ultimo versetto della preghiera, rileva Thüsing, parla ancora di questa glorificazione del Padre attraverso l'esaltazione del Figlio: «Ho fatto conoscere loro il tuo nome e lo farò conoscere, perché l'amore con il quale mi hai amato sia in essi e io in loro» (17,26). L'espressione — «ho fatto conoscere il tuo nome» — significa che l'opera terrestre di Gesù rivela il nome del Padre. Questo versetto ha lo stesso significato del 17,4, sulla glorificazione del Padre che Gesù ha posto in essere compiendo l'opera a lui affidata. Il futuro sulla rivelazione del nome del Padre, «lo farò conoscere», riguarda invece l'agire di Gesù dopo la sua morte; è dunque l'azione di colui che è stato esaltato. E' a questo ultimo tipo di glorificazione del Padre attraverso il Figlio che si riferirà la fine del primo versetto[99].

La glorificazione che il Figlio ha realizzato sulla terra nei confronti del Padre coincide con la rivelazione del nome del Padre, è rivelazione di Dio come amore. Non è infatti per caso, sostiene Thüsing, che la parola «amore» si trovi alla fine della preghiera, al v. 26. Al v. 24

---

[96] Cf. R. FABRIS, *Giovanni*, 865.
[97] Cf. R. SCHNACKENBURG, *Il vangelo*, III, 273.
[98] Cf. W. THÜSING, *La prière*, 49.
[99] Cf. W. THÜSING, *La prière*, 50.

troviamo già il verbo «amare», ma infine in 17,26 compare per la prima ed unica volta il sostantivo «amore», senso ultimo di tutto il testo. Il v. 26 dimostrerebbe che la glorificazione del Padre è rivelazione dell'amore del Figlio e di quello che il Padre ha verso Gesù[100]. La glorificazione, tenendo presente il v. 26, non è soltanto rivelazione, ma partecipazione a quest'amore. Ora Thüsing fa un raffronto con il v. 5,20 in cui si afferma che il Padre mostrerà al Figlio delle «opere più grandi di queste, e voi ne resterete meravigliati». Le «opere più grandi» designano la progressiva rivelazione del nome del Padre; esse rimandano al Cristo glorificato. In Gv 12,24 Gesù applicherà a sé una comparazione che vale ugualmente per le sue opere: l'immagine del chicco di grano che deve morire per portare frutto. Tutta la vita di Gesù, per Thüsing è il germe che porterà le «opere più grandi». Ed è importante ricordarsi di questa immagine per ben comprendere la rivelazione del nome del Padre attraverso Gesù, nel corso della sua vita terrestre e quella realizzata con l'arrivo dell'«ora»[101].

Thüsing osserva che il cap. 5 risponde alla questione concernente l'oggetto di queste «opere più grandi»: «Come il Padre risuscita i morti e da' la vita, così anche il Figlio da' la vita a chi vuole» (5,21). Le «opere più grandi» consistono allora nel fatto che Gesù dona la vita eterna. Thüsing si chiede se la morte di Gesù ed il dono della vita da parte sua siano due cose diverse, oppure coincidano. I vv. 17,2-3 confermano in realtà che si tratta della stessa cosa; infatti il v. 2 sul potere che il Padre ha dato a Gesù, affinchè doni la vita eterna a tutti coloro che gli sono stati affidati, chiarisce la fine del primo versetto («perché tuo Figlio glorifichi te»). La prima parte del v. 2 — «poiché tu gli hai dato potere sopra ogni essere umano» — si può precisare come la glorificazione del Padre che Gesù attuerà esercitando il potere ch'egli ha ricevuto di donare la vita. La glorificazione del Padre consiste propriamente nel fatto che Gesù dona ai «suoi» la vita eterna[102].

Il v. 3, per Thüsing, completa il cerchio e rimanda al tema della rivelazione. La vita eterna è donata nella conoscenza di Dio e del suo inviato Gesù Cristo. E' rivelando ai «suoi» il nome del Padre che Gesù trasmette loro la vita eterna e glorifica Dio[103].

---

[100] Cf. W. THÜSING, La prière, 50.
[101] Cf. W. THÜSING, La prière, 51.
[102] Cf. W. THÜSING, La prière, 52.
[103] Cf. W. THÜSING, La prière, 53.

Thüsing sostiene che si può considerare ancora sotto un altro aspetto la glorificazione del Padre di cui parla 17,1, come se si trattasse dell'esaltazione di Gesù. Questi aveva domandato di essere elevato «presso il Padre» (nella prima parte del v. 1) sul trono della gloria; ma in tale esaltazione egli intravvede già la comune glorificazione del Padre e di lui stesso. Questo pensiero, a parere di Thüsing, concorda con tutto l'orientamento del vangelo ed il v. 16,14, in particolare, lo dimostrerà[104].

Prima di concludere quest'analisi dei temi della glorificazione e della gloria in Gv 17, non resta che esaminare il v. 22 (il v. 10 lo esamineremo nel prossimo capitolo). Dopo aver visto la gloria che riguarda il rapporto Figlio – Padre (vv. 1.4-5), nonché il v. 24 (che presenta un'analogia con il v. 5), nel v. 22 i discepoli sono ancora evocati sul tema della gloria.

2.2.4 Gv 17,22

Κἀγὼ τὴν δόξαν ἣν δέδωκάς μοι δέδωκα αὐτοῖς, ἵνα ὦσιν ἓν καθὼς ἡμεῖς ἕν.

E la gloria che tu hai dato a me, io l'ho data a loro, perché siano come noi una cosa sola.

Sul v. 22, Barrett fa notare che la dichiarazione in esso contenuta, sulla gloria che il Figlio ha dato ai discepoli, implica una risposta alla preghiera dei vv. 1.5. L'evangelista volge lo sguardo indietro sull'opera compiuta da Cristo, in cui la gloria di Dio è stata a lui accordata nel suo ritorno al Padre. Cristo è stato glorificato ed ha comunicato la sua gloria alla chiesa. Essa possiede la gloria di Cristo che è stata acquistata soprattutto attraverso la sua morte in croce[105].

La gloria di cui si parla al v. 22 non è, per Segalla, quella che aveva presso il Padre prima dell'inizio del mondo (17,5.24). E' piuttosto la gloria con cui Gesù ha glorificato il Padre sulla terra, compiendo l'opera a lui affidata (17,4). E' la stessa gloria che i discepoli hanno contemplato in 1,14, che si è rivelata nei «segni» in 2,11 e 11,4.40, e che si rivelerà pienamente nell'innalzamento sulla croce. Tale gloria è,

---

[104] Cf. W. THÜSING, *La prière*, 54.
[105] Cf. C.K. BARRETT, *The Gospel*, 513.

secondo Segalla, la vita divina donata, la vita eterna di cui si parla in 17,2-3[106].

La gloria di cui al v. 22 è innanzitutto, per Thüsing, donata dal Padre al Figlio e poi da questi ai discepoli. Al Figlio il Padre dona il suo nome (17,11), le sue parole (17,8); egli ha rimesso tutto nelle sue mani (3,35), ovvero la pienezza dello Spirito che Gesù a sua volta donerà. Ai discepoli Gesù dona allora lo Spirito (3,34), l'«acqua viva», segno dello Spirito (4,10.14; 7,37-39), il cibo per la vita eterna (6,27; 6,51). In Gv 17 egli dona loro la vita eterna (17,2), le parole o la parola del Padre (17,8.14) ed il «nome» (del Padre). Tutti questi passaggi, concernono la salvezza donata attraverso il Paraclito. Il v. 22 sulla gloria donata ai discepoli riguarderebbe dunque il dono della salvezza, la pienezza dello Spirito[107].

Questa gloria è, secondo Thüsing, la pienezza della grazia e della verità. E' rivelazione della realtà divina, identica al nome o alla parola del Padre. Tale gloria, che è pienezza dello Spirito Santo, è legata alla glorificazione di Gesù (cf. 7,39). Essa è chiamata «gloria» al v. 22 perché, come suggerirà il v. 24, è luce e forza del divino amore. In essa si rivela l'unità d'amore del Padre e del Figlio in grado di trascinarvi dentro gli stessi credenti[108].

Concordiamo con il pensiero degli autori citati, secondo cui la gloria donata ai discepoli, di cui in 17,22, riguarda quello che i discepoli hanno contemplato del Cristo (1,14) nella sua persona in generale e nei suoi «segni» (2,11; 11,4.40), in particolare. Si tratta ancora, e soprattutto, della gloria manifestata nell'«ora» come luce e potenza del divino amore.

Non ci sembra in tal senso corretta l'interpretazione di Piper, il quale mette in dubbio il fatto che i discepoli possano aver già ricevuto una tale gloria, trovandosi ancora nella sala dell'ultima cena. Piper preferisce, per il v. 17,22, tradurre δόξα con il termine «onore», che è una chiave di valore dell'antico mondo lambito dal Mediterraneo, e risulta appropriato per molti testi ebraici[109]. Ma questo significato di δόξα come onore non corrisponde al contesto di Gv 17 e dei capp. 13-17 in generale, che stanno tutti nello sfondo dell'«ora» ormai sopraggiunta. In essa tutto il peso della glorificazione e della gloria si riveleranno nell'amore di Gesù sino alla fine (13,1) e nella potenza su ogni carne

---

[106] Cf. G. SEGALLA, *La preghiera*, 172-173.
[107] Cf. W. THÜSING, *La prière*, 114.
[108] Cf. W. THÜSING, *La prière*, 115.
[109] Cf. R.A. PIPER, «Glory, Honor and Patronage», 282-283.

(17,2). Il fatto che il verbo utilizzato sia al perfetto (τὴν δόξαν ἣν δέδωκάς μοι δέδωκα αὐτοῖς) non pregiudica tale interpretazione perché da una parte, sebbene non siano ancora iniziati gli eventi dell'«ora», si presuppongono già attuati (senso prolettico). Dall'altra, il perfetto indica la permanente attualità di un avvenimento passato (vd. pag. 168), che si adatta meglio al senso di δόξα, data da Gesù, come rivelazione dell'amore di Dio e del suo potere salvifico.

Piper osserva ancora che bisogna distinguere fra δόξα rivelata e δόξα data-ricevuta nel quarto vangelo. In tal senso elenca una serie di versetti (5,41.44; 7,18; 9,24; 12,43; 17,22) in cui gli uomini sono citati come datori o ricevitori della δόξα. A questi versetti ne affianca altri tre (15,8; 17,10 e 21,19) in cui δοξάζω è sostenuto dagli uomini, come soggetti o agenti del verbo in questione. Si tratterebbe in tutti questi casi di una gloria o di una glorificazione che riguardano l'onore. Nel caso della δόξα rivelata si può parlare della manifestazione visibile della maestà e potenza di Dio, mentre nel caso della δόξα ricevuta o data, da parte di uomini, si tratterebbe del senso greco di «onore»[110].

Ma dobbiamo anzitutto mettere in discussione l'accostamento fra i vv. 5,41.44; 7,18; 9,24; 12,43; 17,22 in cui gli uomini sono i ricevitori o i datori della δόξα, e gli altri versetti menzionati (15,8; 17,10 e 21,19). Questi ultimi infatti non sono letterariamente comparabili con i primi, in quanto non è detto che i discepoli ricevono o donano la δόξα, bensì semplicemente che glorificano il Padre (15,8) o il Cristo (17,10 e 21,19). Inoltre, non vediamo perché lì dove si utilizzi il termine δόξα in relazione a uomini che la ricevono o la conferiscono, non si possa intendere nel senso che fin qui abbiamo affermato. Anche i discepoli sono inclusi nell'«ora», anch'essi possono glorificare Dio, manifestando l'amore di Dio e la sua potenza. Solo là dove dal contesto ci è sembrato abbastanza chiaro, abbiamo distinto i casi in cui δόξα e δοξάζω hanno un senso greco di onore, stima o reputazione (vv. 5,41.44; 7,18; 8,50.54 12,43).

Prima di considerare il capitolo successivo sulla glorificazione di Gesù Cristo da parte dei discepoli (v. 17,10b), tracciamo adesso delle conclusioni sulla gloria e la glorificazione prima dell'«ora» ed in essa.

---

[110] Cf. R.A. PIPER, «Glory, Honor and Patronage», 285-287. L'opinione che vede in δεδόξασμαι del v. 10 e nella δόξαν del v. 22, il senso greco di «onore», è appoggiata anche da Malina e Rohrbaugh, a cui Piper fa peraltro riferimento (cf. B.J. MALINA – R.L. ROHRBAUGH, *Social-Science*, 244-245).

3. Conclusioni sulla gloria e la glorificazione

Al termine di quest'analisi sulla gloria e la glorificazione in Giovanni, in cui si è avuta un'attenzione particolare verso i capp. 13-17, vorremmo tracciare alcune conclusioni. Abbiamo suddiviso il tema della glorificazione, prima dell'«ora» da quella che avviene nell'«ora» stessa, in modo da distinguere le due fasi, anche se sono legate l'una all'altra. Infatti il modo in cui Gesù ha manifestato la sua gloria con la vita (1,14) ed i miracoli (2,11; 11,4.40), prima dell'«ora», è orientato e trova il suo compimento proprio nella glorificazione che accade nell'«ora»[111]. Troviamo in tal senso opportuna la suddivisione che Brown fa del vangelo in due parti comprese fra un Prologo (vv. 1,1-18) ed un epilogo (cap. 21): «il Libro dei Segni» (capp. 1,19-12,50) ed «il Libro della Gloria» (capp. 13-20). Mentre i segni del primo libro anticipavano ciò che Gesù avrebbe fatto per gli uomini una volta che fosse glorificato, «il Libro della Gloria» descrive la glorificazione, cioè l'«ora» della passione, crocifissione, resurrezione ed ascensione, in cui Gesù è innalzato al Padre per godere nuovamente di quella gloria che aveva «prima che il mondo fosse» (17,5)[112].

E' importante anzitutto l'osservazione di Brown, per cui la glorificazione descritta nel «Libro della Gloria» coincide con l'«ora» della passione, crocifissione, resurrezione ed ascensione[113]. E' in questo senso soprattutto che noi abbiamo considerato il tema della glorificazione nel vangelo di Giovanni.

La glorificazione, per Brown, comincia con l'«innalzamento» del Figlio dell'uomo sulla croce. Nella mente di Giovanni, la crocifissione porta in sé un elemento di trionfo. La morte realizza la glorificazione. L'elevazione di Gesù continua nella resurrezione, che viene interpretata dall'evangelista come parte dell'ascensione di Gesù al Padre (20,17). Infine il Cristo risuscitato dona lo Spirito Santo ai discepoli (20,22)[114].

La crocifissione di Gesù, secondo Schnackenburg, rientra nell'idea della glorificazione. Anche questo autore evidenzia l'importanza del verbo ὑψόω (vv. 3,14; 8,28 e 12,32.34), attraverso cui l'evangelista

---

[111] Così si esprime anche Létourneau per il quale, la manifestazione terrena della gloria attende il suo vertice nell'atto che compie l'opera della salvezza, ovvero nell'«ora» (cf. P. LÉTOURNEAU, «La Gloire de Jésus», 559).

[112] Cf. R.E. BROWN, *Giovanni*, 643. Tale ripartizione in «Libro dei Segni» e «Libro della Gloria» è seguita anche da Moloney (F.J. MOLONEY, *The Gospel*, 48.370).

[113] Abbiamo tuttavia aggiunto anche l'effusione dello Spirito Santo (pag. 206).

[114] Cf. R.E. BROWN, *Giovanni*, 644.

crea un nesso fra la tremenda morte di Gesù e la glorificazione. L'idea dell'esaltazione (o innalzamento sulla croce) ha in Giovanni un significato teologico che concorda con quello elaborato dalla chiesa primitiva, secondo cui Gesù con la sua resurrezione, o dopo di essa, è stato «esaltato» presso Dio[115]. L'originalità di Giovanni perciò, a giudizio di Létourneau, consiste propriamente nel ricondurre il pensiero dell'elevazione/intronizzazione al momento stesso dell'innalzamento sulla croce[116].

Poiché gli enunciati sull'esaltazione, è Schnackenburg a parlare, precedono quelli sulla glorificazione, occorre analizzare prima quei passi in cui si parla dell'esaltazione di Gesù (3,14; 8,28; 12,32.34). In questi passi emergono, secondo Schnackenburg, alcune considerazioni: 1) l'aspetto della passione passa in secondo piano e viene quasi sopraffatto; 2) l'esaltazione è vista come la svolta decisiva nella via del ritorno di Gesù al Padre. 3) L'esaltazione di Gesù sulla croce riceve un significato salvifico, indicato in 3,15 nel dono della vita eterna che il Figlio dell'uomo conferisce a chiunque creda in lui. 4) La croce, di cui si parla nei termini di «esaltazione», diventa un simbolo importante a chi lo consideri con gli occhi della fede. L'esaltazione è un'espressione cristologica di maestà ed una promessa soteriologica. Con l'innalzamento sulla croce Gesù è glorificato e lì compie la sua opera salvifica[117].

Ma la sfera d'uso di δοξάζω, rileva ancora Schnackenburg, è più ampia di quella di ὑψόω. Dopo aver velocemente passato in rassegna di nuovo i passi sulla glorificazione, Schnackenburg afferma che con il verbo «glorificare» Giovanni si è procurato uno strumento linguistico

---

[115] Cf. R. SCHNACKENBURG, *Il vangelo*, II, 659. Nielsen afferma che in Giovanni il verbo ὑψωθῆναι raccoglie le profezie sinottiche della sofferenza e morte così come quelle riguardanti la resurrezione. Il termine si riferisce in particolare all'innalzamento sulla croce (cf. H.K. NIELSEN, «John's Understanding», 237-238).

[116] Cf. P. LÉTOURNEAU, «La Gloire de Jésus», 564. Létourneau integra in Giovanni due schemi cristologici, quello dell'Inviato e quello del Figlio dell'uomo. La discesa dal cielo del Figlio dell'uomo corrisponde all'invio nel mondo del Figlio plenipotenziario, così come l'elevazione/ritorno al cielo del Figlio dell'uomo corrisponde al ritorno al Padre dell'Inviato. Ma, poiché è sulla croce che il Figlio dell'uomo risale al cielo, la morte di Cristo può essere interpretata come la partenza dal mondo ed il ritorno verso colui che lo ha inviato, ovvero il Padre. E' la glorificazione del Figlio dell'uomo che permette allora di esprimere il ristabilirsi dell'Inviato nella sua gloria eterna presso il Padre (*Ibid.*, 567).

[117] Cf. R. SCHNACKENBURG, *Il vangelo*, II, 660-662.

che configura l'intera opera salvifica di Gesù sotto un particolare profilo. Quest'opera salvifica continua e si compie nei discepoli, grazie allo Spirito Santo[118].

Schnackenburg afferma poi che la δόξα, riprendendo l'immagine veterotestamentaria del *kabôd* di Dio, ha a che fare con la rivelazione storico-escatologica del Figlio, apportatrice di salvezza per gli uomini. Nell'«ora» inoltre, questa rivelazione giunge al suo punto più alto. Nella «ora» il Figlio glorifica Dio ed è glorificato da lui (13,31)[119].

Dupont rileva anzitutto che Dio dona la gloria al Figlio perché lo ama (17,24). In 17,24 si tratta della gloria ch'egli riceverà attraverso la sua resurrezione e che i discepoli contempleranno quando saranno presso il Padre. Ma è anche la gloria che Gesù ha manifestato durante la sua esistenza terrena[120]. Dupont afferma ancora che tale gloria Gesù la manifesta agli uomini con i suoi miracoli; le opere di Gesù permettono di riconoscere in lui l'inviato che ha ricevuto una missione da Dio per donare la vita eterna al mondo. I miracoli attestano ch'egli è veramente l'inviato del Padre ed il suo Figlio diletto. Riconoscere questo per Dupont, è vedere la sua gloria, gloria che come Figlio unico egli riceve da suo Padre. La gloria di Gesù appare dunque nella potenza di cui egli gode, una potenza escatologica legata alla sua missione. Tuttavia sia la trasfigurazione che gli altri avvenimenti in cui Gesù ha manifestato la sua gloria sono un anticipo della glorificazione che si realizzerà a Pasqua. La missione terrena di Gesù è essenzialmente orientata verso le sofferenze e le umiliazioni del Calvario[121].

Due sono le cose importanti che emergono dalle considerazioni finali di Dupont: 1) vedere la gloria di Cristo nelle sue opere terrene è un dono di fede; 2) tutti gli avvenimenti della sua esistenza terrena, compresi quelli che hanno manifestato la sua gloria (miracoli e trasfigurazione), sono orientati verso il punto omèga della sua Pasqua in cui la glorificazione si realizzerà pienamente e perfettamente.

Caird rileva che la seconda parte del vangelo di Giovanni vuole mostrare che la croce è il punto in cui l'uomo Gesù, unito al *Logos* dall'incarnazione, diventa il «luogo» nel quale i credenti possono entrare nella stessa unione con il *Logos*. A tal fine l'evangelista utilizza ancora una stessa serie di termini in un modo nuovo. La gloria, la vita,

---

[118] Cf. R. SCHNACKENBURG, *Il vangelo*, II, 664-665.
[119] Cf. R. SCHNACKENBURG, *Il vangelo*, II, 665.
[120] Cf. J. DUPONT, *Christologie*, 287-288.
[121] Cf. J. DUPONT, *Christologie*, 288-290.

l'amore, l'unità, sono adesso accordati di nuovo da parte di Gesù, per il beneficio di coloro che sono uniti a lui, attraverso la sua passione[122].

Grossouw riassume in questi punti il suo pensiero sulla glorificazione: 1) Giovanni considera anzitutto tutta la vita terrestre di Gesù alla luce della sua gloria escatologica. 2) Giovanni parla espressamente della gloria di Cristo? In altri termini considera la δόξα escatologica del Signore come un ritorno al suo stato originario? La gloria acquisita con la morte è quella ricevuta dal Padre da tutta l'eternità? Questo dipenderà dall'interpretazione dei vv. 17,5.24 a cui comunque l'autore (Grossouw) dà una risposta affermativa[123]. Grossouw afferma ancora che nelle sue parole e nelle sue azioni, che sono dei segni, e nel segno supremo della sua morte sulla croce, accettata per amore, Dio si è rivelato e la gloria di Dio resta realmente e profondamente attiva nei «suoi», attraverso lo Spirito di Gesù. Ma fintanto ch'egli non è venuto, e che i «suoi» non si trovano ancora là dove lui è (17,24; 12,26), questa gloria non esiste che in mistero e resta un segreto che possono comprendere solo coloro che credono[124].

Braun considera anche la glorificazione del Padre: l'opera terrestre di Gesù, la sua passione inclusa, era infatti ordinata alla glorificazione del Padre. Per due volte Gesù si difende dall'accusa di cercare la sua propria gloria (7,18; 8,50). Ma il Padre viene manifestato dal Figlio attraverso le sue opere e ancor più con la passione ed il trionfo della resurrezione e dell'ascensione. Nella preghiera sacerdotale il legame tra la glorificazione del Padre e l'opera compiuta dal Figlio è chiaramente espresso. Dopo aver domandato il suo ritorno nella gloria (17,1), Gesù getta uno sguardo all'indietro: egli ha glorificato il Padre sulla terra, ha compiuto l'opera che il Padre gli aveva affidato, ha manifestato il «nome» agli uomini scelti dal mondo per essere a lui dati[125].

La glorificazione del Padre verso cui Gesù era proteso, secondo Braun, è parte della rivelazione che, dall'inizio all'ultimo istante della sua vita terrena, ha lo stesso oggetto. Nella morte del salvatore, noi abbiamo riconosciuto il sacrificio di cui la virtù, significata attraverso il sangue, era necessaria alla nostra salvezza. Questo dato essenziale ci obbliga a confessare che l'elevazione di Cristo sulla croce non è solamente una rivelazione della sovranità e dell'amore di Dio per il mondo

---

[122] Cf. G.B. CAIRD, «The glory of God», 272.
[123] Cf. W. GROSSOUW, L'Évangile, 141-142.
[124] Cf. W. GROSSOUW, L'Évangile, 145.
[125] Cf. F.-M. BRAUN, Jean, 234.

bensì, indipendentemente dalla nostra adesione, è l'avvenimento salvifico compiuto *extra nos*. Se il Cristo ha glorificato il Padre rivelandolo a tutto il mondo, nondimeno egli è morto per la salvezza del mondo. Questo è il senso delle parole: «E' giunta l'ora [...] io ti ho glorificato sulla terra, avendo compiuto l'opera che mi hai dato da compiere» (17,1.4)[126].

La conclusione di Braun è che la glorificazione del Padre, condizione per il compimento dell'opera, reclama tuttavia qualcosa in più. Affinchè il Padre sia glorificato attraverso suo Figlio, occorre che questi lo glorifichi ritornando presso di lui, nella gloria che era «sua» prima che il mondo fosse (17,5.24). Fintanto che la sua opera non era compiuta, il Verbo incarnato non esercitava che un potere limitato. Lo Spirito Santo non era ancora stato donato nei torrenti d'acqua viva (7,39), perciò né la parola rivelatrice di Gesù, né lo splendore delle sue opere raggiungono gli uomini dispersi. Analogamente, a coloro che ebbero il privilegio di essere testimoni, mancava la luce necessaria per percepirne tutto il significato. Sottratto ai limiti della condizione terrestre, elevato al di sopra dello spazio e del tempo, esercitando il suo potere su ogni carne (17,2), attraverso la doppia missione, apostolica e dello Spirito Santo, il Cristo glorificato, Dio e uomo, doveva essere stabilito nel suo nuovo stato per compiere le opere «più grandi» annunciate in 5,20[127].

Concludendo, possiamo affermare che tutta la vita terrena di Gesù (descritta nel «Libro dei segni», capp. 1,19-12,50) è orientata verso l'«ora», che comprende la passione, la morte, la resurrezione, l'ascensione e l'invio dello Spirito Santo. Questi cinque momenti, compresi nell'«ora», svelano nel modo più profondo e definitivo il significato della glorificazione di Gesù Cristo, come amore sino alla fine (13,1) e potere su ogni essere umano (17,2). Fintanto che lo Spirito non è effuso e Gesù non viene glorificato (7,39; 12,16) restiamo nell'ambito dei «segni», i quali tuttavia manifestano già la gloria del Cristo (2,11, 11,4.40) sebbene non ancora pienamente. Nel contesto dell'«ora» vi è anche la glorificazione di Gesù Cristo da parte dei discepoli (17,10b), che fra poco approfondiremo nel suo significato. In che senso i discepoli glorificano il Signore, qual è il modo in cui anch'essi partecipano a quel dinamismo che finora sembrava coinvolgere solo il Padre ed il Figlio? A queste due specificazioni della domanda offriremo una risposta nel capitolo seguente.

---

[126] Cf. F.-M. BRAUN, *Jean*, 235.
[127] Cf. F.-M. BRAUN, *Jean*, 235-236.

CAPITOLO IX

Il tema della glorificazione in 17,10b

Nell'analisi del v. 17,10b analizzeremo dapprima il tema della gloria in relazione ad altri temi nel cap. 17: l'unità e l'amore nei vv. 17,22.24 (vd. pagg. 235-238.242-244). Questo ci aiuterà ad inquadrare meglio il significato della glorificazione, che anche i discepoli mettono in atto. Individueremo poi gli altri versetti del vangelo di Giovanni che trattano il tema della glorificazione ad opera dei discepoli. Studieremo ancora il ruolo dello Spirito Santo nella glorificazione posta in essere dai discepoli. Daremo infine un'interpretazione del v. 10 nel contesto del cap. 17. Anche qui ci avvarremo del pensiero espresso nei maggiori commentari e studi. Iniziamo dunque dall'analisi del v. 22[1].

1. **La gloria come unità (v. 22)**

Nei vv. 20-26, secondo Segovia, è descritto l'amore esistente tra il Padre e Gesù da un lato, e quello del Padre per i discepoli dall'altro. Queste due relazioni d'amore sono strettamente subordinate, a giudizio di Segovia, ai temi della rivelazione e dell'accoglienza della rivelazione. La missione di Gesù in Gv 17 è descritta nei termini in cui viene fatto conoscere il Padre (vv. 3.6-8.25-26). I discepoli sono coloro che hanno accolto questa rivelazione e sono divenuti una cosa sola, ἕν, con il Padre e con Gesù (vv. 11.22-23)[2].

---

[1] Per il testo e la traduzione rimandiamo alla pag. 242.
[2] Cf. F.F. SEGOVIA, *Love Relationships*, 155.

Avendo accolto la rivelazione di Gesù, continua Segovia, i discepoli condividono pienamente la gloria di Gesù (v. 22). Il tema dell'amore sembra allora essere collegato direttamente con il tema della gloria. Anzitutto si afferma che l'amore del Padre per i discepoli è basato sull'amore del Padre per Gesù. Così nel v. 23 l'unità dei discepoli con Gesù ed il Padre condurrebbe il mondo a riconoscere che Dio li ama come ama Gesù. Similmente nel v. 26, l'accoglienza della rivelazione di Gesù porta alla stessa conclusione: l'amore del Padre è in essi, così come è in Gesù. Secondariamente, nel v. 24 questo amore del Padre per Gesù è espresso nei termini della gloria che il Padre ha dato a Gesù nella sua preesistenza. La particella causale ὅτι indica proprio questo legame di causa-effetto tra l'amore del Padre per Gesù e la gloria che a lui è stata donata. Questo vale anche per i discepoli che, avendo accolto la rivelazione di Gesù e condiviso la sua gloria, sono amati dal Padre[3].

Calloud e Genuyt osservano, a proposito del v. 22, che la «gloria» da luogo allo stesso processo delle «parole» e riguarda le stesse persone: «le parole che hai dato a me io le ho date a loro [...]» (17,8); «la gloria che tu hai dato a me, io l'ho data a loro [...]» (17,22). Ma le similitudini non finiscono qui. Come le parole, la gloria è fattore di unità, e quest'ultima presenta gli stessi tratti semantici: la transitività e l'alterità. La gloria, infatti, fa risplendere l'unità per il fatto che si trasmette dal Padre al Figlio, e dal Figlio ai discepoli. Ancora, la gloria manifesta l'unità perché si riversa in una relazione d'alterità: è sempre all'altro che viene resa gloria[4].

Questi ultimi due autori affermano ancora che, se la gloria è un dono, deriva dall'amore. Al contrario, se la gloria fosse il coronamento dello zelo dei discepoli, questi si sforzerebbero di ottenere la conversione del mondo. Invece, è vedendo la gloria donata ai discepoli, che si manifesta nella loro unità, che il mondo riconosce l'«inviato» di Dio: «affinché il mondo sappia che tu mi hai mandato» (17,23)[5].

Per Simoens i due riferimenti all'unità nei vv. 21.23 trovano il loro centro nel v. 22a: «E la gloria che tu hai dato a me, io l'ho data a loro». Questa centratura sulla gloria si spiega in diversi modi: dal punto di vista del rapporto con l'AT, in quanto nel quadro dell'alleanza ed alla fine della stessa, la gloria di Dio appare sul monte Sinai (Es 24,16-17). Manifestazione della presenza divina, la gloria è anche ciò che si

---

[3] Cf. F.F. SEGOVIA, *Love Relationships*, 156.
[4] Cf. J. CALLOUD – F. GENUYT, *Les Discours*, 112-113.
[5] Cf. J. CALLOUD – F. GENUYT, *Les Discours*, 113.

comunica da Dio alla creatura. Così è nella tradizione sapienziale ove si pongono sullo stesso piano gloria e grazia (Sal 19,2; Sir 24,16-17) ed in quella profetica (Is 6,1.3; 60,1-2.13.19.21; 61,3; 62,2.8)[6]. In Giovanni, dopo il Prologo (1,14) ed il primo segno a Cana (2,11) la gloria secondo Simoens, ha lo stesso ruolo, attraverso tutte le trasformazioni necessarie, cha fanno capo alla teologia giovannea dell'incarnazione. Nel contesto più ristretto dei capp. 13-17, il termine δόξα è al servizio di un duplice movimento della glorificazione, iniziato in 13,30-31 e concluso con la preghiera di Gv 17. Per la sua posizione centrale rispetto ai vv. 20-23 il v. 17,22a serve anche da collegamento tra l'introduzione (vv. 1-5) e la conclusione (vv. 24-26)[7].

Ritt nell'analisi dei vv. 20-23 considera questa struttura di nove strofe con al centro una parte del v. 22 sul dono della gloria. E' il caso di visualizzare lo schema di Ritt:

A (v. 21a)	ἵνα πάντες ἓν ὦσιν,
B (v. 21bcd)	καθὼς σύ, πάτερ, ἐν ἐμοὶ κἀγὼ ἐν σοί,
C (v. 21e)	ἵνα καὶ αὐτοὶ ἐν ἡμῖν ὦσιν,
D (v. 21fg)	ἵνα ὁ κόσμος πιστεύῃ ὅτι σύ με ἀπέστειλας.
* (v. 22abc)	κἀγὼ τὴν δόξαν ἣν δέδωκάς μοι δέδωκα αὐτοῖς,
A¹ (v. 22d)	ἵνα ὦσιν ἓν
B¹ (v. 22e.23ab)	καθὼς ἡμεῖς ἕν ἐγὼ ἐν αὐτοῖς καὶ σὺ ἐν ἐμοί,
C¹ (v. 23c)	ἵνα ὦσιν τετελειωμένοι εἰς ἕν,
D¹ (v. 23de)	ἵνα γινώσκῃ ὁ κόσμος ὅτι σύ με ἀπέστειλας

In questo schema risaltano i seguenti parallelismi: A e C sul tema dell'unità, B sulla parola καθὼς, D sulla conoscenza del mondo. Il dono della δόξα, secondo Ritt, diventa allora comprensibile come unità dei discepoli che ha la sua ragione d'essere nell'unità tra il Padre ed il Figlio. La gloria si manifesta nell'unità dei credenti[8].

Per Ridderbos il significato della «gloria» che fonda l'unità dei discepoli nel v. 22 è difficile da descrivere con una sola parola. La

---
[6] Cf. Y. SIMOENS, *Selon Jean*, 703.
[7] Cf. Y. SIMOENS, *Selon Jean*, 703.
[8] Cf. H. RITT, *Das Gebet*, 295-296.299.

«gloria» non si riferisce comunque ad un singolo particolare dono, bensì alla completa autorità e potenza di Cristo, ed alla sua manifestazione durante il ministero terreno (cf. 1,50-51; 2,11; 11,4.40). Così, quando Gesù parla qui della gloria data a lui dal Padre come qualcosa ch'egli dona ai discepoli, tutto questo riguarda il loro coinvolgimento nell'opera stessa di Gesù, e non solo per la propria salvezza, bensì in riferimento al mondo (cf. 4,38; 6,5.12; 9,4). I discepoli saranno coloro che continueranno l'opera di Gesù dopo il suo ritorno al Padre[9].

Schwank mette in relazione la «gloria» del v. 22 con la «grazia e la verità» del Prologo (1,14) e con il flusso di amore che unisce il Padre ed il Figlio. Ma, ultimamente, tale flusso di amore è opera dello Spirito Santo. Nei vv. 24.26 diventerà chiaro che nell'amore del Padre per il Figlio risiede la vera gloria dei figli, e che quest'amore è donato ai discepoli. In conclusione, Schwank afferma che la parola δόξα conduce alla parola πνεῦμα. E' lo Spirito che realizza l'unità dei discepoli, così come il Padre ed il Figlio sono una cosa sola (ἓν)[10].

Spicq a proposito del v. 22 pone queste due domande: 1) che tipo di «gloria» è quella che Gesù ha ricevuto dal Padre, donandola ai discepoli?; 2) in che modo questa gloria è il fondamento dell'unità dei discepoli? Si tratta, per quanto concerne la prima domanda, di un dono divino proprio di Cristo e comunicabile ad altri. Secondo Spicq, il tratto specifico di questa gloria va ricercato nella filiazione divina, che il Verbo incarnato dona ai credenti, e di conseguenza riguarda la grazia santificante; quest'ultima ci assimila a Dio, unendoci a lui[11].

Rievocando il v. 1,14 Spicq afferma che la gloria del *Logos* incarnato è quella che il Figlio unico ha da suo Padre. Allora l'espressione τὴν δόξαν ἣν δέδωκάς del v. 22, concerne la presenza e la vita del Padre nel Figlio, ovvero l'unione personale del Padre e del Figlio[12].

Precisando un po' meglio, Spicq sostiene che Dio stesso è il dono che Gesù ha trasmesso agli uomini (17,3.6-8). Gesù, in quanto rivelatore, ha fatto conoscere Dio (14,26); egli che è nel seno del Padre (1,18) ha potuto manifestarlo nella sua persona, durante tutta la sua vita. Spicq richiama anche alla memoria che nei LXX, la δόξα unisce le due nozioni di gloria (*kabod*) e d'abitazione o presenza divina (*shekinah*), da cui si deduce che la gloria di Cristo è l'inabitazione nella sua umanità della pienezza della divinità. Proprio attraverso la media-

---

[9] Cf. H.N. RIDDERBOS, *The Gospel*, 563.
[10] Cf. B. SCHWANK, *Evangelium*, 416-417.
[11] Cf. C. SPICQ, *Agapê*, 205-206.
[12] Cf. C. SPICQ, *Agapê*, 206-207.

zione dell'umanità di Cristo, la gloria può risplendere sugli uomini, arricchendoli della sua pienezza. In altri termini, Gesù ha donato ai suoi discepoli la rivelazione della sua filiazione divina, la vita divina stessa o, che è lo stesso, la grazia e la verità (1,14.17). Si tratta di tutto quanto fa parte di quella ἀγάπη diffusiva di Dio, di cui parlano i vv. 23-24[13].

Dunque per Spicq questa δόξα, comunicata ai credenti, non soltanto li unisce tra loro, ἵνα ὦσιν ἕν, ma li mette in comunicazione con il Padre ed il Figlio, vale a dire in una relazione così stretta e personale com'è quella tra Gesù ed il Padre, καθὼς ἡμεῖς ἕν. La conclusione di Spicq è che la partecipazione alla gloria che il Padre dona al Figlio, non è nient'altro che la partecipazione all'unità del Padre e del Figlio[14].

Il v. 23, è ancora Spicq a parlare, precisa la natura e i risultati di quest'unione gloriosa. L'unione di Dio e di Cristo non è soltanto il modello o il principio dell'unione dei cristiani, bensì il suo costitutivo. In effetti, la δόξα è presenza o abitazione divina comunicata attraverso il Cristo; essa diventa relazione reciproca immanente di unità, alla maniera di quella tra il Padre ed il Figlio: «Io in essi e tu in me» (17,23).

Non si può esistere in Cristo, afferma Spicq, senza essere in relazione con il Padre, poiché essi sono una cosa sola, ed è questa unità trascendente del Padre e del Figlio che è designata come la perfezione nell'unità, ἵνα ὦσιν τετελειωμένοι εἰς ἕν. Il verbo τελειοῦν, particolarmente caro a Giovanni, non significa solamente «compiere», ma «condurre alla sua perfezione, realizzare il fine»; l'espressione εἰς ἕν lascia intendere proprio che il compimento è la realizzazione di un ideale. In particolare, la perfezione compiuta è di tipo divino, καθὼς ἡμεῖς ἕν. Gesù comunica la sua gloria, la presenza di Dio ai suoi discepoli in vista di unirli al Padre così intimamente come lui stesso è unito al Padre, in un modo analogo e sempre più manifesto[15].

La parte finale del v. 23, ἵνα γινώσκῃ ὁ κόσμος [...], in effetti riprende, della nozione di δόξα, l'elemento della luce e della manifestazione che era un po' sfumato per l'insistenza riposta sulla presenza immanente di Dio in Cristo e nei «suoi». Ma, come Gesù aveva fatto conoscere la gloria del Padre dimorante in lui, così i suoi discepoli lo glorificheranno a loro volta. La loro unità, di un ordine trascendente, umanamente inesplicabile, farà conoscere al mondo il suo autore,

---

[13] Cf. C. SPICQ, *Agapê*, 207.
[14] Cf. C. SPICQ, *Agapê*, 207.
[15] Cf. C. SPICQ, *Agapê*, 208.

l'autenticità della missione di Gesù o, più esattamente, la vera relazione di Cristo con il Padre[16].

Avere la convinzione che il Padre invia il Figlio per salvare il mondo dai peccati, equivale ad essere persuasi che Dio stesso voleva riconciliare con sé il mondo attraverso il Cristo e per conseguenza, ch'egli ama gli uomini (3,16-18). Ciò equivale infine a comprendere che l'invio di Gesù è la manifestazione dell'amore (ἀγάπη) del Padre: ἵνα γινώσκῃ ὁ κόσμος ὅτι [...] ἠγάπησας αὐτούς [...] Si tocca qui l'apice del vangelo di Giovanni e di tutta la rivelazione. I discepoli sono coloro che sanno che il Cristo abita in essi e che attraverso di lui sono in comunione con il Padre[17].

La precisazione del v. 23, καθὼς ἐμὲ ἠγάπησας, è stupefacente perché associa nello stesso ed unico amore il Figlio unigenito e gli uomini peccatori, ed è particolarmente preziosa per determinare la natura del ἀγάπη. E' allora la stessa carità quella che il Padre ha verso il Figlio e verso i discepoli anche perché Cristo e i discepoli non sono che una cosa sola. I credenti hanno ricevuto da Gesù la ἐξουσίαν τέκνα θεοῦ γενέσθαι (1,12) e Dio li ha realmente generati comunicando loro la sua natura e la sua vita (ἐκ θεοῦ ἐγεννήθησαν, 1,13)[18].

Ora l'evangelista rapporta questo dono-potere accordato ai nuovi figli con la δόξα filiale del Verbo incarnato, ch'egli ha ricevuto dal Padre per comunicarla agli uomini (vv. 1,16-17). Si tratta della principale ricchezza contenuta nella «gloria che hai dato a me» e che Gesù dona a loro (i discepoli, in 17,22): la filiazione adottiva, espressa qui in termini di amore. Così la fine del v. 23 corrisponde esattamente all'inizio del v. 22: il Cristo, avendo ottenuto e comunicato la «gloria» o natura divina ai discepoli, fa sì che il mondo riconosca in questo arricchimento l'intervento dell'unico Mediatore e l'effusione dell'amore del Padre che si estende dal Verbo incarnato a coloro ch'egli genera[19]. I vv. 24-26 non sono soltanto il seguito dei precedenti, ma la conclusione di tutta la preghiera, avendo peraltro due invocazioni al Padre in 17,24-25. Proprio questa doppia ripetizione del vocativo πάτερ indica l'insistenza crescente con cui Gesù si rivolge al Padre, nella misura che s'avvicina la fine della preghiera. Inoltre, va soprattutto notata la sostituzione di ἐρωτῶ (vv. 9.15.20) con θέλω (v. 24). L'ἀγάπη eterna di Dio, manifestata e vista è, secondo Spicq, la gloria

---

[16] Cf. C. Spicq, *Agapê*, 208.
[17] Cf. C. Spicq, *Agapê*, 209-210.
[18] Cf. C. Spicq, *Agapê*, 210-211.
[19] Cf. C. Spicq, *Agapê*, 211.

del Figlio; è una δόξα filiale, da cui l'invocazione al Padre all'inizio della preghiera e la forza di quel θέλω al v. 24[20].

Avendo Gesù «manifestato il nome del Padre», avendo cioè rivelato che Dio è amore, ottiene per i suoi discepoli la partecipazione di quest'amore. Ottiene cioè per i discepoli di essere introdotti nella familiarità delle Persone divine, di essere con il Padre ed il Figlio in una relazione di conoscenza ed amore[21].

Anche per Moloney la δόξα è l'amore accordato al Figlio dal Padre. Tale amore è presente nella storia degli uomini, in quanto Gesù dona la δόξα ai credenti. E in 17,22 Gesù prega che l'unità d'amore fra i credenti possa riflettere l'unità d'amore che vi è tra il Padre ed il Figlio[22].

Commentando il v. 22, Jerumanis afferma che il dono della gloria, fatto da Gesù ai discepoli, è forse l'aspetto che mostra più profondamente l'unione realizzata. E' grazie alla comunicazione di tale gloria che i credenti possono essere una cosa sola con il Padre, per la mediazione del Figlio, così come le due proposizioni ἵνα dei vv. 22-23 mettono in risalto. Jerumanis affianca a questa gloria, propria del Padre e del Figlio, quella che i discepoli porranno in essere nei confronti del Padre e di Gesù (15,8 e 17,10)[23].

Quando, si chiede Jerumanis, questa gloria è stata donata ai discepoli? Jerumanis ritiene che la gloria, di cui al v. 22, sarà donata ai discepoli dopo la glorificazione di Gesù che il versetto iniziale (17,1) richiama. Ed anche il dono della vita eterna che Gesù è in grado di conferire a tutti coloro che il Padre gli ha dato (v. 2), va rapportato con il dono della gloria poiché si tratterebbe della medesima realtà, considerata sotto angolature diverse[24].

Questo autore si chiede poi, per meglio precisare il legame tra il dono della gloria e l'immanenza di Gesù nei credenti, se il primo preceda la seconda. La proposizione ἵνα che segue l'affermazione «io l'ho data a loro» (la gloria, v. 22) e che contiene l'inciso «io in loro e tu in me» (v. 23), suppone in effetti questo dono. Si può anche vedere il dono della gloria in relazione con il dono dell'amore del Padre che precede l'immanenza del Figlio nei discepoli: «l'amore con il quale mi hai amato

---

[20] Cf. C. Spicq, *Agapê*, 211.214.
[21] Cf. C. Spicq, *Agapê*, 217-218.
[22] Cf. F.J. Moloney, *The Gospel*, 474.
[23] Cf. P.-M. Jerumanis, *Réaliser*, 491-492.
[24] Cf. P.-M. Jerumanis, *Réaliser*, 492.

sia in essi e io in loro» (v. 26)²⁵. E' proprio questo l'indirizzo che stiamo seguendo nel cercare quale rapporto leghi δόξα e ἀγάπη, la glorificazione e la comunione.

La linea che va dalla gloria all'immanenza e dall'amore all'immanenza, secondo Jerumanis, s'impone tanto più in quanto il Padre ha donato la gloria al Figlio perché lo ama (v. 24); nel v. 23 poi è detto chiaramente che l'amore del Padre è per il Figlio e per i discepoli. Ma inversamente, si può vedere nell'inciso «io in essi e tu in me» del v. 23, la modalità della realizzazione non soltanto dell'unità dei credenti, ma anche della gloria offerta ai discepoli di cui al v. 22. Si ritrova in effetti un parallelismo tra questi due versetti ed uno stesso movimento dal Padre verso i discepoli, attraverso la mediazione del Figlio. E' dunque difficile concludere sull'ordine esatto tra l'immanenza del Figlio ed il dono della sua gloria. Sembra che Giovanni non stabilisca un ordine determinato, ma consideri due approcci di una stessa realtà, l'unione profonda tra i discepoli e Cristo[26].

Infine Jerumanis fa notare che a proposito del v. 24, la contemplazione della gloria di Gesù è esplicitamente legata all'unione con lui: bisogna essere «là dove lui è», «con lui», per contemplare la sua gloria. Tale unione si realizza sulla terra attraverso l'immanenza reciproca, ma sarà ottenuta pienamente dopo la morte e alla parusia[27].

Sui vv. 21-23 Brown osserva che la chiave dell'unità è nella potenza di Dio. Nel v. 22 poi, Gesù afferma esplicitamente che l'unità dei credenti deriva dal dono loro fatto della gloria che il Padre ha dato al Figlio. Perciò l'unità dei discepoli deriva dal Padre e dal Figlio. Le affermazioni sull'unità implicano allora una dimensione verticale ed una orizzontale, coinvolgendo il rapporto dei credenti con il Padre e il Figlio, nonché fra loro stessi[28].

E' di fondamentale importanza, secondo Beasley-Murray, riconoscere che nella preghiera di Gv 17, la base dell'unità della chiesa (vv. 21-23) è la natura di Dio e la realtà della sua azione redentiva. Più in particolare, è un flusso di relazioni all'interno della Trinità e della sua azione attraverso il Verbo incarnato, là dove la sua salvezza sovrana diventa operativa nel mondo. L'unità degli uomini si realizza quando il

---

[25] Cf. P.-M. JERUMANIS, *Réaliser*, 493.
[26] Cf. P.-M. JERUMANIS, *Réaliser*, 493.
[27] Cf. P.-M. JERUMANIS, *Réaliser*, 494.
[28] Cf. R.E. BROWN, *Giovanni*, 947.

CAP. IX: LA GLORIFICAZIONE IN 17,10b

Figlio dona a coloro che credono in lui la stessa gloria che il Padre gli ha dato[29].

La gloria di cui in 17,22, per Segalla, è quella con cui Gesù ha glorificato il Padre sulla terra, portando a termine la sua opera (17,4). E' quella gloria per cui Gesù è stato glorificato nei discepoli (17,10). Si tratta della vita divina che viene donata all'uomo attraverso la rivelazione che Gesù ha compiuto nei suoi segni e nelle sue parole. L'unità, a giudizio di Segalla, si realizza nella fedeltà a questa gloria, che i discepoli hanno contemplato (1,14). Ed è un'unità che si fonda sul modello della mutua immanenza del Padre nel Figlio e del Figlio nel Padre, riprodotta nell'immanenza della comunità nel Padre e nel Figlio (cf. v. 21). Ma, fa notare ancora Segalla, vi è un cammino di perfezionamento verso questa unità — «siano perfetti nell'unità» (v. 23) — che coincide con il compimento della volontà di Dio[30].

Nei vv. 20-23, a giudizio di Schnackenburg, il desiderio di unità per i discepoli, è sempre espresso in frasi introdotte dalla particella ἵνα, dando un particolare rilievo all'idea dell'unità. Quest'ultima dev'essere un'unità come tra il Padre ed il Figlio e una comunione con il Padre e il Figlio, un'immissione nella loro unità[31].

La preghiera per l'unità, continua Schnackenburg, viene espressa come scopo finale del dono della δόξα di Gesù ai discepoli ed è formulata proprio come al v. 11: «affinchè siano una cosa sola, come noi». Per mezzo di Gesù, che è una cosa sola con il Padre, i discepoli entrano a far parte dell'unità di Dio, nella sua comunione. L'unità divina è calata nei discepoli di Gesù, in quanto «Gesù è in loro» e «il Padre in Gesù» (v. 23)[32].

Poiché Gesù è nei discepoli ed il Padre in Gesù, secondo Schnackenburg, la comunità dei discepoli è ripiena di essenza divina, e quindi compatta e unita. Essa diventa una perfetta unità (εἰς ἕν) e, ad un tempo è chiamata a rendere visibile nell'amore fraterno il mistero dell'unità divina. Schnackenburg sottolinea il fatto che nella concezione giovannea, l'unità non va cercata sotto l'aspetto più esteriore ed istituzionale ma, in profondità, nella fede comune in Cristo e nella comunione con Dio, e ad essa si deve tendere come a un dono gratuito nella preghiera e nell'amore[33].

---

[29] Cf. G.R. BEASLEY-MURRAY, *John*, 306.
[30] Cf. G. SEGALLA, *La preghiera*, 174-175.
[31] Cf. R. SCHNACKENBURG, *Il vangelo*, III, 301-302.
[32] Cf. R. SCHNACKENBURG, *Il vangelo*, III, 307-308.
[33] Cf. R. SCHNACKENBURG, *Il vangelo*, III, 309-310.

Anche Fabris insiste sul fatto che nei vv. 21-23 il modello e la fonte dell'unità dei credenti è nell'immanenza reciproca tra il Padre ed il Figlio (v. 21). Egli schematizza così il pensiero espresso nei vv. 21-23: 1) la fonte e modello dell'unità di tutti è la mutua immanenza del Padre e del Figlio (vv. 21b.22c.23b); 2) questa unità si realizza attraverso la partecipazione di tutti alla comunione del Padre e del Figlio (21c); 3) a sua volta questa partecipazione si attua grazie all'unione profonda di Gesù con i discepoli (23a)[34].

Questo modello teologico discendente è analogo, secondo Fabris, a quello che concerne la realtà dell'amore (ἀγάπη) e della gloria (δόξα). Esso parte dal Padre e, per mezzo del Figlio, giunge ai discepoli. Ma, per valutare con rigore l'intenzione di questo testo, è opportuno approfondire il *leitmotif* dell'unità nelle sue radici bibliche e nello sviluppo giovanneo. In primo luogo, Fabris denota una progressione del tema. Appena segnalato nel v. 11, viene ripreso e sviluppato per tre volte fino all'espressione «siano perfetti nell'unità» (v. 23b). La matrice di questa formulazione va cercata, in modo particolare, nei testi profetici che annunciano il futuro della salvezza come riunificazione dei divisi e convocazione dei dispersi, grazie all'intervento di Dio[35].

A queste immagini si può aggiungere anche quella isaiana del «servo» che sarà «innalzato» e glorificato da Dio, assieme a quella del pastore unico, che pasce il gregge unificato di Dio. Il tema dell'unità, assieme a quello dell'amore vicendevole, attraverso il modello letterario del discorso-testamento, viene assunto e ripensato dall'autore del quarto vangelo nella cornice della sua cristologia[36].

Il lessico dell'amore introduce poi i lettori, è ancora Fabris a parlare, nella parte conclusiva della preghiera (vv. 24-26). Gesù vuole (θέλω) che i suoi discepoli siano là dove lui è, per contemplare la sua gloria. Tale gloria coincide con la sua relazione di Figlio unico di Dio, al punto che si può esprimere in termini di amore eterno: «mi hai amato prima della creazione del mondo». In altre parole, la preghiera di Gesù per i discepoli può contare sulla sua indefettibile relazione di amore filiale con il Padre. Per mezzo dell'iniziativa del Padre i discepoli sono coinvolti in questa stessa comunione di amore[37].

---

[34] Cf. R. FABRIS, *Giovanni*, 878.
[35] Cf. R. FABRIS, *Giovanni*, 878-879.
[36] Cf. R. FABRIS, *Giovanni*, 878-879.
[37] Cf. R. FABRIS, *Giovanni*, 880-881.

La gloria, per Léon-Dufour, caratterizza l'essere divino; nel caso dei discepoli esprime quella loro partecipazione all'essere del Figlio, che le formule d'immanenza reciproca tra Gesù e i «suoi» hanno messo in luce. La gloria riguarda anche il dono della vita eterna (17,2), già attuale per i discepoli e destinato ad uno sviluppo pieno al di là della morte (17,24). Nei due casi (vv. 22.24) il verbo δίδωμι, riguardante la gloria è al perfetto, il che denota un dono permanente[38].

Léon-Dufour fa quindi osservare che l'unità, derivante dalla gloria che Cristo ha donato ai discepoli, rinvia ad un ordine ontologico la cui origine è nella comunione divina. I vv. 21-22 infatti, utilizzano la stessa espressione in riferimento ai discepoli («siano una cosa sola»), là dove l'unità del Padre e del Figlio è la fonte permanente di quella dei discepoli. Al v. 21 troviamo la formula di mutua immanenza tra Padre e Figlio — «Tu, Padre, sei in me ed io in te» —, così come al v. 22 — «noi (siamo) una cosa sola» —. Quindi anche per i discepoli è espressa la medesima realtà: «siano anch'essi in noi una cosa sola» (v. 21). Se, a quest'affermazione sull'unità dei discepoli nel Padre e nel Figlio, poniamo accanto quella del v. 23 — «io in loro e tu in me» —, allora si può concludere che al fondo di tutto vi è il Padre[39].

Il desiderio richiamato dal v. 21 — «siano anch'essi in noi una cosa sola» — è accentuato nel v. 23 in cui Gesù chiede la perfezione nell'unità: «siano perfetti nell'unità». Nel v. 23 il verbo τελειόω è al passivo, essendo perciò il compimento perfetto un'opera del Padre. Il reciproco amore dei discepoli sarà, lungo il corso dei secoli, il frutto dell'amore divino in essi presente. Il testo rivela, secondo Léon-Dufour, ciò che costituisce profondamente l'esistenza cristiana secondo Giovanni: l'unità del Padre e del Figlio, a cui i credenti partecipano e che esprimono nella loro fraterna dilezione[40].

Nel v. 11 l'appello al «Padre santo» terminava con questa richiesta: «siano una cosa sola, come noi». Qui ai vv. 21.23 Gesù esprime uno scopo ulteriore: «affinchè il mondo creda che tu mi hai mandato» (v. 21) e «il mondo sappia che tu mi hai mandato e li hai amati come hai amato me». Sia il primo che il secondo versetto pongono l'accento sul pronome «tu»: l'invio del Figlio è stato per eccellenza l'espressione dell'amore di Dio per il mondo (3,16). Se Gesù chiede l'unità dei discepoli in Dio, è perché appaia che Dio è amore che si comunica. I

---

[38] Cf. X. LÉON-DUFOUR, *Lettura*, III, 391.
[39] Cf. X. LÉON-DUFOUR, *Lettura*, III, 392.
[40] Cf. X. LÉON-DUFOUR, *Lettura*, III, 393-394.

versetti sull'unità traducono la domanda iniziale sulla glorificazione del Figlio e del Padre[41].

Ci occuperemo adesso dell'approfondimento di un altro versetto utile per la comprensione del v. 17,10b. Dopo l'analisi del v. 22 in cui la gloria che Gesù dona ai discepoli è fonte della loro unità, adesso ci soffermeremo sul v. 24. In esso si afferma che la gloria data a Gesù dal Padre ha un nesso con l'amore eterno del Padre.

2. Gloria come ἀγάπη (v. 24)

Nel v. 24 la gloria che il Padre ha dato a Gesù ha un nesso con l'amore eterno. In questo paragrafo cercheremo di approfondire il legame tra queste due realtà. Avevamo già visto (pag. 237) come a commento di questo versetto, Thüsing sostenesse che la «gloria» nel vangelo di Giovanni può assumere il significato della luce divina. La gloria di cui al v. 24 è questa luce d'amore o amore luminoso che dal Padre si riversa sul Figlio.

A proposito del v. 24 Léon-Dufour afferma che la gloria, ovvero il «peso» di Dio (secondo la radice ebraica *kbd*), si identifica con l'irradiamento dell'amore di Dio che cerca di comunicarsi e che sta al fondamento dell'essere[42].

Schnackenburg sostiene che la gloria di Gesù è quella che gli spetta e che egli possiede dall'eternità, prima della «fondazione del mondo», nell'amore del Padre[43].

La gloria di cui al v. 24, secondo Fabris, coincide con la sua relazione di Figlio unico del Padre al punto che si esprime in termini di amore eterno. La preghiera di Gesù per i discepoli può contare sulla sua indeffettibile relazione di amore filiale con il Padre. Il destino finale dei discepoli è garantito dal momento ch'essi sono coinvolti per mezzo dell'iniziativa del Padre in questa stessa comunione d'amore[44].

Il tema dell'amore, per Segovia, sembra essere connesso direttamente con il tema della gloria. Anzitutto, si afferma che l'amore del Padre per i discepoli è basato sull'amore del Padre per Gesù. Così in 17,23 si dice che l'unità dei discepoli con Gesù ed il Padre condurrà il mondo a riconoscere che Dio ama i discepoli, così come ama Gesù. Similmente in 17,26, l'accoglienza della rivelazione di Gesù conduce

---

[41] Cf. X. LÉON-DUFOUR, *Lettura*, III, 394-395.
[42] Cf. X. LÉON-DUFOUR, *Lettura*, III, 399.
[43] Cf. R. SCHNACKENBURG, *Il vangelo*, III, 312.
[44] Cf. R. FABRIS, *Giovanni*, 881.

alla stessa conclusione: Dio ama i discepoli come ama Gesù. Inoltre, l'amore del Padre per Gesù in 17,24 è espresso nei termini della gloria che il Padre ha dato a Gesù nella sua preesistenza[45].

Anche Beasley-Murray, considerando gli ultimi tre versetti (vv. 24-26), arriva alla conclusione che la gloria di Cristo, di cui al v. 24, corrisponde all'amore di Dio. I discepoli hanno contemplato quella gloria, diventando a loro volta testimoni dell'amore di Cristo[46].

Avendo approfondito il significato dei vv. 22.24, possiamo adesso trarre delle considerazioni utili per la glorificazione che i discepoli pongono in essere nei confronti di Gesù. La gloria che Gesù ha dato ai discepoli nel v. 22 fonda la loro unità, che ha come modello quella del Padre e del Figlio. Inoltre la gloria che Gesù ha ricevuto dal Padre e che i discepoli contemplano (v. 24), è in stretta dipendenza dall'amore eterno di Dio. I discepoli, vivendo nell'unità che la gloria donata da Gesù rende possibile, e rimanendo nell'amore di Gesù (15,9) che è l'amore stesso del Padre (17,24) e coincide con la gloria, sono a loro volta in grado di glorificare Gesù. Essi vivono in un'unità d'amore che manifesta al mondo l'unità d'amore tra il Figlio ed il Padre di cui in 17,10a.

Ora, prima di continuare nel nostro studio, vorremmo approfondire il senso in cui i discepoli rendono gloria a Gesù, e lo faremo con l'aiuto di alcuni versetti dei discorsi d'addio (14,13 e 15,8)[47] che trattano della glorificazione di Dio da parte dei discepoli.

3. La glorificazione di Dio da parte dei discepoli

I vv. 14,13 e 15,8, in cui i discepoli del Signore sono nominati come autori della glorificazione del Padre, ci introdurranno nell'analisi di Gv 17,10b. Finora abbiamo visto i numerosi passi in cui Gesù glorifica il Padre o viceversa; adesso vedremo che anche i discepoli possono glorificare Dio. Abbiamo individuato due versetti precedenti al 17,10b, ma che rientrano comunque nell'insieme dei capp. 13-17, grazie ai quali ci avvicineremo allo studio del testo in esame. I vv. 14,13 e 15,8 ci faranno valutare in che senso i discepoli sono coinvolti nel dinamismo della glorificazione. Iniziamo dal v. 14,13 in cui i discepoli possono

---

[45] Cf. F.F. SEGOVIA, *Love Relationships*, 156.
[46] Cf. G.R. BEASLEY-MURRAY, *John*, 305. Cf. anche autori quali L. MORRIS, *The Gospel*, 737 e T.L. BRODIE, *The Gospel*, 517, che interpretano allo stesso modo il nesso tra gloria ed amore nel v. 24.
[47] Sul legame di 17,10b con 14,13 e 15,8 cf. C. HERGENRÖDER, *Wir schauten*, 233.

chiedere qualunque cosa nel nome di Gesù ed essere da lui esauditi, al fine che il Padre sia glorificato.

3.1 Gv 14,13

Καὶ ὅ τι ἂν αἰτήσητε ἐν τῷ ὀνόματί μου τοῦτο ποιήσω, ἵνα δοξασθῇ ὁ πατὴρ ἐν τῷ υἱῷ.

Qualunque cosa chiederete nel nome mio, la farò, perché il Padre sia glorificato nel Figlio.

Commentando l'espressione «qualunque cosa chiederete nel mio nome», Ridderbos afferma che dev'essere compresa con quanto precede immediatamente: «perché io vado al Padre» (14,12). In quanto assunto nella gloria del cielo, Gesù farà in modo che tutte le richieste dei discepoli siano esaudite, con un riferimento particolare alla glorificazione del Padre nel Figlio[48]. E sarà la preghiera nel nome di Gesù, secondo Carson, che renderà possibile la realizzazione di quelle «opere più grandi» di cui al v. 14,12[49].

Il v. 14,12 parla delle opere dei discepoli, più grandi di quelle compiute da Gesù, che ritorna al Padre. Colpisce il fatto che si parli di «opere più grandi» compiute dai discepoli, rispetto a quelle fatte da Gesù. Brown ritiene che le «opere più grandi» siano da riferire al loro carattere escatologico. Si tratta qui di una glorificazione, legata al ritorno di Gesù al Padre; dopo questo ritorno, secondo Brown, il Padre compirà delle opere capaci di manifestare la gloria del Figlio[50].

Morris spiega le «opere più grandi» dei discepoli in riferimento all'andata di Gesù al Padre ed alla venuta dello Spirito Santo. Questo ultimo verrà non prima che Gesù se ne sia andato (16,7; cf. 7,39). Il giorno di Pentecoste, secondo Morris, si aggregheranno al piccolo gruppo dei discepoli un numero più grande di credenti di quanti ne aggregò Gesù durante l'intero suo ministero terreno[51].

Tuttavia, secondo Lindars, l'espressione «opere più grandi» non significa migliori di quelle di Gesù bensì più estese, perché è attraverso la missione dei discepoli che l'opera di Gesù sarà diffusa nel mondo e lungo i secoli. Ed è ancora Gesù che agisce quando i discepoli compi-

---

[48] Cf. H.N. RIDDERBOS, *The Gospel*, 498.
[49] Cf. D.A. CARSON, *The Gospel*, 496-497.
[50] Cf. R.E. BROWN, *Giovanni*, 762.
[51] Cf. L. MORRIS, *The Gospel*, 646.

ranno tali «opere più grandi», ma essi le faranno nel suo nome, dal momento in cui il Signore torna al Padre[52].

Moloney spiega le «opere più grandi» dei discepoli nel senso che la partenza di Gesù aprirà una nuova era in cui Egli sarà presente nella sua assenza, compiendo le opere dei discepoli ed esaudendo le loro richieste[53].

Beasley-Murray sostiene che le «opere più grandi» che i discepoli faranno dopo Pasqua, sono l'attualizzazione della realtà a cui l'opera di Gesù è finalizzata, e cioè la benedizione e la potenza del regno di Dio sugli uomini e le donne che la morte e resurrezione di Gesù ha reso liberi. Vi è perciò una continuità del ministero del Signore, con e attraverso i suoi discepoli, da cui la glorificazione del Padre nel Figlio sarà continuata[54].

Schnackenburg afferma anzitutto che vi è un accostamento enfatico delle opere dei discepoli con quelle di Gesù. In realtà è sempre Gesù colui che opera anche dopo il suo ritorno al Padre. E le opere dei discepoli sono da leggere nell'ottica stessa di quelle compiute da Gesù sulla terra, come dei segni il cui significato è di rivelare il Cristo come colui che dona la vita. Le «opere più grandi» sono tali perché Gesù va al Padre e questo gli consentirà di continuare ad operare raccogliendo i frutti della sua vita e morte. I discepoli faranno le stesse opere di Gesù ed egli farà quello ch'essi gli chiederanno, per cui le loro opere sono le sue opere. E compiendo le stesse opere di Gesù, i discepoli rendono gloria al Padre, così come Gesù aveva glorificato il Padre compiendo le opere che questi gli aveva affidato (5,36; 10,25.32). La conclusione di Schnackenburg è che il Padre, tanto in Gesù che nei discepoli, compie le sue opere[55].

Per Schnackenburg sono dunque le opere dei discepoli a glorificare il Padre nel Figlio. Queste opere sono da mettere in relazione con tre punti cardine: 1) il più vasto affluire delle forze vitali di Dio nel mondo degli uomini (17,2); 2) la riunificazione dei figli dispersi di Dio (11,52) e 3) lo smascheramento del mondo incredulo (16,8-11). Tutto questo sarà possibile con il ritorno di Gesù al Padre e l'operato dei discepoli[56].

Anche secondo Fabris le «opere più grandi» non sono da intendere come concorrenti a quelle compiute da Cristo, bensì nella stessa linea

---

[52] Cf. B. LINDARS, *The Gospel*, 475.
[53] Cf. F.J. MOLONEY, *The Gospel*, 396.
[54] G.R. BEASLEY-MURRAY, *John*, 255.
[55] Cf. R. SCHNACKENBURG, *Il vangelo*, III, 119-120.
[56] Cf. R. SCHNACKENBURG, *Il vangelo*, III, 120.

escatologica già prospettata da Gesù dinanzi ai Giudei che contestavano la sua attività risanatrice in giorno di sabato (5,20). I suoi discepoli avrebbero portato a compimento il suo annuncio circa l'attività escatologica: risurrezione dai morti e giudizio, anticipati fin da subito per chi crede[57].

Sulla stessa linea di pensiero dei tre autori appena visti si colloca anche Léon-Dufour. Le «opere più grandi» non si devono intendere come miracoli più grandi ancora di quelli compiuti da Gesù. La vista donata al cieco nato e la vita restituita a Lazzaro rappresentano infatti il culmine dei segni, oltre il quale non è verosimile pensare. Le opere sono invece da inquadrare nell'unica opera del Padre, il dono della vita eterna al mondo, e nell'esercizio sovrano del giudizio (cf. 5,21ss.)[58].

Per Bultmann la menzione delle «opere più grandi» è un linguaggio paradossale; si tratta in realtà delle opere del Cristo, senza di cui peraltro i discepoli non possono fare nulla (15,5). Ed il fatto che le richieste dei discepoli saranno esaudite da parte di Gesù (v. 13), porta a concludere che l'opera dei discepoli è radicata in quella di Gesù, ed è anzi la sua opera[59].

Thüsing concorda anch'egli nell'affermare che le «opere più grandi», di cui peraltro si fa menzione già in 5,20, non significano il fatto che i discepoli faranno dei miracoli più grandi di quelli compiuti da Gesù. Le «opere più grandi» dei discepoli sono le stesse di quelle di Gesù e consistono anzitutto nel far sì che gli uomini abbiano il dono della vita eterna. Il v. 14,12 suggerisce il fatto che Gesù farà queste «opere più grandi» attraverso i discepoli, che hanno ricevuto lo Spirito Santo. E' lo Spirito Santo che consentirà ai discepoli di realizzare le «opere più grandi»[60].

In conclusione, seguendo il pensiero di questi commentatori, risultano i seguenti punti fermi: 1) le «opere più grandi» dei discepoli saranno compiute dopo il ritorno di Gesù al Padre; 2) esse non consisteranno in miracoli più grandi di quelli compiuti da Gesù, bensì si espliciteranno nel senso della via da seguire per ottenere la vita eterna e nell'esercizio del giudizio sul mondo incredulo; 3) attraverso le «opere più grandi» dei discepoli, il Padre sarà glorificato nel Figlio.

Adesso analizzeremo un altro versetto, il 15,8, in cui si parla della glorificazione del Padre ad opera dei discepoli.

---

[57] Cf. R. FABRIS, *Giovanni*, 776-777.
[58] Cf. X. LÉON-DUFOUR, *Lettura*, III, 139-140.
[59] Cf. R. BULTMANN, *The Gospel*, 611.
[60] Cf. W. THÜSING, *La prière*, 86-87.

3.2 Gv 15,8

ἐν τούτῳ ἐδοξάσθη ὁ πατήρ μου, ἵνα καρπὸν πολὺν φέρητε καὶ γένησθε ἐμοὶ μαθηταί.

In questo è glorificato il Padre mio: che portiate molto frutto e diventiate miei discepoli.

Léon-Dufour stabilisce un'affinità tra i vv. 15,7-8 e 14,12-13. In entrambi i testi si afferma che qualunque cosa richiesta sarà esaudita; ed in ambedue è presente il riferimento alla glorificazione[61].

Brown afferma che, così come il Padre era glorificato nella missione del Figlio, adesso che questi l'ha terminata, il Padre è glorificato nella continuazione di quella missione da parte dei discepoli. E la glorificazione del Padre nei discepoli si radica nella vita di Gesù[62].

Vi è, secondo Morris, un senso di completezza in questo versetto. Come infatti in 13,31s, Dio era glorificato nell'opera del Figlio, qui in 15,8 abbiamo l'altra faccia della glorificazione di Dio nelle opere dei discepoli, che rimangono nel Figlio[63]. Analogamente anche Beasley-Murray fa un paragone fra la glorificazione di Dio attraverso l'opera del Figlio (12,23.28.31-32; 13,31-32; 17,1) e quella che qui i discepoli compiono, portando frutto. Così facendo, il credente diventa un vero discepolo del Signore[64].

Schnackenburg invita a leggere questo versetto sulla glorificazione del Padre attraverso i discepoli, in rapporto al v. 14,3, ove Gesù parla della sua andata al Padre: «quando sarò andato e vi avrò preparato un posto, ritornerò e vi prenderò con me, perché siate anche voi dove sono io». Gesù, che ha a cuore solo la glorificazione del Padre, dopo la sua partenza avrebbe affidato ai discepoli il compito di continuare a glorificare il Padre. Il seguito del capitolo 15, metterà in luce l'importanza di «rimanere» nell'amore di Gesù per diventare veramente suoi discepoli e portare frutto[65].

---

[61] Cf. X. Léon-Dufour, *Lettura*, III, 217.

[62] Cf. R.E. Brown, *Giovanni*, 821. Dello stesso parere è Lindars che vede il nesso tra la glorificazione del Padre ed il compimento della missione di Gesù da parte dei discepoli (cf. B. Lindars, *The Gospel*, 490).

[63] Cf. L. Morris, *The Gospel*, 672.

[64] Cf. G.R. Beasley-Murray, *John*, 273.

[65] Cf. R. Schnackenburg, *Il vangelo*, III, 167-168. Così Nissen vede nella glorificazione del Padre da parte dei discepoli la continuazione della missione di Gesù; aggiunge peraltro che tale glorificazione avverrà con la testimonianza nei confronti di Gesù, davanti ad un mondo ostile (cf. J. Nissen, «Community and Ethics», 205).

Nel senso dell'amore reciproco (13,34-35; 15,12.17) che è l'amore di Gesù, in cui i discepoli devono rimanere, anche Moloney vede un nesso fondamentale per comprendere la glorificazione del Padre e di Gesù stesso[66].

Thüsing si chiede cosa signifinchi l'espressione «portare frutto» e come essa si accordi con la glorificazione di cui ai versetti 15,8 e 17,10. Si tratta forse delle buone opere dei discepoli e dunque, nel contesto del cap. 15, del compiersi del grande comandamento dell'amore (vv. 12.17)? Questa identificazione, secondo Thüsing, è solo parzialmente esatta. Considerando la logica del discorso di Gv 15, si deduce il fatto che «portare frutto» appare come una conseguenza dell'amore e non come il suo equivalente. Nei vv. 4-6 infatti, occorre dimorare in Cristo per portare frutto e ciò è sinonimo di «dimorare nell'amore» (vv. 9-17) e di «amarsi gli uni gli altri» (v. 12). Occorre dunque amare i propri fratelli per essere in grado di portare frutto[67].

Non ci sembra in tal senso del tutto giustificata l'opinione di Smith, per il quale il frutto dei tralci coincide con l'amore. Così non condividiamo l'idea secondo cui il comandamento dell'amore (v. 17) si identifica con il portare frutto[68].

Il «portare molto frutto» e «diventare suoi discepoli» sono, secondo Fabris, due aspetti della stessa realtà dinamica sottesa all'immagine della vite e dei tralci. Il portare frutto nel contesto del cap. 15 indica, per Fabris, l'inserimento vitale in Cristo che si esprime con la formula della mutua appartenenza (15,4a.5b). Quest'ultima si realizza attraverso l'accoglienza interiore e l'adesione profonda delle parole di Gesù (15,7a)[69].

Bultmann vede un nesso sicuro tra l'ultima parte di 15,8 — καὶ γένησθε ἐμοὶ μαθηταί — e 13,35, in cui si parla dell'amore reciproco. Inoltre, dopo 13,4-6, il significato più profondo di μαθητὴς εἶναι si traduce in un reciproco μένειν ἐν. Il v. 13,35 aveva definito il discepolato come ἀλλήλους ἀγαπᾶν, all'interno dell'amore di Gesù, così l'espressione μένειν ἐν ἐμοί è da interpretare come un μένειν ἐν τῇ ἀγάπῃ, e così il comandamento dell'amore è riportato alla sua origine[70].

---

[66] Cf. F.J. MOLONEY, «To make God known», 475; *The Gospel*, 421.466.
[67] Cf. W. THÜSING, *La prière*, 82-83.
[68] Cf. D.M. SMITH, *La Teologia*, 177.
[69] Cf. R. FABRIS, *Giovanni*, 815-816.
[70] Cf. R. BULTMANN, *The Gospel*, 539.

Fabris rileva tuttavia un ulteriore significato del «portare frutto» in riferimento alla fecondità del seme di grano che muore, simbolo della gloria del Figlio dell'uomo che, elevato da terra, attira tutti a sé (12,24.32). Con l'immagine del frutto «raccolto per la vita eterna» si esprime l'efficacia della missione dei discepoli che prolungano quella di Gesù (vd. 4,36). Il «portare molto frutto» designa allora in primo luogo la vita eterna promessa a coloro che restano uniti a lui per mezzo dell'accoglienza interiore e l'attuazione perseverante della sua parola; in secondo luogo l'espressione può riferirsi all'efficacia o fecondità della missione[71].

Thüsing colloca sullo stesso piano la glorificazione del Padre attraverso i discepoli, con quella posta in essere da Gesù. La glorificazione del Padre, di cui al v. 15,8, è la stessa di quella al v. 17,1: «affinchè tuo Figlio ti glorifichi». Thüsing afferma inoltre che è Gesù stesso a glorificare suo Padre agendo nei suoi discepoli attraverso lo Spirito e continuando per loro mezzo a rivelare il Padre. Secondo Thüsing è anche lo stesso tipo di glorificazione verso Gesù di cui al v. 17,10b[72].

Il frutto dei discepoli, per Carson, è una conseguenza dell'opera redentiva del Figlio, il risultato della vita che pulsa dalla vite (15,4), e la risposta del Figlio alla preghiera dei discepoli (14,13). Perciò ne deriva che il portare frutto dei discepoli, glorificando il Padre, si attua attraverso il Figlio. Più precisamente, il frutto che i discepoli portano, è parte del modo in cui il Figlio glorifica suo Padre[73].

Un'indicazione importante per chiarire il senso di 15,8, a giudizio di Thüsing, la si trova nel v. 15,16: «io ho scelto voi e vi ho costituiti perché andiate e portiate frutto e il vostro frutto rimanga». Si tratta del ministero apostolico e del frutto dell'apostolato. Quest'ipotesi diventa certezza allorchè si prende in considerazione gli unici due passaggi in cui il quarto vangelo impiega il termine «frutto» all'infuori del cap. 15: sono i versetti 4,36 e 12,24[74].

Il primo di questi testi è situato all'interno della conversazione di Gesù con i suoi discepoli presso il pozzo di Giacobbe: «chi miete riceve salario e raccoglie frutto per la vita eterna». Mettendo tra parentesi la difficile questione di sapere se il termine «mietitore» designi

---

[71] Cf. R. FABRIS, *Giovanni*, 816.
[72] Cf. W. THÜSING, *La prière*, 82. Anche Ridderbos vede un nesso fra 15,8 e 17,10b a proposito della glorificazione messa in atto dai discepoli. (cf. H.N. RIDDERBOS, *The Gospel*, 518).
[73] Cf. D.A. CARSON, *The Gospel*, 518.
[74] Cf. W. THÜSING, *La prière*, 83.

Gesù o i suoi discepoli è certo, secondo Thüsing, che il frutto ammassato dal mietitore indica l'insieme degli uomini ch'egli guadagna per la vita eterna. Questi uomini Gesù li scorge osservando i campi maturi per la mietitura (4,35). Così, quando molti Samaritani credettero in Gesù (4,39-42), l'episodio non riguarda semplicemente un inizio modesto della grande mietitura. E' bensì, prima di tutto, un'immagine ed un simbolo della «mietitura» futura, ovvero del frutto[75].

Il secondo testo, Gv 12,24, ci mostra un gruppo di uomini che diviene simbolo del frutto: «In verità, in verità vi dico: se il chicco di grano caduto in terra non muore, rimane solo; se invece muore, produce molto frutto». La glorificazione che Gesù chiede per sé nell'«ora» al versetto precedente (12,23), diventa più chiara qui in 12,24. Essa consiste nel fatto che Gesù, il chicco di grano, attraverso la sua morte, porta molto frutto. Tale morte è la sua glorificazione; elevato sulla croce, Gesù acquisterà come suo «frutto» la moltitudine di coloro ch'egli abbevererà con il suo Spirito. Il v. 12,32 afferma ancora più chiaramente, secondo Thüsing, la stessa cosa un po' più avanti: «Io, quando sarò elevato da terra, attirerò tutti a me». E' a partire da qui che occorre interpretare l'immagine della vigna del cap. 15. L'immagine del chicco di grano è ora quella della vigna, e chiarisce il senso del «frutto» portato da Gesù: la moltitudine di coloro ch'egli attira a sé per donare loro la vita. Nei due versetti, 12,24 e 15,8, compare la stessa espressione, «molto frutto»: il chicco di grano porta molto frutto (12,24). I discepoli, nei quali Gesù dimora, portano anch'essi molto frutto (15,5.8)[76]. Ci sembra che si possano dunque porre sullo stesso piano la glorificazione attuata da Gesù con quella realizzata dai discepoli.

L'immagine del cap. 15, secondo Thüsing, esprime allora questo: attraverso i suoi discepoli, Gesù vuole riporre nel granaio il «frutto» per la vita eterna. La fecondità del discepolo dipende dal «dimorare in Gesù» e, secondo l'immagine del chicco di grano (12,24), i discepoli sono essi stessi il frutto di Gesù. Il ceppo porta frutto attraverso i suoi tralci: questa è in realtà la glorificazione del Padre di cui parla il v. 17,1. La glorificazione di Gesù in 17,10 va nella stessa direzione. La quarta parte[77] della preghiera sacerdotale lo confermerà: l'unità dei

---

[75] Cf. W. THÜSING, *La prière*, 83.
[76] Cf. W. THÜSING, *La prière*, 84-85.
[77] Thüsing divide Gv 17, come abbiamo già visto (pag. 105), in queste sei parti: 1b-5; 6-11a; 11b-19; 20-23; 24; 25-26.

credenti attraverso l'amore fraterno è precisamente ciò che dovrà portare, come suo frutto, la fede al mondo[78].

Anche qui possiamo infine trarre delle conclusioni, prima di proseguire nello studio del v. 17,10b. Rimanendo in Gesù, rimanendo nel suo amore (15,4-10), si diventa suoi discepoli, e si porta molto frutto. Nel diventare discepoli di Gesù, ovvero nel portare molto frutto, il Padre è glorificato. E' implicito in questo versetto anche il riferimento alla fecondità apostolica che, dopo l'andata di Gesù al Padre, sarà proseguita dai discepoli e realizzerà la glorificazione del Padre. E' stato importante constatare, prima di continuare, che vi sono altri due versetti del vangelo di Giovanni in cui i discepoli sono coinvolti nel processo della glorificazione. Abbiamo visto che, in riferimento al ritorno di Gesù al Padre, i discepoli realizzeranno la glorificazione del Padre nel Figlio (14,13) e analogamente la glorificazione del Padre attraverso il portare «molto frutto» e diventare discepoli di Gesù (15,8). In questi due passi il significato della glorificazione consiste da una parte nel far sì che gli uomini ottengano la vita eterna, nonché nel giudizio sul mondo incredulo; dall'altra, rimanendo nell'amore di Gesù, il Padre viene glorificato. E' secondo questi due significati che i discepoli glorificano Gesù in 17,10b?

Schnackenburg e Léon-Dufour affermano che la gloria è la pienezza della vita divina[79]; questo secondo autore sostiene inoltre che la gloria è l'irradiamento dell'amore di Dio che si rivela e sta al fondamento del suo essere[80]. Il tema dell'unità, che inizia a comparire in 17,11 e viene poi sviluppato ai vv. 21-23 in relazione al tema della gloria, e il tema dell'amore che appare dapprima ai vv. 23-24 (collegato anche questa volta con la gloria), per poi essere ripreso nell'ultimo versetto, farebbe preferire il significato della glorificazione dei discepoli come manifestazione dell'amore irradiante tra Padre e Figlio. Tuttavia in Gv 17 vi è anche il tema della vita eterna (v. 2) che il Figlio, glorificato dal Padre, è in grado di donare a tutti coloro che gli sono stati dati, glorificando a sua volta il Padre. Riteniamo che anche i discepoli, dopo il ritorno di Gesù al Padre, siano in grado attraverso la loro unità ed il loro amore, di indicare al mondo la via della vita eterna. Infatti, con la loro unità, il mondo potrà credere che Gesù è stato mandato dal Padre (v. 21) e che quest'ultimo ha amato i discepoli come ha amato Gesù (v. 23). E non

---

[78] Cf. W. THÜSING, *La prière*, 85-86.

[79] Cf. R. SCHNACKENBURG, *Il vangelo*, III, 307 e X. LÉON-DUFOUR, *Lettura*, III, 391.

[80] Cf. X. LÉON-DUFOUR, *Lettura*, III, 399.

sono queste le condizioni per avere la vita eterna? In conclusione, possiamo dire che entrambi i significati sulla glorificazione, messi in luce in 14,12-13 e 15,8, sono inclusi nel versetto oggetto di questa tesi. I discepoli compiranno le stesse opere di Gesù, mostrando al mondo quale sia la strada per la vita eterna e giudicando la sua incredulità. Rimanendo inoltre nell'amore di Gesù, vivendo in un'unità, come quella tra il Figlio ed il Padre, manifesteranno l'amore del Figlio e del Padre, che è un'autentica gloria. Un breve cenno va fatto anche al v. 21,19.

3.3 Gv 21,19

τοῦτο δὲ εἶπεν σημαίνων ποίῳ θανάτῳ δοξάσει τὸν θεόν. καὶ τοῦτο εἰπὼν λέγει αὐτῷ ἀκολούθει μοι.

Questo gli disse per indicare con quale morte egli avrebbe glorificato Dio. E detto questo aggiunse: «Seguimi».

Prima di iniziare il paragrafo successivo dobbiamo ancora dire che vi è un altro versetto (il v. 21,19 che esula dal nostro studio, delimitato entro i capp. 13-17) in cui a Pietro è detto con quale morte avrebbe glorificato Dio. Tuttavia anche in questo caso vi è una conferma di quanto approfondito per i versetti 14,13 e 15,8. La testimonianza di Pietro che arriva fino al dono della vita per il suo Signore, imita l'opera più grande del maestro, compiuta nell'«ora». Attraverso il dono della vita nel martirio, Pietro manifesterà in sommo grado l'amore di Dio e la via della vita eterna, il che equivale alla glorificazione di Dio di cui abbiamo parlato nei vv. 14,13 e 15,8.

Proseguendo il nostro studio vorremmo soffermarci ad analizzare il ruolo che ha lo Spirito Santo nella glorificazione di Gesù da parte dei discepoli. Ci sembra infatti troppo importante per essere escluso dalla glorificazione di Gesù, ad opera dei discepoli. E questo vale sebbene nel cap. 17 non sia mai menzionato, per i motivi che saranno fra poco enucleati.

4. L' «assenza» dello Spirito Santo in Gv 17

Sebbene lo Spirito Santo non sia mai nominato nel cap. 17, ciò non pregiudica la sua presenza all'interno del tema dell'«ora» (entro cui è situata la preghiera di Gv 17). E' quanto cercheremo di dimostrare.

Anzitutto è utile tener presente un'osservazione di Brown secondo cui, a volte l'argomento tratto dal silenzio può essere capovolto. Tal-

CAP. IX: LA GLORIFICAZIONE IN 17,10b

volta infatti alcuni temi non sono menzionati in Giovanni non perché l'evangelista non sia d'accordo, bensì perché li presuppone[81].

Una prima risposta all'«assenza» dello Spirito si può dare a partire da una considerazione di analisi letteraria dei capp. 13-17[82] che, come abbiamo già visto (pag. 50), fanno parte di uno stesso contesto. In particolare adesso vogliamo mettere in risalto i temi comuni di Gv 13 e Gv 17, ovvero degli estremi rispetto all'insieme dei capp. 13-17. Abbiamo osservato che entrambi i capitoli iniziano con il tema dell'«ora»; entrambi considerano l'amore ($\dot{\alpha}\gamma\dot{\alpha}\pi\eta$), la glorificazione ($\delta o \xi \dot{\alpha} \zeta \omega$) ed il «riconoscimento» dei discepoli di Gesù da parte del mondo (vd. pagg. 46-49). Ma in ambedue i capitoli non è mai nominato lo Spirito Santo. Si tratta di un caso, oppure Giovanni ha voluto mantenere questa «assenza» nei due capitoli estremi? Siamo dell'opinione che non sia casuale, sarà utile tuttavia approfondire il significato di questa assenza. Lo faremo ricercando quei temi di Gv 17 che richiamano lo Spirito Santo e appoggiandoci a qualche passo parallelo dei precedenti discorsi d'addio, in cui lo Spirito è evocato. Vediamo anzitutto come alcuni cercano di spiegare l'assenza del tema dello Spirito in Gv 17.

Commentando il v. 13,1, Léon-Dufour afferma che l'amore fino all'estremo implica il dono dello Spirito ai discepoli[83]. Analizzando poi Gv 17, Léon-Dufour mette in evidenza che qualche parola del testo, come per esempio la domanda di santificare i discepoli nella verità, sottintende la presenza dello Spirito. Non vi è tuttavia una menzione esplicita in quanto il capitolo si basa solamente sulla missione affidata al Figlio. Più avanti, lo stesso Léon-Dufour richiama il fatto che nei capitoli precedenti il 17, lo Spirito Santo era nominato ed aveva la funzione del Paraclito; qui nella preghiera di Gv 17 si identifica con l'amore che unisce Padre, Figlio e gli uomini fra loro (questo sarà il modo in cui la tradizione occidentale interpreterà tale amore). Parlare dell'amore di Dio equivale dunque a parlare dello Spirito Santo, che è l'amore personalizzato[84].

---

[81] Cf. R.E. BROWN, *Giovanni*, CXXVIII.

[82] Ci atteniamo soprattutto all'analisi letteraria sviluppata, in particolare allo studio di Simoens che abbiamo esposto (pagg. 60-62). Lì avevamo rilevato che sussistono varie corrispondenze tematiche da un'estremità all'altra in forma inequivocabile.

[83] Cf. X. LÉON-DUFOUR, *Lettura*, III, 27.

[84] Cf. X.LÉON-DUFOUR, *Lettura*, III, 402.405-406. Anche Segalla, rifacendosi ad alcuni autori medievali (Ruperto di Deutz e S. Tommaso), interpreta l'amore con cui il Padre ha amato il Figlio di cui al v. 17,26 con lo Spirito Santo (cf. G. SEGALLA, *La preghiera*, 145).

Mateos e Barreto leggono la santificazione nella verità del v. 17 in relazione alla comunicazione dello Spirito che aiuterà a scoprire la verità su Dio e sull'uomo[85]. Anche Fabris, rifacendosi ai commentatori antichi e moderni, legge nei vv. 17-19 la presenza implicita dello Spirito che santifica i discepoli nella verità[86].

Brown sostiene che nel vangelo si può notare spesso una somiglianza tra l'opera della parola rivelatrice di Gesù e l'opera dello Spirito. Forse allora la parola «verità» nel v. 17,17 va identificata non solo con la parola di Dio, bensì anche con il Paraclito, che è lo Spirito di verità (14,17; 15,26; 16,13). I discepoli saranno santificati nella verità e questo è il dominio del Paraclito (14,26) che rende intelligibile la parola di Gesù[87].

Thüsing associava al dono della vita eterna (17,2), delle parole/a del Padre (17,8.14) ed alla rivelazione del nome del Padre (17,6.26), la salvezza donata attraverso il Paraclito. E così anche la gloria richiamata al v. 22 non sarebbe nient'altro che la pienezza dello Spirito (vd. pag. 243). Ma qui vogliamo soffermarci soprattutto sul versetto finale (17,26) in cui il tema dell'amore conclude la preghiera.

Feuillet afferma che l'ultima formula della preghiera al v. 17,26, è la più misteriosa di tutte. Gesù parla lì della presenza di sé medesimo nei discepoli, nonché dell'amore con cui egli è amato dal Padre. Tale amore del Padre per il Figlio rinvierebbe, per Feuillet, al mistero della Trinità. Inoltre, il parallelismo tra questa assicurazione sull'amore che sarà nei discepoli e quella sul Paraclito che nei discorsi d'addio (in particolare in 14,16) è in modo analogo promesso ai «suoi», fa pensare che in 17,26 si tratti dello Spirito che viene nei discepoli, unitamente al Cristo[88].

Questo legame, a giudizio di Feuillet, è rafforzato nel v. 14,18 in cui Gesù, dopo aver promesso il Paraclito, afferma: «Non vi lascerò orfani, ritornerò da voi». La venuta dello Spirito Santo e la venuta del Cristo glorioso saranno così unite in 17,26, proprio come in 14,16-18[89].

Quando ancora in 17,26 dopo aver detto — «io ho fatto conoscere loro il tuo nome» —, Gesù aggiunge — «e lo farò conoscere» —, quest'ultima affermazione non può che riguardare, sempre secondo lo stesso autore, la rivelazione fatta ai discepoli attraverso lo Spirito

---

[85] Cf. J. MATEOS – J. BARRETO, *El Evangelio*, 720-721.
[86] Cf. R. FABRIS, *Giovanni*, 885.889.
[87] Cf. R.E. BROWN, *Giovanni*, 934.
[88] Cf. A. FEUILLET, *Le mystère*, 57-58.
[89] Cf. A. FEUILLET, *Le mystère*, 58.

Santo, dopo la partenza di Gesù. Questo modo di ragionare è peraltro conforme alle grandi promesse dei discorsi d'addio. Feuillet fa notare inoltre che, solamente se in 17,26 l'amore con cui il Padre ama il Figlio si identifica con lo Spirito Santo, si può comprendere perché il Cristo si ponga al fianco dei discepoli e domandi che tale «amore» e lui stesso rimangano nei discepoli. Se infatti l'amore di cui parla Gesù in 17,26 ed egli stesso fossero un'identica realtà, uno dei due sarebbe di troppo[90].

Secondo Feuillet in Gv 17 il dono futuro dello Spirito, legato alla glorificazione di Gesù, è dappertutto presupposto. In 17,17 vi è poi un riferimento ancora più chiaro. L'invocazione — «Consacrali nella verità. La tua parola è verità» —, si lega alla promessa del v. 16,13: «Lo Spirito di verità vi guiderà alla verità tutta intera». E' lo Spirito che, essendo l'amore che unisce il Padre ed il Figlio, stabilirà ugualmente gli uomini in comunione di pensiero e d'amore con il Padre ed il Figlio[91].

In conclusione riteniamo che il v. 17,17 ed in particolare il 17,26, con i temi della consacrazione nella verità[92] e dell'amore, rimandino alla presenza e al dono dello Spirito. Ci sembra importante, tuttavia, precisare il momento in cui si può cominciare a parlare del dono dello Spirito. Se questo dono è già compreso nell'«ora» se ne può parlare a partire dal v. 12,23 (lì è la prima volta in cui si parla dell'«ora» che è arrivata). In realtà un versetto precedente ci viene in aiuto: si tratta di 7,39, ove è detto esplicitamente che lo Spirito non c'era ancora, poiché il Cristo non era stato ancora glorificato. Ma la glorificazione di Gesù coincide massimamente con la sua «ora» (vd. pag. 245), quindi ci sembra corretto affermare che con il sopraggiungere dell'«ora» lo Spirito sarà effuso. Continuando il nostro studio, approfondiremo il nesso che lega lo Spirito ai discepoli nella glorificazione che questi ultimi pongono in essere nei confronti di Gesù.

---

[90] Cf. A. FEUILLET, *Le mystère*, 58.
[91] Cf. A. FEUILLET, *Le mystère*, 67.
[92] Non tutti gli autori concordano sul fatto che la santificazione nella verità, nei confronti dei discepoli, rimandi alla presenza dello Spirito. Dietzfelbinger afferma infatti che il concetto di «verità» non deve in alcun modo essere identificato con il Paraclito, di cui in Gv 17 non vi è menzione (cf. C. DIETZFELBINGER, *Der Abschied*, 311).

4.1 Spirito Santo e discepoli nella glorificazione di Gesù

Nell'analisi del v. 7,39 sullo Spirito che i credenti avrebbero ricevuto dopo la glorificazione di Gesù (pag. 218), avevamo detto che la glorificazione di Cristo, di cui parla quel versetto, coincide con l'«ora» pasquale. E' a partire dall'«ora» che lo Spirito sarà effuso sui credenti. Abbiamo poi analizzato la glorificazione che avviene nell'«ora», a cominciare dal v. 12,23 (pagg. 220ss).

Il cap. 17 si trova alla fine di una serie di capitoli (13-17) che riguardano i fatti dell'ultima cena fino all'uscita di Giuda dal cenacolo, nonché i lunghi discorsi di Gesù (dal v. 13,31) fino alla preghiera conclusiva in Gv 17. Abbiamo considerato il cap. 13 fin dall'inizio come appartenente al blocco dei capp. 13-17, in quanto rientra nel nuovo contesto in cui Gesù ha concluso il suo ministero pubblico e si ritrova con i «suoi». Il cap 13 tratta peraltro di alcuni temi che saranno ripresi nei capitoli successivi suggerendo delle corrispondenze (vd. pagg. 46-50). Ebbene il cap. 13 inizia proprio con l'accenno all'«ora» che per Gesù è arrivata. Nel contesto di tale «ora» che libererà l'effusione dello Spirito Santo e, nel contesto dei capp. 13-17, vogliamo adesso soffermarci su quei versetti (14,16-17.26; 15,26-27; 16,7-11.13-14) che considerano il tema dello Spirito. Quest'analisi potrà inoltre tornare utile per approfondire ulteriormente il significato della glorificazione da parte dei discepoli in 17,10b. Seguendo un ordine cronologico iniziamo allora dallo studio dei vv. 14,16-17.

4.1.1 Gv 14,16-17

16 κἀγὼ ἐρωτήσω τὸν πατέρα καὶ ἄλλον παράκλητον δώσει ὑμῖν, ἵνα μεθ' ὑμῶν εἰς τὸν αἰῶνα ᾖ, 17 τὸ πνεῦμα τῆς ἀληθείας, ὃ ὁ κόσμος οὐ δύναται λαβεῖν, ὅτι οὐ θεωρεῖ αὐτὸ οὐδὲ γινώσκει ὑμεῖς γινώσκετε αὐτό, ὅτι παρ' ὑμῖν μένει καὶ ἐν ὑμῖν ἔσται.

16 Io pregherò il Padre ed egli vi darà un altro Paraclito[93] perché rimanga con voi per sempre, 17 lo Spirito di verità che il mondo non può ricevere, perché non lo vede e non lo conosce. Voi lo conoscete, perché egli dimora presso di voi e sarà in voi.

Sul v. 14,16 Brown afferma che se il Padre manderà un altro παράκλητον, questo significa che lo Spirito Santo prenderà il posto di

---

[93] Anche qui la nostra traduzione differisce da quella della CEI che utilizza il termine «Consolatore», per le ragioni che esporremo nel commento.

Gesù. E questa sostituzione avverrà quando Gesù sarà tornato al Padre. Il v. 18 dice anche che Gesù ritornerà dai discepoli, promessa che si compirà proprio con l'invio dello Spirito dopo la dipartita del Signore. La partenza di Gesù riguarda l'«ora» perciò, in riferimento a questa ultima, lo Spirito sarà nei discepoli: «egli dimora presso di voi e sarà in voi» (14,17) Brown osserva ancora che tutta la testimonianza e l'insegnamento del «Paraclito» riguardano Gesù, di modo che lo Spirito glorifica Gesù[94].

Bultmann sostiene che lo Spirito sarà per i discepoli quello che Gesù è stato per essi: un παράκλητος, ovvero un aiutante. E sarà grazie all'assistenza di quest'ultimo che i discepoli sperimenteranno il Padre come colui che manda lo Spirito su richiesta di Gesù[95]. D'altronde, come fa giustamente notare Becker, la presenza dello Spirito renderà nel contempo presente Gesù, in modo che la comunità non resti orfana[96].

L'importanza delle preposizioni, secondo Manns, risalta immediatamente: il «Paraclito» sarà μεθ'ὑμῶν, dimorerà παρ'ὑμῖν e sarà ἐν ὑμῖν. Una progressione dall'esterno verso l'interno segna il movimento di queste proposizioni. Il «Paraclito» ha un ruolo di assistenza nei confronti dei discepoli, perché sarà con loro per sempre. Lo Spirito di verità ha un ruolo più interiore, in quanto sarà in essi[97].

L'«essere con» i discepoli da parte dello Spirito, a giudizio di Ferraro, è simile al modo in cui Gesù era con loro. Lo Spirito sarà con i discepoli prolungando l'azione di Gesù risorto, e lo farà nei confronti dei singoli credenti e dell'intera comunità, per tutto il tempo della chiesa. Il rimanere del «Paraclito» presso i discepoli poi, oltre ad offrire protezione, tende a realizzare in essi la piena comunione divina. L'«essere in» ha ancora un valore di unione e assistenza ed evoca una presenza interiore, la più profonda comunione, perché in modo simile il Padre è nel Cristo e il Cristo è in Dio e ambedue sono uniti allo Spirito nella sua dimora nelle anime[98].

Da queste prime osservazioni possiamo già dedurre che lo Spirito, rimanendo con i discepoli e in essi, attraverso la loro esistenza glorifica Gesù. Prima di proseguire, è opportuno comunque soffermarsi ad

---

[94] Cf. R.E. BROWN, *Giovanni*, 1497.
[95] Cf. R. BULTMANN, *The Gospel*, 615.
[96] Cf. J. BECKER, «Das Geist», 226-227.
[97] Cf. F. MANNS, *L'Évangile de Jean*, 352.
[98] Cf. G. FERRARO, *Il Paraclito*, 23.26.29.

inquadrare il significato del termine παράκλητον, riferito allo Spirito Santo.

Schnackenburg fa notare che l'aggettivo verbale di παρακαλέω nel greco classico ha un senso passivo che significa «chiamato vicino» ed è usato soprattutto per esprimere un'assistenza in giudizio del tipo che esercita un avvocato. Si può allora tradurre παράκλητος anche con «intercessore», il cui compito è di intervenire in aiuto e protezione. Da qui derivano traduzioni come «avvocato» o «difensore»[99].

Già tre o quattro secoli prima di Giovanni, spiega Ravasi, tale vocabolo era utilizzato nel mondo greco dei tribunali, dove aveva il senso di «avvocato difensore». Perciò la traduzione latina letterale è proprio *advocatus*, che vuole dire «chiamato» in difesa. Il significato di παράκλητος si era poi allargato a termini come «intercessore, soccorritore» o, più liberamente, «consolatore»[100].

Nella letteratura rabbinica, fa osservare Manns, il termine che noi traduciamo con «Paraclito» rientrava nel vocabolario religioso. L'ebraico *p^{e}raqlît*, a cui corrisponde l'aramaico *p^{e}raqlîtâ'*, ha il significato di difensore ed intercessore, in un contesto in cui si è davanti al tribunale di Dio. Questi due termini sono sovente utilizzati come equivalenti di *sanêgor*, termine giuridico che designa l'avvocato e si oppone a *katêgor*, l'accusatore[101].

Smith aggiunge che il verbo παρακαλέω ha un ampio spettro di significati, da «convocare» (a fianco di qualcuno) fino a «confortare» o «consolare». Il sostantivo astratto παράκλησις può peraltro significare «conforto», «incoraggiamento», perciò la *King James Version* traduce παράκλητος con «Consolatore». La *New Revised Standard Version* preferisce invece il termine «avvocato» perché da un lato, al di fuori della letteratura giovannea παράκλητος significa spesso «avvocato» e, d'altra parte, tale traduzione sembra adeguata al contesto del v. 14,16, in quanto lo Spirito è presentato come un altro παράκλητος, dichiarando implicitamente che Gesù era il primo παράκλητος. Ma la reale funzione dello Spirito nei capp. 14-16, non è tanto quella di rappresentare i discepoli di fronte al tribunale di Dio (come in 1Gv 2,1), quanto piuttosto di rappresentare il Signore Gesù per i discepoli rimasti nel mondo[102].

---

[99] Cf. R. SCHNACKENBURG, *Il vangelo*, III, 223.
[100] Cf. G. RAVASI, *Secondo le Scritture*, I, 127.
[101] Cf. F. MANNS, *L'Évangile de Jean*, 360-361.
[102] Cf. D.M. SMITH, *La Teologia*, 169-170.

Brown concorda sul fatto che stando al quadro giovanneo, la funzione dello Spirito Santo non è quella di difendere i discepoli in un eventuale processo, bensì casomai quella del pubblico ministero che dimostra colpevole il mondo. D'altro canto, nella procedura giudiziaria ebraica, la parte dell'avvocato è fuori luogo poichè il giudice conduceva quasi tutto l'interrogatorio. Al massimo si chiamavano dei testimoni a difesa perciò, se il Paraclito ha una funzione forense, essa sarà quella del testimone[103].

E d'altronde, come fa notare Galot, è un po' strano che nelle parole dell'ultima cena Gesù non sviluppi un insegnamento sulla funzione di difesa, o d'intercessione attribuita allo Spirito. L'accento è invece posto sull'aspetto dottrinale del «Paraclito», mettendo in luce come Egli introdurrà alla verità, presente nel messaggio evangelico[104].

Lindars lega la menzione del «Paraclito» alla coscienza viva che ne aveva la prima comunità cristiana. Lo Spirito avrebbe custodito la vita della Chiesa nell'intervallo che precedeva la parusia. Lindars conviene inoltre con Schnackenburg sulla traduzione di παρακαλέω (=chiamato vicino), per cui la parola «Assistente» (*Helper*), sembra la più adeguata per designare l'identità e la funzione dello Spirito[105].

Ridderbos fa notare anzitutto l'unicità del nome παράκλητος, presente solo nel quarto vangelo. Egli si pone due domande: 1) qual è il significato della parola παράκλητος come designazione dell'opera dello Spirito Santo? 2) L'uso di questa parola ha un suo sfondo di riferimento nell'AT, nel giudaismo, fuori di esso, e in quale misura? Alla prima domanda, Ridderbos risponde che in Gv 14-16 il termine non ha lo stesso significato rispetto all'utilizzo ellenistico. Lì veniva associato all'idea di avvocato, difensore, o rappresentante davanti a una corte. In 1Gv 2,1 Gesù stesso è chiamato un «avvocato presso il Padre», e questa funzione è attribuita allo Spirito dovunque nel NT (cf. Rom 8,27), sebbene senza il titolo παράκλητος. Ma non è questo il caso in Gv 14-16 e nemmeno la parola «consolatore», derivata dal significato attivo del verbo παρακαλέω, sembra appropriata. Infatti nelle cinque dichiarazioni, dei capp. 14-16, sull'opera del Paraclito come Spirito di verità, che condurrà i discepoli alla verità tutta intera, la traduzione — «consolatore» — risulta ingiustificata[106].

---

[103] Cf. R.E. BROWN, *Giovanni*, 1491-1492.
[104] Cf. J. GALOT, «Il mistero della Pentecoste», 317.
[105] Cf. B. LINDARS, *The Gospel*, 477.479.
[106] Cf. H.N. RIDDERBOS, *The Gospel*, 500-501.

D'altra parte, continua Ridderbos, nemmeno il richiamo all'uso del termine παράκλητος nell'AT o in altre letterature religiose, spiega l'impiego specifico che ne fa Giovanni. Mentre infatti lo studio del termine ha messo in luce la figura dell'avvocato nell'AT e nella letteratura giudaica, resta il fatto che in Gv 14-16 lo Spirito non è un avvocato per i discepoli, perciò tale titolo non può essere derivato da quei contesti. La conclusione di Ridderbos, è che per la parola «Paraclito» in Gv 14-16, l'unico punto di riferimento sono i testi stessi, e non altre fonti[107].

Il παράκλητος è descritto, a giudizio di Morris, come lo «Spirito Santo» in 14,26 e come lo «Spirito di verità» in 15,26. Non appaiono dunque altre sfumature dello Spirito, quando ricorre il termine παράκλητος[108].

Carson fa notare che il v. 14,17, seguendo di poco il 14,6 dove Gesù afferma di essere la «verità», lo Spirito di verità può in parte definire il Paraclito come lo Spirito che rende testimonianza alla verità, che è Gesù stesso[109]. In un passo successivo (15,26-27) vedremo che effettivamente il Paraclito è colui che rende testimonianza a Gesù, come anche i discepoli rendono tale testimonianza e le due testimonianze sono in realtà una sola.

Barrett afferma che il paradosso presente nel fatto dell'opera di Gesù sulla terra, portata avanti nonostante la sua dipartita, è risolto dal suo ritorno nella persona del Paraclito. Quest'ultimo rende possibile che il Verbo fatto carne abiti ancora fra i discepoli, così come l'aver visto la sua gloria (cf. 1,14). Non si tratta soltanto di eventi del passato bensì, attraverso lo Spirito, di qualcosa che è attualizzato nel presente[110]. Possiamo osservare inoltre, che il passo sulla promessa e l'invio dello Spirito Santo (14,16-17) segue di poco quello sulla glorificazione del Padre nel Figlio attraverso i discepoli, che abbiamo già esaminato (v. 14,13, pagg. 264-266). Qual è il nesso che lega questi due passi?

Secondo Dietzfelbinger è il Paraclito colui che, mandato dal Padre su richiesta di Gesù, aiuterà la comunità a compiere le «opere più grandi» di cui in 14,12[111].

---

[107] Cf. H.N. RIDDERBOS, *The Gospel*, 501-503. Tutt'al più, secondo Beasley-Murray, la parola richiama un contesto da tribunale nei vv. 16,8-11 (cf. G.R. BEASLEY-MURRAY, *John*, 256). Approfondiremo tuttavia in seguito il contenuto di quei versetti.
[108] Cf. L. MORRIS, *The Gospel*, 663.
[109] Cf. D.A. CARSON, *The Gospel*, 500.
[110] Cf. C.K. BARRETT, *The Gospel*, 462-463.
[111] Cf. C. DIETZFELBINGER, *Der Abschied*, 203.

CAP. IX: LA GLORIFICAZIONE IN 17,10b

Tuttavia Léon-Dufour rileva che, secondo la nostra logica occidentale, la dichiarazione di Gesù sulle «opere più grandi» che i discepoli compiranno dovrebbe seguire e non precedere la promessa di una presenza divina nei discepoli. Ma, è ancora quest'autore a parlare, Giovanni conserva una struttura tradizionale: nell'AT, ogni missione affidata da Dio ad un individuo o a un gruppo è seguita dall'assicurazione di una permanente assistenza divina. E la formula «io sarò con te» esprime tale rassicurante promessa nei racconti di vocazione[112].

Prima di questi due versetti (14,16-17) sull'invio dello Spirito ai discepoli ve ne è inoltre un altro di capitale importanza: «Se mi amate, osservate i miei comandamenti» (14,15). Ancora Léon-Dufour, osserva che le espressioni «amarmi» e «osservare i miei comandamenti» sono sempre in relazione reciproca, tanto che l'una riflette l'altra[113].

Avevamo peraltro già considerato che, a proposito del v. 15,8, una condizione per glorificare il Padre portando frutto e diventando discepoli di Gesù, è quella di «rimanere» nell'amore di Gesù (pagg. 267-271). Quindi, i discepoli glorificheranno il Padre nel Figlio (v. 14,13) ed osserveranno i comandamenti di Gesù dimostrando di amarlo (15,10). A loro è promesso l'invio del παράκλητος, che è lo «Spirito di verità». Ma, stando alla logica che Léon-Dufour richiamava, dobbiamo invece considerare che l'invio dello Spirito Santo sui discepoli precederà il compimento delle «opere più grandi» e la glorificazione del Padre nel Figlio, rendendoli attuabili.

Léon-Dufour sottolinea, nel v. 16, la permanente presenza dello Spirito sui discepoli: «rimanga con voi per sempre». Dopo la partenza di Gesù, la promessa «sarò con te», che attraversa la lunga tradizione biblica si compirà, secondo Giovanni, nel «Paraclito», che è distinto e nel contempo simile a Gesù. Si tratta dello Spirito di verità (v. 17) che rinvia alla proclamazione di Gesù: «Io sono la via, la verità e la vita» (14,6)[114].

La seconda parte del v. 14,17 — «Voi lo conoscete, perché egli dimora presso di voi e sarà in voi» — evidenzia il tempo presente dei primi due verbi. Come conciliare questo presente dei verbi «conoscere» e «dimorare», si chiede Léon-Dufour, con la nota dell'evangelista in 7,39: «Non c'era ancora lo Spirito, perché Gesù non era stato ancora glorificato»? In realtà la parte finale del v. 17 è al futuro, «sarà in voi»,

---

[112] Cf. X. Léon-Dufour, *Lettura*, III, 141-142.
[113] Cf. X. Léon-Dufour, *Lettura*, III, 143.
[114] Cf. X. Léon-Dufour, *Lettura*, III, 151-152.

legandosi al futuro del v. 16: «egli vi darà». Secondo Léon-Dufour, con i verbi al presente, Gesù intende dire quello che affermava al v. 14,7: «fin da ora lo conoscete e lo avete veduto». In Gesù lo Spirito, presente, stava anche presso i discepoli e da questi poteva essere riconosciuto. Ma lo stesso Spirito non era ancora all'opera nei discepoli, cosa che avverrà dopo l'«ora» della glorificazione di Gesù[115].

Anche Fabris mette in luce che i vv. 14,15-16 si rifanno ai formulari dell'alleanza nell'AT, ove il precetto fondamentale riguardava l'amore del Signore e l'osservanza dei suoi comandamenti (cf. Dt 6,1-6; 7,9.21). A questo impegno dei membri dell'alleanza corrispondeva l'attuazione delle promesse di benedizione da parte di Dio. Così, ai discepoli che osservano i comandamenti di Gesù manifestando il loro amore, è garantita la presenza permanente di un altro «Paraclito»[116]. Proseguiamo adesso, secondo un ordine cronologico, con l'analisi del v. 14,26.

4.1.2 Gv *14,26*

ὁ δὲ παράκλητος, τὸ πνεῦμα τὸ ἅγιον, ὃ πέμψει ὁ πατὴρ ἐν τῷ ὀνόματί μου, ἐκεῖνος ὑμᾶς διδάξει πάντα καὶ ὑπομνήσει ὑμᾶς πάντα ἃ εἶπον ὑμῖν ἐγώ.

Ma il Paraclito[117], lo Spirito Santo che il Padre manderà nel mio nome, egli v'insegnerà ogni cosa e vi ricorderà tutto ciò che io vi ho detto.

Per Morris qui ci troviamo di fronte alla descrizione più esaustiva sullo Spirito nel quarto vangelo. Soprattutto la parola ἅγιον, secondo Morris, ha un rilievo speciale. Per i primi cristiani infatti, la cosa importante era che Egli è santo. Lo Spirito inoltre non farà altro che richiamare l'insegnamento di Gesù[118].

Brown riconosce nell'espressione «nel mio nome», riferita allo Spirito che il Padre invierà, il compimento della missione di Gesù. Lo Spirito è inviato nel nome di Gesù perché svela il significato di Gesù per gli uomini[119]. Ci sembra che questa funzione dello Spirito fornisca

---

[115] Cf. X. LÉON-DUFOUR, *Lettura*, III, 152-153.
[116] Cf. R. FABRIS, *Giovanni*, 778.
[117] Adoperiamo anche qui (come per il v. 14,16, pag. 276) il termine «Paraclito», più aderente al greco παράκλητος per le motivazioni che abbiamo già indicato a proposito del v. 14,16 (pagg. 277-279).
[118] Cf. L. MORRIS, *The Gospel*, 656-657.
[119] Cf. R.E. BROWN, *Giovanni*, 787.

un ulteriore chiarimento sul nesso che lega lo Spirito Santo alla glorificazione di Gesù da parte dei discepoli. Questi ultimi, grazie all'insegnamento dello Spirito su quanto Gesù ha detto, saranno arricchiti di una luce interiore che consentirà loro di rendere gloria al Cristo.

Beasley-Murray sottolinea che, come Gesù fu mandato nel nome del Padre, così lo Spirito Santo è mandato nel nome del Figlio. Le due funzioni dello Spirito, «insegnare» e «far ricordare», sono identiche e consentiranno ai discepoli di comprendere la rivelazione di Dio nel Cristo, in tutta la sua ricchezza e profondità[120]. Uno dei compiti principali del Paraclito, a giudizio di Carson, dopo la glorificazione di Gesù, è di far ricordare ai discepoli l'insegnamento di Gesù e quindi, nella situazione post-resurrezione, di aiutarli ad afferrare il significato dello stesso insegnamento[121].

La funzione d'insegnare, fa poi notare Schnackenburg, è qualcosa che nel vangelo di Giovanni riguarda la rivelazione. Così, anche l'attività rivelatrice del Gesù terreno è chiamata «dottrina» (7,16s) o «insegnamento» (7,28; 8,28). Perciò il «Paraclito» non fa altro che continuare la rivelazione di Gesù, approfondendo quello ch'egli stesso ha insegnato. Ed il richiamare alla memoria tutto quello che Gesù ha detto è, secondo Schnackenburg, intimamente legato all'insegnamento, limitandosi a spiegare meglio in cosa questo consista[122]. L'opera che lo Spirito, mandato dal Padre compirà è, anche secondo Ridderbos, l'opera di Gesù stesso[123].

Quindi lo Spirito, è Beasley-Murray a parlare, non apporta nessuna nuova rivelazione; il suo compito è di mettere in luce quello che Gesù ha fatto e di rendere i discepoli capaci di comprendere la rivelazione di Gesù[124]. Anche Ferraro osserva che lo Spirito riprende la rivelazione Gesù agli uomini, la assume, la propone e la insegna, cioè la introduce nell'intimo del cuore e della mente dei discepoli, favorendone la comprensione. Egli è il maestro interiore, il cui insegnamento riguarda il mistero di Cristo[125].

---

[120] Cf. G.R. BEASLEY-MURRAY, *Gospel of Life*, 74. Barrett mette in evidenza il pronome personale ἐγώ alla fine del v. 26. E' infatti, secondo lui, molto enfatico ed offre un significato completamente differente all'opera del Paraclito, che riceve l'insegnamento da Gesù per trasmetterlo alla Chiesa (cf. C.K. BARRETT, *The Gospel*, 467-468).
[121] Cf. D.A. CARSON, *The Gospel*, 505.
[122] Cf. R. SCHNACKENBURG, *Il vangelo*, III, 138-139.
[123] Cf. H.N. RIDDERBOS, *The Gospel*, 510.
[124] Cf. G.R. BEASLEY-MURRAY, *John*, 261.
[125] Cf. F. FERRARO, *Il Paraclito*, 64.

Al tempo fondante della rivelazione di Gesù, sottolinea Léon-Dufour, segue il tempo della stessa rivelazione posta in essere dal «Paraclito», il tempo del pieno svelamento. Grazie al «Paraclito» le parole di Gesù saranno comprese dai discepoli, molto più rispetto a quando le avevano ascoltate per la prima volta dalla bocca del Signore[126]. E' utile soffermarsi qui un po' di più sul significato dell'insegnamento e del far ricordare, che sono opera dello Spirito Santo.

I vv. 25-26 sono, secondo Léon-Dufour, una chiave per leggere il quarto vangelo. Il ruolo illuminante del «Paraclito» è fondato sul suo invio da parte del Padre nel nome di Gesù. E, come Gesù è venuto nel nome del Padre, non ha «parlato da sé stesso» (cf. 14,10.24) ma secondo l'insegnamento ricevuto dal Padre, così il «Paraclito» non trasmette una propria dottrina, bensì quella che ascolta da Gesù. Due sono allora i verbi che esprimono la funzione assegnata al «Paraclito»: insegnare e far ricordare. Léon-Dufour fa qui osservare che nella Bibbia il verbo «insegnare» ha il significato di interpretare autenticamente la Scrittura, e questo è un senso che vale anche per il vangelo di Giovanni. Quello che i profeti dicevano della Legge, lo Spirito lo insegnerà all'interno delle coscienze, non più dal di fuori. L'affermazione — «egli vi insegnerà ogni cosa» — pone l'accento sulla totalità di quanto Gesù ha comunicato agli uomini nel nome del Padre[127].

Il «Paraclito» inoltre «vi ricorderà tutto ciò che vi ho detto»: nel linguaggio biblico, osserva ancora Lèon-Dufour, il «ricordarsi» non riguarda soltanto il tenere a mente un fatto del passato, bensì una presa di coscienza del suo significato. Il tema della memoria proviene in Giovanni dall'AT, in particolare si può dire che il Deuteronomio è, nella sua totalità, una teologia della memoria. Così, facendo ricordare ai discepoli le parole di Gesù, lo Spirito non si dedica semplicemente a fissarne il tenore in una memoria vacillante; ne fa cogliere bensì il significato, fino ad allora rimasto oscuro, e permette di interpretarle profondamente alla luce della Pasqua[128].

---

[126] Cf. X. LÉON-DUFOUR, *Lettura*, III, 165. Anche Moloney concorda con Léon-Dufour nel sostenere che il «Paraclito» richiamerà e continuerà la rivelazione di Dio che Gesù aveva portato a termine (cf. F. J. MOLONEY, *Glory not dishonor*, 49).

[127] Cf. X. LÉON-DUFOUR, *Lettura*, III, 166-168. Lo Spirito Santo, secondo Nissen, non farà altro che rendere il Cristo più comprensibile, più presente, più trasformante, facendo scoprire il vero significato del Verbo fatto carne (cf. J. NISSEN, «Mission», 231).

[128] Cf. X. LÉON-DUFOUR, *Lettura*, III, 169-170.

Stando a queste riflessioni di Léon-Dufour, con l'«ora» ormai sopraggiunta, dopo la Pasqua di morte e resurrezione, lo Spirito introdurrà i discepoli nella comprensione profonda delle parole di Gesù. Fino ad allora infatti, le stesse parole erano rimaste oscure ed incomprese. E' nella comprensione piena delle parole di Gesù che i discepoli «rimangono» nel suo amore, portano frutto e glorificano sia il Padre che il Figlio (vv. 15,8 e 17,10). Possono inoltre vivere in quell'unità che la gloria donata loro da Gesù renderà possibile. E' l'unità d'amore tra i discepoli, come quella tra Padre e Figlio, che glorifica il Figlio. Lo Spirito Santo, attraverso le funzioni che abbiamo or ora esaminato, mette i discepoli nella condizione di glorificare Gesù. Consideriamo adesso, secondo l'ordine cronologico fissato, due versetti (vv. 15,26-27) in cui un'altra importante funzione dello Spirito e dei discepoli è suggerita.

4.1.3 *Gv 15,26-27*

26 Ὅταν ἔλθῃ ὁ παράκλητος ὃν ἐγὼ πέμψω ὑμῖν παρὰ τοῦ πατρός, τὸ πνεῦμα τῆς ἀληθείας ὃ παρὰ τοῦ πατρὸς ἐκπορεύεται, ἐκεῖνος μαρτυρήσει περὶ ἐμοῦ 27 καὶ ὑμεῖς δὲ μαρτυρεῖτε, ὅτι ἀπ'ἀρχῆς μετ' ἐμοῦ ἐστε.

26 Quando verrà il Paraclito che io vi manderò dal Padre, lo Spirito di verità che procede dal Padre, egli mi renderà testimonianza; 27 e anche voi mi renderete testimonianza, perché siete stati con me fin dal principio.

Per inquadare il contesto dei vv. 15,26-27, Metzner richiama Gv 8,17s. Lì Gesù ricordava che nella Legge antica la testimonianza di due persone è vera. Analogamente, in 15,22.24 sono le parole e le opere di Gesù che gli rendono testimonianza, ed in 15,26-27 lo Spirito Santo e i discepoli. Metzner sostiene che vi è una corrispondenza fra la testimonianza resa dal Paraclito e quella dei discepoli; anzi la testimonianza dello Spirito non sta accanto e non è indipendente da quella dei discepoli. Nello Spirito, Gesù è presente nella comunità, ed è lo Spirito che assisterà i discepoli quando si troveranno davanti ai tribunali e renderanno testimonianza al Signore (cf. Mc 13,9.11)[129].

Il passo sul «Paraclito» in 15,26-27, secondo Brown, è collegato con quanto appena detto, poiché la venuta dello Spirito fornisce una spiegazione del perché il mondo tratta i discepoli allo stesso modo con cui ha trattato Gesù. Il «Paraclito» rappresenta la presenza di Gesù in mezzo

---

[129] Cf. R. METZNER, *Das Verständnis*, 220-223.

agli uomini e, nell'odiare i discepoli che sono la dimora del «Paraclito», il mondo cerca di contrastare la continua presenza di Gesù sulla terra. In virtù del «Paraclito» i discepoli rappresentano Gesù nei confronti del mondo[130]. Brown fa anche un raffronto con i Sinottici; in questi l'accenno allo Spirito nell'ora della persecuzione è in un contesto dove Gesù promette che, quel che i discepoli diranno, sarà dato loro (Mt 10,19-20; Mc 13,11). I Sinottici chiariscono nel contempo quello che lo Spirito farà nei discepoli: «Non siete infatti voi a parlare, ma è lo Spirito del Padre vostro che parla in voi» (Mt 10,20; Mc 13,11). Ora in Giovanni il ruolo di rendere testimonianza in tempi di persecuzione attraverso i discepoli, è precisamente il ruolo attribuito al «Paraclito» in 15,26-27[131].

Ancora Brown, è dell'opinione che la testimonianza del «Paraclito» (15,26) e la testimonianza dei discepoli (15,27) non sono due testimonianze separate. Lo Spirito (il Paraclito) è invisibile al mondo (14,17), sicchè l'unico modo in cui la sua testimonianza può essere ascoltata si realizza attraverso i discepoli. Lo esprimeva molto profondamente S. Agostino: «Poiché egli parlerà, anche voi parlerete: egli nei vostri cuori, voi con le parole; egli con l'ispirazione, voi con la voce» (Jo XCIII, 1; PL 35,1864)[132].

In realtà, secondo Ferraro, la testimonianza dei discepoli è profondamente dipendente da quella del Paraclito, ne è l'effetto, la manifestazione al mondo. I discepoli sono infatti capaci di rendere la loro testimonianza a favore di Gesù perché hanno ricevuto in sé quella del Paraclito che li ha illuminati e rafforzati nella loro adesione al Signore[133].

Questo ci sembra un passo molto importante per il nostro studio di Gv 17,10b, poiché il tema del «rendere testimonianza» a Cristo, a nostro avviso, si accompagna al tema della glorificazione. Infatti uno dei modi in cui i discepoli rendono gloria è quello di compiere le opere di Gesù (v. 14,12) e, nel rendere testimonianza a Gesù, è incluso questo senso. Le «opere più grandi» (14,12) compiute dopo il ritorno di Gesù al Padre consisteranno nel creare le condizioni perché gli uomini abbiano la vita eterna e nell'esercizio del giudizio sul mondo incredulo.

---

[130] Cf. R.E. BROWN, *Giovanni*, 846.
[131] Cf. R.E. BROWN, *Giovanni*, 847. Sul confronto con i Sinottici, in particolare Mt 10,20, si esprime anche Lindars (cf. B. LINDARS, *The Gospel*, 496).
[132] Cf. R.E. BROWN, *Giovanni*, 848. Sull'identità di testimonianza dello Spirito e dei discepoli si esprime anche Bultmann (cf. R. BULTMANN, *The Gospel*, 554).
[133] Cf. G. FERRARO, *Il Paraclito*, 106.

Questi significati sono inclusi nel fatto che i discepoli renderanno testimonianza a Gesù, attraverso la mediazione dello Spirito Santo.

Ridderbos si sofferma sull'espressione del v. 27 — «siete stati con me fin dal principio» — per dire che si tratta dell'inizio del ministero di Gesù, quando egli scelse i suoi discepoli, dando loro la possibilità di diventare testimoni delle sue opere e delle sue parole (cf. Mc 1,1; Lc 1,2). E la testimonianza che i discepoli renderanno a Gesù, secondo Ridderbos, è quella che lo Spirito ispirerà ad essi e di cui li renderà capaci (cf. 14,26)[134].

I vv. 15,22-24, a giudizio di Schnackenburg, fanno capire che la testimonianza del «Paraclito» è una testimonianza d'accusa che smaschera l'incredulità del mondo, un'attività che sarà precisata meglio in 16,8-11 (in particolare si utilizzerà l'espressione «convincere di colpevolezza»). Ma, continua Schnackenburg, considerando che pure i discepoli, i quali sono stati con Gesù «fin dal principio», renderanno testimonianza, si profila un'altra accezione del termine. Esiste difatti la possibilità che gli uomini accolgano la parola dei discepoli[135].

Schnackenburg è allora dell'idea che la testimonianza dei discepoli vada letta e interpretata secondo quanto abbiamo detto a commento dei vv. 14,12-13. Si tratta quindi dell'esercizio del giudizio sul mondo e dell'accoglienza della parola dei discepoli che rende possibile il raggiungimento della vita eterna. Su queste valutazioni anche noi concordiamo.

I detti sul «Paraclito», nell'opinione di Beasley-Murray, mostrano una chiara progressione di pensiero là dove il passo centrale, i vv. 15,26-27, forniscono la chiave di lettura di tutto il resto. Anche secondo questo autore, come per Brown, vi è uno stretto parallelo con i Sinottici (Mc 13,11; Mt 10,19-20 e Lc 12,11-12), ove è assicurata ai discepoli l'assistenza dello Spirito Santo durante la persecuzione ed il processo in tribunale[136]. Così anche in Gv 15,26-27, continua Beasley-Murray, nella luce delle familiari immagini di persecuzione, i discepoli si troverebbero dapprima sotto accusa nel tribunale del mondo; la loro difesa è anzitutto una testimonianza a Gesù, con il fine di ricevere non solo l'assoluzione, ma anche di vincere i loro oppositori[137].

Tuttavia in un'altra opera, Beasley-Murray afferma che la testimonianza resa da parte dello Spirito, non è quella di un avvocato che parla

---

[134] Cf. H.N. RIDDERBOS, *The Gospel*, 527.
[135] Cf. R. SCHNACKENBURG, *Il vangelo*, III, 194-195.
[136] Cf. G.R. BEASLEY-MURRAY, *Gospel*, 71.
[137] Cf. G.R. BEASLEY-MURRAY, *Gospel*, 75.

in difesa dei discepoli. Si tratta bensì, sia nel caso dello Spirito che in quello dei discepoli, di mettere in luce la verità della rivelazione di Gesù nella sua parola ed azione, nella sua morte e resurrezione[138].

Léon-Dufour richiama anch'egli gli annunci Sinottici della persecuzione, in cui il ruolo dello Spirito è quello di assistere i credenti condotti davanti ai tribunali (Mt 10,18; Lc 12,12). Il contesto di tali brani è una concreta situazione processuale, cosa che non si può dire per Giovanni che non menziona né tribunali e né giudici. Ma, allora, per situare in modo più chiaro e preciso i vv. 26-27, Léon-Dufour si sofferma sul significato della parola «testimoniare». In Giovanni il soggetto testimoniante è il precursore (il Battista), la Scrittura, Gesù, le sue opere, il Padre, l'evangelista. L'oggetto della testimonianza è il Figlio ed il suo ministero. La finalità riguarda la vera conoscenza del Figlio e della sua missione di rivelazione del Padre. Léon-Dufour fa dunque notare che la funzione del «Paraclito», testimone di Gesù, supera il quadro di un processo. Essa è orientata verso i discepoli per rafforzare la loro fede e, attraverso di essi, verso il mondo perché ascolti ed accolga la Parola di vita. Derivando da quella dello Spirito, la testimonianza dei credenti ha lo stesso oggetto[139].

Così nella testimonianza dei discepoli verso il mondo vi è il fine di far ascoltare ed accogliere la parola di Gesù, una parola che è in grado di donare la vita (eterna). Ritroviamo dunque il significato della glorificazione che, nelle opere compiute dai discepoli, offre al mondo la possibilità di accogliere la Parola ed avere la vita eterna. E' in questa prospettiva che ci troviamo d'accordo. Segue ora, secondo cronologia, l'analisi di 16,7-11.

4.1.4 *Gv 16,7-11*

7 ἀλλ' ἐγὼ τὴν ἀλήθειαν λέγω ὑμῖν, συμφέρει ὑμῖν ἵνα ἐγὼ ἀπέλθω. ἐὰν γὰρ μὴ ἀπέλθω, ὁ παράκλητος οὐκ ἐλεύσεται πρὸς ὑμᾶς· ἐὰν δὲ πορευθῶ, πέμψω αὐτὸν πρὸς ὑμᾶς. 8 καὶ ἐλθὼν ἐκεῖνος ἐλέγξει τὸν κόσμον περὶ ἁμαρτίας καὶ περὶ δικαιοσύνης καὶ περὶ κρίσεως· 9 περὶ ἁμαρτίας μέν, ὅτι οὐ πιστεύουσιν εἰς ἐμέ· 10 περὶ δικαιοσύνης δέ, ὅτι πρὸς τὸν πατέρα ὑπάγω καὶ οὐκέτι θεωρεῖτέ με· 11 περὶ δὲ κρίσεως, ὅτι ὁ ἄρχων τοῦ κόσμου τούτου κέκριται.

---

[138] Cf. G.R. BEASLEY-MURRAY, *John*, 277.
[139] Cf. X. LÉON-DUFOUR, *Lettura*, III, 253-255.

7 Ora io vi dico la verità: è bene per voi che io me ne vada, perché, se non me ne vado, non verrà a voi il Paraclito; ma quando me ne sarò andato, ve lo manderò. 8 E quando sarà venuto, egli convincerà il mondo quanto al peccato, alla giustizia e al giudizio. 9 Quanto al peccato, perché non credono in me; 10 quanto alla giustizia, perché vado al Padre e non mi vedrete più; 11 quanto al giudizio, perché il principe di questo mondo è stato giudicato.

Questi versetti del cap. 16 ci fanno compiere un ulteriore passo in avanti nella comprensione del ruolo del «Paraclito» in riferimento alla glorificazione che i discepoli pongono in essere nei confronti di Gesù. Ridderbos mette in luce che solo con la venuta dello Spirito i discepoli diventeranno ciò per cui Gesù li ha chiamati ed amati. Solo con la venuta dello Spirito saranno in grado di fare quelle «opere più grandi» che sono ancora da compiere (14,12s), sebbene ancora sotto il controllo e la protezione di Gesù (14,13-14; 15,16). I vv. 16,8-15 sviluppano il tema della presenza dello Spirito a beneficio dei discepoli[140].

Lindars vede anch'egli in 16,8s l'opera che i discepoli faranno in continuazione con il ministero di Gesù. Si tratta del significato più profondo della testimonianza che il Paraclito darà al mondo attraverso di loro, di cui vi era già un riferimento in 15,26[141].

Sul v. 8, Carson rileva che l'opera del «Paraclito» è la stessa di quella di Gesù. Come infatti quest'ultimo attesta che il mondo è nel male (7,7; 15,22), così il Paraclito convince il mondo quanto al peccato. E lo Spirito compie la sua opera attraverso la testimonianza dei discepoli (15,26-27), in unione con la verità del vangelo di Gesù Cristo e con lo scopo di rendere a lui gloria (16,14)[142].

Anche Cook vede un nesso stringente fra l'opera di convincimento del mondo riguardo al peccato e la testimonianza dei discepoli. Se infatti lo Spirito convince il mondo come «Paraclito» ed è donato ai discepoli come «Paraclito» (vv. 14,16.26; 15,26), ciò significa che attraverso di loro eserciterà un tale ministero[143].

Brown mette in luce che il primo elemento nell'attività forense del «Paraclito» (v. 9), è di provare ai discepoli che il mondo è colpevole di peccato, in particolare di non aver voluto credere a Gesù. Si tratta di un tema all'interno del ministero di Gesù che in Giovanni è presentato,

---

[140] Cf. H.N. RIDDERBOS, *The Gospel*, 531.
[141] Cf. B. LINDARS, *The Gospel*, 500.
[142] Cf. D.A. CARSON, *The Gospel*, 537.
[143] Cf. W.R. COOK, *The Theology*, 123.

dall'inizio alla fine, nell'atmosfera forense di un processo[144]. Il secondo elemento (v. 10) nell'attività forense del «Paraclito», continua Brown, è di dimostrare che il mondo è in errore quanto alla giustizia facendo vedere che Gesù, giudicato colpevole, era realmente innocente e giusto. Lo scopo del processo e della condanna a morte di Gesù era quello di mostrare la sua colpevolezza e la falsità della sua figliolanza divina. Ma il «Paraclito» dimostrerà ai discepoli che la sentenza di morte farà in realtà apparire che Gesù era quello che diceva di essere poiché, dopo la morte, è con il Padre, il quale lo ha glorificato (17,5). Infine il v. 11 fa emergere la condanna del mondo che ha accusato a morte Gesù. Nella sua morte sulla croce il processo, durato per tutto l'arco del suo ministero, sembrava finito con la vittoria dei nemici. Ma nel «Paraclito» Gesù è ancora presente dopo la sua morte e se nella passione–morte vi è stato il confronto tra Gesù e il principe di questo mondo, nella resurrezione Gesù vince il principe del mondo[145].

Schnackenburg vede l'azione del «Paraclito» nei confronti del mondo come un'azione giudiziaria in un processo cosmico. Anche quest'autore è dell'idea che il passo (vv. 8-11) ha carattere forense e, con l'immagine del giudizio, porta alle estreme conseguenze un tema radicato in Giovanni. Per fare questo, il «Paraclito» si serve dei discepoli e della comunità credente[146].

Schnackenburg rileva anche, a proposito del v. 10, che la giustizia di Gesù si è rivelata nella glorificazione da parte del Padre. I discepoli devono inoltre capire l'importanza della dipartita di Gesù; se non lo vedono più, questo non deve essere un motivo di tristezza, bensì un segno che Dio gli ha reso «giustizia». Infine nel v. 11 il giudizio si compie e precisamente nell'ora in cui Gesù è stato esaltato, come risulta dal v. 12,31s. A questo passo, che annuncia lo spodestamento del «principe del mondo», fa riferimento il v. 16,11. Il «Paraclito» dimostrerebbe che l'avversario personificato di Gesù e con lui il mondo incredulo (12,31), sono già giudicati. Questa dimostrazione avviene attraverso la comunità che crede e vive della fede[147].

A tal proposito Manns sottolinea il fatto che il verbo ἐλέγχω, molto raro nel NT (compare diciotto volte di cui tre in Giovanni), fa parte del vocabolario sulla correzione fraterna. In Giovanni l'impiego del verbo presenta due significati differenti. Nel v. 3,20, ove si parla delle opere

---

[144] Cf. R.E. BROWN, *Giovanni*, 863.
[145] Cf. R.E. BROWN, *Giovanni*, 864-865.
[146] Cf. R. SCHNACKENBURG, *Il vangelo*, III, 209-210.
[147] Cf. R. SCHNACKENBURG, *Il vangelo*, III, 213-214.

delle tenebre, ἐλέγχω significa mettere in luce, svelare. In Gv 8,46, dove Gesù sfida i Giudei perché lo convincano di essere nel peccato, ἐλέγχω vuol dire convincere qualcuno del suo errore o, fornire le prove della sua colpa. Nel contesto dei vv. 16,7-11 la funzione dello Spirito-Paraclito che ἐλέγξει τὸν κόσμον è quella di confondere il mondo e di rendere testimonianza a Gesù. Ma è attraverso i discepoli che lo Spirito-Paraclito renderà questa testimonianza. La venuta dello Spirito in essi donerà ai discepoli la forza per annunciare Gesù, nonostante le persecuzioni del mondo[148].

Léon-Dufour osserva che, anche se nel mondo continua l'incredulità, lo Spirito garantisce ai discepoli che Gesù è glorificato presso il Padre. Ed il «Paraclito» fa loro comprendere che tale glorificazione si è avverata nell'elevazione di Gesù sulla croce. Il testo implica che il «Paraclito», attraverso i credenti, mira al riconoscimento di Gesù da parte di tutti gli uomini[149].

Nel v. 10, come nel precedente, la certezza che il «Paraclito» comunica ai discepoli deve essere trasmessa al di là di essi. Il ruolo dello Spirito non può limitarsi al rafforzamento della fede della comunità, ma supera le frontiere e si realizzerà mediante la testimonianza dei credenti. Sul v. 11 Léon-Dufour sottolinea che la sentenza sul «principe di questo mondo» è già stata pronunciata: la condanna ha avuto luogo nell'evento della croce. Ci si aspetterebbe comunque un verbo al futuro — «sarà condannato» —, perché la passione si deve ancora compiere. Ma, colui che parla è il Signore glorificato ed il perfetto κέκριται indica una realtà passata il cui effetto è permanente: il «principe di questo mondo» è stato definitivamente giudicato. Ed il «Paraclito» sostiene i discepoli nella certezza che Dio è intervenuto con potenza[150].

Seguendo l'ordine cronologico esaminiamo infine altri due versetti. I vv. 16,13-14 sono, a nostro avviso, di fondamentale importanza perché considerano il tema della glorificazione di Gesù da parte dello Spirito, e creano un legame tra quest'ultimi due e i discepoli.

---

[148] Cf. F. MANNS, L'Évangile de Jean, 375.377.
[149] Cf. X. LÉON-DUFOUR, Lettura, III, 288.
[150] Cf. X. LÉON-DUFOUR, Lettura, III, 290-292.

4.1.5 *Gv 16,13-14*

13 ὅταν δὲ ἔλθῃ ἐκεῖνος, τὸ πνεῦμα τῆς ἀληθείας, ὁδηγήσει ὑμᾶς ἐν τῇ ἀληθείᾳ, πάσῃ οὐ γὰρ λαλήσει ἀφ᾽ ἑαυτοῦ, ἀλλ᾽ ὅσα ἀκούσει λαλήσει καὶ τὰ ἐρχόμενα ἀναγγελεῖ ὑμῖν. 14 ἐκεῖνος ἐμὲ δοξάσει, ὅτι ἐκ τοῦ ἐμοῦ λήμψεται καὶ ἀναγγελλεῖ ὑμῖν.

13 Quando però verrà lo Spirito di verità, egli vi guiderà alla verità tutta intera, perché non parlerà da sé, ma dirà tutto ciò che avrà udito e vi annunzierà le cose future. 14 Egli mi glorificherà, perché prenderà del mio e ve l'annunzierà.

Ferraro fa questo paragone: come nell'AT Dio guidò il suo popolo con la colonna di fuoco nella notte (Num 9,12.19), così ora lo Spirito è la luce che guida i credenti. La comprensione della Scrittura è opera della sua guida[151].

Per Ridderbos i vv. 16,12-15 affermano che l'aiuto dello Spirito nei confronti dei discepoli, sarà un aiuto essenziale. Soltanto l'invio dello Spirito potrà guidare i discepoli nella comprensione della «verità» e nell'annunzio delle «cose future» (16,13). Lo Spirito in tal senso non porterà una nuova illuminazione o spiegherà nuovi misteri ma, al contrario nella proclamazione da lui effettuata, la parola di Gesù continuerà ad essere efficace[152].

Anche Smith concorda sul fatto che nonostante il v. 16,13 sembri parlare di nuove rivelazioni da parte dello Spirito, in realtà il legame fra quello che Egli dirà e Gesù, è evidente[153].

La rivelazione mediata dal Paraclito non sarà cioè, per Beasley-Murray, la sua propria rivelazione, ma quella che riceverà. Il Paraclito riceverà da Gesù ciò che trasmetterà ai discepoli (vd. vv. 14-15), così come Gesù aveva ricevuto dal Padre ciò che poi ha trasmesso[154].

Carson afferma che l'espressione del v. 14 — «prenderà del mio e ve lo annunzierà» — non significa semplicemente che il Paraclito promuoverà quello che Gesù ha detto, bensì che tutta la rivelazione attuata nella missione e nella persona di Gesù, è riversata sui discepoli[155].

Thüsing osserva che nell'esaminare la preghiera in Gv 17 è importante dedicare uno spazio particolare allo Spirito Santo e alla sua opera.

---

[151] Cf. G. FERRARO, *Il Paraclito*, 118-119.
[152] Cf. H.N. RIDDERBOS, *The Gospel*, 535-536.
[153] Cf. D.M. SMITH, *John*, 91.
[154] Cf. G.R. BEASLEY-MURRAY, *John*, 283.
[155] Cf. D.A. CARSON, *The Gospel*, 541.

Anche se in Gv 17 non è mai nominato, se ne tratta in forma discreta qualora si consideri che il tema della glorificazione di Gesù non si può comprendere che a partire dall'azione dello Spirito Santo[156].

Per il vangelo di Giovanni, la progressiva rivelazione di Gesù dopo la sua ascesa al Padre è la sua glorificazione. L'importanza di questa verità, continua Thüsing, si deduce da un versetto concernente il Paraclito: «Egli mi glorificherà, perché prenderà del mio e ve l'annunzierà» (16,14). La glorificazione di Gesù si realizza attraverso lo Spirito, ma viene dal Padre. In 17,1 infatti, Gesù chiede al Padre di glorificarlo, e questi esalta Gesù attraverso il Paraclito. I discorsi d'addio menzionano a più riprese (14,16s; 14,26; 15,26; 16,7-11.13-15) questo Paraclito: è nello Spirito di verità che abita tutto il mistero di Dio. Il suo invio da parte del Padre è il grande dono che Gesù fa ai suoi e contiene tutta la rivelazione e tutta la vita[157].

Il Paraclito, secondo Lindars, glorificherà Gesù imprimendo e conservando nei discepoli quello che è stato compiuto da Gesù, nonché compiendo la missione propria del Signore, attraverso di loro. Il Paraclito prenderà quello che è proprio di Gesù e lo dichiarerà ai discepoli, così che essi possano farlo conoscere al mondo[158].

In cosa consiste, si chiede Thüsing, la glorificazione di Gesù per mezzo del Paraclito? Stando al v. 16,14, la glorificazione di Gesù dipende dal fatto che lo Spirito prenderà ciò che appartiene a Gesù e lo donerà ai discepoli. Il versetto precedente (16,13) aveva preparato questa affermazione: «non parlerà da sé, ma dirà tutto ciò che avrà udito e vi annunzierà le cose future». Il «tutto ciò che avrà udito», riferito a Gesù, rinvia alle sue relazioni con il Padre. Gesù non parla infatti da sé stesso (cf. 7,17s; 12,49; 14,10), egli non fa che dire quello che ha inteso dal Padre e non cerca la propria gloria, bensì quella del Padre (cf. 7,18; 8,50.54). L'azione dello Spirito somiglia a quella di Gesù; non è forse chiamato un «altro Paraclito» (14,16) rispetto a Gesù, di cui 1Gv 2,1 afferma essere anch'egli un Paraclito[159]?

Gesù, continua Thüsing, ha glorificato suo Padre rivelando il suo amore. E lo Spirito glorifica Gesù quando lo proclama rivelatore del Padre. Il v. 16,14 ha annunciato una rivelazione per mezzo dello Spirito ma, dopo 16,25, è Gesù che parlerà del Padre in tutta chiarezza, allusione questa al fatto che Gesù esaltato, rivela il Padre e con la sua

---

[156] Cf. W. THÜSING, *La prière*, 55.
[157] Cf. W. THÜSING, *La prière*, 55-56.
[158] Cf. B. LINDARS, *The Gospel*, 505.
[159] Cf. W. THÜSING, *La prière*, 56-57.

esaltazione lo glorifica (17,1.26). Da un lato Gesù glorificato rivela il Padre, dall'altro lo Spirito proclama ciò che riguarda Gesù. Si tratta in realtà di un'unica azione[160].

In realtà, osserva Brown, non si tratta di alcuna nuova rivelazione in quanto il Paraclito riceve da Gesù ciò che annunzierà ai discepoli. Gesù ha glorificato il Padre (17,4) rivelandolo ai discepoli ed il Paraclito glorifica Gesù rivelandolo agli uomini[161]. Non si tratta, afferma Fabris, di integrare o ampliare il contenuto della verità, bensì di riannunciarla[162].

Manns spiega infatti che occorre dare al verbo ἀναγγέλλω il senso che ha nella letteratura apocalittica, ovvero quello di rivelare ciò che è nacosto e misterioso (vd. Dan 2). Perciò il compito dello Spirito di verità non sarà quello di apportare una rivelazione tutta nuova, bensì di svelare il senso profondo del mistero di Cristo: i discepoli sapranno chiaramente quello che Gesù aveva loro detto in figura (vd. 16,25)[163].

Analogamente, Léon-Dufour rileva che il verbo ἀναγγέλλω indica un annuncio, la rivelazione di una cosa sconosciuta. L'annuncio, nuovo per i destinatari, è stato prima ricevuto da colui che lo trasmette, che quindi è l'espressione di Gesù stesso[164]. Il modo d'esprimersi del v. 16,14, secondo Schnackenburg, ha stretti contatti con la preghiera in Gv 17: il Paraclito prenderà infatti ciò che è di Gesù, così come Gesù ha dato ai discepoli le parole che il Padre gli aveva donato (17,8)[165].

Il Paraclito glorifica Gesù attraverso i discepoli di Gesù; questa verità secondo Thüsing, è espressa nel v. 15,26: «Quando verrà il Consolatore che io vi manderò dal Padre, lo Spirito di verità che procede dal Padre, egli mi renderà testimonianza, e anche voi mi renderete testimonianza, perché siete stati con me fin dal principio». Il «rendere testimonianza» caratterizza l'azione dello Spririto; in 16,14 i verbi «glorificare» ed «annunziare» riguardano già la sua opera. Possiamo dunque legare le due affermazioni: lo Spirito glorifica Gesù quando testimonia che il Figlio ed il Padre sono una cosa sola; Gesù rende visibile il Padre. Il versetto seguente (15,27) afferma che anche i discepoli rendono testimonianza a Gesù. La loro azione non si oppone a

---

[160] Cf. W. THÜSING, *La prière*, 57.
[161] Cf. R.E. BROWN, *Giovanni*, 868.
[162] Cf. R. FABRIS, *Giovanni*, 828.
[163] Cf. F. MANNS, *L'Évangile de Jean*, 378.
[164] Cf. X. LÉON-DUFOUR, *Lettura*, III, 298.
[165] Cf. R. SCHNACKENBURG, *Il vangelo*, III, 220.

quella esercitata dallo Spirito in 15,26, perché quest'ultimo rende testimonianza attraverso i discepoli[166].

Il v. 16,14 afferma che lo Spirito «prenderà del mio e ve l'annunzierà»: questo versetto secondo Thüsing, fa parte di quei passi che parlano dell'azione dello Spirito Santo nei discepoli. Altri versetti (vd. 15,26s) rilevano la sua opera nel mondo. Lo Spirito dona ai discepoli quello che riceve da Gesù affinchè essi possano trasmetterlo in testimonianza. L'una e l'altra realtà fanno parte della glorificazione di Gesù attraverso lo Spirito[167].

L'opera dello Spirito nella chiesa è posta in relazione, lo afferma ancora Thüsing, con l'insegnamento terrestre di Gesù al v. 14,26: «Ma il Consolatore, lo Spirito Santo che il Padre manderà nel mio nome, egli v'insegnerà ogni cosa e vi ricorderà tutto ciò che io vi ho detto». Soltanto lo Spirito fa sì che si comprendano le parole di Gesù. Durante la sua vita terrestre, i discepoli non avevano compreso le sue parole e i suoi gesti, come i vv. 2,22, 12,16 e 13,7 lasciano intendere. Il v. 14,26 contiene una delle più importanti affermazioni sulla chiesa: è grazie al «ricordo» nello Spirito Santo che l'interpretazione del messaggio di Cristo si realizza attraverso la chiesa. Intravvediamo dunque come lo Spirito glorifichi Gesù, perché prende quello che appartiene a lui per effonderlo nel cuore dei fedeli[168].

Thüsing fa comunque notare che il termine «chiesa» non compare nel vangelo di Giovanni. Pertanto, lì dove è menzionata l'opera salvifica che fa seguito all'esaltazione di Gesù, in quei passi è supposta la presenza della chiesa. E questo vale in particolare là dove è nominato lo Spirito Santo. Secondo Thüsing, leggendo in profondità il vangelo di Giovanni, si deduce che il Cristo e lo Spirito portano tutta la vita della chiesa. I detti sul Paraclito hanno il fine di condurre a credere nel mistero della chiesa[169].

Thüsing esamina poi i vv. 16,13.15; il primo versetto sullo Spirito di verità recita così: «Quando verrà lo Spirito di verità, egli vi guiderà alla verità tutta intera [...]». Il termine «verità» è un concetto che non concerne soltanto l'intelligenza, esprime bensì la realtà stessa di Dio che tende a rivelarsi. Per meglio comprendere il v. 16,13, Thüsing richiama il v. 14,6: «Io sono la via, la verità e la vita». Gesù è la via, ovvero la sola via di accesso al Padre; egli è anche la verità, la realtà

---

[166] Cf. W. THÜSING, *La prière*, 57.
[167] Cf. W. THÜSING, *La prière*, 58.
[168] Cf. W. THÜSING, *La prière*, 58-59.
[169] Cf. W. THÜSING, *La prière*, 59.

divina che si rivela. Gv 16,13, secondo Thüsing, ci suggerisce il modo in cui Gesù è la nostra via: attraverso lo Spirito che ci guida in lui. Lo Spirito infatti guida nella verità tutta intera, ci svela tutto il Cristo. La seconda parte del versetto — «perché non parlerà da sé, ma dirà tutto ciò che avrà udito e vi annunzierà le cose future» — mette in luce il modo in cui lo Spirito è guida sul cammino che porta al Cristo, in quanto prende ciò che appartiene al Figlio per trasmetterlo ai discepoli. Tutto questo equivale a glorificare il Cristo[170].

Cosa sono le «cose future», si chiede Thüsing? A tale domanda rispondono diversi passi in cui si parla di varie cose che accadranno, e che esordiscono in questo modo: «E' giunto il momento [...]» (cf. 4,23; 5,25; 16,25). Ma in sostanza, secondo Thüsing, le «cose future» che lo Spirito annuncerà, coincidono con la vita della chiesa, tale quale il Signore glorificato vuole suscitare. L'«annuncio delle cose future» esprime dunque l'opera dello Spirito durante il tempo della chiesa[171].

Il v. 16,15, a giudizio di Thüsing, chiarisce ulteriormente quanto affermato nel versetto precedente: «Tutto quello che il Padre possiede è mio; per questo ho detto che prenderà del mio e ve l'annunzierà». Dietro la parola «tutto» si nasconde un'importante qualifica del dono di Gesù. Quando lo Spirito annunzia che questo «tutto» è di Gesù, e noi ne siamo resi partecipi, egli dona la piena ricchezza di Dio, ricchezza che è, dopo Gv 3,34-35, lo Spirito stesso: «Colui che Dio ha inviato pronuncia le parole di Dio e da' lo Spirito senza misura. Il Padre ama il Figlio e gli ha dato in mano ogni cosa». Il v. 3,35 chiarisce il precedente: il Figlio può donare lo Spirito senza misura perché il Padre ama il Figlio e per questo amore ha rimesso tutto nelle sue mani[172].

Per Thüsing il «tutto» del v. 3,35, riguarda lo Spirito donato senza limitazione alcuna, ovvero nella sua pienezza. Il v. 3,34 si potrebbe anche interpretare così: il Figlio può donare lo Spirito senza misura, perché il Padre glielo ha dato senza misura. E' questo che bisogna vedere dietro la parola «tutto»: lo Spirito donato nella sua pienezza. L'espressione «tutto quello che il Padre possiede» (16,15) ha questo significato. Il Paraclito che viene in soccorso ai discepoli per restare presso di loro ed in loro (14,17), trasmette ad essi quello che ha ricevuto da Gesù, cioè «tutto quello che ha il Padre»[173].

---

[170] Cf. W. THÜSING, *La prière*, 60-61.
[171] Cf. W. THÜSING, *La prière*, 61-62.
[172] Cf. W. THÜSING, *La prière*, 62-63.
[173] Cf. W. THÜSING, *La prière*, 63.

Quello che Giovanni afferma sul dono dello Spirito permette di comprendere meglio la «glorificazione di Gesù attraverso lo Spirito», come un'azione che abbraccia tutto. Questo risalta in particolare nell'immagine dell'acqua viva. Che questa rinvii al dono dello Spirito, viene messo in luce dai vv. 7,37-39: «Nell'ultimo giorno, il grande giorno della festa, Gesù levatosi in piedi, esclamò ad alta voce: «chi ha sete venga a me e beva, chi crede in me. Come dice la Scrittura, fiumi di acqua viva sgorgheranno dal suo seno. Questo egli disse riferendosi allo Spirito che avrebbero ricevuto i credenti in lui; infatti non c'era ancora lo Spirito, perché Gesù non era stato ancora glorificato». L'acqua viva che Gesù invita a bere è dunque lo Spirito a cui i credenti potranno abbeverarsi dopo il suo passaggio al Padre[174].

Le parole — «dal suo seno» — del v. 38 rinviano peraltro, secondo Thüsing, ad un episodio della passione in cui Gesù è trafitto da un colpo di lancia. Gv 19,34 afferma che «uno dei soldati gli colpì il costato con la lancia e subito ne uscì sangue ed acqua». L'evangelista insiste con forza su questo scorrimento di sangue ed acqua non tanto, secondo Thüsing, per provare la realtà della morte di Gesù, quanto piuttosto perché si scopra il significato della salvezza da lui operata. Il sangue e l'acqua che scorrono dal costato sono i fiumi dello Spirito che portano ai fedeli il perdono (cf. 1Gv 1,7 e Gv 20,22s). Ma, nella contemplazione di colui che è esaltato sulla croce, è da rilevare un altro significato. L'evangelista vede nel sangue la bevanda eucaristica che dona la vita (cf. 6,53-56) e nell'acqua il sacramento della nuova nascita dall'acqua e dallo Spirito (cf. 3,5)[175].

I fiumi d'acqua viva colano dal fianco di Gesù, immagine del Cristo che invia ai fedeli lo Spirito Santo. Considerato da un altro punto di vista, questa era la realtà già evocata in 16,14. Il Paraclito glorifica Gesù e dona ai fedeli di possedere Gesù, cioè «tutto quello che ha il Padre». Ma il dono è offerto come frutto della morte per obbedienza di Cristo, come effetto della sua vittoria sulla croce[176].

Ora Thüsing risale al v. 17,1 ove Gesù domanda la sua glorificazione. Egli chiede la gloria presso suo Padre, per poterlo glorificare rivelandolo. Questa glorificazione, che è anche la sua propria glorificazione, non è nient'altro che l'opera dello Spirito. Gv 16,7 ne fa fede: «è

---

[174] Cf. W. THÜSING, *La prière*, 64-65.
[175] Cf. W. THÜSING, *La prière*, 64-65.
[176] Cf. W. THÜSING, *La prière*, 65.

bene per voi che io me ne vada, perché se non me ne vado, non verrà a voi il Consolatore; ma quando me ne sarò andato, ve lo manderò»[177].

Il Padre, nel suo amore, dona a Gesù il potere di rimettere con lo Spirito «tutto quello che lui stesso possiede». Possiamo d'altra parte capire perché Gesù desidera tanto essere glorificato presso il Padre e percepire la novità di questa unione nell'amore «presso il Padre», in rapporto a quella sperimentata sulla terra. L'unione nell'amore con il Padre è al presente quella che libera i «fiumi d'acqua viva». Così solamente, nella prospettiva di quest'unione, noi percepiamo la portata del ritorno di Gesù al Padre[178].

Infine Thüsing osserva che Gesù chiede al Padre di glorificarlo, di donargli il suo amore, di trasfigurarlo perché egli possa donare lo Spirito e la vita eterna. Gesù potrà allora rivelare e glorificare il Padre; la carità che l'unisce al Padre diventerà manifesta e si saprà che Dio è amore[179].

L'analisi di tutti questi passi che precedono Gv 17 ci hanno confermato nell'ipotesi che lo Spirito Santo ha un ruolo fondamentale nella glorificazione di Gesù da parte dei discepoli. Lo Spirito che rimane nei discepoli per sempre (v. 14,16), insegna ogni cosa e ricorda tutto quello che Gesù ha detto (14,26); rende testimonianza a Gesù, così come i discepoli gli rendono testimonianza (15,26-27) e convince il mondo quanto al peccato, alla giustizia ed al giudizio (16,8), è Colui che attraverso i discepoli glorifica Gesù Cristo. Abbiamo inoltre visto (pagg. 293-296), a commento del v. 16,14, che la glorificazione di Gesù per opera dello Spirito va vista insieme alla glorificazione da parte dei discepoli. In conclusione, lo Spirito Santo risulta determinante ai fini della comprensione del v. 17,10b sulla glorificazione di Gesù da parte dei discepoli.

Vogliamo tracciare adesso delle conclusioni riguardanti lo studio del nostro v. 17,10b, basandosi su ciò che è stato fatto.

5. Considerazioni finali su Gv 17,10b, alla luce dei testi esaminati

Il v. 10b si colloca nel contesto dell'«ora» alla quale la glorificazione nel cap. 17 è legata. L'«ora» include i cinque momenti della passione, morte, risurrezione, ritorno al Padre ed effusione dello Spirito Santo. Abbiamo visto come la glorificazione che si attuerà nell'«ora», a diffe-

---

[177] Cf. W. THÜSING, *La prière*, 66.
[178] Cf. W. THÜSING, *La prière*, 66.
[179] Cf. W. THÜSING, *La prière*, 67.

renza di quella messa in atto durante l'esistenza terrena di Gesù, segna il compimento dell'opera di Gesù sulla terra (pag. 245). Nel momento in cui Gesù lascia questo mondo ed attraversa l'«ora», i discepoli sono in grado di glorificarlo. Essi hanno conosciuto il «nome» del Padre (17,6), hanno osservato la sua parola (17,6), hanno creduto che Gesù è stato mandato dal Padre (17,8). Adesso, per tutte queste ragioni e per il fatto che Gesù esce dal mondo per ritornare al Padre, i discepoli gli rendono gloria.

Ma, per capire ulteriormente il significato del v. 10b, cercheremo ancora di rispondere alle seguenti domande: 1) perché la glorificazione dei discepoli nei confronti di Gesù è legata all'«ora»?; 2) che rapporto sussiste fra la glorificazione realizzata dai discepoli nei confronti di Gesù e lo Spirito Santo?; 3) in cosa consiste una tale glorificazione?

Partiamo dunque dal primo punto: la glorificazione di Gesù da parte dei discepoli è legata all'«ora». E' da notare che anche gli altri due versetti (14,13 e 15,8), la cui analisi è stata utile per avvicinarci meglio alla comprensione del v. 17,10b, sono legati all'«ora». Essi rientrano infatti nella serie di discorsi d'addio che iniziano proprio con la menzione dell'«ora»: «Ora il Figlio dell'uomo è stato glorificato, e anche Dio è stato glorificato in lui» (13,31). Il v. 14,12, che immediatamente precede quello sulla glorificazione del Padre, fa poi un esplicito riferimento al ritorno di Gesù al Padre, ritorno che è compreso nella sua «ora». L'arrivo dell'«ora» sotto il cui segno sta il cap. 17 e tutti i discorsi d'addio, fa parlare Gesù come se ormai non fosse più nel mondo (vd. v. 17,11). Qui Cristo dice di essere glorificato nei discepoli e subito dopo afferma di non essere più nel mondo: «Io non sono più nel mondo; essi invece sono nel mondo, e io vengo a te» (17,11). Il v. 13a riprende ancora il tema della partenza di Gesù: «Ma ora io vengo a te». Dunque anche il v. 10b è da riferire alla partenza di Gesù, al suo ritorno al Padre. Anche qui allora la glorificazione dei discepoli seguirà l'andata di Gesù al Padre. Egli ha ormai compiuto l'opera che il Padre gli ha affidato, glorificandolo. Da questo momento saranno i discepoli a glorificare il Padre e Gesù stesso.

Come afferma Kaefer, la glorificazione del Padre non avviene più attraverso Gesù, né quella di Gesù attraverso il Padre, ma si tratta ormai di un'opera posta in essere dai discepoli[180]. Se infatti, a giudizio di Létourneau, l'opera compiuta da Gesù durante il suo ministero terreno ha manifestato la sua propria gloria e quella del Padre, analogamente si

---

[180] J.Ph. Kaefer, «Les discours d'adieu», 265.

può affermare che la continuazione della stessa opera, da parte dei discepoli, manifesterà la gloria reciproca del Padre e del Figlio. Dopo la partenza di Gesù, la glorificazione del Padre sarà perciò realizzata attraverso i discepoli (vd. 15,8), ma tale glorificazione avverrà nel Figlio, dal momento che i discepoli sono i suoi rappresentanti (vd. 14,13)[181].

Vogliamo quindi dare una risposta alla seconda domanda sul rapporto fra la glorificazione dei discepoli e lo Spirito Santo. Thüsing afferma che il v. 10b è la linea di demarcazione più netta tra la prima e la seconda parte di Gv 17, essendo quest'ultima una preghiera per i discepoli. L'autore vede un nesso fra la glorificazione di Gesù da parte dei «suoi» e quella operata dallo Spirito Santo, di cui si parla nei capitoli precedenti sui discorsi d'addio[182]. Seguiremo anche noi alcune idee di Thüsing sulla glorificazione di cui nel v. 17,10b.

Anzitutto egli mette in luce il fatto che dopo l'uscita di Giuda dalla sala dell'ultima cena, Gesù parla della sua glorificazione e di quella del Padre: «Quando egli fu uscito, Gesù disse: Ora il Figlio dell'uomo è stato glorificato, e anche Dio è stato glorificato in lui» (13,31). Si tratta della «ora» di Gesù, quando egli compie l'opera che il Padre gli aveva dato da fare, e si tratta della stessa espressione di cui in 17,4. L'«ora» è prima di tutto quella della glorificazione del Figlio[183].

Essendo stato Gesù glorificato nell'«ora», secondo Vanhoye, da questo momento in avanti egli farà ottenere dal Padre l'invio dello Spirito: «Io pregherò il Padre ed egli vi darà un altro Consolatore perché rimanga con voi per sempre, lo Spirito di verità» (14,16). L'invio dello Spirito, continua Vanhoye, è il termine di tutta l'azione divina realizzata dal Padre attraverso il sacrificio di Cristo, è la realizzazione della «promessa», l'opera per eccellenza che il Padre dona a Gesù, compiendola nel suo nome (14,26)[184].

E secondo Bouyer, una volta terminato il compito di Gesù nei confronti dei discepoli saranno essi stessi, mediante il dono dello Spirito, a glorificare Gesù (v. 17,10b) e l'opera del Cristo sarà da loro svolta nel suo nome a favore di altri uomini[185].

Per Thüsing inoltre, nella concezione di Giovanni gli avvenimenti della vita terrestre di Gesù orientano verso quello che lo Spirito Santo

---

[181] Cf. P. LÉTOURNEAU, «La Gloire de Jésus», 560-561.
[182] Cf. W. THÜSING, La prière, 79.
[183] Cf. W. THÜSING, La prière, 79.
[184] Cf. A. VANHOYE, «L'oeuvre», 399.
[185] Cf. L. BOUYER, Das Vierte Evangelium, 215.

opererà dopo il passaggio di Gesù al Padre. Secondo Thüsing al v. 13,31 si tratta proprio di questo. Il traditore è andato via, adesso Gesù è circondato dagli undici apostoli che gli sono rimasti fedeli: essi appartengono a lui ed al Padre. Tale è il quadro della sua glorificazione in loro. Dopo il v. 17,7 i discepoli sanno che tutto quello che Gesù ha, viene dal Padre. Thüsing osserva che è precisamente questa conoscenza che si schiuderà nella glorificazione di Gesù sotto l'azione dello Spirito Santo. Infatti i vv. 16,14-15 affermano: «Egli mi glorificherà, perché prenderà del mio e ve lo annunzierà. Tutto quello che il Padre possiede è mio»[186].

Dopo aver precisato che lo Spirito Santo ha un ruolo decisivo nella glorificazione da parte dei discepoli, Thüsing afferma che il v. 17,10b è adesso più comprensibile. L'«io sono glorificato in loro» riguarda i discepoli nella sala dell'ultima cena. Essi sono l'opera di Gesù, la stessa opera terrestre per la quale egli ha glorificato il Padre (vd. 17,4). Ma, continua Thüsing, scrivendo queste parole l'evangelista rinvia ad un ulteriore senso, ovvero all'effusione della glorificazione di Gesù per mezzo dello Spirito nella chiesa. Il tempo della chiesa sarebbe evocato infatti, a livello del linguaggio, dall'utilizzo in 17,10b di un verbo al perfetto: δεδόξασμαι avvalorerebbe la tesi riguardante la chiesa[187].

Anche Barrett sostiene che il perfetto δεδόξασμαι riguarda non solo la glorificazione di Gesù, posta in essere dai discepoli presenti, bensì riflette nel contempo il più tardo punto di vista dell'evangelista[188]. Carson fa notare ancora che l'estensione della glorificazione di Gesù nella vita dei suoi discepoli è estremamente povera se paragonata a quanto sarà compiuto in avvenire (cf. 13,34-35 e 14,13)[189].

Accogliendo queste idee di Thüsing, Barrett e Carson, si può affermare che nella parte riguardante la preghiera per i discepoli presenti (vv. 9-19), sono inclusi in realtà anche i credenti futuri. D'altro canto, Léon-Dufour fa osservare che in Gv 17 vi è un'alternanza continua fra uno sguardo sul passato ed uno sull'avvenire. Quest'oscillazione è tipica delle preghiere giudaiche, che prendono spunto dalle opere compiute da Dio per invocare un nuovo intervento[190]. Comunque resta vero

---

[186] Cf. W. THÜSING, *La prière*, 80.
[187] Cf. W. THÜSING, *La prière*, 80. Come avevamo già rilevato il perfetto indica la permanente attualità di un avvenimento passato (pag. 168).
[188] Cf. C.K. BARRETT, *The Gospel*, 507.
[189] Cf. D.A. CARSON, *The Gospel*, 561.
[190] Cf. X. LÉON-DUFOUR, *Lettura*, III, 351.

che i vv. 9-19 sono anzitutto e principalmente una preghiera d'intercessione per i discepoli presenti.

Thüsing osserva che subito dopo il v. 10b, per il fatto che Gesù non è più nel mondo (11a) mentre i discepoli lo sono ancora, la sua opera di rivelazione è adesso portata avanti dai «suoi». Nei discepoli e attraverso di essi si realizzerà la grande domanda che domina tutta la preghiera di Gv 17. Thüsing afferma che Gesù prega per i discepoli, affinchè l'amore reciproco del Padre e del Figlio, per il quale essi appartengono all'uno e all'altro, si riveli attraverso di loro. Perciò il v. 17,10 si potrebbe anche leggere così: «Io prego per loro perché in essi si veda che tutto quello che è mio è tuo e tutto quello che è tuo è mio; così io mi glorifico in essi»[191].

Questo è anche il pensiero di Marzotto secondo cui la richiesta di glorificazione, che il Figlio rivolge al Padre nel v. 17,1, ha un suo ulteriore sbocco nei discepoli. Essi, con la glorificazione nei confronti di Gesù, manifestano davanti a tutti gli uomini quanto contenuto nella prima parte del v. 10 sulla comunione totale fra Padre e Figlio[192]. Condividiamo le interpretazioni di questi autori (Thüsing, Marzotto) sul significato del v. 10 che mette in luce come la seconda parte del versetto sia fondamentale per la comprensione della prima.

La breve affermazione — καὶ δεδόξασμαι ἐν αὐτοῖς — rivela quindi, sempre a giudizio di Thüsing, il significato della vita dei discepoli di Gesù. Lo Spirito afferra tutta la vita di coloro che il Padre ha donato a Gesù e li mette nella condizione di glorificare il Figlio[193].

Inoltre tutti quei passi dei discorsi d'addio che nominano lo Spirito Santo, abbiamo visto essere fondamentali per capire la glorificazione di Gesù da parte dei discepoli. In particolare, i vv. 16,14-15 ci sembrano molto importanti per legare il tema dello Spirito al v. 17,10. In 16,15a («Tutto quello che il Padre possiede è mio») vi è un'espressione molto simile a 17,10a, ma tale versetto è preceduto da quello in cui lo Spirito Santo è esplicitamente menzionato a proposito della glorificazione di Gesù. Possiamo peraltro cogliere un'analoga assonanza trà il v. 16,14a («Egli mi glorificherà») ed il 17,10b, in cui la glorificazione di Gesù avviene nel primo caso attraverso lo Spirito e nel secondo attraverso i discepoli[194].

---

[191] Cf. W. Thüsing, *La prière*, 81.
[192] Cf. D. Marzotto, *L'unità*, 177.
[193] Cf. W. Thüsing, *La prière*, 81.
[194] Abbiamo comunque già messo in luce che i discepoli glorificano Gesù, non senza l'assistenza dello Spirito Santo (vd. pag. 298).

Dunque, alla glorificazione di Gesù da parte dello Spirito corrisponde quella del Cristo da parte dei discepoli, nella comune dichiarazione che tutto quello che ha il Padre lo possiede anche il Figlio. Tuttavia la glorificazione di Gesù da parte dello Spirito, precedendo quella operata dai discepoli, ci induce a pensare che vi sia una priorità da rispettare. Lo Spirito viene prima nella glorificazione di Gesù e non soltanto in un senso temporale, bensì anche perché senza di Lui, i discepoli non potrebbero glorificare il Cristo. L'evangelista poi, avendolo citato in 16,14a, non ha ritenuto necessario ripetere la menzione dello Spirito Santo nel v. 17,10b (pur essendo implicitamente presente e necessario ai discepoli per glorificare Gesù). Quindi in conclusione lo Spirito Santo, pur non essendo mai nominato, si ritrova in alcuni temi di Gv 17 (la santificazione nella verità, l'amore) e nella glorificazione di Gesù da parte dei discepoli.

Nel rispondere ora alla terza domanda sul significato che ha la glorificazione da parte dei discepoli in 17,10b, conviene fare un confronto con il versetto sulla glorificazione che Gesù ha realizzato nei confronti del Padre in 17,4.

Come avevamo già visto (pag. 231), Vanhoye vede uno stretto parallelo tra il compiere l'opera di Dio e fare la sua volontà. Il compimento della volontà del Padre è poi, secondo le parole di Gesù, il mezzo per dimorare nell'amore di Dio: «Se osserverete i miei comandamenti, dimorerete nel mio amore, come io ho osservato i comandamenti del Padre mio e dimoro nel suo amore» (15,10). Possiamo a questo punto stabilire un confronto con il v. 10b: anche i discepoli glorificano Gesù, avendo osservato la parola del Padre (17,6) ed avendo creduto nell'Unigenito del Padre (17,8). L'osservanza della parola del Padre e la fede in colui ch'egli ha inviato sono alla base della glorificazione di cui in 10b.

Peraltro il cap. 15, ha messo in luce l'importanza di «rimanere» in Gesù ed osservare i suoi comandamenti per portare molto frutto e dimorare nell'amore del Signore. Schnackenburg fa notare, sul v. 15,8, che per essere veramente discepoli di Gesù occorre rimanere nella parola del Signore (8,31) e mettere in pratica il comandamento nuovo dell'amore (13,35)[195].

Il portare molto frutto coincide poi con la glorificazione del Padre (15,8). E' dunque un processo che partendo dal compimento della volontà del Padre fa sì che i discepoli vivano nell'amore di Cristo e

---

[195] Cf. R. SCHNACKENBURG, *Il vangelo*, III, 167-168.

rendano a lui gloria. Ma che senso più preciso si può dare alle opere compiute da Gesù e dai «suoi»?

Parlando delle opere compiute da Gesù, Vanhoye sottolinea anzitutto che si tratta delle opere di Dio (9,3), le opere che il Padre, dimorante in Gesù, realizza lui stesso. Sono infatti le opere di colui che ha inviato Gesù (9,4), che provengono dal Padre (10,32) e a lui appartengono (10,37)[196]. Vi è allora questo inscindibile nesso fra le opere di Gesù e quelle del Padre.

Inoltre vi è la consapevolezza da parte di Gesù, è ancora Vanhoye a parlare, che le sue richieste saranno esaudite dal Padre (11,41-42). I miracoli sono allora da intendere come un intervento del Padre in risposta alle richieste di Gesù. Il Padre li realizza per esaudire suo Figlio, in questo senso è lui a donarli al Figlio[197]. Ma se questo è vero per i miracoli, precisa Vanhoye, lo è ancor più per l'avvenimento decisivo, l'opera per eccellenza: la passione-morte-resurrezione. In questo caso, l'intervento del Padre è invocato più fortemente nella preghiera di Gesù in 12,28 e all'inizio di Gv 17. Per designare il suo ruolo, Gesù ama impiegare dei verbi passivi: «essere elevato» (3,14; 12,32) o «essere glorificato» (12,23; 13,31; 17,1). Anche in quest'opera, l'opera della passione, morte e resurrezione, vale il fatto ch'essa è da considerarsi come il «calice donato dal Padre»[198].

Così, anche per i discepoli riteniamo che le opere da essi compiute, quelle «opere più grandi» di cui parla il v. 14,12, siano le opere stesse di Dio. Schnackenburg osserva infatti che le opere dei discepoli, nel v. 14,12, sono accostate enfaticamente a quelle proprie di Cristo perché in realtà colui che opera è ancora Gesù, anche dopo il suo ritorno presso il Padre[199].

Léon-Dufour sottolinea il fatto che Gesù sarà il vero autore delle opere che i discepoli compiranno. Leggendo attentamente il v. 14,12, si può infatti constatare che il credente farà non le opere che ha fatto Gesù, bensì quelle che lui sta per fare (ἃ ἐγὼ ποιῶ) e quelle che farà (ποιήσει). Vi è inoltre, fra il credente e Gesù, il legame che permette di compiere le sue opere[200].

Tali opere vanno intese poi, continua Schnackenburg, nello stesso senso in cui s'intendono le opere di Gesù sulla terra. Non sono sempli-

---

[196] Cf. A. VANHOYE, «L'oeuvre», 394.
[197] Cf. A. VANHOYE, «L'oeuvre», 394-395.
[198] Cf. A. VANHOYE, «L'oeuvre», 397.
[199] Cf. R. SCHNACKENBURG, *Il vangelo*, III, 119.
[200] Cf. X. LÉON-DUFOUR, *Lettura*, III, 137-138.

cemente miracoli, bensì «segni» il cui significato rinvia a Gesù, colui che dona la vita. Sono opere che aiutano l'uomo a raggiungere la salvezza[201].

Brown lega le «opere più grandi» del v. 14,12 ai vv. 5,20-22 (cf. pag. 264), in cui vi è un riferimento al giudizio e al dono della vita. I discepoli parteciperanno al giudizio di Gesù, perché egli darà loro potere sul peccato (20,21-23), insieme al Paraclito che dimostrerà il mondo colpevole quanto al giudizio (16,8.11). I discepoli avranno ancora la missione di condurre altri uomini alla partecipazione della vita di Gesù (cf. il «portar frutto» di 15,8.16). Le «opere più grandi» non riguardano perciò innanzitutto l'aspetto prodigioso dei miracoli, quanto piuttosto il loro carattere escatologico[202].

Anche secondo Léon-Dufour l'espressione «più grandi», riferita alle opere dei discepoli, orienta ad un contenuto diverso dai miracoli. Dopo il miracolo dell'infermo alla piscina di Betzaetà, a coloro che rifiutavano la sua unità con il Padre, Gesù dice: «Il Padre infatti ama il Figlio, gli manifesta tutto quello che fa e gli manifesterà opere ancora più grandi di queste [...]» (5,20). Tali «opere più grandi», rileva ancora Léon-Dufour, sono spiegate nel dono della vita, da parte di Gesù, ai «morti» (spirituali) e nell'esercizio sovrano del giudizio (5,21). L'altro testo riguarda la replica a Natanaele — «vedrai cose maggiori di queste!» (1,50) — ovvero, secondo Léon-Dufour, la relazione tra cielo e terra stabilita grazie al Figlio dell'uomo[203].

Si tratta di quanto lo Spirito realizzerà in essi e attraverso di essi, secondo l'indicazione fornitaci dai vari passi dei discorsi d'addio (14,16-17; 14,26; 15,26-27; 16,7-11.13-14). E lo Spirito sarà effuso sui discepoli ed agirà in essi a partire dall'«ora». Per mezzo dello Spirito e con lo Spirito, essi saranno in grado di indicare al mondo la strada che conduce alla vita eterna e «giudicheranno» l'incredulità del mondo stesso. Realizzeranno cioè quelle «opere più grandi» (14,12) che sono le opere stesse di Gesù.

6. La luce che il v. 17,10b riflette su tutto il vangelo

In questo paragrafo vorremmo mostrare l'importanza che ha il versetto esaminato nel vangelo di Giovanni. Quanto la glorificazione di Gesù Cristo da parte dei discepoli nell'«ora» illumina tutto il vangelo?

---

[201] Cf. R. SCHNACKENBURG, *Il vangelo*, III, 119.
[202] Cf. R.E. BROWN, *Giovanni*, 762.
[203] Cf. X. LÉON-DUFOUR, *Lettura*, III, 139-140. Per l'analisi più dettagliata del v. 14,12 e di 15,8 rimandiamo alle pagg. 264-272 del nostro testo.

Avevamo visto, citando de la Potterie (pag. 204), che tutto il vangelo di Giovanni è teso verso l'«ora» di Gesù. A cominciare dalle nozze di Cana (2,4), proseguendo con la festa dei Tabernacoli (7,30 e 8,20), e giungendo infine in prossimità della sua morte (12,23.27; 13,1.31-32; 17,1), l'«ora» è nominata ed è presente nell'orizzonte del vangelo di Giovanni. Ma dal v. 12,23, tale «ora» si caratterizza come l'ora della glorificazione.

Inoltre Gv 17 approfondisce ulteriormente questo tema (coinvolgendo nella glorificazione il Padre, il Figlio e i discepoli). Riteniamo pertanto che una prima illuminazione per tutto Gv derivi dal fatto che l'«ora», verso cui il vangelo è teso si esplica, con uno sviluppo più approfondito nel cap. 17, come l'ora della glorificazione.

Chiarito questo primo punto, ci sembra opportuno distinguere fra la glorificazione[204] prima dell'«ora» e quella che si attua in essa, al fine di mostrare il passaggio dalla prima alla seconda. Il cap. 8 della nostra tesi aveva messo in luce che la manifestazione della gloria di Gesù prima dell'«ora» riguarda la vita stessa del Signore nel suo insieme e i miracoli in particolare (pagg. 212-217). L'ora della glorificazione di Gesù concerne invece la sua morte sulla croce, la resurrezione, l'ascensione e l'effusione dello Spirito Santo (pag. 206). Tuttavia, come affermava Dupont (pagg. 247-248), gli avvenimenti dell'esistenza terrena di Gesù, compresi i miracoli, sono orientati verso la Pasqua in cui la glorificazione si realizzerà pienamente e definitivamente. Vi è allora un percorso nel quale dapprima la gloria di Gesù si manifesta con quei segni della sua potenza che sono i miracoli (nonché attraverso tutto il suo ministero terreno); in un secondo tempo la glorificazione di Gesù culmina nell'«ora»[205]. Quest'ultima illumina tutto il vangelo perché è l'orizzonte ed il fine del ministero terreno di Gesù.

Un'altra puntualizzazione da fare, per chiarire il nesso con tutto il vangelo, riguarda il contenuto della glorificazione nell'«ora». Avevamo visto (pag. 237), citando Thüsing, che la gloria di cui parla l'evangelista Giovanni si qualifica come luce divina (luce dell'amore) e come

---

[204] Ricordiamo peraltro che occorre distinguere tra i due termini, δόξα e δοξάζειν, in quanto il primo si trova soprattutto prima del cap. 12, il secondo dopo (vd. pag. 211).

[205] E' importante ricordare la suddivisione del vangelo di Giovanni circa «il Libro dei Segni» (1,19-12,50) ed «il Libro della Gloria» (13-20), nonché l'interpretazione di Brown, secondo cui i «segni» anticipano quello che Gesù avrebbe fatto nell'ora della glorificazione (cf. R.E. BROWN, *Giovanni*, 643).

potenza[206]. La gloria di Gesù, durante il suo ministero terreno, si rivelava nel potere di fare miracoli (vd. 2,11; 4,50-51; 5,8; 6,11-13; 9,7; 11,43-44)[207], ma si rivelava anche in tutta la sua persona (1,14). Se dal ministero terreno di Gesù risaliamo all'«ora», possiamo vedere che l'amore e la potenza di Gesù ricevono un'ultima determinazione.

Infatti, sul v. 13,1 Schnackenburg fa notare che l'aoristo ἠγάπησεν indica un atto determinato ed unico. Si tratterebbe di una manifestazione d'amore per i «suoi» («li amò sino alla fine») che sta alla fine ed è insuperabile; l'espressione εἰς τέλος può avere infatti un significato sia temporale che qualitativamente eminente. Ma qui, aggiunge Schnackenburg, come nell'espressione «la sua ora» a cui τέλος è riferito, prevale probabilmente il significato qualitativo, senza escludere quello temporale[208].

Con la traduzione di εἰς τέλος in senso qualitativo — «fino all'estremo» — concorda anche Léon-Dufour. La pienezza dell'amore riporta al dono che Dio ha fatto del proprio Figlio, dono che si manifesta pienamente nella Pasqua di Gesù[209].

Circa poi il potere conferito a Gesù dal Padre nell'«ora», possiamo riferirci ad un versetto della preghiera sacerdotale (17,2) per notare l'ultima, definitiva valenza ch'esso riceve. Brown afferma che il verbo all'aoristo, ἔδωκας (riferito al potere conferito dal Padre a Gesù su ogni uomo), implica un'azione passata, ovvero il potere dato a Gesù durante il suo ministero terreno. Tuttavia tale potere di donare la vita eterna non sarebbe diventato pienamente efficace prima dell'«ora»[210].

Per Léon-Dufour, ciò a cui tendeva la missione affidata al Figlio, — il dono agli uomini della vita eterna — si realizzerà alla fine del suo itinerario, grazie al potere che il Padre gli ha concesso[211]. E questo

---

[206] L'osservazione di Pamment (cf. M. PAMMENT, «The meaning of *doxa*», 13.15-16). secondo cui la δόξα in Giovanni va associata all'amore e non alla potenza, non ci sembra giustificata. Vi sono infatti dei versetti, sulle opere compiute dai discepoli (14,12-13) e sul potere conferito a Gesù (17,2) che pongono un nesso fra la gloria e la potenza.

[207] Schnackenburg precisa che «tutti i grandi miracoli indicati come σημεῖα attirano con forza l'attenzione su colui che li opera e rendono trasparente la sua maestà ed il suo potere salvifico» (R. SCHNACKENBURG, *Il vangelo*, I, 487).

[208] Cf. R. SCHNACKENBURG, *Il vangelo*, III, 32.

[209] Cf. X. LÉON-DUFOUR, *Lettura*, III, 26.

[210] Cf. R.E. BROWN, *Giovanni*, 899. Analogamente Schnackenburg sostiene che, con la glorificazione avvenuta nell'«ora», Gesù ha ricevuto il «potere su ogni carne» (cf. R. SCHNACKENBURG, *Il vangelo*, III, 273).

[211] Cf. X. LÉON-DUFOUR, *Lettura*, III, 359.

potere è, secondo Segalla, un dono dell'amore del Padre ma anche un frutto dell'amore del Figlio fino alla morte. Il potere su «ogni carne» è legato infatti al potere, come buon pastore, di offrire liberamente la sua vita (10,18)[212].

Ma, in particolare, ci interessa mostrare il ruolo dei discepoli[213] che glorificano il Cristo nell'«ora». Portando frutto e realizzando le opere di Gesù, i discepoli glorificano il Cristo nell'«ora». Il v. 17,10b, insieme a 14,13 e 15,8, mette in luce allora il ruolo dei discepoli come coloro che rientrano nel dinamismo della glorificazione di Gesù, nell'«ora». La glorificazione e il discepolato sono due concetti legati l'uno all'altro. Stando al v. 15,8, il discepolo di Gesù è colui che glorifica il Padre e d'altronde il Padre è glorificato nel Figlio (14,13). I discepoli del Signore poi, saranno riconosciuti come tali dal fatto di avere amore gli uni per gli altri (13,35)[214]. Dunque, dall'amore reciproco al discepolato e alla glorificazione del Cristo, il passo è breve. L'amore reciproco dei discepoli, che è poi l'amore stesso di Gesù, si identifica di per sé con la glorificazione di Cristo. Vi è inoltre il compimento delle opere di Gesù da parte dei discepoli, come via da far seguire per avere la vita eterna e come esercizio del giudizio sul mondo incredulo (vd. pag. 272). Nell'amore reciproco (che è l'amore di Gesù, vd. 15,9) e compiendo le «opere più grandi» (14,12), che sono le opere stesse di Gesù, i discepoli glorificano il Signore.

In conclusione, i discepoli[215] sono anch'essi partecipi della glorificazione di Gesù nell'«ora». I testi che abbiamo esaminato (14,13 e 15,8) e il versetto oggetto di questo studio (17,10b), ci hanno orientato in questa direzione: nell'ora della glorificazione di Gesù, che è il senso e il fine ultimo della sua vita, anche i discepoli sono coinvolti. Dal compiersi dell'«ora» essi saranno in grado di essere e fare quello per cui il Signore li ha scelti. Anche per la figura dei discepoli, come per Gesù, l'«ora» segna un passaggio importante, da cui tutto il vangelo ne risulta illuminato.

---

[212] Cf. G. SEGALLA, *La preghiera*, 105.

[213] Schnackenburg sottolinea l'importanza del vocabolo μαθητής in Gv: esso compare ben settantotto volte in questo vangelo, più che in tutti gli altri (cf. R. SCHNACKENBURG, *Il vangelo*, III, 327).

[214] Schnackenburg precisa che «non una qualità esteriore, ma il reciproco amore diventa il distintivo del discepolato» (R. SCHNACKENBURG, *Il vangelo*, III, 331).

[215] Secondo Brown, spesso i discepoli in Gv sono il modello di tutti i cristiani (cf. R.E. BROWN, *Giovanni*, CXXXII).

CONCLUSIONI

Al termine di questo studio ci sembra utile riassumere, con uno sguardo sintetico, i punti nodali della ricerca e creare un ponte verso la situazione del cristiano oggi, con l'attualizzazione. Quanto le parole di Gesù in Gv 17 riguardano anche noi, il nostro modo di pensare ed agire, come cristiani del terzo millennio? Possiamo anche noi glorificare Gesù, manifestando quell'unità d'amore tra il Figlio ed il Padre che è fonte e modello dell'unità dei cristiani? Prima di rispondere a queste domande, ripercorriamo brevemente il cammino percorso.

Dopo un capitolo introduttivo su Gv 17 e le preghiere dell'AT e del NT, dove un particolare rilievo è stato dato alle corrispondenze fra Gv 17 e la preghiera del *Pater noster*, ci siamo soffermati sullo *status quaestionis* dei capp. 13-17. Questi cinque capitoli formano un'unica struttura nella quale emergono molte corrispondenze, in particolare fra il cap. 13 ed il 17, ed in cui risaltano due temi fra tutti: la glorificazione e l'*agapè* (pag. 75).

Nello *status quaestionis* su Gv 17 in se stesso è emersa poi la difficoltà nell'individuare un'unica divisione per il cap. 17 ed un unico tema principale dello stesso. Questo primo ostacolo sembrava quasi insormontabile e tuttora gli autori hanno opinioni differenti. Tuttavia, sembra prevalere il ritorno ad una divisione semplificata, per lo più in tre parti (1-8; 9-19; 20-26 o 1-5; 6-19; 20-26).

La scelta della nostra divisione (1-8[1]; 9-19; 20-26, vd. pag. 128) nell'analisi letteraria, rifacendosi al pensiero di alcuni autori (Brown, Molla, Moloney, Stibbe, Ferreira, pagg. 78-80), metteva in luce le tre

---

[1] Qui si presentava la difficoltà riguardante i vv. 6-8, che non rientrano nello stesso genere di 1-5. Ma a questo problema abbiamo dato una risposta nel senso che i vv. 6-8 altro non sono che un ampliamento di quanto espresso nel v. 4 (pagg. 125-126).

parti della preghiera in cui Gesù chiede la propria glorificazione (vv. 1-8); prega per i discepoli presenti (vv. 9-19) e anche per quelli futuri (vv. 20-26). Rifacendoci al pensiero di Brown (pag. 119), abbiamo messo in luce gli elementi comuni delle tre parti: la richiesta di Gesù al Padre all'inizio di ogni unità (vv. 1.9.20), quindi il tema della gloria (1.4-5.10.22.24), la menzione del termine πατήρ che scandisce le unità (5.11.21), il tema della rivelazione del Padre da parte di Gesù (6.14.26). Abbiamo anche individuato alcuni termini chiave, πατήρ, δοξάζω e ἐρωτῶ, la cui funzione è di segnare nuovi inizi, definendo le singole parti e scandendo i «tempi» della preghiera. L'analisi letteraria ha approfondito inoltre le varie corrispondenze all'interno delle parti e fra parti diverse. Risultava dunque che Gv 17 si può strutturare secondo questa disposizione simmetrica: A (1-8) B(9-19) A^1(20-26).

Un'altra questione riguardava la scelta di un tema che, fra i tanti nominati in Gv 17, potesse assumere il ruolo di tema principale. Nell'individuazione della glorificazione-gloria come tema principale del capitolo ci siamo rifatti da un lato all'annuncio di tema che, nel metodo d'analisi letteraria seguito da Vanhoye, è uno dei criteri per individuare una struttura letteraria. L'annunzio di tema è l'indizio fondamentale che indica la struttura organica, definendo in anticipo il contenuto di un discorso o di una sua parte (pag. 122). Ebbene, il tema della glorificazione compare all'inizio del capitolo (v. 1), viene ripetuto in altri punti (vv. 4-5.10) e nei vv. 22.24 se si considera, come noi abbiamo fatto, anche la gloria insieme alla glorificazione.

Inoltre il tema della glorificazione è legato con quello dell'«ora», presente anch'esso all'inizio della preghiera. L'«ora» di Gesù è quella della glorificazione attraverso la morte, resurrezione, ascensione ed invio dello Spirito Santo. Essendo nominato all'inizio, il tema della glorificazione da' il tono a tutta la preghiera; sotto il segno della glorificazione stanno tutte le altre richieste di Gesù al Padre per sé, per i discepoli e per i credenti futuri.

Dall'analisi letteraria, continuando ad approfondire il cap. 17, siamo passati alla critica testuale e letteraria dei vv. 9-19, ovvero della parte in cui vi è il versetto esaminato. Non sono lì emersi dei problemi particolari, se non per il v. 12b che abbiamo valutato come proveniente da una mano posteriore[2]. L'analisi dei vv. 9-19 ha ulteriormente sviluppato il significato di quei versetti, facendo risaltare il contrasto fra il mondo e i

---

[2] Tuttavia la seconda parte (vv. 9-19) non ne risente di questa aggiunta che è un'espansione del testo del v. 12.

discepoli. Tuttavia questi, «santificati nella verità» (v. 17), saranno mandati da Gesù proprio nel mondo come egli è stato mandato nel mondo (v. 18).

Il capitolo successivo ha presentato i temi dei vv. 9-19, in particolare quello della comunione che si trova nella prima parte del v. 10. La comunione totale fra il Padre ed il Figlio è l'ambito entro cui tutto il resto deriva, perciò abbiamo prestato una particolare attenzione a questo tema. I discepoli sono chiamati a far parte dell'unità che esiste fra il Figlio ed il Padre e, all'interno di questa unità d'amore, dovranno compiere le opere di Gesù (14,12) e portare molto frutto (15,8) per poter glorificare Dio.

La terza ed ultima parte della tesi ha approfondito il tema della glorificazione nei capp. 13-17 e nel v. 17,10b in particolare. Abbiamo delimitato il tema della glorificazione entro i capp. 13-17, poiché dallo *status quaestionis* di questi capitoli si è osservato che formano un'unica struttura, che sta nello sfondo dell'«ora». Nel cap. 17 abbiamo peraltro appurato che la glorificazione è legata ad altri temi, in particolare all'unità e all'amore.

La gloria data da Gesù ai discepoli è il fondamento della loro unità (v. 22), che è come (καθὼς) quella tra il Figlio ed il Padre. La gloria data da Gesù fa partecipare i discepoli ad una delle caratteristiche essenziali del rapporto tra il Figlio ed il Padre, che emerge già al v. 10,30: «Io e il Padre siamo una cosa sola». L'unità è una caratteristica divina che la gloria donata ai discepoli da parte di Gesù rende attuabile, e sarà inoltre un segno attraverso il quale il mondo approderà alla fede (vv. 21.23).

La gloria è ancora legata ad un altro tema fondamentale in Giovanni: l'amore. Al v. 24 emerge questo collegamento tra la gloria di Gesù, che i discepoli contempleranno e l'amore eterno del Padre verso il Figlio. Il tema dell'amore conclude infine al v. 26 la preghiera del cap. 17. Avevamo già visto che alcuni autori (Thüsing, Léon-Dufour, Schnackenburg, Fabris, Segovia, pagg. 262-263) scorgono un nesso stringente fra la gloria e l'amore. Nel versetto che precede il 17,24, compariva per la prima volta quest'ultimo tema, là dove l'amore del Padre per il Figlio è come quello del Padre per i discepoli. Ma tale tema dell'amore era preceduto da quello sull'unità (v. 23), che è una conseguenza della gloria donata da Gesù ai discepoli (v. 22). Quindi possiamo tracciare questo filo che lega insieme la gloria, l'unità e l'amore³. In definitiva la glorificazione, che è l'annunzio di tema in Gv 17, si lega ai temi fondamentali dell'unità e dell'amore, i quali caratterizzano a loro volta le relazioni e l'essere stesso di Dio Padre e del Figlio. I discepoli, vivendo nell'unità che la gloria loro donata renderà sperimentabile, manifesteranno al mondo l'amore di Dio. Ora, questa gloria, legata strettamente con l'unità e l'amore, che cos'è esattamente?

Avevamo già visto, riportando l'opinione di Thüsing (pag. 237), che il termine «gloria» qualifica Dio secondo due direzioni: quello della luce divina e quello della potenza. Sono accezioni del termine che l'evangelista Giovanni conosce e a cui offre una sfumatura caratteristica. Riteniamo che entrambi i significati siano presenti in Gv 17 e che si debbano legare in modo speciale al tema dell'«ora». E' l'«ora» che fa risaltare il processo della glorificazione come svelamento dell'amore per il quale Gesù muore in croce e come manifestazione della potenza su «ogni essere umano» (v. 2), grazie a cui può donare la vita eterna. Siamo dunque dell'idea che la gloria di cui si tratta, in riferimento all'«ora» nel cap. 17, si identifichi da una parte con l'amore eterno fra il Padre ed il Figlio, e dall'altra con la manifestazione della potenza salvifica di Dio.

La visione del vangelo di Giovanni è molto originaria rispetto a tutto il NT, in particolare è unico il significato dell'«ora». Avevamo anche già visto (pag. 246-247) che i due termini ὑψόω e δοξάζω sono interdipendenti.

Partendo dall'idea di «esaltazione» (v. 12,32), Schnackenburg fa osservare che l'evangelista conferisce un particolare significato teologico all'evento della croce, in cui è sotteso un aspetto salvifico ed in cui si tratta della svolta decisiva per l'ascesa al cielo⁴. L'esaltazione è per Giovanni un'espressione cristologica di maestà ed una promessa soteriologica, afferma ancora Schnackenburg. Infatti, già nel v. 12,32 l'effetto salvifico è descritto in riferimento a colui che sarà esaltato, il quale trarrà tutti a sé. Nell'«ora» di Gesù, un'ora teologica, la passione di Gesù come la descrivono i Sinottici, è superata ed illuminata dalla glorificazione ad opera del Padre⁵.

---

³ Il punto di origine di tutto è comunque sempre il Padre che, per mezzo del Figlio, dona ai discepoli la gloria, l'unità e l'amore.
⁴ Cf. R. SCHNACKENBURG, *Il vangelo*, II, 661.
⁵ Cf. R. SCHNACKENBURG, *Il vangelo*, II, 662-664.

Schnackenburg afferma che l'«ora» è per Giovanni il punto in cui il Figlio rivela nel modo più alto l'amore di Dio per il mondo; è la rivelazione piena della gloria di Dio[6].

Analogamente per Ferraro l'«ora» annuncia la piena rivelazione del Padre, rivelazione attuata, nelle parole e nella realtà vissuta, della glorificazione reciproca del Figlio e del Padre. La rivelazione dell'«ora» è la rivelazione più alta nel quarto vangelo, a cui gli altri testi hanno preparato la strada[7]. Perciò, secondo Schnackenburg, il concetto di glorificazione nell'«ora», è un'idea che difficilmente si può trovare prima e fuori del vangelo di Giovanni[8].

Ci siamo soffermati quindi ad approfondire il significato del v. 10b. In questo versetto Cristo è glorificato nei «suoi» e questo svela, a nostro giudizio, la realtà dell'unità totale d'amore tra il Figlio ed il Padre. A prima vista potrebbe sembrare strano, quasi un'anomalia, il fatto che anche i discepoli possano glorificare il Cristo. Se infatti la gloria è l'irradiazione dell'amore di Dio e la manifestazione della sua potenza, in che senso i discepoli possono glorificare il Cristo? Se la gloria nel vangelo di Giovanni si è svelata al mondo con la vita (1,14) ed i miracoli di Gesù (2,11 e 11,4.40), nonché in modo particolare con l'accadere dell'«ora», qual è il ruolo dei discepoli in questa stessa glorificazione? Quello che a prima vista sembrava un quesito di ardua soluzione, grazie all'analisi dei termini «gloria» e «glorificazione» in Gv, nonché di alcuni passi correlati al v. 10b, ci ha condotto a trovare una risposta. Vediamo quindi come siamo arrivati a trarre delle conclusioni.

La prima manifestazione della sua gloria, Gesù l'ha compiuta con il miracolo di Cana (2,11). In seguito, con il miracolo della resurrezione di Lazzaro, Gesù ha nuovamente manifestato la gloria di Dio (11,4.40). Ma sappiamo che anche i discepoli compiranno le opere di Gesù (14,12-13), glorificando il Padre nel Figlio. Si tratta delle stesse opere di Gesù, tra cui i miracoli, che apriranno agli uomini la porta per la vita eterna e manifesteranno il giudizio di Dio sul mondo incredulo. Potendo compiere le stesse opere di Gesù, i discepoli sono allora in grado di glorificarlo, essendo tale glorificazione proprio l'espressione delle opere compiute dai «suoi». Vi è inoltre ancora un altro passo (v. 15,8) che ci ha aiutato a focalizzare il significato della glorificazione compiuta dai discepoli. Condizione fondamentale per glorificare il

---

[6] Cf. R. SCHNACKENBURG, Il vangelo, II, 665.
[7] Cf. G. FERRARO, L'ora di Cristo, 73.
[8] Cf. R. SCHNACKENBURG, Il vangelo, II, 671.

Padre era lì il fatto di rimanere in Gesù, ovvero nel suo amore (15,4-10) per portare frutto e diventare discepoli del Cristo. Il «portare frutto», diventando discepoli di Gesù, rimandava poi alla fecondità apostolica che si svilupperà dopo il ritorno di Gesù al Padre. Quindi, rimanendo nell'amore di Gesù e portando i frutti dell'apostolato, i discepoli glorificano il Padre. In definitiva, accostando questi due passi al v. 10b, abbiamo constatato che compiendo le opere stesse di Gesù, opere che aprono al mondo la strada per la vita eterna, e rimanendo nel suo amore con i conseguenti frutti della fecondità apostolica, i discepoli sono in grado di glorificare Gesù.

Rimaneva da verificare ancora una questione: qual è il ruolo dello Spirito Santo nella glorificazione di Gesù da parte dei discepoli? La sua assenza dal cap. 17 poneva alcuni interrogativi: perché non viene nominato lo Spirito Santo, pur avendo un'importanza così grande ed essendo presente nei capitoli precedenti (14-16)?

A questa domanda abbiamo cercato di rispondere dapprima con una considerazione di analisi letteraria dei capp. 13-17, secondo cui l'assenza dello Spirito si nota anche al primo estremo di questo blocco di capitoli (cap. 13). Avevamo poi approfondito il senso di alcuni versetti del cap. 17 (vv. 17.26) che, con i temi della verità e dell'amore, richiamano la presenza dello Spirito. Infine, avevamo individuato qualche versetto dei discorsi d'addio che presentava una similitudine con il v. 17,10 ed in cui si ritrovasse il tema dello Spirito. A tal fine ci è sembrato che i vv. 16,14-15 calzassero a pennello per questo confronto. Il v. 16,14a ha una notevole affinità con il v. 17,10b, così come il v. 16,15a con il 17,10a. L'assenza dello Spirito Santo nel cap. 17 può dunque essere tra l'altro spiegata con la sua presenza nei vv. 16,14-15, una presenza che non si è ritenuto opportuno di riprendere nel capitolo successivo.

Chiarito questo punto, abbiamo messo in luce la pertinenza dello Spirito nei confronti dei discepoli, che glorificano il Cristo. Per fare ciò sono stati analizzati alcuni passi dei precedenti discorsi d'addio (14,16.26; 15,26-27; 16,7-11.13-14). Lo Spirito è anzitutto promesso ai discepoli come colui che rimarrà con loro per sempre (14,16); è colui che insegna loro ogni cosa, ricordando tutto quello che Gesù ha detto (14,26); è colui che renderà testimonianza a Gesù, così come anche i discepoli gli renderanno testimonianza (15,26-27). E' infine colui che, inviato sui discepoli, convincerà il mondo quanto al peccato, alla giustizia e al giudizio. In conclusione risultava fondamentale la presenza dello Spirito nei discepoli per la glorificazione di Gesù.

Ci siamo fermati ancora sull'influsso che il v. 17,10b ha su tutto il vangelo di Giovanni (pagg. 305-308). Partendo dal concetto di «ora» in Giovanni, verso cui tutto il vangelo è proteso, abbiamo visto che si tratta dell'ora della glorificazione, tema che nel cap. 17 è particolarmente approfondito. Abbiamo fatto quindi un confronto tra la glorificazione prima e quella che si attua nell'«ora»: quest'ultima illumina la precedente perché è l'orizzonte ed il fine del ministero di Gesù. Considerato poi il contenuto della glorificazione, come potenza e amore, e appoggiandoci ai vv. 13,1 e 17,2, siamo arrivati a mostrare che nell'«ora» vi è un'ultima determinazione di tale potenza ed amore.

Infine ci interessava far vedere che anche i discepoli sono coinvolti nell'ora della glorificazione di Gesù. Rimanendo nel suo amore, compiendo le sue opere e portando il frutto dell'apostolato, essi glorificano il Cristo (vv. 14,13; 15,8; 17,10b). Anche per loro l'«ora» è un punto teologico che segna un passaggio decisivo, dal quale tutto il vangelo ne viene illuminato.

Essendo ormai giunti al termine di un percorso vorremmo ancora dare una risposta ad un quesito. Le parole sulla glorificazione di Gesù da parte dei discepoli del v. 17,10b, in che misura ci riguardano, a noi cristiani del terzo millennio? Vale anche per noi il fatto che possiamo glorificare Gesù, manifestando l'unità d'amore che vige fra il Figlio ed il Padre? Occorre anzitutto dire che nella preghiera del cap. 17 vi è una ripetuta alternanza fra i discepoli di allora e i futuri credenti. Dal v. 6 al 19 infatti, Gesù parla riferendosi ai discepoli presenti; nel v. 20 lo sguardo si protende verso i cristiani del domani; nel v. 22 ritorna ai discepoli di quel tempo[9]. Allora colui che prega ha in mente sia i discepoli presenti che i futuri.

Schnackenburg afferma inoltre che, se Gesù prega per i discepoli presenti, essi sono ad un tempo i rappresentanti della futura comunità di fede, la quale è già inclusa nell'intercessione di Gesù[10].

A nostro giudizio, i discepoli futuri sono inclusi nella preghiera di Gesù, sia per il richiamo che se ne fa ai vv. 17,20-21 e sia perché, condividendo l'opinione di Schnackenburg, i discepoli di allora sono i rappresentanti di tutti i credenti vissuti posteriormente. I cristiani di questi venti secoli sono inclusi nella preghiera di Gesù come coloro che, avendo creduto per la parola dei primi discepoli (v. 20) sono stati

---

[9] Il movimento del testo, fa osservare Léon-Dufour, varia tra uno sguardo su ciò che è avvenuto ed un'apertura sull'avvenire (cf. X. LÉON-DUFOUR, *Lettura*, III, 351).

[10] Cf. R. SCHNACKENBURG, *Il vangelo*, III, 303. Della stessa opinione è Smith, per il quale i discepoli rappresentano la chiesa (D.M. SMITH, *La teologia*, 167).

in grado (e lo sono attualmente) di glorificare Gesù. Anche i credenti di oggi possono glorificare Gesù compiendo le opere che lui ha compiuto (14,12), vivendo come lui ha vissuto (vd. pagg. 264-272), in modo che altri uomini e donne possano approdare alla fede e al dono della vita eterna. Possono glorificare Gesù, rimanendo nel suo amore, ovvero osservando la sua parola e portando molto frutto. Con l'assistenza dello Spirito Santo, i credenti di oggi, con la fede e le opere (cf. 14,12), sono ancora in grado di glorificare Gesù, negli ambienti di lavoro, di studio, in famiglia ed in ogni altro ambito della loro vita. Il Figlio ed il Padre saranno glorificati qualora la parola di Gesù sia osservata e le sue opere compiute, qualora in definitiva tutta l'esistenza del cristiano venga conformata a quella del Signore. La conversione del mondo[11], che resta nell'orizzonte della preghiera, potrà avvenire grazie alla mediazione dei credenti, la cui vita è spesa per rendere gloria al Cristo Signore.

---

[11] Circa questa idea sulla conversione del mondo, che è nell'orizzonte della preghiera, concordano anche Léon-Dufour e Schnelle (cf. X. LÉON-DUFOUR, *Lettura*, III, 371; U. SCHNELLE, *Das Evangelium*, 258-259).

SIGLE E ABBREVIAZIONI

ABD	*Anchor Bible Dictionary*
Am	Amos
AnBib	Analecta Biblica
Ap	Libro dell'Apocalisse
ASeign	*Assemblées du Seigneur*
At	Atti degli Apostoli
AT	Antico Testamento
Bib.	*Biblica*
BiTr	*Bible Translator*
BZ	*Biblische Zeitschrift*
cap.	capitolo
capp.	capitoli
CEI	Traduzione italiana della Bibbia a cura della Conferenza episcopale italiana
cf.	confrontare
CivCatt	*La Civiltà Cattolica*
Col	Lettera ai Colossesi
1Cor	Prima lettera ai Corinti
2Cor	Seconda lettera ai Corinti
1Cr	Primo libro delle Cronache
CuBi	*Cultura Biblica*
Dan	Libro del profeta Daniele
DCBNT	*Dizionario dei concetti biblici del NT*, ed. L. Coenen – E. Beyreuther – H. Bietenhard, Bologna 1976.
DEB	*Dizionario Enciclopedico della Bibbia*, ed. P.-M. Bogaert – al., Roma 1995.
DENT	*Dizionario esegetico del Nuovo Testamento*, I-II, ed. H. Balz – G. Schneider, Bologna 1976.

DJG	*Dictionary of Jesus and the Gospel,* ed. J. B. Green – S. McKnight, Leicester 1992.
Dt	Deuteronomio
Eb	Lettera agli Ebrei
Ef	Lettera agli Efesini
Es	Libro dell'Esodo
EtB	Études bibliques
ETR	*Études Théologiques et Religieuses*
ED	*Euntes Docete*
Ez	Ezechiele
Fil	Lettera ai Filippesi
Ger	Geremia
Giub	Libro dei Giubilei
GLNT	*Grande lessico del Nuovo Testamento,* I-X, ed. G. Kittel, Brescia 1965-1981
Gn	Genesi
Gv	Vangelo di Giovanni
1Gv	Prima lettera di Giovanni
2Gv	Seconda lettera di Giovanni
Ibid.	*Identico*
Interp.	*Interpretation*
Is	Isaia
JBL	*Journal of Biblical Literature*
Jn	Gospel of John
Lc	Vangelo di Luca
Lev	Libro del Levitico
LTP	*Laval théologique et philosophique*
LV	*Lumen Vitae*
1Mac	Primo libro dei Maccabei
Mc	Vangelo di Marco
MidS	*Mid-Stream*
Mt	Vangelo di Matteo
Neotest	*Neotestamentica*
NT	*Novum Testamentum*
NT	Nuovo Testamento
NTS	*New Testament Studies*
Num	Libro dei Numeri
Os	Osea
pag.	pagina
pagg.	pagine

PIB	Pontificio Istituto Biblico
Prov	Libro dei Proverbi
PSV	*Parola spirito e vita*
PV	*Parole di vita*
1Pt	Prima lettera di Pietro
1Re	Primo libro dei Re
RivBib	*Rivista biblica italiana*
Rom	Lettera ai Romani
RSR	*Recherches de science religieuse*
RTL	*Revue Théologique de Louvain*
s	seguente
S.	Santo
Sal.	*Salesianum*
Sal	Salmo
2Sam	Secondo libro di Samuele
ScEc	*Sciences Ecclésiastiques*
Sir	Siracide
ss	seguenti
2Tess	Seconda lettera ai Tessalonicesi
TThZ	*Trierer theologische Zeitschrift*
v.	versetto
vd.	vedi
VTB	*Vocabulaire de Théologie Biblique*, X. Léon-Dufour – al., Paris 1971² (trad. spagnola, *Vocabulario de Teología Bíblica*, Barcelona 1996¹⁷)
vv.	versetti
Zac	Zaccaria
ZNW	*Zeitschrift für die neutestamentliche Wissenschaft*

BIBLIOGRAFIA

AALEN, S., «gloria – onore/δόξα» *DCBNT*, I, 812-813.
AGOSTINO, *Commento al vangelo di Giovanni*, I-II, Roma 1965.
ANDERSON, P.N., *The Christology of the fourth Gospel*, Tübingen 1996.
BALAGUE', M., «La Oraciòn Sacerdotal (17,1-26)», *CuBi* 31 (1974) 67-90.
BARCLAY, W., *The Gospel of* John, I-II, Philadelphia 1955.
BARRETT, C.K., *The Gospel according to St. John*, London 1955, 1978².
BATTAGLIA, O., «Preghiera sacerdotale ed innologia ermetica», *RivBib* XVII (1969) 209-232.
BEASLEY-MURRAY, G.R., *John*, Waco 1987.
———, *Gospel of Life*, Peabody 1991.
BEAUCHAMP, P., «prière», *VTB*, 1030-1031.
BECKER, J., «Aufbau, Schichtung und theologiegeschichtliche Stellung des Gebets in Johannes 17», *ZNW* 60 (1969) 58-83.
———, «Die Abschiedsreden Jesu im Johannesevangelium», *ZNW* 61 (1970) 215-246.
———, *Das Evangelium nach Johannes*, I-II, Würzburg 1979-1981.
———, «Aus der Literatur zum Johannesevangelium», *ThR* 47 (1982) 294-301.
———, «Das Geist- und Gemeindeverständnis des vierten Evangelisten», *ZNW* 89 (1998) 217-234.
BEUTLER, J., «Die Heilsbedeutung des Todes Jesu im Johannesevangelium nach Joh 13,1-20», in K. KERTELGE, ed., *Der Tod Jesu: Deutungen in Neuen Testament*, Freiburg 1976, 188-204.

BEUTLER, J., «Synoptic Jesus Tradition in the Johannine Farewell Discourse», in R.T. FORTNA – T. THATCHER, ed., *Jesus in Johannine Tradition*, Louisville – London – Leiden 2001, 165-173.

BIENAIMÉ, G., «L'annonce des fleuves d'eau», *RTL* 21 (1990) 281-310.

BOISMARD, M.E. – LAMOUILLE, A., *L'Évangile de Jean*, Paris 1977, 1987².

BOUYER, L., *Le quatrième évangile: introduction á l'évangile de Jean, traduction et commentaire*, Casterman 1955 (trad. tedesca, *Das Vierte Evangelium*, Salzburg 1968).

BOYLE, J., «The Last Discourse (Jn 13,31-16,33) and Prayer (Jn 17): Some observation on their unity and development», *Bib.* 56 (1975) 210-222.

BRAUN, F.M., *Jean le Théologien*, EtB 1-4, Paris 1959, 1964, 1966, 1972.

BRODIE, T.L., *The Gospel according to John*, Oxford 1993.

BROUWER, W., *The Literary Development of John 13-17. A Chiastic Reading*, Atlanta 2000.

BROWN, R.E., *The Gospel according to John*, New York 1966-1970 (trad. italiana, *Giovanni*, Assisi 1979, 1991³).

BRUCE, F.F., *The Gospel of John: Introduction, Exposition and Notes*, Grand Rapids 1983.

BULTMANN, R., *Das Evangelium des Johannes*, Göttingen 1953 (trad. inglese, *The Gospel of John*, Oxford 1971).

BURGE, G.M., *The Anointed Community. The Holy Spirit in the Johannine Tradition*, Grand Rapids 1987.

———, *Interpreting the Gospel of John*, Grand Rapids 2001.

van de BUSSCHE, H., *Het vierde Evangelie*, I-IV, Tielt 1960-1961 (trad. italiana, *Giovanni*, Assisi 1970, 1971²).

CADIER, J., «The Unity of the Church», *Interp.* 11 (1957) 166-176.

CAIRD, G.B., «The glory of God in the fourth Gospel: An exercise in Biblical Semantics», *NTS* 15 (1968-1969) 265-277.

CALLOUD, J. – GENUYT, F., *Les discours d'adieu, Jean 13-17. Analyse sémiotique*, Lyon 1985.

CARNEVALE, L., «Le fonti di Gv 17», *EuntDoc* 33 (1980) 199-214.

CARSON, D.A., *Jesus and his friends: his farewell message and prayer in John 14 to 17*, Leicester 1986.

———, *The Gospel according to John*, Grand Rapids 1991.

CASALEGNO, A., «Tempo e momento escatologico nel vangelo di Giovanni», in A. CASALEGNO, ed., *Tempo ed eternità*, Milano 2002.

CIRILLO DI ALESSANDRIA, *Commento al vangelo di Giovanni*, I-III, Roma 1994.

CLARK, D.J., «*Kosmos* "world" in John 17», *BiTr* 50 (1999) 401-406.

COOK, W.R., *The Theology of John*, Chicago 1979.

CORTES, E., *Los Discursos de Adios de Gn 49 a Jn 13-17*, Barcellona 1975.

CRISOSTOMO, G., *Commento al vangelo di Giovanni*, I-III, Roma 1970.

CULPEPPER, R.A., *The Gospel and Letters of John*, Nashville 1998.

D'ANGELO, M.R., «Intimating Deity in the Gospel of John: Theological Language and "Father" in "Prayers of Jesus"», *Semeia* 85 (1999) 59-82.

D'ARAGON, J.L., «La notion johannique de l'unité», *ScEc* 11 (1959) 111-119.

DELORME, J., «Sacerdoce du Christ et ministère», *RSR* 62 (1974) 199-219.

―――, «Sacrifice, sacerdoce, consécration», *RSR* 63/3 (1975) 343-366.

DETTWILER, A., *Die Gegenwart des Erhöhten. Eine exegetische Studie zu den johanneischen Abschiedsreden (Joh 13,31-16,33) unter besonderer Berücksichtigung ihres. Relecture – Charakters*, Göttingen 1995.

DIETZFELBINGER, C., *Der Abschied des Kommenden*, Tübingen 1997.

DODD, C.H., *The Interpretation of the Fourth Gospel*, Cambridge 1953 (trad. italiana, *L'interpretazione del quarto vangelo*, Brescia 1974).

DUNNAVANT, A.L., «People of the Prayer for Unity: A Foundational Image for Disciples Identity», *Mid S* 30 (1991) 157-165.

DUPONT, J., *Christologie de Saint Jean*, Bruges 1951.

―――, «La preghiera di Gesù per l'unità dei cristiani», *PV* 10 (1965) 321-336.

EGGER, W., *Metodologia del Nuovo Testamento*, Bologna 1989.

ENSOR, P. W., *Jesus and his works*, Tübingen 1996.

FABRIS, R., *Giovanni*, Roma 1992.

FERRARO, G., *L'«ora» di Cristo nel quarto vangelo*, Roma 1974.

―――, *Mio-Tuo. Teologia del possesso reciproco del Padre e del Figlio nel vangelo di Giovanni*, Roma 1994.

―――, *Il Paraclito, Cristo, il Padre nel quarto vangelo*, Roma 1996.

FERREIRA, J., *Johannine Ecclesiology*, Sheffield 1998.

FEUILLET, A., *Le sacerdoce du Christ et de ses ministres,* Paris 1972.

GALOT, J., «Il mistero della Pentecoste», *CivCatt* 153 (2002) 315-327.

GIURISATO, G., *Struttura e teologia della prima lettera di Giovanni,* Roma 1998.

GNILKA, J., *Johannesevangelium,* Würzburg, 1983.

GRAYSTON, K., *The Gospel of John,* London 1990.

GROSSOUW, W., *L'Évangile de Jean,* Bruges 1958.

GROSSOUW, W. – EECKHOUT, C., «preghiera», *DEB,* 1045.

HAENCHEN, E., *A Commentary on the Gospel of John,* Philadelphia 1984.

HEGERMANN, H., «δόξα», *DENT,* I, 921-922.

HENDRIKSEN, W., *The Gospel of John,* London 1959.

HERGENRÖDER, C., *Wir schauten seine Herrlichkeit,* Würzburg 1996.

HOULDEN, J.L., «Lord's prayer», *ABD,* IV, 356-362.

JERUMANIS, P.M., *Réaliser la communion avec Dieu,* Paris 1996.

KAEFER, J.PH., «Les discours d'adieu en Jean 13,31-17,26», *NT* 26 (1984) 253-282.

KÄSEMANN, E., *Jesu letzter Wille nach Johannes,* Tübingen 1966, 1971³ (trad. italiana, *L'enigma del quarto vangelo. Giovanni: una comunità in conflitto col cattolicesimo nascente?,* Torino 1977).

KITTEL, G., «δόξα», *GLNT,* II, 1388-1389.

KLAUCK, H.J., «Der Weggang Jesu», *BZ* 40 (1996) 236-250.

KORTING, G., *Die esoterische Struktur des Johannesevangeliums,* Regensburg 1994.

LACOMARA, A., «Deuteronomy and the Farewell Discourse (Jn 13,31-16,33)», *CBQ* 36 (1974) 65-84.

LAURENTIN, A., «Wᵉ attah – kai nun Formule caractéristique des textes juridiques et liturgiques», *Bib.* 45 (1964) 168-197.413-432.

LÉON-DUFOUR, X., *Lecture de l'Évangile selon Jean,* I-IV, Paris 1987, 1990 1993, 1996 (trad. italiana, *Lettura dell'Evangelo secondo Giovanni,* I-IV, Milano 1990, 1992, 1995, 1998).

———, «Oración», *VTB,* 616.

L'ÉPLATTENIER, C., *L'Évangile de Jean,* Geneve 1993.

LÉTOURNEAU, P., «La Gloire de Jésus: Gloire et Glorification dans le IVᵉ Évangile», *LTP* 51 (1995) 551-572.

LINDARS, B., *The Gospel of John*, London 1972.

LION, A., *Lire saint Jean*, Paris 1974.

MALATESTA, E., «The Literary Structure of John 17», *Bib.* 52 (1971) 190-214.

MALINA, B.J. – ROHRBAUGH, R.L., *Social-Science Commentary on the Gospel of John*, Minneapolis 1998.

MANNS, F., *L'Évangile de Jean à la lumière du Judaïsme*, Jerusalem 1991.

MANNUCCI, V., *Giovanni il vangelo narrante*, Bologna 1993.

MARROW, S.B., «κόσμος in John», *CBQ* 64 (2002), 90-102.

MARSH, J., *The Gospel of John*, Baltimore 1968.

MARZOTTO, D., *L'unità degli uomini nel vangelo di Giovanni*, Brescia 1977.

MATEOS, J. – BARRETO, J., *El Evangelio de Juan*, Madrid 1979.

MENKEN, M.J., *Numerical literary techniques in John*, Leiden 1985.

MERLIER, O., *Le quatrième évangile. La question johannique*, Paris 1962.

METZGER, B.M., *A textual commentary on the Greek New Testament*, London 1975.

———, *The Text of the New Testament*, Oxford 1992 (trad. italiana, *Il testo del Nuovo Testamento*, Brescia 1996).

METZNER, R., *Das Verständnis der Sünde im Johannesevangelium*, Tübingen 2000.

MEYNET, R., *L'analisi retorica*, Brescia 1992.

MICHAELS, R.J., *John*, S. Francisco 1984.

MILNE, B., *The message of John: here is your King!*, Leicester 1993.

MLAKUZHYIL, G., *The Christocentric Literary Structure of the Fourth Gospel*, AnBib 117, Roma 1987.

MOLLA, C.F., *Le quatrième évangile*, Genève 1977.

MOLLAT, D., *L'Évangile selon saint Jean*, Paris 1953, 1960².

———, *Études johanniques*, Paris, 1979.

MOLONEY, F.J., «La preghiera dell'ora di Gesù» (Gv 17), *PSV* 3 (1981) 156-167.

———, «To make God known. A reading of John 17,1-26», *Sal.* 59 (1997) 463-489.

———, «The Function of John 13-17 within the Johannine Narrative», in F.F. SEGOVIA, ed., *What is John*, II, Atlanta 1998, 43-66.

MOLONEY, F.J, *Glory not dishonor,* Minneapolis 1998.

———, *The Gospel of John,* Collegeville 1998.

MORGEN, M., «Afin que le monde soit sauvé», Paris 1993.

MORRIS, L., *The Gospel according to John,* Grand Rapids 1971.

NESTLE, E. – ALAND K., *Novum Testamentum Graece,* Stuttgart 1898, 1993[27].

NEWBIGIN, L., *The Light has come: an exposition of the fourth Gospel,* Grand Rapids 1982.

NIELSEN, H.K., «John's Understanding of the Death of Jesus», in J. NISSEN – S. PEDERSEN, ed., *New Readings in John,* Sheffield 1999, 232-254.

NISSEN, J., «Community and Ethics in the Gospel of John» in J. NISSEN – S. PEDERSEN, ed., *New Readings in John,* Sheffield 1999, 194-202.

———, «Mission in the Fourth Gospel», in J. NISSEN – S. PEDERSEN, ed., *New Readings in John,* Sheffield 1999, 213-231.

PAINTER, J., «Farewell Discourses and the History of Johannine Christianity», *NTS* 27 (1980-81) 525-543.

PAMMENT, M., «The meaning of *doxa* in the fourth Gospel», *ZNW* 74 (1983) 12-16.

PANIMOLLE, S.A., *Lettura pastorale del vangelo di Giovanni,* I-III, Bologna 1978, 1981, 1984.

PINK, A.W., *Exposition to the Gospel of John,* Grand Rapids 1975.

PIPER, R.A., «Glory, Honor and Patronage in the Fourth Gospel: Understanding the *Doxa* Given to Disciples in John 17», in J.J. PILCH, ed., *Social Scientific Models for interpreting the Bible,* Leiden – Boston – Köln 2001.

PRYOR, J.W., «The Great Thanksgiving and the Fourth Gospel», *BZ* 35 (1991) 157-179.

POELMAN, R., «La prière sacerdotale», *LV* 19 (1964) 653-678.

de la POTTERIE, I., *La vérité dans Saint Jean,* I-II, AnBib 73-74, Rome 1977.

———, «Gesù e lo Spirito Santo secondo il vangelo di Giovanni», *PSV* 4 (1981) 114-129.

———, *La passione di Gesù secondo il vangelo di Giovanni,* Milano 1988.

———, *Studi di cristologia giovannea,* Genova 1973, 1992[3].

———, *La preghiera di Gesù,* Roma 1989, 1992[2].

RADERMAKERS, J., «La prière de Jesus. Jn 17», *ASeign* 29 (1973) 48-86.

RAVASI, G., *Secondo le Scritture,* I-III, Casale Monferrato 1992, 1993, 1994.

REIMS, G., «Probleme der Abschiedsreden», *BZ* 20 (1976) 117-122.

RIDDERBOS, H.N., *The Gospel according to John*, Grand Rapids 1997.

RIGAUX, B., «Les destinataires du IV Évangile à la lumière de Jn 17», *RTL* 1 (1970) 289-319.

RITT, H., *Das Gebet zum Vater. Zur Interpretation von Joh 17*, Würzburg 1979.

SCHNACKENBURG, R., *Das Johannesevangelium*, I-IV, Freiburg 1965, 1965, 1975, 1984 (trad. italiana, *Il vangelo di Giovanni*, I-IV, Brescia 1973, 1977, 1981, 1987).

———, «Struckturanalyse of John 17», *BZ* 17 (1973) 67-78.196-202.

SCHNEIDER, J., *Das Evangelium nach Johannes*, Berlin 1976.

SCHNELLE, U., «Die Abschiedsreden im Johannesevangelium», *ZNW* 80 (1989) 64-79.

———, *Das Evangelium nach Johannes*, Leipzig 1998.

SCHOLTISSEK, K., «Das hohepriesterliche Gebet Jesu. Exegetisch-theologische Beobachtungen zu Joh 17,1-26», *TThZ* 109 (2000) 199-218.

SCHWANK, B., *Evangelium nach Johannes*, Erzabtei St Ottilien 1996.

SEGALLA, G., *La preghiera di Gesù al Padre (Gv 17). Un addio missionario*, Brescia 1982.

———, *Giovanni*, Milano 1986, 1998^9.

SEGOVIA, F.F., «The Theology and provenance of John 15,1-17», *JBL* 101/1 (1982) 115-128.

———, *Love Relationships in the Johannine Tradition*, Atlanta 1982.

———, «Inclusion and Exclusion in John 17: An Intercultural Reading», in F.F. SEGOVIA, ed., *What is John*, II, Atlanta 1998, 183-210.

SIMOENS, Y., *La gloire d'aimer. Structures stylistiques et interprétatives dans le Discours de la Cène (Jn 13-17)*, AnBib 90, Roma 1981.

———, *Selon Jean*, Bruxelles 1997.

SMITH, D.M., *John*, Philadelphia 1986.

———, *The Theology of the Gospel of John*, Cambridge 1995 (trad. italiana, *La Teologia del vangelo di Giovanni*, Brescia 1998).

SÖDING, T., «Ich und der Vater sind eins» (Joh 10,30). Die johanneische Christologie vor dem Anspruch des Hauptgebotes (Dtn 6,4f), *ZNW* 2002, 177-199.

SPICQ, C., *Agapê dans le Nouveau Testament*, I-III, Paris 1958-1959.

SPRECHER, M.-T., *Einheitsdenken aus der Perspektive von Joh 17. Eine exegetische und bibeltheologische Untersuchung von Joh 17,20-26*, Bern 1993.

STIBBE, M.W.G., *John*, Sheffield 1992.

STOCK, K., *Gesù il Figlio di Dio*, Roma 1993.

TALBERT, C.H., *Reading John: a literary and theological commentary on the fourth Gospel and the Johannine Epistles*, New York, 1992.

THERON, W., «῝ΙΝΑ ᾿ΩΣΙΝ ῝ΕΝ. A multifaceted approach to an important thrust in the prayer of Jesus in John 17», *Neotest* 21 (1987) 77-94.

THOMPSON, M.M., «Gospel of John», *DJG*, 374.

THÜSING, W., *Herrlichkeit und Einheit*, Düsseldorf 1962 (trad. francese, *La prière sacerdotale de Jésus*, Paris 1970).

TOLMIE, D.F., «A discourse analysis of John 17,1-26», *Neotest* 27 (1993) 406-418.

TOMMASO D'AQUINO, *Commento al vangelo di Giovanni*, I-III, Roma 1992.

VANHOYE, A., «L'oeuvre du Christ, don du Père», *RSR* 48 (1960) 377-419.

———, *Struttura e teologia nell'Epistola agli Ebrei*, Roma 1993.

———, *Se conoscessi il dono di Dio*, Casale Monferrato (AL) 1999.

VANNI, U., *La struttura letteraria dell'Apocalisse*, Roma 1971.

———, «L'analisi letteraria e l'esegesi dell'Apocalisse», *RivBib* 28 (1980) 319-335.

———, *Con Gesù verso il Padre*, Roma 2002.

WALKER, W.M.O., «The Lord's Prayer in Matthew and in John», *NTS* 28 (1982) 237-256.

WENDLAND, E.R., «Rhetoric of the word. An interactional discourse analysis of the Lord's prayer of John 17 and its communicative implications», *Neotest* 26 (1992) 59-88.

WENGST, K., *Das Johannesevengelium*, I-II, Stuttgart – Berlin – Köln 2001.

WESTCOTT, B.F., *The Gospel according to St. John*, London, 1958.

WESTERMANN, C., *The Gospel of John in the Light of the Old Testament*, Peabody 1998.

WIKENHAUSER, A., *Das Evangelium nach Johannes*, Regensburg 1959 (trad. italiana, *L'Evangelo secondo Giovanni*, Brescia 1960, 1962²).

WILCKENS, U., *Das Evangelium nach Johannes*, Göttingen 1998.

WINTER, M., *Das Vermächtnis Jesu und die Abschiedsworte der Väter. Gattungsgeschichtliche Untersuchung der Vermächtnisrede in Blick auf Joh 13-17,* Göttingen 1994.

WITHERINGTON, B., *John's Wisdom. (A commentary on the Fourth Gospel),* Louisville 1995.

ZEVINI, G., *Vangelo secondo Giovanni,* I-II, Roma 1984, 1987.

———, «Gesù, i discepoli e il mondo nel vangelo di Giovanni», *PSV* 28 (1993) 117-133.

ZUMSTEIN, J., «Le processus de Relecture dans la littérature johannique», *ETR* 73 (1998) 161-176.

INDICE DEGLI AUTORI

Aalen: 131
Agostino: 17, 18, 286
Aland: 136, 157
Anderson: 140
Balaguè: 97, 126
Barclay: 103, 104
Barreto: 93, 94, 171, 176, 274
Barrett: 8, 18, 47, 52, 53, 55, 92, 93, 142, 143, 145, 146, 151, 152, 154, 155, 156, 165, 166, 168, 169, 170, 174, 177, 186, 201, 217, 218, 221, 224, 239, 242, 280, 283, 301
Battaglia: 82, 83
Beasley-Murray: 19, 33, 34, 47, 48, 51, 57, 60, 108, 136, 154, 158, 171, 175, 179, 182, 183, 185, 186, 188, 213, 216, 224, 225, 258, 259, 263, 265, 267, 280, 283, 287, 288, 292
Beauchamp: 20
Becker: 9, 67, 96, 125, 137, 167, 169, 186, 277
Beutler: 8, 64, 68
Bienaimé: 218
Boismard: 77
Bouyer: 300
Boyle: 100

Braun: 205, 206, 219, 225, 228, 234, 248, 249
Brodie: 48, 56, 71, 86, 216, 224, 263
Brouwer: 24, 63, 70
Brown: 8, 9, 18, 25, 37, 39, 40, 46, 47, 48, 49, 50, 51, 52, 55, 58, 66, 67, 78, 124, 125, 126, 132, 136, 138, 142, 143, 144, 145, 146, 147, 148, 149, 151, 152, 156, 157, 159, 164, 165, 166, 172, 176, 180, 182, 183, 194, 197, 203, 204, 206, 212, 213, 215, 216, 218, 222, 235, 236, 238, 239, 245, 258, 264, 267, 272, 273, 274, 276, 277, 279, 282, 285, 286, 289, 290, 294, 305, 306, 307, 308, 309, 310
Bruce: 33, 114
Bultmann: 37, 52, 53, 55, 56, 60, 96, 97, 126, 226, 266, 268, 277, 286
Burge: 206
van de Bussche: 91
Cadier: 35, 90, 91
Caird: 247, 248
Calloud: 109, 110, 111, 252
Carnevale: 25, 26, 84

Carson: 25, 28, 47, 48, 51, 52, 53, 56, 108, 109, 147, 155, 156, 165, 166, 168, 169, 170, 171, 173, 175, 176, 178, 179, 180, 182, 184, 186, 187, 221, 224, 264, 269, 280, 283, 289, 292, 301
Casalegno: 206
Cirillo di Alessandria: 17, 18
Clark: 137
Cook: 289
Cortes: 23, 24
Crisostomo: 17
Culpepper: 87
D'Angelo: 26
D'Aragon: 193, 196, 197, 201
Delorme: 41
Dettwiler: 73, 74
Dietzfelbinger: 275, 280
Dodd: 90
Dunnavant: 35, 36
Dupont: 21, 34, 35, 212, 214, 217, 235, 247, 306
Eeckhout: 20
Egger: 10, 135
Ensor: 66
Fabris: 8, 19, 24, 38, 43, 48, 49, 53, 55, 57, 72, 113, 139, 174, 176, 179, 194, 200, 220, 221, 240, 260, 262, 265, 266, 268, 269, 274, 282, 294, 311
Ferraro: 19, 107, 167, 277, 283, 286, 292, 313
Ferreira: 19, 63, 80, 123, 125, 154, 168, 171, 177, 181
Feuillet: 40, 41, 83, 197, 198, 199, 200, 202, 274, 275
Galot: 279
Genuyt: 109, 110, 111, 252
Giurisato: 121

Gnilka: 79, 125
Grayston: 97
Grossouw: 20, 212, 219, 224, 226, 227, 228, 236, 248
Haenchen: 84
Hegermann: 131, 132
Hendriksen: 81
Hergenröder: 263
Houlden: 20
Jerumanis: 193, 195, 196, 257, 258
Kaefer: 299
Käsemann: 9
Kittel: 132
Klauck: 59
Korting: 89, 90
Lacomara: 22, 23
Lamouille: 77
Laurentin: 9, 20, 21, 106, 107
Léon-Dufour: 8, 10, 20, 38, 43, 46, 47, 49, 52, 53, 54, 55, 56, 58, 60, 71, 88, 89, 123, 124, 126, 130, 139, 160, 165, 171, 176, 179, 181, 182, 187, 188, 194, 198, 199, 200, 201, 202, 205, 214, 215, 217, 222, 223, 225, 226, 236, 261, 262, 266, 267, 271, 273, 281, 282, 284, 285, 288, 291, 294, 301, 304, 305, 307, 311, 315, 316
L'Éplattenier: 93
Létourneau: 245, 246, 299, 300
Lindars: 19, 25, 26, 48, 51, 53, 54, 55, 57, 59, 92, 136, 142, 146, 147, 150, 151, 154, 166, 167, 172, 175, 179, 183, 188, 264, 265, 267, 279, 286, 289, 293
Lion: 89
Malatesta: 9, 97, 98, 123, 124, 126, 127, 128, 169

Malina: 138, 244
Manns: 112, 113, 185, 277, 278, 291, 294
Mannucci: 138
Marrow: 138
Marsh: 81, 82
Marzotto: 35, 99, 172, 302
Mateos: 93, 94, 171, 176, 274
Menken: 9, 99, 126, 127, 128
Merlier: 95
Metzger: 143, 148, 149, 150, 151, 154
Metzner: 28, 64, 65, 285
Meynet: 120, 121
Michaels: 93
Milne: 34, 86, 87
Mlakuzhyil: 36, 49, 50, 64
Molla: 78, 125, 309
Mollat: 155, 206
Moloney: 38, 47, 49, 50, 54, 55, 56, 57, 58, 59, 78, 79, 125, 194, 204, 218, 245, 257, 265, 268, 284, 309
Morgen: 211
Morris: 52, 53, 54, 55, 60, 83, 140, 145, 147, 152, 153, 173, 175, 177, 179, 183, 185, 187, 263, 264, 267, 282
Nestle: 136, 157
Newbigin: 33, 84
Nielsen: 8, 246
Nissen: 8, 267, 284
Painter: 69, 70, 71
Pamment: 307
Panimolle: 36, 85
Pink: 95
Piper: 243, 244
Poelman: 28
de la Potterie: 18, 42, 43, 94, 95, 155, 165, 172, 185, 200, 203, 204, 205, 218, 223, 306
Pryor: 131
Radermakers: 22, 98, 99, 126, 127, 169, 173
Ravasi: 278
Reims: 47, 67
Ridderbos: 19, 39, 47, 49, 51, 53, 54, 56, 60, 103, 135, 146, 147, 157, 158, 177, 253, 254, 264, 269, 279, 280, 283, 287, 289, 292
Rigaux: 88, 167
Ritt: 9, 39, 142, 146, 153, 253
Rohrbaugh: 138, 244
Ruperto di Deutz: 273
Schnackenburg: 8, 9, 10, 19, 26, 28, 37, 38, 41, 42, 47, 48, 49, 50, 51, 52, 53, 55, 56, 58, 59, 60, 68, 69, 100, 102, 123, 126, 132, 133, 136, 138, 139, 140, 141, 142, 143, 144, 145, 147, 148, 149, 150, 151, 152, 153, 155, 157, 158, 159, 160, 164, 169, 170, 174, 176, 179, 180, 181, 182, 184, 194, 198, 199, 200, 201, 204, 205, 219, 222, 225, 233, 235, 236, 240, 245, 246, 247, 259, 262, 265, 267, 271, 278, 283, 287, 290, 294, 303, 304, 305, 307, 308, 311, 312, 313, 315
Schneider: 92
Schnelle: 46, 65, 316
Scholtissek: 113
Schwank: 94, 254
Segalla: 9, 18, 19, 21, 22, 26, 27, 39, 43, 45, 46, 56, 111, 112, 122, 123, 133, 136, 138, 140, 144, 145, 146, 147, 149, 150, 151, 153, 157, 158, 160, 170,

174, 177, 180, 181, 182, 185, 188, 239, 242, 243, 259, 273, 308
Segovia: 72, 73, 87, 88, 251, 252, 262, 263, 311
Simoens: 9, 23, 32, 33, 50, 57, 60, 61, 62, 63, 102, 103, 252, 253
Smith: 139, 268, 278, 292, 315
Söding: 194, 195
Spicq: 254, 255, 256, 257
Sprecher: 108, 137
Stibbe: 79, 80, 125, 309
Stock: 91
Talbert: 103
Theron: 88
Thompson: 20
Thüsing: 9, 28, 104, 105, 106, 133, 152, 166, 167, 168, 169, 173, 174, 178, 180, 182, 184, 186, 187, 188, 192, 228, 229, 230, 231, 232, 233, 234, 236, 237, 238, 240, 241, 242, 243, 266, 268, 269, 270, 271, 292, 293, 294, 295, 296, 297, 298, 300, 301, 302, 306, 311, 312
Tolmie: 115
Tommaso d'Aquino: 18, 273
Vanhoye: 11, 119, 120, 121, 122, 124, 127, 131, 231, 232, 300, 303, 304
Vanni: 28, 29, 120
Walker: 29, 30, 31, 32, 33
Wendland: 85, 86
Wengst: 114, 115
Westcott: 80, 81
Westermann: 20
Wikenhauser: 91, 92
Wilckens: 68, 104
Winter: 55, 58, 64, 65, 66
Witherington: 94
Zevini: 19, 107, 108, 137, 138
Zumstein: 74

INDICE GENERALE

PREFAZIONE...5

INTRODUZIONE...7

PARTE I: *STATUS QUAESTIONIS* GENERALE SU Gv 17

CAPITOLO I: Gv 17 e le preghiere dell'AT e del NT 17

1. Gv 17: quale genere letterario? 17
2. Gv 17 nel contesto dell'AT... 20
   2.1 Gv 17 e Sir 39,35; 50,22-23 20
   2.2 Gv 17 e Lev 16 21
   2.3 Gv 17 e Dt 32-33 22
3. Gv 17 ed alcune preghiere dei Sinottici.. 24
   3.1 Gv 17 e le preghiere dei Sinottici nell'orto degli Ulivi.................. 25
   3.2 Gv 17 ed il giubilo sinottico (Mt 11,25-27 e Lc 10,21-22)............ 26
4. Gv 17 e le altre preghiere nel vangelo di Giovanni............................... 27
4.1 Gv 17 e Gv 11,41; 12,23.27-28 28
5. Gv 17 ed il *Pater noster*... 28
6. La preghiera di consacrazione.. 33
7. La preghiera per l'unità 34
8. La preghiera dell'«ora».. 36
9. La preghiera d'addio... 37
10. La preghiera al Padre.. 39
11. Il titolo «sacerdotale» nella preghiera di Gv 17 39

CAPITOLO II: *Il cap. 17 di Giovanni nei capp. 13-17* 45

1. Analisi sincronica dei capp. 13-17 46
   1.1 Schema proposto da Simoens.. 61

    1.2 Proposta di una struttura concentrica 64
2. Critica letteraria ai capp. 13-17 64

CAPITOLO III: *Status quaestionis su Gv 17* 77
1. Divisione in due parti (1-5 e 6-26) 77
2. Divisione in tre parti 78
    2.1 I figura: vv. 1-8; 9-19 e 20-26 78
    2.2 II figura : vv. 1-5; 6-19 e 20-26 80
    2.3 III figura: vv. 1b-5; 6-23 e 24-26 87
    2.4 IV figura: vv. 1-8; 9-23; 24-26 88
    2.5 V figura: vv. 1-11a; 11b-23 e 24-26 88
    2.6 VI figura: vv. 1-10; 11-23; 24-26 89
    2.7 VII figura: vv.1-5; 6-11c; 11d-26 89
3. Divisione in quattro parti 90
    3.1 I proposta: vv. 1-5; 6-8; 9-19 e 20-26 90
    3.2 II proposta: vv. 1-5; 6-10; 11-19 e 20-26 90
    3.3 III proposta: vv. 1-8; 9-19; 20-23 e 24-26 91
    3.4 IV proposta: vv. 1-5; 6-19; 20-23 e 24-26 91
    3.5 V proposta: vv. 1-5; 6-12; 13-19; 20-26 95
    3.6 VI proposta: vv.1-3; 4-8; 9-19; 20-26 95
4. Divisione in cinque parti 96
    4.1 I divisione: vv. 1b-2; 4-5; 6-13; 14-19; 22-26 96
    4.2 II divisione: vv. 1-5; 6-8; 9-19; 20-23 e 24-26 96
    4.3 III divisione: vv. 1b-5; 6-8; 9-19; 20-24 e 25-26 97
    4.4 IV divisione: vv. 1-3; 4-6; 9-19; 20-23 e 24-26 100
    4.5 V divisione: vv. 1b-5; 6-11a; 11b-19; 20-23 e 24-26 100
    4.6 VI divisione: vv. 1-5; 6-11; 12-19; 20-23 e 24-26 102
    4.7 VII divisione: vv.1-8; 9-19; 20-23; 24 e 25-26 103
    4.8 VIII divisione: vv. 1-5; 6-10; 11-19; 20-23 e 24-26 103
    4.9 IX divisione: vv. 1-5; 6-8; 9-19; 20-21 e 22-26 103
    4.10 X divisione: vv. 1-5; 6-13; 14-19; 20-23; 24-26 104
5. Divisione in sei parti 104
    5.1 I figura: vv. 1b-5; 6-11a; 11b-19; 20-23; 24 e 25-26 104
    5.2 II figura: vv. 1-4; 5-6; 7-12; 13-23; 24 e 25-26 106
    5.3 III figura: vv. 1-5; 6-11a; 11b-16; 17-19; 20-23 e 24-26 107
    5.4 IV figura: vv. 1-5; 6-10; 11-13; 14-17; 18-23 e 24-26 109
6. Divisione in sette parti 111
    6.1 I figura: vv. 1b-5; 6-11a; 11b-16; 17-19; 20-23; 25-26; 24 111
    6.2 II figura: vv. 1-5; 6-8; 9-18; 19; 20-23; 24; 25-26 114
    6.3 III figura: vv. 1-3; 4-5; 6-11; 12-17; 18-21; 22-24; 25-26 114

7. Divisione in otto parti..115
   7.1 Struttura: vv. 1b-5; 6-8; 9-11a; 11b-16; 17-19; 20-21; 22-24; 25-26 ..115
8. Considerazioni finali...115

PARTE II: APPROFONDIMENTO DI GV 17

CAPITOLO IV: *Analisi letteraria di Gv 17*..119

1. Introduzione al metodo dell'analisi letteraria 119
2. Il vocabolario caratteristico in Gv 17 122
3. Proposta di una struttura per Gv 17..123
4. Analisi logica di Gv 17 131

CAPITOLO V: *Critica testuale e letteraria dei vv. 9-19* 135

1. Critica letteraria di 17,9...137
2. Critica testuale di 17,10...141
3. Critica letteraria di 17,10...142
4. Critica testuale di 17,11a...142
5. Critica letteraria di 17,11a...144
6. Critica testuale di 17,11b...144
7. Critica letteraria di 17,11b...147
8. Critica testuale di 17,12...148
9. Critica letteraria di 17,12...149
10. Critica testuale di 17,13...150
11. Critica letteraria di 17,13...150
12. Critica testuale di 17,14...151
13. Critica letteraria di 17,14...151
14. Critica testuale di 17,15-16...152
15. Critica letteraria di 17,15-16...153
16. Critica testuale di 17,17...154
17. Critica letteraria di 17,17...154
18. Critica testuale di 17,18...156
19. Critica letteraria di 17,18...157
20. Critica testuale di 17,19...158
21. Critica letteraria di 17,19...159

CAPITOLO VI: *Analisi dei vv. 9-19*..163

1. 17,9..164
2. 17,10..166
3. 17,11a..169
4. 17,11b..170

5. 17,12 175
6. 17,13 177
7. 17,14 179
8. 17,15-16 181
9. 17,17-19 183

CAPITOLO VII: *Analisi dei principali temi dei vv. 9-19* 191

1. La custodia nel nome del Padre 191
2. La gioia 192
3. La «parola» data da Gesù ai discepoli 192
4. La santificazione nella verità 192
5. L'unità 193
    5.1 Gv 10,30 194
6. La comunione tra il Figlio ed il Padre in 17,10a 195
    6.1 Gv 3,35 197
    6.2 Gv 5,20 199
    6.3 Gv 10,17 199
    6.4 Gv 14,31 201
7. Il tema dell' «ora» 203

PARTE III: LA GLORIFICAZIONE DI GESÙ CRISTO

CAPITOLO VIII: *Il tema della glorificazione nei capp. 13-17* 211

1. La glorificazione prima dei capp. 13-17 211
    1.1 La visione della gloria di Cristo 212
        1.1.1 Gv 1,14 212
        1.1.2 Gv 12,41 214
    1.2 La gloria manifestata nei miracoli 215
        1.2.1 Gv 2,11 215
        1.2.2 Gv 11,40 217
    1.3 La glorificazione del Cristo nella sua morte e resurrezione 217
        1.3.1 Gv 7,39 217
        1.3.2 Gv 12,16 219
    1.4 Gv 12,23.27-28 220
2. La glorificazione nei capp. 13-17 223
    2.1 I capp. 13-16 223
        2.1.1 Gv 13,31-32 223
    2.2 Il cap. 17 226
        2.2.1 Gv 17,4 229
        2.2.2 Gv 17,5.24 234

2.2.3 Gv 17,1 238
2.2.4 Gv 17,22 242
3. Conclusioni sulla gloria e la glorificazione 245

CAPITOLO IX: *Il tema della glorificazione in 17,10b* 251

1. La gloria come unità (v. 22) 251
2. Gloria come ἀγάπη (v. 24) 262
3. La glorificazione di Dio da parte dei discepoli 263
   3.1 Gv 14,13 264
   3.2 Gv 15,8 267
   3.3 Gv 21,19 272
4. L' «assenza» dello Spirito Santo in Gv 17 272
   4.1 Spirito Santo e discepoli nella glorificazione di Gesù 276
      4.1.1 Gv 14,16-17 276
      4.1.2 Gv 14,26 282
      4.1.3 Gv 15,26-27 285
      4.1.4 Gv 16,7-11 288
      4.1.5 Gv 16,13-14 292
5. Considerazioni finali su Gv 17,10b, alla luce dei testi esaminati 298
6. La luce che il v. 17,10b riflette su tutto il vangelo 305

CONCLUSIONI 309

SIGLE E ABBREVIAZIONI 317

BIBLIOGRAFIA 321

INDICE DEGLI AUTORI 331

INDICE GENERALE 335

TESI GREGORIANA

Dal 1995, la collana «Tesi Gregoriana» mette a disposizione del pubblico alcune delle migliori tesi elaborate alla Pontificia Università Gregoriana. La composizione per la stampa è realizzata dagli stessi autori, secondo le norme tipografiche definite e controllate dell'Università.

Volumi pubblicati [Serie: Teologia]

1. NELLO FIGA, Antonio, *Teorema de la opción fundamental. Bases para su adecuada utilización en teología moral*, 1995, pp. 380.
2. BENTOGLIO, Gabriele, *Apertura e disponibilità. L'accoglienza nell'epistolario paolino*, 1995, pp. 376.
3. PISO, Alfeu, *Igreja e sacramentos. Renovação da Teologia Sacramentária na América Latina*, 1995, pp. 260.
4. PALAKEEL, Joseph, *The Use of Analogy in Theological Discourse. An Investigation in Ecumenical Perspective*, 1995, pp. 392.
5. KIZHAKKEPARAMPIL, Isaac, *The Invocation of the Holy Spirit as Constitutive of the Sacraments according to Cardinal Yves Congar*, 1995, pp. 200.
6. MROSO, Agapit J., *The Church in Africa and the New Evangelisation. A Theologico-Pastoral Study of the Orientations of John Paul II*, 1995, pp. 456.
7. NANGELIMALIL, Jacob, *The Relationship between the Eucharistic Liturgy, the Interior Life and the Social Witness of the Church according to Joseph Cardinal Parecattil*, 1996, pp. 224.
8. GIBBS, Philip, *The Word in the Third World. Divine Revelation in the Theology of Jen-Marc Éla, Aloysius Pieris and Gustavo Gutiérrez*, 1996, pp. 448.
9. DELL'ORO, Roberto, *Esperienza morale e persona. Per una reinterpretazione dell'etica fenomenologica di Dietrich von Hildebrand*, 1996, pp. 240.
10. BELLANDI, Andrea, *Fede cristiana come «stare e comprendere». La giustificazione dei fondamenti della fede in Joseph Ratzinger*, 1996, pp. 416.
11. BEDRIÑAN, Claudio, *La dimensión socio-política del mensaje teológico del Apocalipsis*, 1996, pp. 364.
12. GWYNNE, Paul, *Special Divine Action. Key Issues in the Contemporary Debate (1965-1995)*, 1996, pp. 376.
13. NIÑO, Francisco, *La Iglesia en la ciudad. El fenómeno de las grandes ciudades en América Latina, como problema teológico y como desafío pastoral*, 1996, pp. 492.

14. BRODEUR, Scott, *The Holy Spirit's Agency in the Resurrection of the Dead. An Exegetico-Theological Study of 1 Corinthians 15,44b-49 and Romans 8,9-13*, 1996, pp. 300.

15. ZAMBON, Gaudenzio, *Laicato e tipologie ecclesiali. Ricerca storica sulla «Teologia del laicato» in Italia alla luce del Concilio Vaticano II (1950-1980)*, 1996, pp. 548.

16. ALVES DE MELO, Antonio, *A Evangelização no Brasil. Dimensões teológicas e desafios pastorais. O debate teológico e eclesial (1952-1995)*, 1996, pp. 428.

17. APARICIO VALLS, María del Carmen, *La plenitud del ser humano en Cristo. La Revelación en la «Gaudium et Spes»*, 1997, pp. 308.

18. MARTIN, Seán Charles, *«Pauli Testamentum». 2 Timothy and the Last Words of Moses*, 1997, pp. 312.

19. RUSH, Ormond, *The Reception of Doctrine. An Appropriation of Hans Robert Jauss' Reception Aesthetics and Literary Hermeneutics*, 1997, pp. 424.

20. MIMEAULT, Jules, *La sotériologie de François-Xavier Durrwell. Exposé et réflexions critiques*, 1997, pp. 476.

21. CAPIZZI, Nunzio, *L'uso di Fil 2,6-11 nella cristologia contemporanea (1965-1993)*, 1997, pp. 528.

22. NANDKISORE, Robert, *Hoffnung auf Erlösung. Die Eschatologie im Werk Hans Urs von Balthasars*, 1997, pp. 304.

23. PERKOVI , Marinko, *«Il cammino a Dio» e «La direzione alla vita»: L'ordine morale nelle opere di Jordan Kuni i , O.P. (1908-1974)*, 1997, pp. 336.

24. DOMERGUE, Benoît, *La réincarnation et la divinisation de l'homme dans les religions. Approche phénoménologique et théologique*, 1997, pp. 300.

25. FARKAŠ, Pavol, *La «donna» di Apocalisse 12. Storia, bilancio, nuove prospettive*, 1997, pp. 276.

26. OLIVER, Robert W., *The Vocation of the Laity to Evangelization. An Ecclesiological Inquiry into the Synod on the Laity (1987), Christifideles laici (1989) and Documents of the NCCB (1987-1996)*, 1997, pp. 364.

27. SPATAFORA, Andrea, *From the «Temple of God» to God as the Temple. A Biblical Theological Study of the Temple in the Book of Revelation*, 1997, pp. 340.

28. IACOBONE, Pasquale, *Mysterium Trinitatis. Dogma e Iconografia nell'Italia medievale*, 1997, pp. 512.

29. CASTAÑO FONSECA, Adolfo M., *Δικαιοσύνη en Mateo. Una interpretación teológica a partir de 3,15 y 21,32*, 1997, pp. 344.

30. CABRIA ORTEGA, José Luis, *Relación teología-filosofía en el pensamiento de Xavier Zubiri*, 1997, pp. 580.

31. SCHERRER, Thierry, *La gloire de Dieu dans l'oeuvre de saint Irénée*, 1997, pp. 328.

32. PASCUZZI, Maria, *Ethics, Ecclesiology and Church Discipline. A Rhetorical Analysis of 1Cor 5,1-13*, 1997, pp. 240.

33. LOPES GONÇALVES, Paulo Sérgio, *Liberationis mysterium. O projeto sistemático da teologia da libertação. Um estudo teológico na perspectiva da regula fidei*, 1997, pp. 464.
34. KOLACINSKI, Mariusz, *Dio fonte del diritto naturale*, 1997, pp. 296.
35. LIMA CORRÊA, Maria de Lourdes, *Salvação entre juízo, conversão e graça. A perspectiva escatológica de Os 14,2-9*, 1998, pp. 360.
36. MEIATTINI, Giulio, *«Sentire cum Christo». La teologia dell'esperienza cristiana nell'opera di H.U. von Balthasar*, 1998, pp. 432.
37. KESSLER, Thomas W., *Peter as the First Witness of the Risen Lord. An Historical and Theological Investigation*, 1998, pp. 240.
38. BIORD CASTILLO Raúl, *La Resurrección de Cristo como Revelación. Análisis del tema en la teología fundamental a partir de la* Dei Verbum, 1998, pp. 308.
39. LÓPEZ, Javier, *La figura de la bestia entre historia y profecía. Investigación teológico-bíblica de Apocalipsis 13,1-8*, 1998, pp. 308.
40. SCARAFONI, Paolo, *Amore salvifico. Una lettura del mistero della salvezza. Uno studio comparativo di alcune soteriologie cattoliche postconciliari*, 1998, pp. 240.
41. BARRIOS PRIETO, Manuel Enrique, *Antropologia teologica. Temi principali di antropologia teologica usando un metodo di «correlazione» a partire dalle opere di John Macquarrie*, 1998, pp. 416.
42. LEWIS, Scott M., *«So That God May Be All in All». The Apocalyptic Message of 1 Corinthians 15,12-34*, 1998, pp. 252.
43. ROSSETTI, Carlo Lorenzo, *«Sei diventato Tempio di Dio». Il mistero del Tempio e dell'abitazione divina negli scritti di Origene*, 1998, pp. 232.
44. CERVERA BARRANCO, Pablo, *La incorporación en la Iglesia mediante el bautismo y la profesión de la fe según el Concilio Vaticano II*, 1998, pp. 372.
45. NETO, Laudelino, *Fé cristã e cultura latino-americana. Uma análise a partir das Conferências de Puebla e Santo Domingo*, 1998, pp. 340.
46. BRITO GUIMARÃES, Pedro, *Os sacramentos como atos eclesiais e proféticos. Um contributo ao conceito dogmático de sacramento à luz da exegese contemporânea*, 1998, pp. 448.
47. CALABRETTA, Rose B., *Baptism and Confirmation. The Vocation and Mission of the Laity in the Writings of Virgil Michel, O.S.B.*, 1998, pp. 320.
48. OTERO LÁZARO, Tomás, *Col 1,15-20 en el contexto de la carta*, 1999, pp.312.
49. KOWALCZYK, Dariusz, *La personalità in Dio. Dal metodo trascendentale di Karl Rahner verso un orientamento dialogico in Heinrich Ott*, 1999, pp. 484.
50. PRIOR, Joseph G., *The Historical-Critical Method in Catholic Exegesis*, 1999, pp. 352.
51. CAHILL, Brendan J, *The Renewal of Revelation Theology (1960-1962). The Development and Responses to the Fourth Chapter of the Preparatory Schema De deposito Fidei*, 1999, pp. 348.
52. TIEZZI, Ida, *Il rapporto tra la pneumatologia e l'ecclesiologia nella teologia italiana post-conciliare*, 1999, pp. 364.

53. HOLC, Pawe, *Un ampio consenso sulla dottrina della giustificazione. Studio sul dialogo teologico cattolico luterano*, 1999, pp. 452.
54. GAINO, Andrea, *Esistenza cristiana. Il pensiero teologico di J. Alfaro e la sua rilevanza morale*, 1999, pp. 344.
55. NERI, Francesco, *«Cur Verbum capax hominis». Le ragioni dell'incarnazione della seconda Persona della Trinità fra teologia scolastica e teologia contemporanea*, 1999, pp. 404.
56. MUÑOZ CÁRDABA, Luis-Miguel, *Principios eclesiológicos de la «Pastor Bonus»*, 1999, pp. 344.
57. IWE, John Chijioke, *Jesus in the Synagogue of Capernaum: the Pericope and Its Programmatic Character for the Gospel of Mark. An Exegetico-Theological Study of Mk 1:21-28*, 1999, pp. 364.
58. BARRIOCANAL GÓMEZ, José Luis, *La relectura de la tradición del éxodo en l libro de Amós*, 2000, pp. 332.
59. DE LOS SANTOS GARCÍA, Edmundo, *La novedad de la metáfora κεφαλή – σῶμα en la carta a los Efesios*, 2000, pp. 432.
60. RESTREPO SIERRA, Argiro, *La revelación según R. Latourelle*, 2000, pp. 442.
61. DI GIOVAMBATTISTA, Fulvio, *Il giorno dell'espiazione nella Lettera agli Ebrei*, 2000, pp. 232.
62. GIUSTOZZO, Massimo, *Il nesso tra il culto e la grazia eucaristica nella recente lettura teologica del pensiero agostiniano*, 2000, pp. 456.
63. PESARCHICK, Robert A., *The Trinitarian Foundation of Human Sexuality as Revealed by Christ according to Hans Urs von Balthasar. The Revelatory Significance of the Male Christ and the Male Ministerial Priesthood*, 2000, pp. 328.
64. SIMON, László T., *Identity and Identification. An Exegetical Study of 2Sam 21–24*, 2000. pp. 386.
65. TAKAYAMA, Sadami, *Shinran's Conversion in the Light of Paul's Conversion*, 2000, pp. 256.
66. JUAN MORADO, Guillermo, *«También nosotros creemos porque amamos». Tres concepciones del acto de fe: Newman, Blondel, Garrigou-Lagrange. Estudio comparativo desde la perspectiva teológico-fundamental*, 2000, pp. 444.
67. MARE EK, Petr, *La preghiera di Gesù nel vangelo di Matteo. Uno studio esegetico-teologico*, 2000, pp. 246.
68. WODKA, Andrzej, *Una teologia biblica del dare nel contesto della colletta paolina (2Cor 8–9)*, 2000, pp. 356.
69. LANGELLA, Maria Rigel, *Salvezza come illuminazione. Uno studio comparato di S. Bulgakov, V. Lossky, P. Evdokimov*, 2000, pp. 292.
70. RUDELLI, Paolo, *Matrimonio come scelta di vita: opzione – vocazione – sacramento*, 2000, pp. 424.
71. GAŠPAR, Veronika, *Cristologia pneumatologica in alcuni autori cattolici postconciliari. Status quaestionis e prospettive*, 2000, pp. 440.
72. GJORGJEVSKI, Gjoko, *Enigma degli enigmi. Un contributo allo studio della composizione della raccolta salomonica (Pr 10,1–22,16)*, 2001, pp. 304.

73. LINGAD, Celestino G., Jr., *The Problems of Jewish Christians in the Johannine Community*, 2001, pp. 492.
74. MASALLES, Victor, *La profecía en la asamblea cristiana. Análisis retórico-literario de 1Cor 14,1-25*, 2001, pp. 416.
75. FIGUEIREDO, Anthony J., *The Magisterium-Theology Relationship. Contemporary Theological Conceptions in the Light of Universal Church Teaching since 1835 and the Pronouncements of the Bishops of the United States*, 2001, pp. 536.
76. PARDO IZAL, José Javier, *Pasión por un futuro imposible. Estudio literario-teológico de Jeremías 32*, 2001, pp. 412.
77. HANNA, Kamal Fahim Awad, *La passione di Cristo nell'Apocalisse*, 2001, pp. 480.
78. ALBANESI, Nicola, *«Cur Deus Homo»: la logica della redenzione. Studio sulla teoria della soddisfazione di S. Anselmo arcivescovo di Canterbury*, 2001, pp. 244.
79. ADE, Edouard, *Le temps de l'Eglise. Esquisse d'une théologie de l'histoire selon Hans Urs von Balthasar*, 2002, pp. 368.
80. MENÉNDEZ MARTÍNEZ, Valentín, *La misión de la Iglesia. Un estudio sobre el debate teológico y eclesial en América Latina (1955-1992), con atención al aporte de algunos teólogos de la Compañía de Jesús*, 2002, pp. 346.
81. COSTA, Paulo Cezar, *«Salvatoris Disciplina». Dionísio de Roma e a* Regula fidei *no debate teológico do terceiro século*, 2002, pp. 272.
82. PUTHUSSERY, Johnson, *Days of Man and God's Day. An Exegetico-Theological Study of* ἡμέρα *in the Book of Revelation*, 2002, pp. 302.
83. BARROS, Paulo César, *«Commendatur vobis in isto pane quomodo unitatem amare debeatis». A eclesiologia eucarística nos* Sermones ad populum *de Agostinho de Hipona e o movimento ecumênico*, 2002, pp. 344.
84. PALACHUVATTIL, Joy, *«He Saw». The Significance of Jesus' Seeing Denoted by the Verb* εἶδεν *in the Gospel of Mark*, 2002, pp. 312.
85. PISANO, Ombretta, *La radice e la stirpe di David. Salmi davidici nel libro dell'Apocalisse*, 2002, pp. 496.
86. KARIUKI, Njiru Paul, *Charisms and the Holy Spirit's Activity in the Body of Christ. An Exegetical-Theological Study of 1Cor 12,4-11 and Rom 12,6-8*, 2002, pp. 372.
87. CORRY, Donal, *«Ministerium Rationis Reddendae». An Approximation to Hilary of Poitiers' Understanding of Theology*, 2002, pp. 328.
88. PIKOR, Wojciech, *La comunicazione profetica alla luce di Ez 2–3*, 2002, pp. 322.
89. NWACHUKWU, Mary Sylvia Chinyere, *Creation–Covenant Scheme and Justification by Faith. A Canonical Study of the God-Human Drama in the Pentateuch and the Letter to the Romans*, 2002, 378 pp.
90. GAGLIARDI, Mauro, *La cristologia adamitica. Tentativo di recupero del suo significato originario*, 2002, pp. 624.

91. CHARAMSA, Krzysztof Olaf, *L'immutabilità di Dio. L'insegnamento di San Tommaso d'Aquino nei suoi sviluppi presso i commentatori scolastici*, 2002, pp. 520.
92. GLOBOKAR, Roman, *Verantwortung für alles, was lebt. Von Albert Schweitzer und Hans Jonas zu einer theologischen Ethik des Lebens*, 2002, pp. 608.
93. AJAYI, James Olaitan, *The HIV/AIDS Epidemic in Nigeria. Some Ethical Considerations*, 2003, pp. 212.
94. PARAMBI, Baby, *The Discipleship of the Women in the Gospel according to Matthew. An Exegetical Theological Study of Matt 27:51b-56, 57-61 and 28:1-10*, 2003, pp. 276.
95. NIEMIRA, Artur, *Religiosità e moralità. Vita morale come realizzazione della fondazione cristica dell'uomo secondo B. Häring e D. Capone*, 2003, pp. 308.
96. PIZZUTO, Pietro, *La teologia della rivelazione di Jean Daniélou. Influsso su* Dei Verbum *e valore attuale*, 2003, pp. 630.
97. PAGLIARA, Cosimo, *La figura di Elia nel vangelo di Marco. Aspetti semantici e funzionali*, 2003, pp. 400.
98. O'BOYLE, Aidan, *Towards a Contemporary Wisdom Christology. Some Catholic Christologies in German, English and French 1965-1995*, 2003, pp. 448.
99. BYRNES, Michael J., *Conformation to the Death of Christ and the Hope of Resurrection: An Exegetico-Theological Study of 2 Corinthians 4,7-15 and Philippians 3,7-11*, 2003, p. 328.
100. RIGATO, Maria-Luisa, *Il Titolo della Croce di Gesù. Confronto tra i Vangeli e la Tavoletta-reliquia della Basilica Eleniana a Roma*, 2003, pp. 392.
101. LA GIOIA, Fabio, *La glorificazione di Gesù Cristo ad opera dei discepoli. Analisi biblico-teologica di Gv 17,10b nell'insieme dei capp. 13–17*, 2003, pp. 346.

Finito di stampare
nel mese di Novembre 2003

presso la tipografia
"Giovanni Olivieri" di E. Montefoschi
00187 Roma • Via dell'Archetto, 10, 11, 12
Tel. 06 6792327 • E-mail: tip.olivieri@libero.it